Steinbachs Naturführer
Weichtiere

Rosina Fechter / Gerhard Falkner

Weichtiere

Europäische Meeres- und Binnenmollusken

Herausgegeben von Gunter Steinbach
Illustriert von Fritz Wendler

Mosaik Verlag

Abkürzungen in den Bestimmungsteilen:

A = Atlantik M = Mittelmeer N = Nordsee O = Ostsee
M = Merkmale L = Lebensraum
D = Art kommt in der Bundesrepublik Deutschland vor
(D) = Art wurde in das Gebiet der BRD eingeschleppt
RL = Art steht auf der Roten Liste der BRD oder ihrer Bundesländer
♀ = Weibchen (♀♀ = Mehrzahl) ♂ = Männchen (♂♂ = Mehrzahl)

Die Herkunft der Bildmotive im Bestimmungsteil der Binnenmollusken wird mit den Länderkürzeln der Autokennzeichen angegeben:

A = Österreich
AL = Albanien
CH = Schweiz
CS = Tschechoslowakei
CY = Cypern
D = Bundesrepublik Deutschland
DDR = Deutsche Demokratische Republik
DK = Dänemark
E = Spanien
F = Frankreich
GB = Großbritannien und Nordirland
GR = Griechenland
H = Ungarn
I = Italien
IRL = Irland
M = Malta
NL = Niederlande
P = Portugal
PL = Polen
R = Rumänien
S = Schweden
SU = Sowjetunion
TR = Türkei
YU = Jugoslawien

Unter dem Begriff **Lebensraum** werden im Bestimmungsteil Aussagen zum bevorzugten Biotop bzw. über ökologische Ansprüche der jeweiligen Art und Angaben zur geographischen Verbreitung zusammengefaßt.
Zur leichteren Artbestimmung wurde die jeweilige Vergrößerung der Binnenmollusken-Bilder so gewählt, daß sich glatte Verhältniszahlen zur Lebensgröße einer Art ergeben, z. B. 1,5-, 2-, 3fach, 10fach usw. Diese Vergrößerungsfaktoren stehen jeweils am Fuß der Bildseiten. Waren bei Artengruppen verschiedene Vergrößerungen notwendig, wurden möglichst Vielfache der kleinsten Vergrößerung gewählt, z. B. 1,5fach → 3fach → 6fach.

Umschlagfoto vorne: Glatte Glanzschnecke (Landgehäuseschnecke), A. Limbrunner. Umschlagfotos hinten: Gemeine Kugelmuschel (Süßwassermuschel), G. Falkner (o. l.); Sepia (Tintenfisch), R. Fechter (o. r); *Polycera quadrilineata* und *Limacia clavigera* (Meeresnacktschnecken), K. Janke (u. l.); Gemeine Gartenwegschnecke (Landnacktschnecke), A. Limbrunner (u. r.).

Bild auf Seite 2: Östliche Heideschnecke (Unterart der östlichen Balkanhalbinsel: *Xerolenta obvia dobrudschae*) bei Kavala am Ägäischen Meer (Makedonien, GR). Die Schnecken sind zur Trockenruhe aufgestiegen, um sich der Bodenhitze zu entziehen. Foto A. Limbrunner.

Der Mosaik Verlag ist ein Unternehmen
der Verlagsgruppe Bertelsmann

 5 4 3 2 1
Gesamtherstellung Mohndruck Graphische Betriebe GmbH, Gütersloh
Printed in Germany · ISBN 3-570-03414-3

Inhalt

Die Texte der Seiten 9–111 Allgemeine Einführung und Meeresmollusken schrieb Dr. Rosina Fechter, die Texte der Seiten 112–280 Binnenmollusken und Anhang Gerhard Falkner.

Übersicht der Hauptgruppen

MEERESMOLLUSKEN

Käferschnecken
(Klasse Polyplacophora)
Flach schildförmig, Gehäuse aus acht gegeneinander beweglichen Platten bestehend; überwiegend in der Gezeitenzone.
Seite 14

Kahnfüßer
(Klasse Scaphopoda)
Gehäuse eine an beiden Enden offene nach hinten verengte Röhre
Seite 20

Meeresschnecken
(Klasse Gastropoda)
Gehäuse einteilig, spiralig gewunden und mit am Fuß angewachsenem Deckel oder napfförmig; Meeresnacktschnecken mit rückgebildetem oder fehlendem Gehäuse.
Seite 22

Meeresmuscheln
(Klasse Bivalvia)
Gehäuse aus zwei gegeneinander beweglichen Klappen bestehend, die durch ein Ligament verbunden sind.
Seite 70

Tintenfische (Kopffüßer)
(Klasse Cephalopoda)
Gehäuse rückgebildet und vom Mantel überwachsen (Schulp) oder fehlend; Fuß zu einem Trichter und mindestens acht saugnapfbewehrten Armen umgebildet.
Seite 104

BINNENMOLLUSKEN

Binnen-Vorderkiemer
(Unterklasse Prosobranchia)
Gehäuseschnecken mit am Fuß angewachsenem Deckel; Augen am Grund der Fühler; wasser- und landlebende Formen.
Seite 115

Grundäugler
(Ordnung Basommatophora)
Gehäuseschnecken ohne Deckel; Augen am Grund der Fühler; mit Ausnahme der Zwerghornschnecken wasserlebende Formen.
Seite 131

Stieläugler
(Ordnung Stylommatophora)
Gehäuseschnecken ohne Deckel und Nacktschnecken; Augen an der Spitze des oberen Fühlerpaares;
nur landlebende Formen.
Seite 141

Süßwassermuscheln
(Klasse Bivalvia)
Gehäuse aus zwei gegeneinander beweglichen Klappen bestehend, die durch ein Ligament verbunden sind.
Seite 255

Zum Buch

Den Weichtieren bringen selbst Naturfreunde allgemein wenig Zuneigung entgegen. Im Garten bekämpfen wir die ebenso langsamen wie wehrlosen, aber scheinbar unbesiegbaren Nacktschnecken mit der Gegnerschaft des Verlierers. So verengt sich die Beziehung vieler Menschen zu den Landschnecken auf ein Feindbild, entstanden durch wenige Nacktschnecken-Arten im Siedlungsraum.

Aus menschlicher Sicht freundlicher gestaltet sich unsere Beziehung zu den Weichtieren der Meere. Die Gehäuse der marinen Schnecken und Muscheln zeigen über ihre biologischen Funktionen des Stützens und Schützens hinaus überraschend reizvolle Formen, Muster und Farben. Sie stellen bis heute begehrte Sammelobjekte dar. Die Schnecken und Muscheln der Meere sowie die ihnen verwandten Tintenfische spielen zudem als eßbare »Meeresfrüchte« eine bedeutende wirtschaftliche Rolle.

Frau Dr. Fechter beschreibt einen repräsentativen Querschnitt durch die wichtigsten und auffallendsten *Meeresmollusken* europäischer Strände und Meere.

Ich danke Frau Antje Buhtz dafür, daß sie zahlreiche Bildvorlagen von Gehäusen ihrer umfangreichen Privatsammlung mariner Mollusken sowie Lebendbilder für diesen Band zur Verfügung stellte.

Die Gehäuse oder Lebendbilder markanter Arten stehen oft stellvertretend für viele, nur dem Fachmann sicher unterscheidbare Arten der jeweils gleichen Gattung oder Familie.

Zur schnellen Orientierung erhielten die Arten in ihrer Überschriftzeile einen Buchstabenhinweis, ob sie im Atlantik (A), im Mittelmeer (M), in der Nord- oder Ostsee (N oder O) vorkommen.

Dem Strandgänger dienen klare Gehäuseaufnahmen vor neutralem Hintergrund oft besser zur Artbestimmung als Lebendaufnahmen aus Aquarien. Abweichende Gehäusemerkmale ähnlicher Arten lassen sich im Bild überhaupt nur an Zusammenstellungen (Tableaus) der Gehäuse wahrnehmen, weil hier jeweils die gleiche Gehäuseseite im gleichen Aufnahmemaßstab gezeigt wird.

Anders stellen sich die Anforderungen an ein Bestimmungsbuch bei den *Binnenmollusken*. Hier kann der interessierte Naturfreund viele Arten in ihren jeweiligen Lebensräumen aufsuchen. Allerdings bieten auch hier Gehäusetableaus gute, oft entscheidende Bestimmungshilfen.

Von den rund 480 im Buch mit Farbfotos dargestellten Arten der Binnenmollusken konnten 279 lebend abgebildet werden. Von ihnen fotografierte Alfred Limbrunner 223 Arten sowie sämtliche Gehäuse eigens für dieses Buch. Um die lebenden Tiere mit ihren jeweils dazugehörigen Original-Biotopteilen zu beschaffen, bereisten Gerhard Falkner und seine Frau die Schweiz, Italien und Südfrankreich. A. Limbrunner durchforschte Jugoslawien und Griechenland, wobei ihm einmalige Bilder lebender Schließmundschnecken glückten. Unter den griechischen Schließmundschnecken befand sich sogar eine für die Wissenschaft neue Unterart, die nun Limbrunners Namen trägt. Die wissenschaftliche Beschreibung dieser Unterart durch H. Nordsieck, den besten Kenner der Gruppe, findet sich im Anhang dieses Buches.

H. Nordsieck brachte in Zusammenarbeit mit dem Autor auch die Systematik dieses Bandes auf den neuesten Stand und beriet den Autor dankenswerterweise bei der Erstellung des Schließmundschnecken-Teils (Seite 154–165).

Weitere Malakologen (Weichtierforscher) und Museen, die ihr Sammlungsmaterial oder lebende Tiere für das Buch zur Verfügung stellten, werden auf Seite 280 aufgeführt. Ihnen gilt der Dank von Verfasser und Herausgeber.

Nach Seitenumfang und Artenzahl überwiegen in unserem Band Weichtiere des Festlands und der Süßgewässer, die man als Binnenmollusken zusammenfaßt. An Zahl sowohl ihrer Arten als auch der Individuen stellen sie einen wesentlichen Teil des Tierinventars unserer heimischen Lebensräume. Im Gegensatz zu dieser Tatsache ist die allgemeine Artenkenntnis gegenüber den Binnenmollusken denkbar gering. Schon beim Durchblättern des vorliegenden Bandes erweitert sich das übliche Bild der heimischen Weichtierfauna beträchtlich. Besonders die kleinen Arten der Schnecken bis zu Gehäusegrößen im Millimeterbereich entgehen gewöhnlich der Aufmerksamkeit des Naturbetrachters. Ihr Arten- und Formenreichtum erschließt sich erst unter der Lupe, bei den kleinsten Arten unter dem Mikroskop. Aber gerade die erstaunliche Fülle dieser Arten weist darauf hin, daß ihre jeweiligen Vorkommen unterschiedliche Umweltbedingungen auch kleinster Lebensräume im Haushalt der Natur spiegeln. Gegenüber den sehr beweglichen Insekten sind die ortsfesteren Weichtiere mit ihren aufs feinste differenzierten Umweltansprüchen nicht in der Lage, auf veränderte Bedingungen durch Ausweichen oder Abwandern zu reagieren. Ob es möglich ist, die offenbar sehr engmaschige Vernetzung der Beziehungen zwischen Weichtieren und Umwelt gründlich zu erforschen, bevor ein Großteil dieses eher im verborgenen wirkenden Mikrokosmos unwiederbringlich verschwindet, bleibt dahingestellt.

Bei den in der BRD vorkommenden Binnenmollusken wurde in der Überschriftzeile das Kürzel RL eingefügt, wenn diese Arten in eine Gefährdungskategorie einer Roten Liste eingestuft sind. Es weist darauf hin, daß es sich um eine besonders schutzwürdige Art handelt. Einzelne Gefährdungskategorien wiederzugeben, erschien nicht sinnvoll, da die Roten Listen noch zu uneinheitlich sind und die Meinungen der Fachleute über den Grad der Bedrohung einzelner Arten bisweilen auseinandergehen.

Am Schluß des Bestimmungsteils wird am Beispiel einiger natürlicher Feinde gezeigt, daß die Mollusken nicht nur als Konsumenten und Destruenten im Stoffkreislauf wirken, sondern ihrerseits eine Lebensgrundlage anderer, zum Teil hochgradig spezialisierter Arten bilden. Auch die Bedrohung durch menschliche Eingriffe in das Biotopgefüge wird am Beispiel verdeutlicht.

Die Beschaffung, die Haltung und das Fotografieren vieler in Lebendbildern gezeigten Arten erforderte ein hohes Maß an Geduld und Erfahrung.

Ich danke den Autoren für ihre durch nichts erschütterbaren Ansprüche an die Qualität einer solchen Veröffentlichung. Das vorliegende Ergebnis mag alle Beteiligten mit dem ungewöhnlichen Aufwand zur Entstehung eines Buches versöhnen, vor allem aber dem Bandbenutzer einen bislang nicht möglich gewesenen Einblick in den Formenkreis europäischer Weichtiere eröffnen. Dem Verlag danke ich für die erwiesene Geduld.

Nicht zuletzt hoffe ich, daß dieses Buch auch dem Schutz der dargestellten Lebewesen selbst dient. Er wird nur über weit umfangreichere Anstrengungen für den Erhalt naturnaher Lebensräume erreichbar sein als sie bisher geleistet wurden. Lebensräume aber, welche diese Bezeichnung verdienen, werden die Menschen morgen so bitter entbehren wie heute schon ein Großteil ihrer Mitgeschöpfe.

G. S.

Weichtiere *(Mollusca)*

Mollusken sind eine Tiergruppe, mit der jeder schon einmal in Berührung gekommen ist, sei es im Gras und Gebüsch der Wiesen und Gärten, im Wald, beim Betrachten eines Teiches, bei einer Wanderung am Strand oder bei einem Tauchgang. Darüber hinaus bereichern Weichtiere unseren Speisezettel als Austern, Miesmuscheln, Weinbergschnecken und Tintenfische.

Die Weichtiere sind nach den Gliedertieren (Krebse, Spinnen und Insekten) mit etwa 130000 Arten der artenreichste Tierstamm. Er gliedert sich in zwei Unterstämme: die Stachelweichtiere *(Aculifera)* oder Urmollusken und die Schalenweichtiere *(Conchifera)*. Zu den Stachelweichtieren zählen die drei Klassen Käferschnecken *(Polyplacophora)*, Schildfüßer *(Caudofoveata)* und Furchenfüßer *(Solenogastres)*. Zu den Schalenweichtieren gehören die fünf Klassen Einschaler *(Monoplacophora)*, Schnekken *(Gastropoda)*, Kahnfüßer *(Scaphopoda)*, Muscheln *(Bivalvia)* und Tintenfische *(Cephalopoda)*.

Die Einschaler, Schildfüßer und Furchenfüßer werden in diesem Buch nicht behandelt, weil sie entweder nur beiderseitig des Äquators vorkommen oder in tieferem Wasser der Meere leben. Die Größenskala der Weichtiere reicht von rund einem Millimeter bei manchen Furchenfüßern und auch Schnecken bis zu den Riesenkalmaren von über 20 m Länge. Zwar kommen die meisten Mollusken im Meer vor, doch haben sie auch, wie eine Anzahl von Muscheln und Schnecken, das Süßwasser und – allerdings nur die Schnecken – das Land erobert. Man findet ihre Vertreter auf den Höhen des Himalaya oberhalb der Schneegrenze, im Oberflächenwasser der Hochsee und in über 5000 m Meerestiefe. Sie leben in warmen Quellen, frieren im Eis der Teiche und Flüsse ein und vermögen sogar, wenn auch nur vereinzelt, in der heißen, trockenen Luft der in der Sonne brütenden Wüste zu überdauern.

Mollusken wirken völlig unterschiedlich in ihrem Erscheinungsbild. Sie umfassen einfache wurmähnliche Schildfüßer bis hin zu hochentwickelten Tintenfischen. Gemeinsam ist allen im typischen Fall eine harte Kalkschale und der Weichkörper, der sich in Kopf, Fuß, Eingeweidesack und Mantel gliedert.

Das Gehäuse, auffälligstes Merkmal der Weichtiere, dient als Schutz für den weichen, durch kein inneres Skelett gestützten Körper, sozusagen ein Außenskelett als Ansatzpunkt der Muskeln. Darin kann sich das Tier bei Gefahr und ungünstigen Umweltbedingungen zu-

Käferschnecken

Furchenfüßer

Schildfüßer

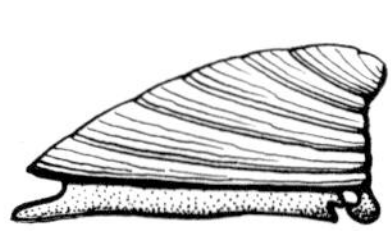
Einschaler

Schnecken

Kahnfüßer

Muscheln

Tintenfische

rückziehen. Es ist so vielgestaltig in Form und Farbe, daß es als Unterscheidungsmerkmal für die Systematik herangezogen wird. Von vielen Arten ist bis heute nur das Gehäuse bekannt. In der Regel einteilig bei den Schnecken, ist es bei den Muscheln immer zweiklappig. (Häufig wird der Fehler gemacht, Meeresschnecken allgemein als Muscheln zu bezeichnen.) Bei den Tintenfischen kann die Schale eine äußere bzw. innere sein oder ganz fehlen. Die Käferschnecken tragen 8 Schalenplatten, Schildfüßer und Furchenfüßer besitzen keine Schale.

Die Schale wird von einer Hautfalte, dem Mantel, abgeschieden und besteht vorwiegend aus kohlensaurem Kalk, welcher der Nahrung oder dem umgebenden Medium (z. B. Wasser) entnommen wird. Durch Anlegen immer neuer Schichten wird die Schale verdickt bzw. erweitert.

Molluskengehäuse werden vor allem wegen ihrer interessanten Muster und Farben bewundert und gesammelt. Ein Streifen am Mantelrand, der pigment- und granulabildende Zellen enthält, bringt die Farben hervor. Die Anordnung des Musters wird durch die periodische Tätigkeit dieser Zellen hervorgerufen. Beschädigungen am Gehäuse werden ausgebessert, vorausgesetzt das Mantelgewebe ist unversehrt, sonst kommt es zu Mißbildungen. Die Schalen sind von unterschiedlicher Dicke, oft dünn und zerbrechlich bei Land- und Süßwasserschnecken, dagegen meist dick und massig bei den Meeresmollusken. Ihre Gehäuse sind oft so schwer, daß die Tiere sie nur mit Hilfe der Auftriebskraft des Wassers zu bewegen vermögen.

Die Schale baut sich aus drei Schichten auf: die innere Perlmutterschicht, die aber nur bei vielen Altschnecken und einer Reihe von Muscheln noch erhalten ist; die mittlere Prismenschicht und schließlich die Deckschicht, das Periostrakum, eine sehr widerstandsfähige hornartige Schicht aus Conchin, die gegen schädliche Umwelteinflüsse schützt, oft aber durch Beanspruchung bereits abgerieben und nur noch als bräunliche Hautfetzen erkennbar ist.

Ein weiteres molluskentypisches Merkmal ist die Raspelzunge, die Radula, die im Vorderdarm liegt und nur bei Muscheln fehlt. Sie besteht aus unzähligen feinen Chitinzähnchen, die wie bei einem Reibeisen in Reihen auf einem Band stehen. Die Anordnung dieser Zähnchen bildet ein systematisches Merkmal. Das Band liegt auf einem beweglichen Zungenpolster und raspelt beim Hin- und Hergleiten

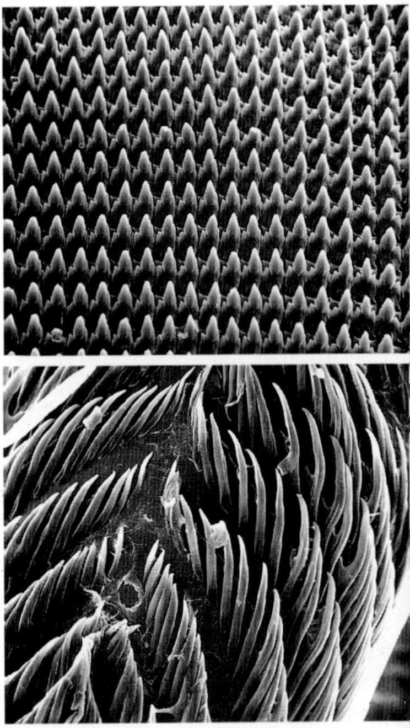

Oben: Radula der Roten Wegschnecke, eines Pflanzen- und Moderfressers. Die etwa 20000 ins Schlundinnere gerichteten Zähnchen arbeiten schabend. Unten: Radula der Rötlichen Daudebardie, einer Raubschnecke. Die mit etwa 1800 dolchartigen Zähnen besetzte Zunge wird beim Beutefang vorgestülpt und zieht das Beutetier (meist Regenwürmer) im Ganzen in den Schlund (beide Bilder hundertfach).

Nahrungsteilchen von pflanzlichem und tierischem Gewebe ab. Abgenützte Zähnchen werden vorn abgestoßen und am hinteren Ende durch neue Zahnreihen ersetzt.
Der weiche Molluskenkörper gliedert sich in Kopf, Fuß, Eingeweidesack und Mantel. Der Kopf – er fehlt den Muscheln – ist Träger der Sinnesorgane (Augen und Fühler) und des Zentralnervensystems. Der muskulöse Fuß kann als flache Kriechsohle ausgebildet sein oder, wie bei den Muscheln, eine keilförmige Gestalt haben. Bei den Tintenfischen ist er mit dem Kopf verschmolzen und zu beweglichen Fangarmen umgebaut. Im Eingeweidesack, einer bruchsackartigen Vorwölbung am Rücken, liegen Magen, Darm, Verdauungsdrüsen, Herz, Niere und Geschlechtsorgane (siehe Zeichnung S. 71).
Der Mantel, eine manschettenartig vorspringende Hautfalte zwischen Fuß und Eingeweidesack hat, wie schon erwähnt, die Aufgabe, die Kalkschale abzuscheiden. Er überdacht eine Rinne, die sogenannte Mantelrinne, die sich am Hinterende zur Mantelhöhle erweitert. In sie ragen die Kiemen und münden die Ausführgänge von Nieren, After und Geschlechtsdrüsen.
Es ist ein richtiges, von einem Beutel umschlossenes Herz ausgebildet, das Blutgefäßsystem aber noch offen. Das mit Sauerstoff angereicherte Blut wird von der Herzkammer in von ihr abgehende Arterien gepumpt, umspült und versorgt die in den Körperhohlräumen liegenden Organe, strömt dann zu den Kiemen, wo es sich mit Sauerstoff belädt und wieder zum Herzen zurückgeführt wird.
Die Blutflüssigkeit hat neben dem Sauerstoff- und Nährstofftransport auch die Aufgabe, die Bewegung des Tieres zu unterstützen. Wenn das Tier aus dem Gehäuse herauskommt, wird durch Einpressen der Blutflüssigkeit der Fuß zum Anschwellen gebracht, Tentakel und Be-

Herzmuschel (Rudicardium tuberculatum) mit Grabfuß

gattungsorgane werden ausgestülpt. Das Zurückziehen in das Gehäuse hingegen ist reine Muskelarbeit.
Ursprünglich atmeten die Weichtiere, die ja aus dem Wasser stammen, durch Kiemen. So atmen die meisten das Süßwasser und Meer bewohnenden Mollusken. Die Kiemen sind Auswüchse der Körperwand und können einfach, zweifach oder vierfach vorkommen. Mit dem Schlag der Kiemenwimpern wird Wasser über die federartig gebauten Kiemen gestrudelt und ihm dabei der Sauerstoff entnommen. Die anders geartete Atmung der Landschnecken wird unter dem Stichwort Schnecken behandelt.
Einige Schnecken und Muscheln besitzen Siphonen, vom Mantelrand gebildete Röhren, mit deren Hilfe sie Wasser in den Mantelraum einsaugen bzw. wieder ausstoßen. Tiere, die in Sand und Schlick tiefer eingegraben leben, entwickeln so lange Siphonen, daß sie diese bis zur Bodenoberfläche vorstrecken können.
Der Verdauungstrakt besteht aus Vorder-, Mittel- und Enddarm. In den Vorderdarm ergießen Speicheldrüsen ihr Sekret, das der Vorverdauung dient. Den Mitteldarm bilden Magen und die eigentlichen Verdauungsdrüsen. Der Magen kann zu Blindsäcken ausgebuchtet sein und wird manchmal durch harte Platten zum Kaumagen. Ein besonders auffallendes Organ ist die Mitteldarmdrüse, die mehrere Funktionen ausübt: einmal erzeugt sie Verdauungsfer-

mente, dann resorbiert sie den Nahrungsbrei und schließlich speichert sie die aufgenommenen Stoffe (neben Kohlehydraten und Fetten auch Kalk). Der Enddarm ist, je nach Ernährungsart, kurz bei Fleischfressern und lang bei Pflanzenfressern.

Die Nieren sind vom Herzbeutel ausgehende paarige Kanäle mit Flimmertrichtern. Sie entziehen der sie umspülenden Blutflüssigkeit die Ausscheidungsstoffe und führen sie über die Mantelhöhle aus.

Auch die Geschlechtsausfuhrgänge münden hier. Der Bau der Geschlechtsorgane ist so verschieden, daß sie jeweils bei den Arten besprochen werden. Es gibt nur geschlechtliche Fortpflanzung. Neben Zwittern (z. B. Lungen- und Hinterkiemerschnecken, sowie einigen Tiefseemuscheln) gibt es getrenntgeschlechtige Arten, bei denen die Geschlechter meist gleich ausgebildet sind. Einige Muscheln und Vorderkiemerschnecken zeigen jedoch einen deutlichen Geschlechtsdimorphismus (Beispiele auf S. 115–119 und 127). Bei den Begattungsarten findet man eine äußere und innere Befruchtung. Die meisten der wasserlebenden Arten stoßen ihre Spermien und die unbefruchteten Eier ins Wasser aus, wo sich dann die Befruchtung vollzieht. Begattung mit einem Penis unter besonderen Paarungsstellungen findet man vor allem bei landlebenden Schnekken (Beispiele u. a. auf S. 189, 195 und 252).

Fast alle Mollusken legen Eier, nur einige wenige oder mehrere Tausende. Es gibt auch Brutpflege. Die Entwicklung vollzieht sich über Larvenformen (die mit Wimpern besetzte Trochophora und den mit segelförmigen Anhängen versehenen Veliger), wie sie für marine Arten typisch sind. Sie treiben für einige Zeit im Plankton, sinken dann zu Boden, bilden die Larvenorgane zurück und entwickeln sich zum erwachsenen (adulten) Tier. Landlebende Schnecken legen ihre Eier häufig in Erdgruben ab, aus den Eiern schlüpfen in der Regel direkt die Jungschnecken.

Das Nervensystem zeigt bei den einzelnen Klassen unterschiedliche Entwicklungen. Bei den Stachelweichtieren ist noch keine scharfe Trennung zwischen Nervenknoten und Nervensträngen zu erkennen. Von einem Schlundring gehen, von vorn nach hinten ziehend, vier Längsstränge aus. Zwischen den Längssträngen bestehen Querverbindungen. Man spricht von einem Strickleiternervensystem, wie es auch die Würmer haben.

Bei den Schalenweichtieren finden wir paarige Nervenknoten (Ganglien), die unterschiedlichen Funktionen dienen: das Cerebralganglion versorgt die Kopfsinnesorgane; das Buccalganglion den Mundbereich und das Visceralganglion die Eingeweide. An den mittleren Längssträngen sind noch Pedalganglien ausgebildet, die den Fuß innervieren. Bei den hochentwikkelten Tintenfischen werden die Ganglien zu einer Art Gehirn zusammengefaßt. Entsprechend dem Entwicklungsgrad des Nervensystems sind die Sinnesleistungen ausgebildet. Akustische Sinneswahrnehmungen fehlen, statische sind nur bei den Schalenweichtieren ausgebildet: am Gehirn liegende Bläschen, in denen Kalkgranula und Sandkörnchen auf die mit Sinneszellen besetzte Innenwand drücken. Der Tastsinn kann über die ganze Körperoberfläche verteilt sein, meist ist er jedoch auf den Bereich um die Mundöffnung beschränkt. Bei vielen Schnecken dienen diese Tentakel als Tastsinnesorgane, die ständig in Bewegung sind und ihre Umgebung abtasten.

Die größten Unterschiede findet man bei den Lichtsinnesorganen. Im einfachsten Fall sind es nur unter der Haut liegende Sinneszellen. Die Form einer napfförmigen Einsenkung, auf deren Grund lichtempfindliche Sinneszellen stehen, ist eine Weiterentwicklung, wie wir sie z. B. bei *Haliotis* und den Archenmuscheln antreffen. Als weiterer Schritt der Entwicklung schließt sich die Grube zu einer Blase, wobei sich eine durchsichtige Hornhaut (Cornea) vor die Blasenöffnung schiebt. Bis hierher ist nur ein Hell-Dunkel-Sehen möglich. Weiter entsteht nun durch Bildung eines Sekretes im Blaseninnern eine lichtbrechende Linse, damit ist ein Bildsehen möglich. Die höchstentwickelten Augen, dem Wirbeltierauge vergleichbar, mit Cornea, Linse, Retina und Iris besitzen die Tintenfische.

Leuchtorgane kommen bei einer Reihe von Mollusken vor, besonders bekannt ist das Leuchtvermögen der Tiefseetintenfische. Das Leuchten kann durch Leuchtdrüsen, die ein Sekret absondern, hervorgerufen werden, oder es geht auf eine Symbiose mit im Meer häufigen Leuchbakterien zurück.

Es gibt in der Stammesgeschichte der Weichtiere Fossilfunde bereits aus dem Kambrium (340–450 Millionen Jahre), allerdings nur als Reste von Schalenweichtieren. Alle Fossilien lassen sich noch lebenden Klassen zuordnen, vor allem den Kopffüßern, z. B. die Ammoniten. Eine andere bekannte Kopffüßergruppe, die man oft als Versteinerungen findet, sind die Belemniten. Man kennt sie schon aus dem Karbon, aber ihre größte Entfaltung fanden sie erst in der Jura- und Kreidezeit.

Ein Beispiel für komplexe Verhaltensmuster bei Landschnecken: Eine aus der Trockenruhe erwachte Cians-Schnecke (Macularia saintivesi, S. 232) hat zunächst das Epiphragma gefressen (»Recycling« der wertvollen Eiweiß- und Mineralstoffe) und beginnt danach vom Mündungswinkel aus den Mundsaum sorgfältig von Schleimresten zu säubern. Ist der Mundsaum saubergeleckt, wird er mit den versteiften Nackenrunzeln »nachpoliert« (Gorges du Cians, Dép. Alpes Maritimes, F, 2fach).

Die etwa 1000 Arten sind urtümliche, ovale Weichtiere, deren Gehäuse aus acht miteinander verbundenen, beweglichen, sich dachziegelartig überlappenden und charakteristisch gefelderten Platten und einer dementsprechenden Anordnung der Muskulatur besteht. Die Platten werden von einem unterschiedlich breiten Wulst, einem Gürtel, umschlossen, der mit kalkigen Plättchen oder Stacheln besetzt ist und in dem eine Ring- oder Längsmuskulatur verläuft. Er entspricht wohl dem Mantel und ist auf der Bauchseite durch eine seichte Mantelrinne vom breiten Kriechfuß getrennt. Vorne setzt sich von diesem Kriechfuß ein kleiner Kopf mit der Mundöffnung ab, er besitzt weder Augen noch Fühler. In die Mantelrinne ragen eine größere Anzahl von Kiemen, und im hinteren Ende münden auf jeder Seite ein Nieren- und ein Geschlechtsausführgang sowie hinten in der Mitte der After.

In der Mundöffnung befindet sich eine Raspelzunge *(Radula)*, sie wird in einer Schlundtasche gebildet und wächst nach Abnützung ständig nach. Sie ist sehr lang und reicht bis zu einem Drittel Körperlänge in den Körper. Der Darm durchzieht den Körper gerade, in einem Magenbereich münden umfangreiche Mitteldarmdrüsen, die Verdauungssäfte absondern und Nährstoffe speichern; daran anschließend folgen Mittel- und Enddarm.

Das Herz weist zwei Vorkammern und eine Hauptkammer auf. Der Kreislauf ist offen. Die Blutflüssigkeit *(Haemolymphe)* zirkuliert in der Leibeshöhle, angetrieben durch die Arbeit des Herzens, unterstützt durch lokale Muskelkontraktionen.

Die Atmung erfolgt über Kiemen, deren Anzahl artspezifisch ist, zwischen sechs und 88 auf jeder Körperseite. Sie hängen frei in die Mantelrinne; ihre Oberfläche ist von Wimpern bedeckt, die den Wasserstrom einstrudeln.

Das Nervensystem besteht aus dem Schlundring und von ihm ausgehenden, seitlichen (Lateralstränge) und bauchwärts gelegenen (Ventralstränge) Strängen, die Querverbindungen aufweisen. Die Lateralstränge innervieren den dorsalen Bereich, die Rückenplatten, Nieren, Kiemen und Gonaden, die Ventralstränge den Fuß.

An Sinnesorganen gibt es Geschmacks- und Geruchsorgane und die »Schalenaugen«, die sehr zahlreich sind (es können bis zu 10000 solcher Schalenaugen vorkommen) und auf Lichtreize reagieren.

Die Käferschnecken sind getrenntgeschlechtig. Die Eier werden in eine gallertartige Substanz gehüllt abgelegt, die glatt sein kann oder knopfförmige bis stielartige Fortsätze trägt. Oft werden sie einige Zeit in der Mantelrinne getragen. Zur Laichzeit gibt ein Männchen sein Sperma ab und stimuliert damit die anderen Tiere zur Abgabe ihrer Keimzellen. Ein Weibchen legt etwa 500 Eier, aus denen sich Schwimmlarven entwickeln.

Lebensraum der Käferschnecken sind die Hartböden der Gezeitenzone (nur wenige Arten leben in tiefem Wasser). Mit dem flachen Körper und dem breiten Fuß vermögen sie sich eng an den Untergrund zu schmiegen und anzusaugen. Mit ihrem Gürtel pressen sie sich dabei fest an die Unterlage. Losgelöste Käferschnecken können sich mit Hilfe ihrer Muskulatur wie eine Assel einrollen, so kann den zarten Kiemen ein Hin- und Herrollen in der Brandung nichts anhaben. Die Nahrung sind Algen, welche die Felsen bedecken.

Schema der Organe einer Käferschnecke

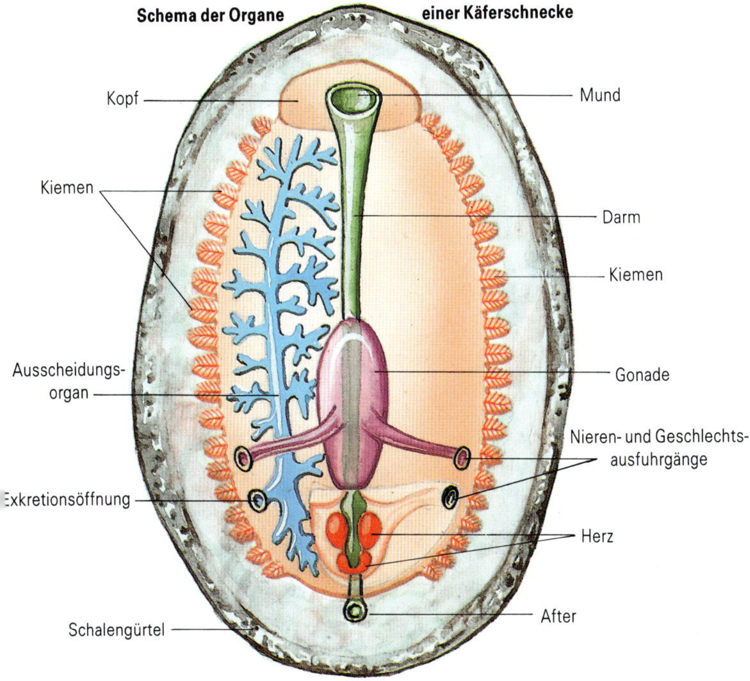

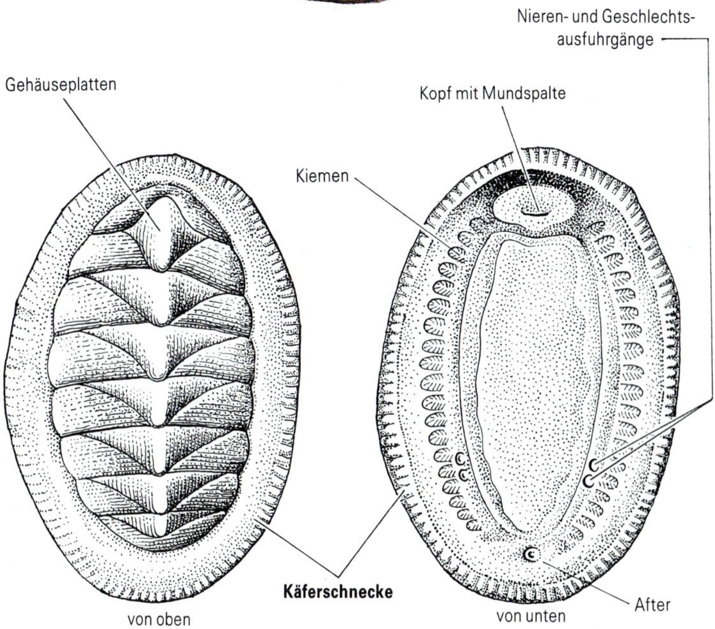

Käferschnecke

Assel-Käferschnecke M
Leptochiton asellus

Merkmale: Eine kleine Käferschnecke von nur etwa 2 cm Länge. Die 8 Rückenplatten sind fast glatt. Die Farbe ist graublau. Der gleichfarbige, ziemlich schmale Gürtel ist deutlich abgesetzt. Die Platten besitzen keine Ansatzstellen für Muskeln, die Tiere sind daher an brandungsausgesetzten Plätzen etwas benachteiligt.
Lebensraum: Sie kommt auf Sandgrund, Grobsand und Muschelklappen, aber auch auf Braunalgen in der äußeren Gezeitenzone vor.
Lebensweise: Die Nahrung der Käferschnecken richtet sich nach dem Bewuchs des Untergrundes, der abgeweidet wird. Hauptnahrungsquelle sind Algen und was dazwischen lebt, also Moostierchen, Diatomeen, Foraminiferen und kleine Krebschen. Nur zur Nahrungssuche verlassen die Tiere ihren Platz, auf den sie immer wieder zurückkehren.

Kajetans-Käferschnecke AM
Lepidopleurus cajetanus

Merkmale: Unter den Lepodopleuriden faßt man die primitiveren Käferschnecken zusammen. Bei ihnen sind an den Gehäuseplatten noch keine eigentlichen Muskelansatzstellen vorhanden, und auch der Gürtel ist ziemlich schmal. Das alles bedingt eine geringere Widerstandsfähigkeit der Tiere gegenüber der Brandung. Die vorliegende Art wird bis 3 cm lang und halb so breit. Sie ist von hellbrauner Farbe mit starken konzentrischen Rippen auf den Seitenfeldern und feinen Rippen auf den Mittelfeldern.
Lebensraum: Sie lebt im Mittelmeer und an der französischen Atlantikküste auf Steinen, Felsen, leeren Muschelklappen in geringer Tiefe. Man findet sie auch in Löchern von Bohrmuscheln, wo sie natürlich besonders gut geschützt ist.
Fortpflanzung: Käferschnecken sind in der Regel getrenntgeschlechtig und legen ihren Laich ins Wasser ab. Aus ihm entwickeln sich Schwimmlarven.

Ischnochiton rissoi AM

Merkmale: Bei den Ischnochitoniden sind die Gehäuseplatten fest mit dem Körper verwachsen und meist kräftig. Die Vertreter von *Ischnochiton rissoi* sind mittelgroß, bis 2 cm lang, von gelblichgrauer Farbe und gesprenkelt. Der Gürtel ist abwechselnd hell und dunkel gestreift. Platten mit Rippenstreifung.
Lebensraum: Im Mittelmeer findet man sie regelmäßig unter Steinen und in Felsritzen im flachen Küstenbereich. Sie kommen auch an der marokkanischen Atlantikküste vor.
Lebensweise: Die Brandungszone bietet ihnen sichtlich die besten Lebensbedingungen, weil man alle Ischnochitonidenarten in diesem Bereich antrifft, während mit dem Übergang in die tiefere Litoralzone der Formenreichtum rasch abnimmt.
Fortpflanzung: Dieselbe wie die aller Käferschnecken: Aus den befruchteten Eiern gehen Schwimmlarven hervor, die sich nach einiger Zeit planktonischen Lebens zum Jungtier entwickeln.

Callochiton laevis M

Merkmale: Die Art gehört zu den *Ischnochitonidae*, bei denen die abgesetzten Seitenränder der Plattenunterseite an den Schlitzen nicht gezähnt sind. Die Platten sind gekörnt, teils schwach gerippt. *Callochiton laevis* ist mit etwa 2 cm mittelgroß. Die Seitenfelder sind mit schwarzen Punkten gezeichnet. Die sehr schmalen dorsalen Gürtelschuppen überdecken sich dachziegelartig, der Gürtelrand wird von langen gebogenen Stacheln überragt. Die Färbung ist meist rot, seltener gelb oder olivgrün.
Lebensraum: Das Mittelmeer. Man findet diese Art dort regelmäßig ab 10 m Tiefe, besonders auf Rotalgen der Gattungen *Corallina* und *Lithophyllum* an Höhleneingängen, seltener sitzt sie an der Unterseite von Steinen im Flachwasser.
Fortpflanzung: Aus den Eiern gehen Schwimmlarven hervor, die einige Zeit im Plankton treiben, ehe sie absinken und zur Käferschnecke heranwachsen.

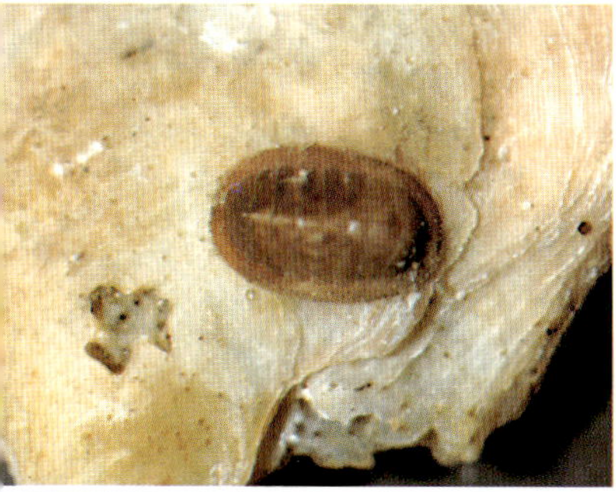

Rändel-Käferschnecke AMNO
Lepidochitona cinerea

Merkmale: Die 2 cm lange, meist aschfarbene, doch variabel gefleckte (auf dem Bild ist sie braungefleckt) Käferschnecke hat einen deutlich abgesetzten, hell und dunkler gestreiften Gürtel. Man findet kaum zwei Individuen, die einander gleichen. Die dunkleren Punkte auf den Rückenplatten sind die Enden sensibler Hautfortsätze, die als Sinnesorgane für Licht- und Schattenwahrnehmung dienen, denn die Käferschnecken sind vorwiegend Lichtflüchter.
Lebensraum: Sie ist nicht überall häufig, ihr Vorkommen ist lokal begrenzt. Man findet sie jedoch an allen europäischen Küsten auf felsigen und steinigen Böden, an Holzpfählen und auf Muschelschalen. In Meereswasseraquarien lassen sich die Tiere gut halten.
Lebensweise: Das sehr flache Gehäuse dieser Art setzt der Brandung wenig Widerstand entgegen, zudem haftet sie fest mit dem breiten Fuß auf der Unterlage. Sie nährt sich vom Algenaufwuchs.
Fortpflanzung: Manche Forscher geben an, daß diese Art Brutpflege betreibt.

Korallen-Käferschnecke M
Chiton corallinus

Merkmale: Sie zeichnet sich durch rot gesprenkelte Rückenplatten aus und einen hell und dunkler rot gestreiften Gürtel. Die Platten sind gekielt, die Seitenfelder ohne Rippen. Mit 12 mm Länge gehört sie zu den kleinsten Käferschnecken.
Lebensraum: Ihre Heimat ist das Mittelmeer, wo sie regelmäßig auf roten Krustenalgen, Muscheln- und Krebspanzern oder Bryozoenstöckchen vorkommt; von 10 m Tiefe an.
Lebensweise: Ihre farbliche Anpassung an die Rotalgen, auf denen sie bevorzugt lebt, ist hervorragend, oft kann man sie kaum von ihrer Umgebung unterscheiden, zumal sie selbst meist mit Algen und Flechten bewachsen ist. Als Nahrung dienen ihr die Algen, sie verläßt ihren Platz nur zur Nahrungssuche und kehrt wieder auf ihn zurück. Sie sitzt so fest, daß man sie nur mit Gewalt von ihrer Unterlage lösen kann. Die Tiere sind sehr lichtscheu und daher nachtaktiv.
Fortpflanzung: Wie bei vorhergehender Art.

Oliven-Käferschnecke M
Chiton olivaceus

Merkmale: Die 4 cm lange Art hat auf gelbbraunem bis olivgrauem Grund ein sehr deutliches Muster von Längs- und Querstreifung der Mittel- und Seitenfelder hervorgebracht. Der Gürtel weist eine abwechselnd helle und dunkle Streifung auf. Die Platten sind gekielt. Die Färbung ist sehr variabel, die Farbe ändert sich manchmal mit dem Alter oder bei Nahrungswechsel. Oft aber werden die Farbänderungen durch Aufwuchs oder Zerstörung der oberflächlichen Schichten hervorgerufen.
Lebensraum: Das Mittelmeer, wo die Art häufig unter Steinen, in Felsnischen oder auf leeren Schalen von Weichtieren oder Krebspanzern von der Gezeitenzone bis in geringe Tiefe vorkommt.
Lebensweise: Für das Leben in der Brandungszone ist sie, wie alle Käferschnecken, durch ihren breiten Fuß, mit dem sie sich an die Unterlage preßt, gut ausgerüstet.
Fortpflanzung: Laichzeit ist Mai. Die Lebensdauer beträgt 3–6 Jahre.

Stachel-Käferschnecke AM
Acanthochitona communis

Merkmale: Bei den Acanthochitoniden überwächst der breite Gürtel die Plattenränder. Die Platten sind gekörnt. Die Gürteloberseite ist mit kräftigen Stacheln versehen, die in Bündeln stehen. Die vorliegende Art wird 3 cm lang. Meist ist sie grau, weist aber auch gelbe und rötliche Töne auf. Die lebenden Tiere sind oft mit Schlamm verkrustet.
Lebensraum: Die Hartböden des Mittelmeers und des angrenzenden Atlantiks vom Flachwasser bis in größere Tiefen. Kommt auch im Indopazifik vor, ist dort aber kleiner.
Lebensweise: Die Stachelbündel dienen als Tastorgane.
Fortpflanzung: Aus den in Schnüren abgelegten Eiern entstehen frei schwimmende Wimperkranzlarven *(Trochophora)*, an denen sich schon bald die 8 Rückenplatten abzuzeichnen beginnen. Schon nach wenigen Stunden verlieren die Larven die Wimpern, sinken zu Boden und entwickeln sich zum Jungtier.

Eine kleine Molluskenklasse, die nur etwa 350 Arten umfaßt. Sie fallen durch ihre besondere Gehäuseform auf, eine vorne und hinten offene Röhre, die in ihrer gebogenen Form dem Stoßzahn eines Elefanten gleicht. Sie erreichen eine Größe zwischen 2,5 und 12 cm.

Die Gehäuseoberfläche ist meist weiß und glatt oder mit längsverlaufenden Rippen versehen, der Gehäusequerschnitt ist in der Regel rund. Die Schaleninnenseite wird vom Mantel ausgekleidet, der auf der Bauchseite eine röhrenförmige Mantelhöhle frei läßt, die auf beiden Seiten durch Ringsmuskeln blendenartig verengt werden kann. Schlagende Wimpern erzeugen in dieser Röhre einen steten Wasserstrom, der am Vorderende eintritt und die Mantelhöhle am Hinterende wieder verläßt. Der fingerförmige Fuß dient zum Graben in den obersten, sandigen Schichten der Meeresböden, welche der Lebensraum dieser Tiere sind.

Über dem Fuß liegt ein zu einem Mundrohr reduzierter Kopfteil, an dessen Basis Fangfäden *(Captacula)* sitzen, dünne, am Ende keulenförmig verdickte, klebrige Fortsätze, die zum Fang kleiner Beutetiere aus dem umgebenden Sandlückensystem des Bodens dienen. Die Fangfäden werden ausgestreckt, nach Ergreifen der Beute schnell wieder zurückgezogen und zur Mundöffnung geführt.

Die Kahnfüßer sind Nahrungsspezialisten, die sich von Kammerlingen (Foraminiferen) ernähren, deren Schalen mit der im Schlund sitzenden *Radula* geknackt werden. Ist ein Gebiet abgegrast, so wird ein neuer Standort gesucht.

Der Darmkanal biegt nach einer magenartigen Erweiterung, mit der die große Mitteldarmdrüse in Verbindung steht, wieder nach vorn, wo er in die Mantelhöhle mündet. Dicht daneben liegen die Nieren, in die auch die Geschlechtsprodukte abgegeben werden. Nieren und Gonaden haben also einen gemeinsamen Ausführgang. Das Herz hat keine Vorhöfe, Blutgefäße fehlen. Die Blutflüssigkeit (Haemolymphe) wird nicht durch das Herz, sondern durch rhythmische Fußbewegungen angetrieben. Das Nervensystem besteht aus mehreren Ganglien, die untereinander verbunden sind. Die Atmung erfolgt durch die Manteloberfläche.

Die Kahnfüßer sind getrenntgeschlechtig. Ei- und Samenzellen werden ins Wasser abgegeben. Die Entwicklung erfolgt über eine bewimperte Schwimmlarve, die nach einiger Zeit zu Boden sinkt und zum Jungtier heranwächst. Die Scaphopoden wachsen zeitlebens weiter, wobei mit fortschreitendem Wachstum das dünne Ende der Schale abgestoßen wird.

Meerzahn AN
Dentalium entalis

Merkmale: Einer der bei uns häufigsten Kahnfüßer ist der Meerzahn. Er wird bis 5 cm lang. Sein rötlichgraues, gebändertes Gehäuse hat eine glatte Oberfläche. Er verschmälert sich zum Hinterende hin sehr stark. Die Fangfäden, die zu beiden Seiten des muskulösen Rüssels sitzen, sind am Ende keulenförmig verdickt. Auf dem Bild ist der zu einem Grabwerkzeug umgestaltete, fingerförmige Fuß zu sehen, der aus dem weiteren Schalenende herausragt.

Lebensraum: Im Atlantik und in der Nordsee findet man diesen **Elefantenzahn** überall in Sand- und Schlammböden; häufig wird er am Strand angespült.

Lebensweise: Das Tier gräbt sich bis zu ⅔ seiner Gehäuselänge in den Boden ein. Dabei wird der Fuß in den Sand gepreßt und durch Schwellgewebe ankerartig verbreitert, durch Muskelzug wird das Tier dann in den Boden nachgezogen. Wenn das umgebende Gebiet auf der Suche nach Freßbarem erschöpft ist, bewegt es sich dort weiter, bis es auf neue Nahrungsquellen stößt.

Fortpflanzung: Sie erfolgt durch Schwimmlarven, die sich 3–5 Tage in tieferem Wasser aufhalten und sich dann zu Jungtieren entwickeln.

Schema der Organe eines Kahnfüßers

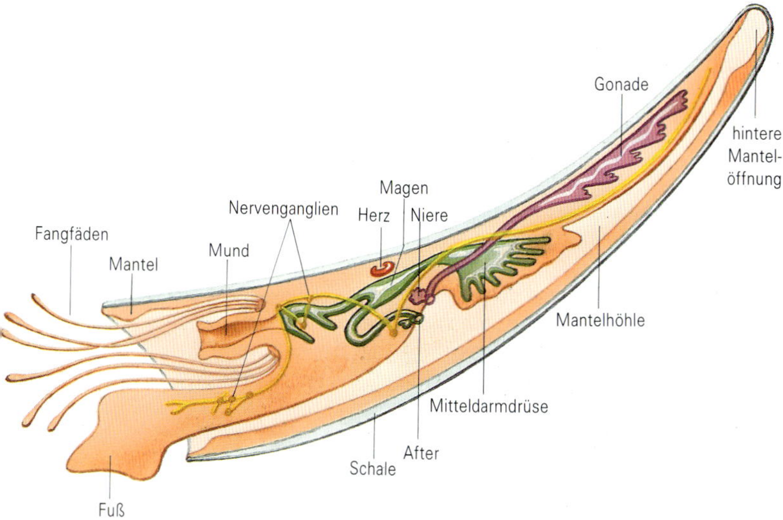

Kahnfüßer

Über 100000 Arten zählt diese artenreichste Gruppe der Weichtiere. Sie ist aber auch in ihrer Gehäuseform am variabelsten: ungewunden, napfförmig, flach gewunden bis hochgetürmt. Ebenso zeigt sie am deutlichsten die typische Gliederung des Weichkörpers in Kopf, Fuß, Eingeweidesack und Mantel.

Die Schale des Schneckengehäuses besteht aus den schon bei den Mollusken beschriebenen Schichten; die häufig bunte Gehäuseoberfläche kommt meist erst nach dem Abrieb des *Periostrakums* zum Vorschein. Im einfachsten Fall ist das Schneckengehäuse als spiralig gewundene Röhre angelegt, die sich zunehmend erweitert. Wenn die Windungen, die auch als Umgänge bezeichnet werden, sich an der Windungsachse berühren, bilden sie eine solide Spindel *(Columella)*, die an der Mündung den sogenannten Spindelrand hervorbringt; berühren sich die Windungen nicht, so entsteht ein kegelförmiger Hohlraum, der Nabel *(Umbilicus)*, der an der Gehäusebasis zu sehen ist. Oben und unten berühren sich die Windungen in einer Naht *(Sutur)*. Die Anfangswindungen mit dem Embryonalgewinde bilden die Gehäusespitze, den *Apex*. Am gegenüberliegenden Gehäuseende liegt die Basis, der untere Gehäuserand, der bei vielen Arten in einen Kanal, die Siphonalrinne, ausgezogen ist, welcher die Atemröhre des Tieres birgt. Die Öffnung, durch die der Weichkörper der Schnecke aus dem Gehäuse gleitet, heißt Mündung, sie kann rund, eiförmig oder spaltförmig sein. Der Außenrand dieser Mündung kann scharfrandig oder lippenförmig verdickt, innen glatt oder gezähnt, außen mit Höckern oder Stacheln besetzt sein. Die Schalenoberfläche ist glatt und glänzend oder mit Rippen, Höckern, Stacheln oder Borsten besetzt; dabei können die Rippen parallel zur Achse verlaufen *(Axialskulptur)* oder senkrecht dazu stehen *(Spiralskulptur)*. Treten die Skulpturen in gleicher Stärke gemeinsam auf, so ergibt sich eine Gitterung, manchmal mit Knötchen an den Kreuzungspunkten. Manche Gruppen haben auf der Oberseite des Fußhinterendes eine hornige oder verkalkte Scheibe, den Deckel *(Operculum)*, ausgebildet, die genau in die Gehäusemündung eingepaßt ist und diese verschließt.

Ein molluskenatypisches Merkmal unterscheidet die Schnecken von allen anderen Weichtieren: die Drehung *(Torsion)* des Eingeweidesackes. Dabei dreht sich dieser während der Entwicklung entgegen dem Uhrzeigersinn 180° um seine Längsachse und windet sich gleichzeitig spiralig auf. Auf diese Weise kommt die Mantelhöhle mit den paarigen Kiemen, den Nieren und Herzvorhöfen sowie der Geschlechtsöffnung und dem After auf die Körpervorderseite. Dadurch kommen die Kiemen vor das Herz zu liegen, und man bezeichnet diese Schneckengruppe als Vorderkiemer *(Prosobranchia)*. In diesem Zusammenhang geht jeweils eines der paarigen Organe verloren, so daß nur mehr ein Herzvorhof, eine Kieme und eine Niere vorhanden sind. Die linke Mitteldarmdrüse ist auf Kosten der rechten stark vergrößert, und die Keimdrüsen sind nur einseitig entwickelt. Bei den Hinterkiemern *(Opisthobranchia)* findet eine teilweise Rückdrehung des Eingeweidesakkes statt, die Mantelhöhle kommt auf die rechte Körperseite zu liegen, und somit wandert die Kieme wieder hinter das Herz. Ebenso verhält es sich bei den Lungenschnecken *(Pulmonata)*, die sich aber von den Hinterkiemern durch das Fehlen der Kiemen unterscheiden. Bei ihnen ist die Decke der Mantelhöhle zu einem von feinsten Blutgefäßen durchzogenen Gewebe umgewandelt, das ähnlich wie eine Lunge arbeitet.

Bei vielen Hinterkiemern und Lungenschnekken tritt der Eingeweidesack nur wenig hervor, die Organe sind dann größtenteils in den Fuß verlagert. Häufig geht damit auch eine

Schema der Organe einer Schnecke

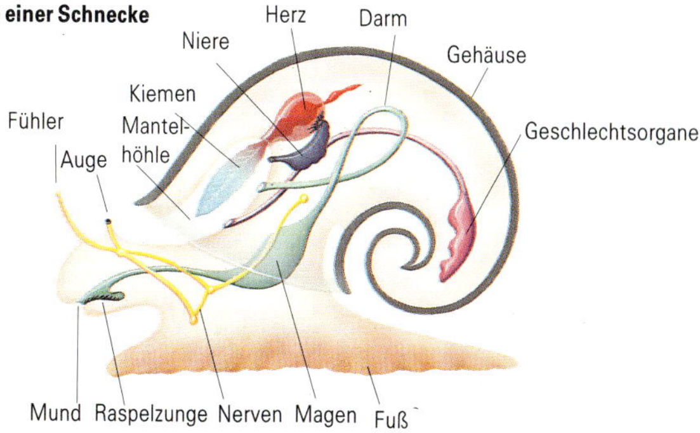

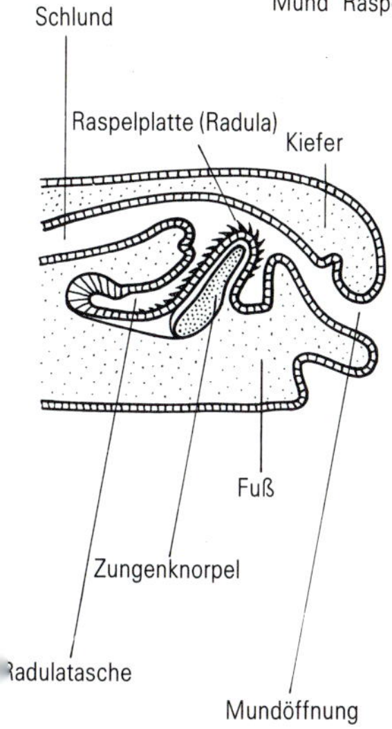

Mundraum einer Schnecke

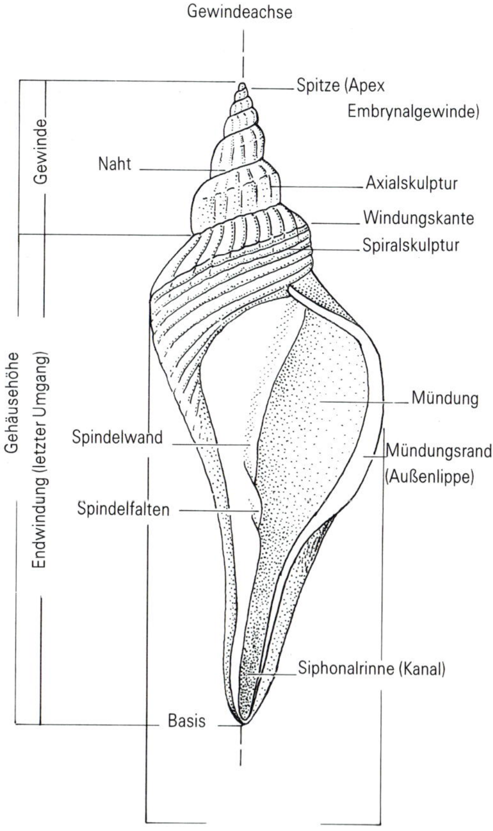

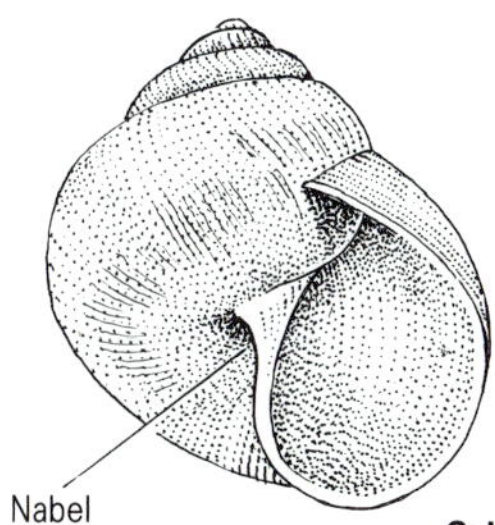

Gehäuseaufbau einer Schnecke

Rückbildung des Gehäuses einher, das nur mehr als Kalkplattenrest, vom Mantel überdeckt und somit nicht mehr sichtbar, vorhanden ist (siehe Nebenbilder auf S. 187). Man bezeichnet diese Schnecken als Nacktschnecken. Völlig schalenlos sind die Nacktkiemer *(Nudibranchia)*, bei diesen marinen Arten wird die Embryonalschale schon früh abgeworfen, Mantelhöhle und Kieme völlig eingeschmolzen, ihre Tätigkeit übernehmen schlauchförmige Hautlappen.

Der Kopf trägt Augen und ein bis zwei Fühlerpaare. Er ist bei vielen Vorderkiemern schnauzenartig vorgezogen und bildet einen langen, ausstülpbaren Rüssel. Die Mundöffnung liegt ventral, im Schlund befindet sich die vielzähnige *Radula*, und vor ihr sind oftmals scharfkantige Platten, die als Kiefer arbeiten. Aus paarigen Vorderdarmdrüsen wird Schleim zum Umhüllen der Nahrungsteilchen abgesondert, bei einigen Gattungen auch ein giftiges Sekret, das die Beute lähmt und anschließend zersetzt.

Als Sinnesorgane sitzen meist am Grund der Fühler einfache Grubenaugen, Becheraugen oder schon Linsenaugen, die ein primitives Formensehen gestatten. Bei den Landlungenschnecken befinden sich die Linsenaugen an der Spitze eines Fühlerpaares, das eingezogen werden kann. Neben der Kieme in der Mantelhöhle liegen Sinneszellen, die als Geruchsorgan arbeiten. Von ihnen wird das in den Mantelraum einströmende Wasser auf Duftstoffe hin geprüft, die von Beutetieren, Feinden oder Geschlechtspartnern stammen und die Tiere an die Nahrung heranführen bzw. die Abwehrreaktionen bei Annäherung eines Feindes auslösen und dem Auffinden der Geschlechter dienen.

Die Schnecken bewegen sich in der Regel kriechend fort, dabei gleiten über die Fußsohle Wellen, die das Tier voranstemmen (siehe S. 251, Bild 4). Um auch auf einer rauhen Oberfläche reibungslos voranzukommen, wird aus einer Fußdrüse Schleim abgesondert, auf diesem Schleimteppich gleitet das Tier dahin.

Die Vorderkiemer sind in der Regel getrenntgeschlechtig. Als Penis dient meist eine sehr verschiedenartig gestaltete Ausstülpung der Kopfwand der männlichen Tiere (siehe z. B. S. 117, Bild 2), die bei meeresbewohnenden Arten manchmal nach der Paarungszeit zurückgebildet oder abgeworfen wird. Hinterkiemer und Lungenschnecken sind Zwitter, die sich meist wechselseitig begatten, nur selten kommt es zur Selbstbefruchtung. Schnecken vermehren sich durch Eier, die meist in gallertartigen Klumpen oder Schnüren abgelegt werden, oder sie bilden pergamentartige Kokons, die zahlreiche Eier bergen. Landschnekken umhüllen ihre Eier mit festen, oft kalkigen Schalen und legen sie in Erdgruben ab (siehe S. 253, Bild 2). Die Entwicklung der marinen Arten verläuft über ein Larvenstadium, die Veligerlarve, die ein mehr oder weniger langes planktisches Leben führt, oft aber verbleiben die Larven in der Eihülle und ernähren sich von Geschwistereiern. Die Land- und Süßwasserschnecken entwickeln sich direkt ohne Larvenstadium.

Systematisch teilt man die Schnecken in Vorderkiemer (vorwiegend marin), Hinterkiemer (ausschließlich marin) und Lungenschnecken (meist landlebend) ein.

Oben: Die Mittelländische Spindel (Fasciolaria lignaria) *aus der Familie der Spindelschnecken lebt räuberisch im Flachwasser (Fleischfresser). Das dickwandige Gehäuse der nur bis zu 5 cm großen Schnecke wird von weißen Höckerreihen geschmückt (Text S. 60).*

Unten: Die Große Faßschnecke (Tonna galea) *gehört zu den größten Schnecken des Mittelmeeres. Sie überfällt Muscheln, Seesterne und Seegurken. Mit Hilfe freier Säure aus ihrer Vorderdarmdrüse löst sie die Kalkskelette und Schalen ihrer Beutetiere auf (Text S. 44).*

Grünes Seeohr AM
Haliotis tuberculata

Merkmale: Ein Repräsentant sehr primitiver, 6–8 cm langer, ohrmuschelförmiger, flacher Schnecken, deren wenige Windungen so schnell an Breite gewinnen, daß das Gehäuse überwiegend aus der letzten halben Windung besteht. Die Oberfläche ist rauh, längs- und quergerieft mit knotigen Erhebungen. Sie ist außen von grünlichgrauer bis bräunlich marmorierter Farbe, ihre Innenseite besteht aus einer prächtig, in vielen Farben irisierenden Perlmuttschicht. Ein Stück vom Außenrand entfernt, verläuft eine Lochreihe. Diese Löcher bleiben allerdings nur auf dem zuletzt gebildeten Teil des Gehäuses offen.
Durch sie werden Tastfäden ausgestreckt, fühlerförmige Fortsätze des Mantels, welche die Umgebung abtasten.
Lebensraum: Die Verbreitung des grünen Seeohrs reicht von der Kanalküste im Atlantik bis Senegal und zu den Kanaren. Eine etwas kleinere Form ist *H. lamellosa*, die häufig als eigene Art abgetrennt wird. Sie ist kräftiger gerunzelt, braun, rötlichbraun oder grünlich. Beide Arten kommen im Mittelmeer vor.
Lebensweise: Die Seeohren haben entsprechend ihrer großen Gehäuseendwindung einen breiten Fuß entwickelt, mit dem sie sich fest an Steine und Felsen oder auch Hafenmauern anheften können, wo sie auf der Suche nach Nahrung den pflanzlichen Aufwuchs abweiden. Sie haften so fest, daß ihnen selbst starke Brandung nichts anzuhaben vermag. Die Saugkraft kann das 4000fache des Eigengewichts betragen. Beim Versuch, sie loszureißen, geht eher die feste Schale zu Bruch. Meist suchen die lichtscheuen Tiere schattige Stellen auf.
Fortpflanzung: Seeohren sind getrenntgeschlechtig. Ei- und Samenzellen werden ins Wasser entlassen. Die Entwicklung erfolgt über Schwimmlarven zum Jungtier.
Allgemeines: Exotische Seeohren finden als Schmuckschalen Verwendung, wenn die äußere Schicht abgeschliffen ist und die schönen Farben und Muster zum Vorschein kommen.

Netzlochschnecke M
Fissurella reticulata

Merkmale: Die Fissurelliden sind Schnecken mit kegelförmigem, an der Spitze mit einem Loch versehenem Gehäuse, das meist größer ist als das Tier und dieses völlig bedeckt. Ein Deckel ist nicht vorhanden. *F. reticulata* wird 1–2 cm lang. Das Gehäuse ist weißlichgelb bis grünlichgrau, flachkegelig, von ovalem Umriß und von einer Netzskulptur aus radial verlaufenden und konzentrischen Linien überzogen. Das Loch entsteht beim Jungtier als Schlitz am Außenrand, der im Lauf des Wachstums von einem *Kallus* umgeben wird und in die Mitte rückt.
Lebensraum: Die Tiere sitzen auf Steinen und Felsen in der Brandungszone des Küstenbereichs des Mittelmeeres.
Lebensweise: Das Loch an der Spitze dient bei den Lochschnecken zum Ausstoßes des Kotes. Ernährung herbivor.
Fortpflanzung: Wie bei allen Lochschnecken über Schwimmlarven.

Ausschnittschnecke AM
Emarginula elongata

Merkmale: Auch sie gehört zu den Loch- oder Schlitzschnecken *(Fissurellidae)*; bei ihr sitzt am Vorderende des Gehäuses, in der Mitte des Vorderrandes, ein kurzer Schlitz. Das Gehäuse ist von länglich-ovalem Umriß, kappenförmig, mit nach hinten gebogener Spitze im hinteren Drittel. Die Länge beträgt 5–8 mm. Es ist von weißer Farbe. Die Oberflächenstruktur weist eine kräftige Gitterung auf. Das porzellanartig glänzende Innere zeigt einen deutlichen, matten, hufeisenförmigen Eindruck, der die Umrisse des Muskels nachzeichnet, mit dem das Tier in der Schale befestigt ist.
Lebensraum: Die Küstenregion im Mittelmeer und im Atlantik von der portugiesischen Küste bis zu den Kanarischen Inseln, wo sie auf Algen und Steinen vorkommt.
Lebensweise: Ihre Nahrung sind Algen, die sie mit ihrer *Radula* abweidet. Der Schlitz am Vorderrand dient, wie bei *Fissurella* das Loch in der Mitte, zum Ausstoßen der Exkremente.

Griechische Lochnapfschnecke M
Diodora graeca

Merkmale: Mit 25 mm ist sie wesentlich kleiner als die Ital. Lochnapfschnecke. Sonst aber sieht sie ähnlich wie diese aus: länglich-ovaler Grundriß, napf- oder kappenförmig, mit einer starken knotigen Gitterstruktur versehen, die aus stärkeren und schwächeren radialen Rippen und konzentrischen Ringen besteht. Auch bei ihr sitzt apikal das von einem *Kallus* umgebene, schlüssellochförmige Loch. Nur die Farbe ist anders. Sie ist bei *D. graeca* braun, manchmal mit braunen und weißen Radialstreifen oder auch grau, rot oder weiß gefleckt.
Lebensraum: Man findet sie auf Steinen zusammen mit Schwämmen und auf Ascidien im Küstenbereich des Mittelmeeres.
Lebensweise: Auch sie ernährt sich von Algen, die sie sich auf ihren nächtlichen Streifzügen einverleibt. Die Exkremente werden durch das Loch ausgestoßen.
Fortpflanzung: Laichzeit ist zwischen September und November, dann werden die Eier und Samenzellen ins Wasser entlassen.

Italienische Lochnapfschnecke M
Diodora italica

Merkmale: Das Gehäuse dieser über 4 cm langen Lochschnecke ist von ovalem Grundriß, napf- oder kappenförmig erhoben. Etwas vor der Mitte sitzt an der Spitze ein schlüssellochförmiges Loch, das von einem umlaufenden Wulst umgeben ist. Die körnelige Oberflächenstruktur besteht aus radial verlaufenden Rippen, gekreuzt von konzentrischen Ringen, mit kleinen Knoten an der Schnittpunkten. Diese Rippen sind unterschiedlich stark ausgebildet, zwischen 2 kräfigeren liegen 3–4 schwächere. Das Gehäuse ist von gelblichgrauer Farbe, mit dunkleren Radialstreifen gezeichnet.
Lebensraum: Die Mittelmeerküsten, wo die Tiere auf Hartböden sitzen.
Lebensweise: Die Nahrung besteht aus Algen, die mit der aus einer Mittelplatte und zahlreichen Randplatten bestehenden *Radula* abgeweidet werden. Die unverdaulichen Reste gelangen durch das Loch in der Mitte ins Freie. Die Tiere sind nachtaktiv.

Gemeine Napfschnecke AN
Patella vulgata

Merkmale: Das dickwandige, napfförmige Gehäuse erreicht eine Länge von 55 mm und hat einen ovalen Umriß. Es ist von schmutziggrauer, grünlichbrauner bis blauschwarzer Farbe. Die stumpfe Spitze, der *Apex*, liegt fast in der Mitte. Von dieser Spitze aus ziehen grobe Radialrippen zum Gehäuserand, dieser Bereich ist durchscheinend dünn. Die Gehäuse sind nicht nur sehr farbvariabel, auch ihre Form ändert sich mit dem Wohnplatz: Die höher am Ufer sitzenden und bei Ebbe trockenliegenden Tiere sind hoch kegelförmig, während die stets vom Wasser bedeckten flachere Gehäuse haben.
Lebensraum: Die gesamte boreale Region von den Lofoten und England bis Nordspanien.
Lebensweise: Mit ihrem kräftigen Fuß sitzt sie dicht an Felsen gepreßt, von denen man sie nur mit Gewalt entfernen kann. Die äußerst gefräßigen Tiere weiden ihre gesamte Umgebung radikal ab.
Fortpflanzung: Über Schwimmlarven.

Blaue Napfschnecke AM
Patella caerulea

Merkmale: Das 4–7 cm lange, ziemlich flachkegelige Gehäuse ist von abwechselnd breiten Radialrippen und schmäleren Zwischenrippen gekennzeichnet, dadurch erscheint der Rand unregelmäßig gekerbt. Der *Apex* sitzt etwas vor der Mitte. Das Gehäuse ist schmutziggraubraun oder dunkelrotbraun, die Innenseite bläulich irisierend.
Lebensraum: Man findet die Tiere in der Brandungszone im Küstenbereich des Mittelmeeres. Im Atlantik reicht sie von der lusitanischen Provinz bis zu den Azoren, nach Madeira und zu den Kanarischen Inseln.
Lebensweise: Sie ernährt sich, wie alle Napfschnecken, von Algen. Zur Futtersuche wandert sie nachts umher und weidet den Algenbewuchs von den Steinen und Felsen ab; sie kehrt aber stets genau wieder an dieselbe Stelle zurück, wenn sie ihren Weidegang beendet hat.
Fortpflanzung: Die Entwicklung der befruchteten Eier erfolgt über Schwimmlarven.

Rauhe Napfschnecke M

Patella aspera

Merkmale: Sie ähnelt *P. caerulea*, hat ein nach vorne zu etwas verschmälertes Gehäuse, aber etwas weniger, nur etwa 20–25 grobe Radialrippen. Durch diese überschneidenden konzentrischen Anwachsstreifen erhält die Gehäuseoberfläche ihr aufgerauhtes Aussehen. Die Farbe ist schmutzigweiß mit dunkleren Radialbändern, die Innenseite irisierend weißlichgelb.

Lebensraum: Man trifft sie regelmäßig und häufig in der Gezeitenzone der Felsküste, manchmal auch an Hafenbauten, im Mittelmeergebiet.

Lebensweise: Bei den Napfschnecken paßt sich während der Wachstumsperiode der Gehäuserand mit jeder Unebenheit genau in den felsigen Untergrund ein. Saugen sich nun die Tiere zusätzlich mit ihrem breiten Fuß fest, so entsteht ein hermetischer Verschluß, der sie bei Ebbe gegen Trockenliegen, sogar Sonneneinstrahlung oder auch Aussüßung durch das Regenwasser wirksam schützt.

Häubchenschnecke AN

Helcion pellucidus

Merkmale: An der Spitze dieser Napfschnecke sind noch die Windungen des Embryonalgehäuses zu erkennen, bei anderen Napfschnecken werden sie in der Jugend abgestoßen. Sie erreicht einen Gehäusedurchmesser von 2 cm. Sie ist prächtig gefärbt von charakteristischem Aussehen: Über das transparente, ockergelbe Gehäuse verlaufen blaugrün irisierende, durchbrochene Streifen.

Lebensraum: Man findet sie vor allem auf Brauntangen oder Algenbüscheln, nicht auf steinigem Untergrund, in der Nordsee und im angrenzenden Atlantik.

Lebensweise: Im Gegensatz zu den anderen Napfschnecken ist sie gegen räuberische Schnecken hilflos. Ihre Schale besitzt keine harte Perlmuttschicht, so daß sie z. B. von Stachelschnecken leicht durchbohrt werden kann.

Fortpflanzung: Aus den Eiern entstehen Schwimmlarven, die nach einer planktischen Phase zu Boden sinken und zur jungen Schnecke heranwachsen.

Friesenknopf AN

Gibbula cineraria

Merkmale: Die unscheinbaren, rundlich-konischen Gehäuse haben gewölbte Umgänge und eine große Endwindung. Die Basis ist genabelt, wie auf dem Bild zu sehen ist. Sie erreicht eine Höhe von 17 mm. Die hell-aschgrauen Gehäuse (daher auch **Aschfarbene Kreiselschnecke**) weisen eine dunklere Schrägstreifung auf. Die Skulptur besteht aus feinen Spiralreifen. Die Mündung wird von einem Horndeckel verschlossen.

Lebensraum: Die Brandungszone, wo die Tiere auf den Klippen sitzen; oft werden sie massenhaft im Spülsaum der Küsten angeschwemmt. Heimat ist die Nordsee und der angrenzende Atlantik.

Lebensweise und Fortpflanzung: Sie ernährt sich wie alle Kreiselschnecken von Algen. Die Vermehrung ist geschlechtlich, aus den befruchteten Eiern gehen Schwimmlarven hervor, aus diesen die jungen Schnecken.

Allgemeines: Die Gehäuse werden, bis auf die Perlmuttschicht abgeschliffen, zu Schmuck verarbeitet.

Zauberbuckel AMN

Gibbula magus

Merkmale: Sie gehört zu den Kreiselschnecken *(Trochacea)*. Der Gehäusedurchmesser beträgt 2–3 cm. Das kegelige Gehäuse hat 7 treppenartig abgesetzte, durch eine tiefe Naht getrennte Umgänge, die oben runde Buckel tragen. Unterhalb dieser knotigen Verdickungen verlaufen runzelige Spiralreifen. Die Unterseite ist genabelt. Auf der hinteren Oberseite des Fußes sitzt ein runder horniger Deckel, mit dem das Tier, nachdem es sich zurückgezogen hat, den Gehäuseeingang verschließt. Die Färbung ist sehr variabel, über die gelblichweiße Grundfärbung ziehen rote strahlige Streifen und Flammen. Die Tiere sind oft mit roten Krustenalgen überzogen.

Lebensraum: Felsen und Hartböden von 10 m Tiefe an, im Mittelmeer, Atlantik und in der Nordsee, wo man die Schnecken in großer Zahl findet. Die leeren Gehäuse liegen oft im Spülsaum.

Lebensweise und Fortpflanzung: Wie alle Kreiselschnecken nährt sie sich von Algen und entwickelt sich über Schwimmlarven.

Genabelte Buckelschnecke AN

Gibbula umbilicalis

Merkmale: Man nennt sie auch **Purpurkreisel**, weil über die gelbliche oder blauschwarze Grundfärbung purpurviolette Schrägstreifen verlaufen, die vor der Naht zu dickeren Balken zusammentreten. Der Gehäusedurchmesser beträgt 2 cm. Das Gehäuse ist, wie schon der Name sagt, auf der Unterseite genabelt. Die Windungen sind gerundet, die Endwindung ist besonders groß.
Lebensraum: Diese Kreiselschnecke sitzt auf Felsen und Steinen in der Brandungszone der Nordsee und des angrenzenden Nordost-Atlantik.
Lebensweise: Sie ernährt sich, wie die meisten Kreiselschnecken, von Algen und *Detritus*.
Fortpflanzung: Aus den befruchteten Eiern entstehen Schwimmlarven, die nach einiger Zeit, während der sie im Plankton treiben, absinken und sich dann zu jungen Schnecken entwickeln.

Gemeine Buckelschnecke M

Gibbula divaricata

Merkmale: Im Vergleich zu anderen *Gibbula*-Arten ist ihr kegelförmiges Gewinde stärker erhoben und die Endwindung gegenüber den anderen Windungen nicht viel höher. Das mittelgroße Gehäuse mißt 15–23 mm und hat 6 Windungen, von denen die ersten glatt sind, während über die anderen zahlreiche Spiralreifen verlaufen. Die Naht (die Stelle, an der sich 2 Windungen berühren) ist zwischen der letzten und vorletzten Windung tiefer als bei den vorhergehenden Umgängen. Der Nabel ist, so überhaupt vorhanden, kaum ausgeprägt. Über die grünlichgelbe Grundfärbung ziehen quer über die Windungen karminrote Punktreihen.
Lebensraum: Man findet diese Kreiselschnecke nur im Mittelmeer, dort tritt sie aber regelmäßig und häufig auf. Sie lebt zwischen Algen oder sitzt an Felsen und unter Steinen im Seichtwasserbereich.
Lebensweise und Fortpflanzung: Dieselben, wie sie bei der Genabelten Buckelschnecke bereits ausgeführt wurden.

Würfelturban M

Monodonta turbinata

Merkmale: Das kegelförmige Gehäuse ist sehr festwandig und hat 6 stark gewölbte Windungen, die Basis ist ungenabelt. Das Gehäuse erreicht einen Durchmesser von 2–3 cm. Die Spindelbasis trägt einen kräftigen Zahn, wobei man unter Spindel den Teil des Schneckengehäuses versteht, an dem sich die Innenwände der aufgewundenen Umgänge an der Achse berühren. Die Grundfarbe ist ein schmutziges Weiß, über das rechteckige, dunkelviolette bis schwarze Flecken spiralig angeordnet verlaufen. Das Mündungsinnere ist rein weiß. Durch diese charakteristische Zeichnung ist sie deutlich von den anderen Arten der Gattung zu unterscheiden.
Lebensraum: Die Felsküsten in der Gezeitenzone des Mittelmeeres, wo man sie oft massenhaft findet, ab und zu sieht man sie auch an Kaimauern sitzen.
Allgemeines: In den leeren Gehäusen verbirgt sich häufig ein kleiner Einsiedlerkrebs.

Fleckenturban M

Monodonta articulata

Merkmale: Das hochkegelige, dickwandige Gehäuse hat 6–7 stark gewölbte Windungen und wird bis 5 cm hoch. Die breit-ovale Mündung trägt an der Spindelbasis einen kräftig vorragenden, höckerigen Zahn. Ein Nabel fehlt. Die oberen Umgänge sind meist korrodiert, so daß die Perlmuttschicht hervortritt; die darauffolgenden haben eine fast glatte Oberfläche und sind nur mit ganz feinen abgerundeten Spiralreifen versehen. Die Windungen werden durch eine feine Naht getrennt. Die äußerst bunte Färbung ist sehr variabel: grau, rosagrau bis grünlich, mit zahlreichen rot- bis schwarzbraun gefleckten Wellenlinien verziert, die von heller braunen Spiralbändern überdeckt werden.
Lebensraum: Eine häufige Art des Felslitorals der Mittelmeerküsten, auch an Kaimauern unterhalb de Ebbelinie.
Lebensweise: Ein horniger Deckel verschließt das Gehäuse so dicht, daß kurzes Trockenliegen ertragen wird.

Fleckige Napfschnecke M
Patella ferruginea

Merkmale: Die napfförmigen Patellengehäuse haben eine nach vorn gerichtete Spitze, ihr Rand ist der Unterlage angepaßt, ein Deckel ist nicht vorhanden. *P. ferruginea* hat eine 45 mm große Schale mit 40–50 gleichstarken, von schmalen Zwischenräumen getrennten Radialrippen und konzentrischen Anwachsstreifen. Der Gehäuserand ist scharf gezähnelt. Farbe schmutzig-braunfleckig, auf der bläulichweißen Innenseite mit braunem Saum.
Lebensraum: Sie ist nicht häufig, doch trifft man sie regelmäßig im Felslitoral der Mittelmeerküsten.

Tempelchen AM
Gibbula fanulum

Merkmale: Die Gattung *Gibbula* hat ein kegelförmiges Gehäuse, dessen Umgänge treppenartig gewölbt sind. *G. fanulum* ist mit 15–20 mm klein bis mittelgroß und besitzt 7 kantig-bauchige Windungen, die durch Axialrippen bucklig wirken. Sonst sind die Umgänge mit feinen Spiralreifen überzogen, auch die konvexe Basis weist 5 davon auf. Ein kleiner Nabel ist vorhanden. Färbung weißlich mit rötlichen Flammen und gleichmäßigen dunkleren Flecken an den Nähten.
Lebensraum: An Klippen in geringer Tiefe findet man diese Kreiselschnecke im Mittelmeer und angrenzenden Atlantik.

Rauher Jujubenkreisel AMN
Jujubinus exasperatus

Merkmale: Die Höhe des hochkegelförmigen, kleinen Gehäuses beträgt 1 cm. *J. exasperatus* weist 9 flache Windungen auf, die auf der Oberfläche mit einem stark granulierten Spiralreifen und darunter 3–5 schwächeren Spiralreifen und -linien skulpturiert sind. Die Spindelbasis ist gezähnt. Die Farbe der ersten Umgänge ist rötlich, die übrigen sind weißgrau und mit unregelmäßigen, rötlichbraunen geflammten Bändern gezeichnet.
Lebensraum: Man findet die Art regelmäßig und häufig zwischen Algen im Felslitoral des Mittelmeeres, Atlantiks und der Nordsee.

Korallenvielzahn M
Clanculus corallinus

Merkmale: Sein kleines Gehäuse erreicht bis 1 cm im Durchmesser. Die 5–6 leicht gewölbten Umgänge sind mit 6 granulierten Spiralreifen versehen, die alle fast gleich stark hervortreten. Die Spindelbasis weist einen zweifachen Zahn auf. Das Gehäuse ist korallenrot, manchmal weiß gepunktet.
Lebensraum: Die sekundären Hartböden des Mittelmeeres unter 10 m Tiefe, manchmal findet man sie auch unter Steinen und zwischen Algen im Felslitoral.
Lebensweise und Fortpflanzung: Wie alle Kreiselschnecken, siehe auch *Gibbula umbilicalis.*

Granulierte Kreiselschnecke AMN
Calliostoma granulatum

Merkmale: Große Ähnlichkeit mit *C. zizyphinus,* ist von etwa gleicher Größe, doch die 8 flachen Umgänge werden von 10–12 fein granulierten Spiralreifen und kräftigeren Knotenreihen gezeichnet. Das Gehäuse ist ausgesprochen dünn und zerbrechlich. Seine Farbe ist orangegelb bis rötlich, auf der Unterseite braungefleckt, glänzend.
Lebensraum: Die Art kommt regelmäßig und häufig auf primären und sekundären Hartböden meist von 10 m Tiefe an vor. Das Verbreitungsgebiet ist dasselbe wie bei *C. zizyphinus.*

Konische Kreiselschnecke M
Calliostoma conulum

Merkmale: *C. conulum* wird 23 cm hoch. Die Spitze ist gekörnt, die übrigen flachen Umgänge sind glatt, mit stark vorspringenden Spiralreifen überzogen. Der letzte Umgang ist kantig. Die Gehäuse sind orange gefärbt und mit unterschiedlichen rotbraunen Flecken sowie weiß und rot gepunkteten Bändern verziert. Die Spiralreifen sind weiß und rot gefleckt, ebenso die konzentrischen Reifen auf der Gehäusebasis.
Lebensraum: Die Weichböden und sekundären Hartböden des Mittelmeeres, wo die Tiere ab 10 m Tiefe vereinzelt vorkommen.

Bunte Kreiselschnecke AMN
Calliostoma zizyphinus

Merkmale: Sie ist sehr farbvariabel und reicht von weißlich-rotbraun geflammt über rosa und orangerot bis violett. Das verhältnismäßig große, bis 3 cm hohe Gehäuse besitzt 9–11 abgeflachte Umgänge, die teils glatt, teils mit Spiralreifen umzogen sind, von denen der jeweils obere stärker vorspringt. Die Spitze ist gekörnt. Auf der Gehäusebasis ist eine Vertiefung, aber kein Nabel. Das Gehäuseinnere weist eine Perlmuttschicht auf.
Lebensraum: Man findet sie nicht sehr häufig ab 10 m Tiefe an Felsen und Seetang wie auch unter Steinen. Sie ist von den Orkney-Inseln und Norwegen bis Madeira, bei den Azoren, Kanaren und im Mittelmeer verbreitet. In der Nordsee wird sie durch die Form *C. zizyphinus conuloide* vertreten, die durch vorspringende Reifen auf den flachen Windungen gekennzeichnet ist. Bis zum Mittelmeer kommen alle Übergänge vor.
Lebensweise und Fortpflanzung: Wie bei allen anderen Kreiselschnecken.

Roter Runzelstern AM
Astraea rugosa

Merkmale: Die Höhe dieser großen Kreiselschnecke beträgt 5 cm. Die sehr festen, dickwandigen Gehäuse bestehen aus 7 gewölbten, kreiselförmig erhobenen Windungen. Die oberen Spiralreifen haben dicke, faltige, spitz- und stumpfhöckerige Fortsätze, die darunter liegenden sind von knotiger Struktur. Sie werden von starken, schuppigen Anwachsstreifen gekreuzt, das verleiht der ganzen Oberfläche ein runzeliges Aussehen. Es ist ein schwerer Kalkdeckel entwickelt, der die Gehäusemündung dicht verschließt. Die Farbe ist rötlichbraun, Mündungsrand und Deckel sind orangerot.
Lebensraum: Der Felsgrund der Küsten und der anliegenden tieferen Zonen des Mittelmeeres, vor allem bei Istrien, und die südwesteuropäische Atlantikküste.
Lebensweise und Fortpflanzung: Wie bei allen Kreiselschnecken.
Allgemeines: Die leuchtend orangefarbenen Deckel werden zu Schmuck verarbeitet.

Fasanschnecke AM
Tricolia pulla

Merkmale: Sie ist eine Kreiselschnecke, die zu den Fasanschnecken *(Phasianellidae)* gehört. Das längliche, eiförmige Gehäuse hat einen Mündungsrand, der parallel zur Gehäuseachse verläuft. Die Mündung wird mit einem erhaben verdickten Kalkdeckel verschlossen. *T. pulla* wird 8–9 mm hoch und hat ein kurz-konisches Gewinde, das aus 4 gewölbten Umgängen besteht. Unter dem Mikroskop sieht man, daß die Spiralreifen von zahlreichen roten Punkten auf gelbem oder rosafarbenem Grund gebildet sind, dazu kommen schwarze und weiße Flammenbänder.
Lebensraum: Man findet sie häufig auf Algen und Sandgrund im Mittelmeer und angrenzenden Atlantik. Sie wird in Massen angeschwemmt, zwischen Felsen ist sie oft in ganzen Schichten anzutreffen.
Lebensweise: Sie ernährt sich von verschiedenem Aufwuchs, den sie abweidet, und von organischem Abfall.
Allgemeines: Man verwendet sie zur Herstellung von Hals- und Armbändern.

Wattschnecke ANO
Peringia ulvae

Merkmale: Vereinzelt wird sie 1 cm hoch, meist aber nur 5–6 mm. Die 6–7 Umgänge des glatten, konischen, festen Gehäuses sind kaum gewölbt, die Mündung ist anliegend. Die Gehäuse sind von unscheinbarer Farbe, weißlich braungelb bis dunkelbraun. Die ovale, oben zugespitzte Mündung verschließt ein horniger Deckel.
Lebensraum: Die Schnecke findet man vor allem nach Ablaufen der Flut massenhaft im Schlamm (Bild). Sie lebt in der Gezeitenzone flacher Küstenbereiche, besonders im Brackwasser in Atlantik, Nord- und Ostsee in einer oft enormen Siedlungsdichte. In der Deutschen Bucht wurden in 10 m Tiefe einmal 7000 Tiere/0,1 m² gefunden.

Lebensweise: Als ausgesprochene Brackwasserform meidet sie das freie Meer, ebenso aber das Süßwasser, da sie einen Salzgehalt von 1,5‰ benötigt.

Gemeine Strandschnecke — AMNO
Littorina littorea

Merkmale: Das dickwandige Gehäuse weist eine Höhe von 2–4 cm auf. Die runde Mündung wird von einem hornigen Deckel verschlossen. Das kurzkegelige Gewinde ist spitz mit schwach angesetzten Windungen. Färbung grau bis bräunlich oder grünlichgrau mit hellerer Spiralbänderung, Mündung innen braun.
Lebensraum: Sie besiedelt die boreale Provinz vom Eismeer bis Portugal, geht von der Nordsee in die Ostsee bis Rügen. Nach Nordamerika eingeschleppt, kommt sie dort von Labrador bis zur Chesapeake Bay vor. Sie lebt an Felsen, Pflanzen und Hafenbauten.
Lebensweise: In ihrem Lebensraum, der Spritzwasserzone, kann sie längeres Trockenliegen überdauern, von der Brandung an Land geworfen sogar mehrere Tage überleben. Sie ernährt sich von Pflanzen, zwischendurch auch von Seepokken.
Fortpflanzung: Die Entwicklung der meisten Strandschnecken erfolgt über Schwimmlarven.

Stumpfe Strandschnecke — ANO
Littorina obtusata

Merkmale: Eine kleine, 15 mm hohe Schnecke mit glattem, festwandigem, kugeligem Gehäuse und kurzem stumpfen Gewinde. Sehr farbvariabel: fast weißlich, gelb, grünlich, orangerot, rötlichbraun oder nahezu schwarz sind die meist einfarbigen, manchmal auch mit helleren Bändern verzierten Gehäuse.
Lebensraum: Sie ist an den Atlantikküsten von Island bis zu den Azoren heimisch, tritt in der Nordsee und westlichen Ostsee, aber auch in Nordamerika auf. Sie sitzt auf Tangen unterhalb der Ebbelinie.
Lebensweise: Im Gegensatz zur vorhergehenden Art kann sie nur kurze Zeit außerhalb des Wassers leben. Andererseits aber nimmt sie große Schwankungen im Salzgehalt in Kauf. Bei starker Sonneneinstrahlung suchen die lichtscheuen Tiere sofort schattige Stellen auf.
Fortpflanzung: Die Entwicklung erfolgt direkt, ohne Larvenstadium, aus den Eiern schlüpfen also gleich die Jungtiere.

Felsenstrandschnecke — ANO
Littorina saxatilis

Merkmale: Ihre Höhe beträgt etwa 1 cm. Das kurzkegelige Gehäuse hat ein spitzes Gewinde und eine große Endwindung. Das Gehäuse ist von gelblichgrauer bis dunkelbrauner Färbung, mit dunkleren Spiralbändern verziert und feinen Spiralreifen skulpturiert. Die runde Mündung ist verdickt.
Lebensraum: Sie tritt zu beiden Seiten des Atlantik auf. Bei uns findet man sie in der Nord- und Ostsee an Steinen und in Felsspalten bis zu 2 m über dem Wasserspiegel.
Lebensweise: Nach ihren nächtlichen Weidegängen, bei denen sie den Algenaufwuchs abraspelt, kehrt sie immer wieder auf ihren Standort zurück. Wie alle Strandschnecken richtet sie sich dabei nach einem »Lichtkompaß«, was man davon ableiten kann, daß die Kriechspuren in Richtung Sonne und wieder zurück führen.
Fortpflanzung: Ovovivipar, die Eier bleiben bis zum Schlüpfen der Jungen im Muttertier.

Zwergstrandschnecke — AMN
Littorina neritoides

Merkmale: Mit nur 6 mm Höhe ist sie die kleinste unter den Strandschnecken. Das festwandige, ungenabelte Gehäuse hat wenige, leicht gewölbte Umgänge, von denen der letzte auffallend bauchig ist. Die Gehäusefarbe ist bräunlich bis schwärzlichblau, auch violett, mit weißem bis blauem Spiralrand.
Lebensraum: Man trifft sie regelmäßig und sehr häufig, oft massenhaft in der Spritzwasserzone der Felsküsten, in kleinen Spalträumen an stark exponierten Küsten, wo sie bis 10 m über den Wasserspiegel klettert. Ihre Heimat ist das Mittelmeer, im Atlantik reicht sie bis zur Kanalküste und geht bis in die Nordsee.
Lebensweise: Sie lebt von pflanzlichem Aufwuchs und kann auch außerhalb des Wassers existieren, langes Trockenliegen ertragen und so ihren Platz in der Spritzwasserzone einnehmen. Wie die meisten Strandschnecken besitzt sie dazu neben einer stark rückgebildeten Kieme eine mit Blutgefäßen angereicherte Mantelhöhle.

Gemeine Turmschnecke AMN

Turritella communis

Merkmale: Das 5 cm hohe, sehr schlanke, hochgetürmte Gehäuse weist bis zu 19 schwach gewölbte Umgänge auf. Über die Windungen verlaufen 8–10 unterschiedlich starke Spiralreifen, zwischen den Windungen ist eine tiefe Naht. Die rundliche Mündung verschließt ein außen mit Borsten besetzter Deckel. Die Färbung ist rötlich oder gelbbraun bis braun geflammt. Mündung innen rötlich.

Lebensraum: Sie ist in der Nordsee, an den europäischen Atlantikküsten und im Mittelmeer beheimatet. Lebt auf Sand- und Schlammgrund in tieferem Wasser, gesellig, d. h. 70 Tiere/0,1 m^2 sind nicht selten.

Lebensweise: Meist sitzt sie bis über die Gehäusespitze eingegraben im Schlamm und strudelt *Detritus* ein, von dem sie sich ernährt.

Fortpflanzung: Die Entwicklung aus den befruchteten Eiern erfolgt, wie bei den meisten Meeresschnecken, über Schwimmlarven, die nach einer planktischen Phase absinken und zum Jungtier heranwachsen.

Kleine Nadelschnecke AM

Gourmya rupestris

Merkmale: Das mittelgroße, bis 3 cm hohe Gehäuse ist etwas bauchig und hat kaum abgesetzte Umgänge. Die Windungen weisen 2 Spiralreihen schwächerer Knoten auf. Das Gehäuse ist von hell- bis dunkelgrauer Farbe mit braunen Flammenbändern und weißlichen Höckern.

Lebensraum: Das Mittelmeer und der angrenzende Atlantik, wo sie regelmäßig und sehr häufig in der oberen pflanzenbestandenen Zone, stets aber in geringer Tiefe vorkommt. Die leeren Gehäuse werden vielfach von Einsiedlerkrebsen bewohnt.

Lebensweise: Nadelschnecken *(Cerithiidae)* ernähren sich von Algen, weshalb man sie auch vorwiegend in der Algenzone antrifft. Manche Arten haben sich auf Schwämme spezialisiert, sie findet man dann auf Schwämmen.

Fortpflanzung: Dieselbe wie bei der Gemeinen Nadelschnecke, es entsteht eine Larve, die nach einiger Zeit zu Boden sinkt und sich zum Jungtier entwickelt.

Gemeine Nadelschnecke AM

Gourmya vulgata

Merkmale: Das breit turmförmige, dickwandige Gehäuse wird 7 cm hoch und besteht aus vielen Umgängen, die von einer grobknotigen bis spitzhöckerigen Spiralskulptur überzogen sind, welche aus 3 Knotenreihen pro Windung und auf der letzten Windung aus zusätzlich 2–3 Reihen kleinerer Knoten besteht. Die ovale Mündung weist oben eine Ausbuchtung auf und läuft unten in einen kurzen Siphonalkanal aus. Farbe grau bis rötlichgelb mit axialen Flammenbändern und Flecken, Knoten weiß und braun.

Lebensraum: Das Mittelmeer und der Atlantik, wo sie häufiger auf Sand- und Schlammgrund unter 10 m Tiefe vorkommt.

Lebensweise: Der *Sipho*, ein röhrenförmiger Fortsatz des Eingeweidesackes, dient neben der Atmung auch der Nahrungsaufnahme und der chemischen Überprüfung des Wassers.

Fortpflanzung: Auf geschlechtlichem Weg über ein Schwimmlarvenstadium.

Allgemeines: Manchmal wird sie auf Fischmärkten angeboten.

Linksnadel AM

Triphora perversa

Merkmale: Triphoriden haben, im Gegensatz zu der Mehrzahl der übrigen Schnecken, linksgewundene, also »verkehrt« gewundene (siehe lateinischer Name) Gehäuse. Sie sind hochgetürmt und mit einer deutlichen Knötchenskulptur versehen. *T. perversa* wird nur 3 cm hoch, ist in ihrer Größe aber sehr variabel. Ihre 12–14 und auch mehr Umgänge sind nur durch eine seichte Naht getrennt. Die ovale Mündung läuft in einen kurzen, gebogenen Siphonalkanal aus. Prächtig ist ihre Oberflächenskulptur, sie besteht aus Spiralrippen, gebildet von perligen Höckern; auf den oberen Windungen sind diese Höcker zweireihig angeordnet, der letzte Umgang ist mit 4 Knötchenreihen besetzt. Färbung rotbraun.

Lebensraum: Auch sie findet man in den Blockfeldern des Felslitorals in Tiefen bis 80 m, wo sie unter Steinen verborgen lebt. Sie hat eine weite Verbreitung: von Norwegen entlang der europäischen Atlantikküste bis ins Mittelmeer und Schwarze Meer.

Pantoffelschnecke AMN
Crepidula fornicata

Merkmale: Sie erreicht einen Durchmesser von 6 cm; ihr Gehäuse ist gelblichweiß bis grüngrau oder bräunlich, dunkler gefleckt oder gestreift. Es ist mützenförmig, deutlich gewölbt, die wenigen, nur angedeuteten Windungen verbreitern sich sehr rasch. Die Endwindung ist auf der Innenseite durch eine vorspringende dünne Platte verengt, was ihr ein pantoffelähnliches Aussehen verleiht.

Lebensraum: Ursprünglich eine neuweltliche Art, wurde sie mit Austern von Nordamerika nach England eingeschleppt und verbreitete sich von dort aus bis an die kontinentale Kanalküste, in den angrenzenden Atlantik und ins Mittelmeer.

Lebensweise: Sie kommt heute an allen europäischen Austernplätzen vor, wo sie als Nahrungskonkurrent der Austern auftritt und den Zuchten schweren Schaden zufügt. Sie ernährt sich nämlich ebenso wie die Austern von Plankton, indem sie durch Flimmerbewegung auf den Kiemen einen Wasserstrom erzeugt: Die in ihm schwebenden Nahrungspartikel werden durch einen aus Drüsen an der Kiemenbasis abgesonderten Schleimteppich ausgefiltert, in einer zum Mund führenden Futterrinne zu einer Wurst zusammengedreht und verspeist. Die Pantoffelschnecke filtert schneller als die Auster, nimmt ihr dadurch die Nahrung weg, was ihr den Namen **Austernpest** eingebracht hat.

Fortpflanzung: Pantoffelschnecken sind protandrische Hermaphroditen, bei denen die zuerst frei beweglichen Jungtiere Männchen sind, die Samen produzieren. Nach einer gewissen Zeit setzen sie sich auf einem bereits festsitzenden Weibchen fest und werden, nach einer sterilen Übergangsstufe, zu Weibchen, die Eier legen. Schließlich sitzen viele Tiere (siehe Bild) zu einer Kette vereint aufeinander. Nie findet eine Befruchtung durch ein Männchen aus der eigenen Kette statt, sondern ausschließlich durch noch frei umherstreifende Jungtiere.

Ungarnkappe ANM
Capulus hungaricus

Merkmale: Die Hutschnecken *(Capulidae)* haben mittelgroße, erhoben kegelförmige Gehäuse mit zentraler Spitze, das schwach spiralig nach hinten eingerollt ist. *C. hungaricus* erreicht einen Durchmesser von 5 cm. Die Gehäusemündung ist breiter als lang. Die Oberfläche des Gehäuses ist mit zahlreichen Radiärrippen und konzentrischen Anwachsstreifen skulpturiert. Die Farbe ist weißlichgelb, rosa bis braun, die innere Perlmuttschicht strahlend weiß. Das Periostrakum ist mit feinen Härchen besetzt und fühlt sich an wie Filz.

Lebensraum: Sie kommt regelmäßig, aber nicht häufig, auf Hartböden, oft auf leeren Muschelklappen in größerer Tiefe im Mittelmeer, Atlantik und in der Nordsee vor.

Lebensweise: In der Jugend wechselt sie von Zeit zu Zeit ihren Platz, später aber verläßt sie den einmal gewählten Standort nicht mehr. Sie ernährt sich von Kleinalgen und *Detritus*, den sie aus dem Wasser filtert.

Chinesenhut AMN
Calyptraea chinensis

Merkmale: Bei den Calyptraeiden fehlt der Dekkel, dafür aber hat sich auf der Innenseite des Gehäuses eine Scheidewand gebildet, die der Stützung und dem Schutz des Eingeweidesackes dient. Der kreisrunde Chinesenhut hat ein kleines, dünnes, niedrig kegeliges Gehäuse, das einen Durchmesser von 29 mm und eine Höhe von 7 mm erreicht. Die Spitze liegt fast in der Mitte, die Mündung ist kreisförmig. Gehäusefarbe milchigweiß. Über die Umgänge verlaufen schwache konzentrische Streifen.

Lebensraum: Wie die Ungarnkappe sitzt auch diese Hutschnecke gern auf Muschelklappen und anderen Hartkörpern angesaugt. Sie kommt zu beiden Seiten des Atlantik, in der Nordsee und im Mittelmeer vor.

Lebensweise: *C. chinensis* ist ein protandrischer Zwitter, erst produziert sie männliche Geschlechtszellen, dann setzt sie sich fest, wird nach einem Übergangsstadium zum Weibchen und legt Eier.

Dreikant-Wurmschnecke M
Bivonia triquetra

Merkmale: Wurmschnecken zeichnen sich durch ein unregelmäßig gedrehtes Gehäuse aus, das im Lauf des Wachstums oft jede Drehung verliert und dann Ähnlichkeit mit Wurmröhren hat. Bei *B. triquetra* beträgt die Länge des gesamten Gehäuses etwa 5 cm, der Durchmesser der dreikantigen Mündung 6 mm. Die Oberseite der Windungen wird von einer erhabenen knotigen Spiralleiste überlaufen. Die Färbung ist weiß bis grau. Der Fuß ist, der sitzenden Lebensweise entsprechend, bis auf einen hornigen Deckel zurückgebildet.
Lebensraum: An den Mittelmeerküsten sitzt die Schnecke auf Hartböden festgewachsen.
Lebensweise: Das Festsitzen der Wurmschnekken an einem Platz bedingt eine besondere Art des Nahrungserwerbs. Aus der Fußdrüse werden 30 cm lange Schleimfäden ausgestoßen, die im Wasser flottieren. An ihnen bleiben Planktonorganismen hängen. Diese Leimruten werden ab und zu zum Mund gezogen und mit den daran haftenden Partikeln verspeist.

Große Faßschnecke AM
Tonna galea

Merkmale: Das 25 cm hohe, bauchig-eiförmige Gehäuse hat 5 leicht erhabene Windungen, die durch eine tiefe Naht voneinander getrennt sind. Das Gewinde ist sehr klein im Vergleich zu der aufgeblähten Endwindung. Die dünne, schwach gewellte Außenlippe ragt weit vor und begrenzt die breit geöffnete Mündung. Ein Deckel fehlt. Das leichte dünnwandige Gehäuse wird abwechselnd von breiteren und schmäleren Spiralreifen umzogen. Das Gehäuse des lebenden Tieres ist bräunlich, die leeren Schalen sind fast weiß.
Lebensraum: Das Mittelmeer und der angrenzende Atlantik in großer Tiefe.
Lebensweise: Ein gefräßiger Räuber, der Stachelhäuter und große Muscheln überfällt. Der Speichel enthält 3–4prozentige Schwefelsäure. Er wird auf die Beute gespuckt, ätzt und zerstört den Panzer und bewirkt gleichzeitig eine Lähmung des Opfers. Kleinere Beutetiere werden ganz verschlungen, bei größeren die Weichteile mit Hilfe des langen Rüssels ausgefressen.

Pelikansfuß AM
Aporrhais pespelecani

Merkmale: Er gehört zu den Flügelschnecken *(Strombacea)*. Bei den Vertretern dieser Überfamilie ist, wie auch bei dieser Art, die Außenlippe meist verdickt und zu einem Flügel verbreitert, der gelappt, gezackt oder mit Fortsätzen versehen sein kann. Beim Pelikansfuß sind 3–5 solcher Fortsätze ausgebildet, doch nur beim adulten Tier, beim nicht ausgewachsenen Tier ist die Außenlippe noch einfach. Die Länge des festwandigen Gehäuses beträgt 5 cm, es hat ein aus 10 Umgängen bestehendes hochgetürmtes Gewinde. Die oberen Umgänge sind mit einer Reihe von Knoten verziert, die letzte Windung weist 3 solcher Knotenreihen auf. Die Farbe ist gelblich oder grünlichgrau, die Mündung weiß.
Lebensraum: Sie ist eine der häufigsten Schnekken im Mittelmeer, im angrenzenden Atlantik und in der Nordsee. Man trifft sie meist in Tiefen unter 10 m auf Hartböden, nach einem Sturm jedoch findet man häufig leere Gehäuse angespült am Strand.
Lebensweise: Der Pelikansfuß wühlt in Schlammgründen mit seinen Fortsätzen den Untergrund auf und strudelt die darin enthaltenen Reste organischen Materials ein, oder er sitzt auf Hartböden und filtert Planktonorganismen aus dem Wasser. Interessant ist seine Fluchtreaktion: Er stemmt den Vorderfuß auf, schiebt den Hinterfuß samt Deckel darunter und kippt dann vornüber, so bringt er sich, Purzelbäume schlagend, aus der Gefahrenzone. Wie auch die anderen Vertreter der Überfamilie verteidigt er sich durch Hiebe, die er mit dem scharfrandigen Dekkel austeilt. Der lange schmale Deckel ist nur mit der Schmalseite am Fuß festgewachsen, der freie messerscharfe Rand bildet eine wirksame Waffe, der bei großen tropischen Verwandten sogar Menschen verletzen kann; die Familie trägt daher auch den Namen Fechterschnecken.
Fortpflanzung: Aus den befruchteten Eiern geht ein Larvenstadium hervor, nach einiger Zeit planktischen Lebens entwickelt sich daraus die junge Schnecke.

Gemeine Wendeltreppe AM
Epitonium clathrus

Merkmale: Die einheimischen Wendeltreppen *(Epitoniidae)* sind wesentlich unscheinbarer als ihre tropischen Vertreter, weisen jedoch mit ihrer zarten Rippung die gleiche Filigranstruktur auf. Sie haben ein hochgetürmtes, festwandiges Gehäuse mit mehreren Windungen, die abstehende Radiallamellen tragen. Die runde Mündung wird von einem Horndeckel verschlossen. *E. clathrus* ist weißlich bis bräunlich oder rötlich mit gleichfarbenen hohen, regelmäßig angeordneten Querrippen, die sich zu zusammenhängenden Lamellen verbinden. Die Gehäuse sind etwa 3 cm hoch, 12 mm breit und genabelt.

Lebensraum: Die Sandböden des Mittelmeeres und des westeuropäischen Atlantiks.

Lebensweise: Die Wendeltreppen sind Raubschnecken, die von Nesseltieren, bevorzugt Aktinien leben.

Fortpflanzung: Sie haben eine eigene Form der Samenbildung; sie bringen riesige Spermien hervor, die dann den eigentlichen Samenzellen als Träger dienen.

Nonnenkauri
Trivia monacha

Merkmale: Die Familie *Eratoidae* sind Schnekken mit teilweise vom Mantel bedecktem, birnen- bis eiförmigem, festem Gehäuse mit meist eingeschlossenem Gewinde, der letzte Umgang umgreift die vorhergehenden Windungen. *T. monacha* ist eine kleine, bis 12 mm lange Art. die Mündung ist spaltförmig und mit 10–22 Zähnchen besetzt. Die Gehäuseoberfläche hat meist drei bis vier dunkle Flecken und eine Spiralrippung mit meist schwacher Axialfurche am Rükken. Farbe hellbraun.

Lebensraum ist das Mittelmeer, der Atlantik und die Nordsee. Die Tiere leben auf Hartböden, oft mit Manteltieren vergesellschaftet.

Lebensweise: Die Nahrung bilden vorwiegend Ascidien (Seescheiden).

Fortpflanzung: Die Eier werden in Klumpen von 500–600 Stück abgelegt. Brutpflege findet statt, das Muttertier betreut das Gelege bis zum Schlüpfen der Jungen.

Braune Maus AM
Luria lurida

Merkmale: Eine der unscheinbareren unter den farbenprächtigen Vertretern der Porzellanschnecken, von brauner oder grauer Grundfärbung mit 2 helleren Querbinden. Die Enden sind orangefarben und werden von jeweils 2 schwarzen Flecken markiert. Sie wird 45 mm lang, ist walzenförmig und hat eine verhältnismäßig weite, spaltförmige, an beiden Seiten gezähnelte Mündung. Beim lebenden Tier ist das Gehäuse fast völlig vom Mantel bedeckt und kann dadurch seine porzellanartig glänzende glatte Oberfläche, die so vor Umwelteinflüssen geschützt ist, bewahren.

Lebensraum: Das Mittelmeer und der angrenzende Atlantik. Sie ist ziemlich selten und lebt auf sekundären Hart- und Weichböden, oft unter Steinen.

Lebensweise: Die Art lebt auf sekundären Hart- und Weichböden.

Fortpflanzung: Laichzeit ist Oktober/November, dann werden die Eier in Klumpen abgelegt und bis zum Schlüpfen der Jungen gehütet.

Birnen-Kauri AM
Zonaria pyrum

Merkmale: Das bis 5 cm große, birnenförmige, glatte Gehäuse hat eine in der Mitte etwas verbreiterte Mündung, die obere Rinne ist gebogen und erweitert, der Mundrand gezähnelt. Die glänzende Oberfläche ist leuchtend orangerot bis bräunlich gefärbt und mit undeutlichen Flecken und Bändern gezeichnet, die Unterseite hell rötlich.

Lebensraum: Die verhältnismäßig seltene Art trifft man auf Hart- und Weichböden, häufig auf Korallenunterlage an Algen und Seegras in Tiefen von 20–50 m. Sie ist im Mittelmeer und angrenzenden Atlantik mit Portugal als nördlicher Grenze beheimatet.

Lebensweise und Fortpflanzung: Wie bei der vorhergehenden Art.

Allgemeines: In den südostasiatischen Ländern galten Kauris noch bis ins 19. Jahrhundert als Zahlungsmittel. Große Handelsnationen wie England und Portugal behielten diese Art Geld sogar für ihre Kolonialländer bei und führten dazu Kauris von Asien nach Afrika ein.

Blutroter Rundmund M

Homalopoma sanguinea

Merkmale: Eine Rundmundschnecke *(Turbinidae)*. Das kreiselförmige Gehäuse erreicht einen Durchmesser von 9 mm. Ein hornig-spiraliger, kreisrunder Deckel verschließt die Gehäusemündung. Das Gewinde, das aus 4–5 gewölbten Umgängen besteht, ist niedrig. Jeder Umgang hat 4–5 feine Spiralreifen, die Unterseite des letzten Umgangs feine Streifen. Die Farbe ist blutrot, manchmal weißlich, der Deckel gelbgrün.
Lebensraum: Ihr Lebensraum sind die Algenbestände und sekundären Hartböden im Mittelmeer, wo sie aber verhältnismäßig selten auftritt.

Dreirippige Turmschnecke M

Turritella triplicata

Merkmale: Wie die Gemeine Turmschnecke wird auch sie 5 cm hoch. Die flachen, fein spiralig gerieften Windungen weisen 3 kräftigere Spiralreifen auf, von denen der mittlere am stärksten ausgeprägt ist. Die Färbung ist variabel, weißlich, rotbraun gefleckt oder geflammt, manchmal auch einfarbig rotbraun.
Lebensraum: Das Mittelmeer, dort findet man sie in tieferem Wasser auf Sand- und Schlammgrund.
Lebensweise: Im Schlamm eingegraben lebt sie von eingestrudelten Detrituspartikeln.

Sandwurmschnecke M

Serpulorbis arenarius

Merkmale: Das mit 15 cm mittelgroße, röhrenförmige Gehäuse beginnt mit einer Röhrenkammer und ist später frei unregelmäßig gewunden. Die runde Mündung hat einen Durchmesser von 15 mm und wird von einem hornigen Deckel verschlossen. Die Umgänge sind mit zahlreichen feinkörnigen Spirallinien und auch einigen vorspringenden Querwülsten überzogen. Farbe graugelb bis rötlichbraun.
Lebensraum: Sie lebt im Mittelmeergebiet auf allen Hartböden festgewachsen und kommt regelmäßig, aber nicht häufig vor.
Lebensweise: Wie bei Bivonia triquetra (Leimruten).

Netzhornschnecke AMNO

Bittium reticulatum

Merkmale: Eine Nadelschnecke *(Cerithiidae)* mit kleinem, schlankem, hochgetürmtem Gehäuse. Höhe etwa 15 mm. Die vielen schwach gewölbten Umgänge haben ein Gittermuster aus zahlreichen Axialwülsten und 4 Spiralreifen pro Windung; an den Punkten, an denen sich Wülste und Reifen treffen, sind winzige Höcker ausgebildet. Die Farbe ist hell- bis dunkelbraun.
Lebensraum: Eine sehr häufige Art, die regelmäßig zwischen Algen (vor allem *Cladophora*-Beständen) und Seegräsern auf Weichböden vorkommt. Im Mittelmeer, Atlantik, der Nord- und westlichen Ostsee.

Spelzenschnecken M

Merkmale: Sie gehören zu den Eischnecken *(Ovulidae)*, die sich von den verwandten Cypraeiden durch das Fehlen farbiger Muster und der Schmelzschicht in der Rückenmitte unterscheiden. Die spindelförmigen Gehäuse laufen an beiden Enden in einen kurzen Kanal aus. *Simnia patula* wird 25 mm lang, die Mündung ist breit ausladend und gezähnelt. Farbe weißlich oder gelblichweiß. *Simnia spelta* wird 13 mm lang. Der Spindelrand ist ohne Wulstbildung, die Außenlippe verdickt, aber nicht gezähnelt. Die rosafarbenen bis gelblichen Gehäuse zeigen eine feine Spiralreifung. *Pseudosimnia carnea*: Länge 15 mm. An den Enden zugespitzt und dort fein gefurcht. Mündungsaußenrand verdickt, nur fein gezähnelt.
Lebensraum: Das Mittelmeer, wo die Spelzenschnecken auf Weichböden und Korallen vorkommen.
Lebensweise: Sie ernähren sich von den Polypenköpfchen der Korallen; *Simnia spelta* z. B. von Gorgonien (*Eunicella* und *Paramuricea*). Die Schnecken lagern die mit der Nahrung aufgenommenen Farbstoffe im Mantel ab und nehmen so mit der Zeit die Färbung dieser Korallen an.

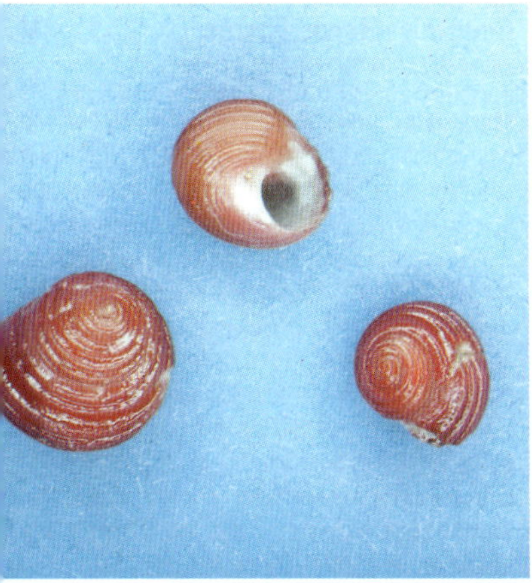

Tausendpunkt-Nabelschnecke M

Naticarius stercusmuscarum (oben)

Merkmale: Ihren Namen hat sie von den zahllosen rotbraunen Punkten, die über die beige Grundfarbe in unregelmäßigen axialen Linien verteilt sind. Das ovale Gehäuse hat ein sehr kleines Gewinde und eine mächtig entwickelte Endwindung mit halbkreisförmiger Mündung. Der Nabel an der Basis besitzt einen dünnen Nabelwulst. Gehäusedurchmesser 5 cm.

Lebensraum: Die Schlammböden des Mittelmeeres in größerer Tiefe.

Lebensweise: Mit dem aufgeblähten Fuß durchwühlt sie wie mit einer Pflugschar den Meeresboden auf der Suche nach Beute. Die ärgsten Feinde der Nabelschnecken sind Seesterne. Vor ihm schützt sie sich, indem sie, sobald er ihre Schale berührt, mit den stark vergrößerten Hautlappen des Fußes ihr ganzes Gehäuse bedeckt, so daß die Seesternfüßchen auf dieser feuchtrutschigen Oberfläche nicht Fuß fassen können.

Josephinische Mondschnecke M

Neverita josephina (Mitte rechts)

Merkmale: Ihren Namen hat sie von den zahllosen rotbraunen Punkten, die über die beige Grundfarbe in unregelmäßigen axialen Linien verteilt sind. Das ovale Gehäuse hat ein sehr kleines Gewinde und eine mächtig entwickelte Endwindung mit halbkreisförmiger Mündung. Der Nabel an der Basis besitzt einen dünnen Nabelwulst. Gehäusedurchmesser 5 cm.

Lebensraum: Die Schlammböden des Mittelmeeres in größerer Tiefe.

Lebensweise: Mit dem aufgeblähten Fuß durchwühlt sie wie mit einer Pflugschar den Meeresboden auf der Suche nach Beute. Die ärgsten Feinde der Nabelschnecken sind Seesterne. Vor ihm schützt sie sich, indem sie, sobald er ihre Schale berührt, mit den stark vergrößerten Hautlappen des Fußes ihr ganzes Gehäuse bedeckt, so daß die Seesternfüßchen auf dieser feuchtrutschigen Oberfläche nicht Fuß fassen können.

Guillemins Mondschnecke AM

Lunatia guillemini (Mitte links)

Merkmale: Eine mit 22 mm Durchmesser verhältnismäßig kleine Art. Die oberen Umgänge, das Gewinde des eiförmigen Gehäuses, sind spitz. Der Nabel ist durch einen dicken Nabelwulst verengt. Die halbkreisförmige Mündung wird durch einen Horndeckel verschlossen. Das Gehäuse ist dunkelgrau, rotbraun marmoriert oder schwach geflammt bzw. gefleckt. Unterhalb der Naht verläuft ein breites, weißes Band mit fahlen Flecken, ebenso um den Nabel. Die Spindelbasis ist dunkelbraun.

Lebensraum: Man trifft sie regelmäßig auf allen Weichböden, wo sie im Sand und Schlamm eingegraben lebt. Ihre Heimat ist das Mittelmeer und der angrenzende Atlantik bis zur Biscaya als nördlicher Grenze.

Fortpflanzung: Die Nabelschnecken legen ihre Eier mit Sandkörnern und Schleim verbacken in halskrausenförmigen Bändern ab. Meist schlüpfen Veligerlarven. Bei einigen Arten schlüpfen fertige Junge, die sich von den noch nicht so weit entwickelten Embryonen der Kette ernähren.

Hebräische Nabelschnecke M

Naticarius hebraeus (unten)

Merkmale: Ihr Durchmesser beträgt 45 mm. Das Gehäuse ist rundlich, die Umgänge des Gewindes sind stumpf, große Endwindung. Der Nabel hat einen starken mit Querrunzeln gezeichneten Nabelwulst. Die halbmondförmige Mündung wird von einem verkalkten Deckel verschlossen. Die weiße bis hellgraue Grundfärbung wird gegen die Oberseite zu orangegelb und ist mit zahlreichen unregelmäßigen, kleinen, fahlroten Flammen und Flecken überzogen, die in 3 nicht sehr deutlichen Spiralbändern Muster bilden. Die Mündung ist braunviolett, innen weiß, der Nabel rot mit weißer Umrahmung.

Lebensraum: Sand- und Schlammböden in größerer Tiefe im Mittelmeer.

Lebensweise: Wie alle Naticiden führt sie eine räuberische Lebensweise und durchpflügt mit ihrem vergrößerten Fuß den Boden nach Muscheln und Schnecken, die sie in stundenlanger Arbeit mit ihrer *Radula* anbohrt und durch das Bohrloch stückweise ausfrißt. Oft fesselt sie ihre Opfer mit Schleimfäden.

Oben: Tausendpunkt-Nabelschnecke
Mitte links: Guillemins Mondschnecke
Mitte rechts: Josephinische Mondschnecke
Unten: Hebräische Nabelschnecke

Helmschnecken oder **Sturmhauben** AM
Cassidae

Merkmale: Die 4 hier aufgeführten Cassiden sind mittelgroß, dickwandig mit großer bauchiger Endwindung und ziemlich flachem Gewinde. Der Mündungsrand ist fein gezähnelt, die Siphonalrinne kurz und leicht gebogen. Die Spindel weist eine schildartig ausgebreitete Kallusschwiele auf, die durch die Struktur der letzten Windung durchscheint. Ein halbkreisförmiger Deckel ist vorhanden. Die **Gefurchte Sturmhaube** *(Phalium granulatum undulatum)* zeigt auf gelbem Grund rotbraune Streifen und Flammen, sie wird 10 cm hoch. Der **Afrikanische Helm** *Phalium saburon)* wird 8 cm hoch. Er ist kugelig aufgeblasen, und die Endwindung weist 5 Spiralbänder verwaschener rötlichbrauner Flecken auf weißem Grund auf. Mündung innen rotbraun. Die **Knotenschelle** *Galeodea echinophora)* hat ein 10 cm langes Gehäuse mit knotiger Spiralskulptur. Farbe braungelb bis rötlich, Mundrand weiß. Die **Tyrrhennische Schelle** *(Galeodea rugosa)* ist mit 14 cm die größte von den vieren. Das gelbliche Gehäuse weist spiralige Rippen auf.

Lebensraum: Das Mittelmeer und der angrenzende Atlantik; nördliche Grenze die Biscaya. Diese Arten leben auf Sand- und Schlammböden von der Gezeitenzone bis in größere Tiefen.

Lebensweise: Hauptnahrung der Cassiden sind Stachelhäuter, besonders Seeigel. Es bedarf großer Geschicklichkeit, um sich an diesen stacheligen Gesellen nicht zu verletzen. Dazu ist der Fuß durch eine dicke Sohlenhaut und reichlich Schleimabsonderung geschützt. Auch Muscheln und Schnecken werden genommen. Die Kalkgehäuse werden durch Säureeinwirkung aufgelöst und der Weichkörper dann mit dem langen Rüssel aufgenommen. Vor der Überwältigung lähmt ein aus Speicheldrüsen abgesondertes Gift die Beute.

Fortpflanzung: Durch Schwimmlarven, die aus den befruchteten Eiern hervorgehen.

Allgemeines: *Galeodea echinophora* wird gern auf Fischmärkten angeboten.

Großes Tritonshorn AM
Argobuccinum olearium

Merkmale: Das ziemlich große, schwere, spindelförmige Gehäuse erreicht eine Länge von 18 cm. Die gewölbten Umgänge sind durch eine tief eingesenkte Naht voneinander getrennt. Pro Umgang verlaufen 2 Wülste (Varizen) über die Windungen, sie liegen ganz leicht versetzt übereinander. Durch ausgeprägte Axialrippen und schwächere Spiralreifen entsteht eine grobe Netzstruktur. Der Mündungsaußenrand ist gezahnt, der Siphonalkanal mäßig lang. Grundfarbe weißlichgelb mit rötlichbraunen Flecken.

Lebensraum: Die Schnecke ist weitverbreitet, sie kommt im Mittelmeer und an der ostatlantischen Küste von Südirland bis zu den Kanaren vor und reicht bis Südafrika und Neuseeland. Sie lebt auf Schlammböden in 2–2000 m Tiefe.

Lebensweise: Sie ernährt sich räuberisch vorwiegend von Stachelhäutern, die sie mit ihrem Rüssel ausweidet.

Fortpflanzung: Aus den Eiern entwickeln sich Schwimmlarven, die nach dem Absinken zur Jungschnecke heranwachsen.

Knotiges Tritonshorn AM
Charonia lampas

Merkmale: Die sehr großen Gehäuse werden bis 30 cm lang. Sie variieren stark in ihrer Färbung, sind aber meist von weißlicher Grundfarbe mit rotbraunen Flecken. Die Umgänge tragen kräftige Schulterknoten. Der Mündungsaußenrand hat paarweise Zähne. Über die Windungen verlaufen 11–12 unregelmäßig stehende Varizen mit stumpfen Höckern.

Lebensraum: Diese Art hat ebenfalls eine weite Verbreitung: Mittelmeer, portugiesische und westafrikanische Atlantikküste bis Südafrika, Mauritius, im Indopazifik bis zu den Philippinen und Japan und in die australischen Gewässer. Ihr Lebensbereich sind Felsen, Geröll- und Sandböden von der Ebbelinie bis in 200 m Tiefe.

Lebensweise: Auch ihre Nahrung sind vorwiegend Stachelhäuter, bevorzugt Seegurken. Ein Tier wurde beobachtet, wie es eine fast gleichgroße Seegurke innerhalb von 4 Stunden verschlang. Die Schnecke wagt sich auch an Seesterne von über 20 cm Durchmesser.

Fortpflanzung: Siehe vorhergehende Art.

Oben: Knotenschelle, Gefurchte Sturmhaube; unten: Thyrrhenische Schelle, Afrik. Helm

Runzeliges Tritonshorn M
Cymatium corrugatum

Merkmale: Das Gewinde der dickwandigen Gehäuse ist hoch-kegelförmig getürmt. Es tritt vor allem eine markante Axialrippung hervor. die von derben, knotigen Spiralreifen gekreuzt wird, mit feinen Spirallinien in den Zwischenräumen. Der Siphonalkanal ist mäßig lang und plump. Die Mündung wird durch Zahnfalten verengt. Gehäuse gräulichweiß; eine feste, braune, haarige Haut *(Periostrakum)* bedeckt die Schale.
Lebensraum: Auf mit *Detritus* reich bedecktem steinigem Grund und sekundären Hartböden ist sie nur regional im Mittelmeer häufig, fehlt in der Adria.
Lebensweise: Stachelhäuter, aber auch Fische und Krebstiere werden von den gierigen Räubern ganz verschlungen.
Allgemeines: Tritonshörner oder **Trompetenschnecken** wurden schon im alten Rom als Kriegstrompeten verwendet, und auch heute noch benutzen sie italienische Fischer als Signalhorn. Dazu wird ein Blasloch in eine der oberen Windungen gebohrt.

Täubchenschnecke AM
Columbella rustica

Merkmale: Sie erreicht eine Höhe von 2 cm. Die Schale ist breit spindelförmig, letzte Windung höher als die vorhergehenden zusammen. Das Gewinde ist wenig erhoben. Die lange Mündung ist durch eine Verdickung des gezähnelten Außenrandes verengt. Der Mundrand tritt oben ekkig hervor. Die Spindelbasis weist 2 Verdickungen auf. Die glatte, glänzende Oberfläche hat nur an der Basis einige Spirallinien. Grundfarbe weiß bis gelblich, auf ihr bilden rotbraune Flammenmuster eine unregelmäßige Gitterung; Mündung weiß, Zahnzwischenräume dunkelbraun.
Lebensraum: Man findet sie in der mit Pflanzen bestandenen Phytalzone knapp unterhalb der Wasserlinie an felsigen Küsten. Sie lebt im Mittelmeer und angrenzenden Atlantik an der westafrikanischen Küste bis Angola.
Lebensweise: Die Täubchenschnecken ernähren sich von Algen, die sie von den Felsen abraspeln, und von *Detritus.*
Fortpflanzung: Wie bei den meisten Meeresschnecken über Schwimmlarven.

Nordische Purpurschnecke AN
Nucella lapillus

Merkmale: Das festwandige, eirund zugespitzte 35–45 mm hohe Gehäuse wird von 5–6 gewölbten Windungen gebildet, mit kleinem Gewinde und großer Endwindung. Die Mündung wird von einem Deckel verschlossen. Die Oberfläche ist von glatten und rauhen Spiralreihen umlaufen. Färbung sehr variabel: weißlich, gelb, braun bis blauviolett, mit dunklerer Bänderung.
Lebensraum: Sie lebt auf Felsen und in Felsspalten. Besonders häufig wird sie in der Deutschen Bucht gefunden und reicht von dort bis zur portugiesischen Atlantikküste. An der amerikanischen Ostküste findet man sie von Labrador bis Rhode Island.
Lebensweise: Sie ernährt sich von Muscheln und Seepocken, die sie anbohrt und durch die Bohröffnung ausfrißt. Häufig trifft man sie in der Nähe von Miesmuscheln.
Allgemeines: Wie ihr Name sagt, diente sie im Norden, in Norwegen und in der Bretagne früher zur Purpurgewinnung.

Gerippte Purpurschnecke AMN
Ceratostoma erinaceum

Merkmale: Das bauchig-spindelförmige Gehäuse wird bis 6 cm hoch, es weist 4–7 Windungen auf. Die eiförmige Mündung läuft in einen stark zusammengepreßten, mäßig langen, nahezu geschlossenen Siphonalkanal aus. Die Oberfläche ist durch Axialrippen und lamellenartige Spiralreifen reich skulpturiert. Neben den hohlen Hauptstacheln bilden sich während des Wachstums kleinere Nebendorne aus. Die Färbung ist weißlich- bis gelblichgrau mit dunkleren Streifen und Rippen.
Lebensraum: Auf allen Hartböden, auch Hafenbefestigungen in geringer Tiefe im Mittelmeer, Atlantik und in der Nordsee.
Lebensweise: Wie alle Muriciden lebt die Schnecke räuberisch, überfällt besonders Muscheln. Um diese zu öffnen, übt sie mit ihrem Fuß einen starken Druck auf den Schlitz zwischen den Klappen aus, die Klappen öffnen sich ein wenig, der **Austernbohrer** schiebt seinen Rüssel durch den Spalt und frißt die Weichteile aus.

Mittelmeer-Purpurschnecken
Muricidae

Merkmale: Auf dem oberen Foto sind die 3 im Mittelmeer am häufigsten vorkommenden Purpurschnecken abgebildet. Sie zeichnen sich durch auffällige Stachelfortsätze (daher auch **Stachelschnecken**) und Gehäusewülste (Varizen) aus, die auf jeder Windung in bestimmter Zahl vorkommen. Der wulstförmige Mündungsrand läuft in eine Siphonalrinne aus, die das Atemrohr birgt. Auf der Oberseite des Hinterfußes befindet sich ein horniger Deckel, mit dem der Gehäuseeingang dicht verschlossen werden kann.

Lebensweise: Die Purpurschnecken leben, wie alle Muriciden, räuberisch oder von Aas. Sie knakken ihre Beute mit einem Knackzahn und fressen sie aus. Dazu haben sie einen langen Rüssel entwickelt. Die auf dem schmalen Zungenknorpel sitzende *Radula* zerkleinert die Nahrung, sie hat nur 3 Zähne je Querreihe. Meist fallen den Stachelschnecken andere Weichtiere zum Opfer.

Fortpflanzung: Die Eier werden im Weibchen befruchtet und dann ins Wasser abgegeben; aus ihnen entwickeln sich Schwimmlarven, die einige Zeit im Plankton treiben, dann absinken und zur Jungschnecke heranwachsen.

Brandhorn *(Murex brandaris)* (oberes Bild links und unten).

Merkmale: Das 9 cm lange, festwandige Gehäuse zählt 6–7 Umgänge, die 1–2 Reihen spitzer, kräftiger Stacheln tragen. Die Windungen sind außerdem mit Spirallinien gezeichnet. Die letzte Windung ist stark aufgetrieben. Die Mündung ist oval, der Siphonalkanal gerade und sehr lang. Die Schale hat gelblichweiße Farbe, die Mündung ist schwach orange. Auf dem unteren Bild ist ein Teil des Fußes mit Deckel und der Kopf mit 2 Fühlern zu sehen. Das Gehäuse ist hier noch größtenteils vom *Periostrakum* bedeckt.

Lebensraum: Das Mittelmeer und der angrenzende Atlantik, sie geht südlich bis Westafrika, kommt in 5–80 m Tiefe auf verschlammtem Felsgrund und in Seegraswiesen vor.

Purpurschnecke *(Truncilariopsis trunculus)* (oberes Bild Mitte).

Merkmale: Die Länge beträgt 8 cm, ihre Endwindung ist nicht aufgebläht wie bei der vorhergehenden Art, sie wirkt aber allgemein robuster mit treppenartig abgesetzten Umgängen. Der Siphonalkanal ist wesentlich kürzer und gebogen. Die gelblichgraue oder grauweiße Grundfarbe wird von 3 bräunlichen Bändern unterbrochen, die im Mündungsinnern durchscheinen. Das Gehäuse ist oft über und über mit einem Aufwuchs von Schwämmen, Moostierchen, Wurmröhren, Seepocken und Algen bedeckt.

Lebensraum: Die Felsgründe in der Gezeitenzone, von 10 m Tiefe an findet man sie auch auf Sandgrund. Ihre Heimat ist das Mittelmeer und der angrenzende Atlantik.

Rotmund-Maulbeere *(Thais haemastoma)* (oberes Bild rechts).

Merkmale: Die Höhe des derbwandigen Gehäuses beträgt 8 cm. Es ist schmutziggrau bis matt bräunlich, auffallend ist die leuchtend orangerote Mündung. Die Struktur ist rauh. 1–2 Reihen knotiger Höcker umlaufen die Windungen, es sind keine Stacheln ausgebildet. Der Siphonalkanal ist sehr kurz, die Außenlippe gezähnelt und manchmal braun geflammt.

Lebensraum: Die mit Pflanzen bestandene Felsenzone in Mittelmeer und Atlantik, nördliche Grenze ist hier die Biscaya.

Allgemeines: Der Name *Murex*, der heute als Gattungsname für viele Stachelschnecken steht, taucht geschichtlich schon sehr früh auf. Plinius gebrauchte ihn für eine Reihe von Schnecken, die den sehr begehrten und dementsprechend teuren (unter Aurelian kostete 1 kg etwa 4000 DM) Purpurfarbstoff lieferten. Er wurde in England bis ins 15., in Norwegen gar bis ins 18. Jahrhundert gewonnen. Unzählige Schnecken sind nötig, um 1 g dieser Farbe zu erhalten (10000 Tiere). Aus einer umfangreichen Drüse an der Wand der Kiemenhöhle wird ein Sekret abgesondert, das sich unter Sonnenbestrahlung über gelbe und grüne Farbtöne langsam purpurrot oder purpurviolett verfärbt. Es diente zum Färben von Wolle, Elfenbein und Pergament wie auch als Gesichtsschminke; rote Tinte war damals den Kaisern vorbehalten.

Gemeine Wellhornschnecke — ANO
Buccinum undatum

Merkmale: Ihr Gehäuse erreicht eine Höhe von 11 cm. Es variiert in Größe, Form und Färbung je nachdem, wo es vorkommt: starkwandig und bauchiger ist es bei Tieren, die in der Brandungszone leben, dünnwandig und höher bei Bewohnern tieferen, stilleren Wassers, z. B. im Wattenmeer. Die Umgänge sind durch eine tief eingesenkte Naht getrennt. Die typische Oberflächenstruktur wird von zahlreichen kräftigen Spiralrippen und flachen welligen Axialrippen gebildet. Die Grundfarbe ist weißlichgrau, gelb oder braun, die Mündung gelblichweiß. Die Farbe des Gehäuses wird jedoch meist von einem derben *Periostrakum* überdeckt.
Lebensraum: Sie hat eine weite Verbreitung: reicht vom nördlichen Eismeer bis zur Biscaya, in die Nord- und westliche Ostsee. Kommt auch an der amerikanischen Ostküste vor. Sie besiedelt die Sand- und Schlammböden der Küstenregion, aber auch den Sand- und Steingrund in Tiefen von 150–200 m.
Lebensweise: Die Wellhornschnecke ist ein Fleischfresser, der sich besonders von toten Tieren ernährt, aus denen er mit den scharfen Zähnen seiner *Radula* ganze Fetzen herausreißt. Um das Aas aufzuspüren, hat sie einen gut entwickelten Geruchssinn, der sie an die Nahrungsquelle heranführt. Ein langer Atemsipho, den sie in die Strömung hält, erweitert zusätzlich ihren Riechbereich. In den leeren Gehäusen wohnen oft Einsiedlerkrebse.
Fortpflanzung: Alle *Buccinum*-Arten legen ihre Eier in gelblichen Kapseln ab (siehe Bild). Jede Kapsel birgt etwa 1000 Eier, allerdings kommt davon nur ein kleiner Teil zur Entwicklung.
Allgemeines: Fischer benutzen die leeren Kapseln, die man häufig am Strand angespült findet, als »Seeseife« zum Reinigen der Hände. Die Schnecke ist ein ausgezeichneter Angelköder. Sie läßt sich gut in Aquarien halten und wird in Küstengebieten gegessen.

Netzreuse — AMNO
Hinia reticulata

Merkmale: Die ei-kegeligen Gehäuse werden 3 cm hoch. Die netzartige Gitterung der Oberfläche kommt durch Axialrippen und Spiralrillen zustande. Farbe gelbbraun bis graubraun, Mündung weiß.
Lebensraum: Die Sandböden in der Flachwasserzone. Man trifft die Art im Mittelmeer, Atlantik von Marokko bis Norwegen, in der Nord- und Ostsee, sogar im Schwarzen Meer in geringer Tiefe.
Lebensweise: Ein Aasfresser, der seine Nahrung mit dem ausnehmend feinen Geruchssinn auf eine Distanz von 30 m aufspürt. Eigenartig ist die Fluchtreaktion: Berührt ihr Fuß einen Seestern, so kippt sie vornüber, daß das Gehäuse mit der Mündung nach oben zu liegen kommt, dann löst sie den Fuß vom Boden, streckt ihn wieder aus, das Gehäuse fällt auf die andere Seite. Auf diese Weise, förmlich Purzelbäume schlagend, bringt sie sich schnell aus der Gefahrenzone.
Fortpflanzung: Es werden ca. 100 Eikapseln abgelegt, aus denen Schwimmlarven schlüpfen.

Wandelbare Reuse — AM
Sphaeronassa mutabilis

Merkmale: Bis 3 cm hohes, dickwandiges spitzeiförmiges Gehäuse mit großer, ovaler, innen gezähnelter Mündung, die von einem Deckel verschlossen wird. Die gewölbten Umgänge sind anfangs gerippt, dann glatt, die Basis weist mehrere Spiralreifen auf. Spindelbasis mit Leisten. Ein kurzer Siphonalkanal ist ausgebildet. Farbe creme bis hellbraun mit dunkleren Flecken unterhalb der Naht.
Lebensraum: Ihre Verbreitung reicht weit: vom Mittelmeer und Schwarzen Meer über die portugiesische Atlantikküste bis zu den Kanarischen Inseln. Sie lebt im ruhigen Wasser des Küstenbereichs auf Sand- und Schlammböden.
Lebensweise: Wie alle Reusenschnecken spürt sie Aas mit ihrem langen Sipho über weite Entfernungen auf und kriecht dann gezielt darauf zu.
Fortpflanzung: Die befruchteten Eier werden in Kapseln an einer festen Unterlage abgesetzt. Laichzeit Januar bis Mai.

Halsband-Mondschnecke AMN
Lunatia catena

Merkmale: Das 45 mm hohe ovale Gehäuse hat ein kurzes Gewinde mit 6–7 fast flachen Umgängen und eine sehr große bauchige Endwindung. Unterseite genabelt. Die Farbe ist gelblich bis rötlichweiß mit einer sehr variablen Musterung aus Reihen rotbrauner Streifen und Flecken. Die halbkreisförmige Mündung wird von einem Kalkdeckel verschlossen.
Lebensraum: Sie lebt eingegraben im Sand- und Schlammgrund im Mittelmeer, Atlantik und vereinzelt in der Nordsee.
Fortpflanzung: Der Laich wird in einem kegelförmig zusammengelegten Band abgesetzt.

Nadelspitz AMN
Ocinebrina aciculata

Merkmale: Sie gehört zu den Stachelschnecken *(Muricidae)*. Die Gattung zeichnet sich durch bauchig-spindelförmige Gehäuse mit breiten Axialwülsten (daher auch Wulstschnecken) und darüberlaufenden Spiralreifen aus. *O. aciculata* hat eine schmalspindelförmige Gestalt, Die Axialwülste sind schwach ausgebildet, darüber einheitliche schmale Spiralstreifen. Rotbraun.
Lebensraum: Man trifft sie auf Felsen und in Vegetationsbeständen im Flachwasser von Mittelmeer, Atlantik und Nordsee.
Lebensweise: Ein Räuber mit langem Rüssel und schmaler *Radula*, der Muscheln öffnet.

Gestreiftes Klipphorn AM
Pisania striata

Merkmale: Die Art wird 3 cm hoch. Das spindelförmige Gehäuse mit den flach gewölbten Umgängen hat eine schmale Mündung mit kurzem Kanal. Der fast gerade Außenrand ist innen gezähnelt. Die Gehäuseoberfläche ist glatt, letzte Windung fein längsgerieft. Farbe grünlichbraun, wenig braun und weiß gefleckt, letzte Windung mit hell- bis dunkelbraunen Linien. Die Mündung ist braun bis violett mit weißer Mittelbinde.
Lebensraum: Im Phytal der Felsküsten ist sie sehr häufig, vor allem in den *Ulva*-Beständen der Hafenbecken. Im Mittelmeer und Atlantik nördlich bis Portugal.

Dickmundreuse AMN
Hinia incrassata

Merkmale: Eine mit 15 mm Länge kleine Reusenschnecke. Kegelförmig, das Gewinde mäßig hoch. Die Umgänge sind gewölbt, vor allem der letzte. Über kräftige Axialwülste laufen zahlreiche Spiralreifen. Die rundliche Mündung weist außen einen dicken Wulst auf und ist innen gezähnelt. Gehäusefarbe weißlich bis gelblichgrau mit bräunlichen Längsstreifen. Mündung weiß, ebenso der äußere Mundrand, dieser mit 3 roten Flecken.
Lebensraum: Sie kommt im Mittelmeer, Atlantik und in der Nordsee auf Weichböden in tieferem Wasser oder in Algenbeständen der Felsküste häufig vor.

Zierliche Spindel M
Fusinus rostratus

Merkmale: Eine Spindelschnecke *(Fasciolariidae)* mit lang-spindelförmigem Gehäuse und gewölbten Umgängen. Der ziemlich lange Siphonalkanal ist gerade und offen, länger als die Mündungshöhe. Die Gehäuselänge beträgt 5 cm. Die Oberfläche ist mit zahlreichen Spirallinien und teils knotigen bis stacheligen Axialrippen skulpturiert. Die rotbraune bis rötlichgraue Grundfärbung wird von helleren Spiralreifen unterbrochen; die am Rand gezähnelte Mündung ist rosig.
Lebensraum: Auf reich mit organischen Sinkstoffen bedeckten Böden im Sublitoral des Mittelmeeres.

Mittelländische Spindel M
Fasciolaria lignaria

Merkmale: Eine bis 5 cm große Art mit lang spindelförmigem Gehäuse und hohem Gewinde. Die Umgänge sind stark gewölbt und kräftig skulpturiert. Sie sind von Axialrippen und knotigen Höckern gekennzeichnet. Die Mündung ist elliptisch, der Mundrand scharf. Sie wird durch einen unten zugespitzten Deckel verschlossen. Ein mäßig langer Siphonalkanal ist vorhanden. Die Spindelbasis weist 3 Falten auf. Die Farbe ist hellbraun mit in spiraliger Reihe stehenden weißen Knoten.
Lebensraum: Sand- und Schlammböden von der Flachwasserzone bis in größere Tiefen.

Syrakusische Spindel M
Fusus syracusanus

Merkmale: 57 mm hohes, schlankes, lang spindelförmiges Gehäuse mit hochgetürmtem Gewinde. Die Umgänge sind deutlich abgesetzt, oben gewölbt, nach unten zu etwas kantig, über der Naht eingeschnürt. Es sind kräftige Axialrippen und starke Spiralreifen ausgebildet, die knotige Längsreihen ergeben. Die ovale Mündung läuft in einen langen Siphonalkanal aus, der etwa so lang ist wie die Mündungshöhe. Die Spindelbasis weist keine Falten auf. Farbe: abwechselnd gelblichweiße und braune Spiralbänder.
Lebensraum: Das Mittelmeer, auf algenbewachsenen Steinen unter 10 m Tiefe.

Schrifttäubchen M
Mitrella scripta

Merkmale: Eine Taubenschnecke *(Pyrenidae)* mit kleinem, 2 cm hohem, spindelförmig getürmtem Gehäuse. Bei ihm ist die Mündung, im Gegensatz zu anderen *Pyrenidae*, nicht verengt. Ein kurzer, leicht gebogener Siphonalkanal ist ausgebildet. Die schmal-elliptische Mündung wird von einem Deckel verschlossen und wie die Spindelbasis mit Wärzchen besetzt. Gehäusefarbe weißlich mit scharf gezeichneten Flammenbändern.
Lebensraum: Auf Hartböden in der Algenzone der Felsküste, manchmal auch in Schwämmen in Tiefen unter 10 m im Mittelmeer.

Buntschnecke M
Pusia tricolor

Merkmale: Die »Dreifarbige« ist oben gelblich, wird nach unten zu hellbraun und ist zwischen den Wülsten braun. Ein weißes Spiralband umläuft die Windungen. Das spindelförmige Gehäuse hat kaum gewölbte und nicht voneinander abgesetzte Umgänge; auf ihnen sind Axialwülste ausgebildet, die nur bis zur Mitte des letzten Umgangs reichen, darunter folgen etwa 5 Spiralreifen. Die Spindel trägt 4 Falten. Kein Deckel.
Lebensraum: Die pflanzenbestandene Zone und die Hartböden der Felsküsten des Mittelmeeres, wo sie bis in größere Tiefe regelmäßig und häufig vorkommt.

Hornmitra M
Mitra cornicula

Merkmale: Mit 2 cm Gehäusehöhe gehört sie zu den kleineren Vertretern ihrer Gattung. Es sind schmalgewundene, spindelförmige Gehäuse mit einigen Spirallinien an der Gehäusebasis, sonst glatt. Der Mundrand ist fein gezähnelt, die Spindel trägt 3 oder 4 kräftige Falten. Der letzte Umgang ist höher als das übrige Gewinde. Ein dünner, horniger Deckel ist vorhanden. Das hornfarbene Gehäuse hat am oberen Rand ein feines helleres Band.
Lebensraum: Die Art trifft man regelmäßig an Felsen und unter Steinen im Küstenbereich des Mittelmeeres.

Braune Mitra M
Mitra ebenus

Merkmale: Sie wird 3 cm hoch, ist bauchiger als die Hornmitra, und die Windungen sind leicht stufig abgesetzt. Der letzte Umgang ist nur wenig höher als das Gewinde. Die schmale Mündung ist fein gezähnelt, die Spindel weist 4 Falten auf. Ein Deckel fehlt. Die Umgänge haben kräftige, regelmäßig angeordnete Axialwülste. Gehäusefarbe braun bis dunkelbraun mit einem hellen Längsband in der Mitte und einem weiteren entlang der Windungsnaht.
Lebensraum: In der pflanzenbestandenen Uferregion der Felsküste oder auf Hartböden im Mittelmeer.

Hirsekorn M
Gibberula miliaria

Merkmale: Eine Randschnecke *(Marginellidae)*, die ihren Namen von dem verdickten Mündungsrand hat. Sie ist von ei- bis birnenförmiger Gestalt, mit kaum erhobenem Gewinde. Ein Deckel fehlt. *G. miliaria* ist klein, wird nur bis 7 mm hoch. Die Mündung ist nach unten zu erweitert. Die Spindel trägt 6 Falten, die Außenlippe ist innen fein gezähnelt. Gehäusefarbe weißlich mit einem rötlichen Spiralreif.
Lebensraum: Man trifft sie regelmäßig auf Stein- und Sandgrund im Küstenbereich des Mittelmeeres.
Lebensweise: Räuberisch.

Mittelmeer-Kegelschnecke AM

Conus mediterraneus

Merkmale: Das kegelförmige Gehäuse dieser nur 2–3 cm hohen Kegelschnecke besitzt ein kurzes Gewinde über der großen Endwindung. Das Gewinde kann aber auch pyramidenförmig erhaben sein und hat dann abgesetzte Umgänge. Die Mündung ist spaltartig schmal und wird von einer scharfrandigen Außenlippe begrenzt. Der Deckel ist klein und schmal. Die Färbung variiert von rosa, gelblich bis olivbraun, ist manchmal gesprenkelt und weist unterbrochene Spiralbänder auf. Der Fuß ist schmal und lang, ebenso der Rüssel.

Lebensraum: Das Mittelmeer, sie geht an den angrenzenden Atlantikküsten bis zu den Kanarischen und Kapverdischen Inseln. Man findet sie häufig und regelmäßig unter Steinen und auf Felsen im Pflanzenbestand des Flachwassers und der Gezeitenzone.

Lebensweise: Kegelschnecken gehören zu den Giftzünglern, d. h. ihre Radulazähne sind zu langen, kanülenartigen, mit Widerhaken versehenen, harpunenartigen Stiletten umgewandelt, die mit einer Giftdrüse in Verbindung stehen und von denen auf jeder Querreihe 2 Stück stehen. Ein Zahn sitzt immer einsatzbereit im Rüsselende, die anderen warten in der Radulatasche auf ihren Einsatz, zu dem sie, wenn der vordere Zahn nach Gebrauch abgestoßen wurde, nachrücken. Die Tiere ernähren sich räuberisch von Schnecken und Würmern. Ist ein Opfer gefunden, wird der Rüssel langsam herangeführt, er versteift sich und sticht. Nach kurzer Zeit ist die Beute durch das Gift gelähmt. Bei dem äußerst wirksamen Gift handelt es sich um ein Neurotoxin. Die Kegelschnecken benutzen es nicht nur zum Nahrungserwerb, sondern auch zur Verteidigung. So kann das Gift mancher Arten sogar dem Menschen, der die hübschen Tiere in die Hand nimmt oder unversehens darauf tritt, gefährlich werden.

Fortpflanzung: Aus den ins Wasser entlassenen Eiern entwickeln sich Schwimmlarven, die sich nach dem Absinken zu Jungschnecken entwickeln.

Gemeines Spindelhorn M

Buccinulum corneum

Merkmale: Die schlanken, bis 5 cm hohen Gehäuse haben ein spitz-kegelförmiges Gewinde und eine große Endwindung. Die ersten Umgänge weisen höckerige Spiralrippen auf, die übrigen springen an der Naht wulstig vor. Die Mündung ist oben verengt und läuft in einen mäßig langen, zurückgebogenen Siphonalkanal aus. Sie ist oval und wird von einer schwieligen, fein gezähnelten Außenlippe begrenzt. Der letzte Umgang zeigt feine Anwachsstreifen. Die Farbe ist grau oder braun, überzogen von einem Netz hellerer spiraliger oder axialer Linien bei den älteren Tieren; die jüngeren Individuen haben eine eindrucksvollere Zeichnung: Spirallinien, die aus abwechselnd helleren und dunkleren Flecken bestehen.

Lebensraum: Im Mittelmeer lebt diese Art auf Sand- und Schlammgrund regelmäßig von der Küstenzone abwärts.

Lebensweise: Diese Raubschnecke geht nicht nur an Aas, sondern spürt auch andere Weichtiere, Krebse und Würmer auf.

Drechselschnecke AMN

Acteon tornatilis

Merkmale: Sie gehört zu den Kopfschildschnekken *(Cephalaspidea)*. Diese zeichnen sich durch eine schildartige Verbreiterung auf der Oberseite des Kopfes aus. Das 25 mm hohe, walzig-ovale Gehäuse der Drechselschnecke ist so groß, daß sich das Tier ganz zurückziehen kann. Das Gewinde besteht aus 6–7 erhabenen, leicht stufig abgesetzten und mit Spiralreifen versehenen Umgängen. Die Spindel weist eine Falte auf. Farbe rötlich mit 3 weißen Binden.

Lebensraum: Man findet sie regelmäßig auf Sand- und Schlickböden und in Beständen vom Meersalat *(Ulva)* im Hafenbereich. Ihre Heimat ist das Mittelmeer, der Atlantik und die Nordsee.

Lebensweise: Mit ihrem breiten Kopfschild schiebt sich das Tier wie mit einem Schneepflug durch den Sand, es gräbt dabei kurze unterirdische Kanäle, die mit Schleim aus der Fußdrüse verklebt werden, so daß sie nicht einstürzen.

Holzboot M
Scaphander lignarius

Merkmale: *Scaphandridae* oder Taucherschnecken sind Schnecken mit großen Fußlappen (Parapodien), welche einen Teil des Gehäuses bedekken. Die Gehäuseform ist zylindrisch, leicht konisch, die Mündung oben verengt und unten erweitert. Das Tier kann sich nicht mehr ganz in das Gehäuse zurückziehen. Das bis 7 cm lange, festwandige Gehäuse von *Sc. lignarius* ist gelborange bis bräunlich, mit dichten Spiralrillen, innen weiß mit grauen Querbändern, Spindelrand weiß. Gewinde vollkommen eingesenkt.
Lebensraum: Weiche Sedimentböden in größerer Tiefe im Mittelmeer.
Lebensweise: Holzboote leben räuberisch und verschlingen ihre Beute, kleine Muscheln, Schnecken und Würmer, hauptsächlich aber *Dentalium*, meist als ganzes. Die Gehäuse der eingefangenen Beute werden im Magen durch Kauplatten zermalmt. Mit dem Kopfschild voran arbeiten sie sich wie mit einem Schneepflug durch den Sand.

Offene Seemandel AMNO
Philine aperta

Merkmale: Das durchscheinend zarte Gehäuse wird nur 2 cm lang und hat eine ausladende, blasig gerundete, ohrförmige Endwindung mit weiter Mündung. Das Gewinde ist vollständig eingesenkt. Das Gehäuse ist glänzend weiß, mit weißen Punkten und feinen Spirallinien gezeichnet und sehr dünn.
Lebensraum: Man findet die Art auf Schlamm- und Sandgrund mit Algenbewuchs, im Atlantik, Mittelmeer, in Nord- und Ostsee.
Lebensweise: Da das Gehäuse keinen sicheren Schutz bietet, behilft sich die Schnecke auf andere Weise, indem sie ein Gemisch von Salz- und Schwefelsäure ausscheidet, das ihre Feinde, die Aktinien und Fische, abschreckt. Diese Seemandeln leben vorwiegend räuberisch.
Fortpflanzung: *Philine* bildet Veligerlarven aus, die einige Zeit im Plankton treiben, ehe sie zu Boden sinken und zu jungen Schnecken heranwachsen.

Gestreifte Meerblase AM
Bulla striata

Merkmale: Meerblasen haben ein ziemlich festwandiges, eiförmiges Gehäuse, in das sie sich vollkommen zurückziehen können, obwohl das Tier bei *B. striata* etwa 6 cm lang wird, während das blasig aufgetriebene Gehäuse nur eine Länge von 25 mm erreicht. Das weißlichgraue Gehäuse ist braun oder violett gefleckt, geflammt oder gebändert, der Spindelrand ist braun. An der Basis treten häufig Spiralreifen hervor. Das Gewinde ist tief nabelartig eingesenkt, die Mündung ist so hoch wie das Gehäuse. Der auffällige Kopfschild ist durch Verschmelzung der unteren Taster und der oberen Geruchsfühler entstanden.
Lebensraum: Sie ist ein regelmäßiger Bewohner der Sandböden, die mit Seegras (*Posidonia* und *Zostera*) bestanden sind, und kommt im Mittelmeer und angrenzenden Atlantik vor.
Lebensweise: Die Bulliden ernähren sich vorwiegend von Pflanzen, meist weiden sie den Algenbewuchs ab. Die Tiere leben gern gesellig.

Seehase M
Aplysia depilans

Merkmale: Das kappenförmig gewölbte Gehäuse ist stark zurückgebildet und vollständig vom Mantel überdeckt. Es wird bis 5 cm groß, ist hornig durchscheinend und sehr dünn. Der Seehase wird bis 25 cm lang, ist von grünlichgrauer bis dunkelbrauner Farbe mit helleren Flecken marmoriert. Der Kopf trägt 4 Fühler, das hintere Fühlerpaar ist hasenohrenähnlich ausgezogen. Die nach oben geschlagenen seitlichen Fußlappen werden zum Schwimmen genutzt.
Lebensraum: Seine Heimat ist die Flachwasserzone im Küstenbereich des Mittelmeeres, wo er auf mit Seegras und Tang bestandenem Sand- und Schlammgrund lebt.
Lebensweise: Wellenförmig von vorn nach hinten verlaufende Schläge mit den Fußlappen treiben das Tier durchs Wasser. Bei Störung wird aus der Mantelhöhle ein milchigweißes oder violettes Sekret ausgestoßen.
Fortpflanzung: Die Eier werden in gallertartigen Laichschnüren an Algen und Steinen befestigt.

Leopardenschnecke M
Peltodoris atromaculata

Merkmale: Sie gehört zu den Sternschnecken *(Doridacea)*, zur Familie *Dorididae* und wird 5 cm lang. Bei ihnen sind die echten Kiemen völlig zurückgebildet, und sogenannte Sekundärkiemen umgeben in regelmäßiger sternförmiger Anordnung den auf der Rückenseite gelegenen After. Die meisten Sternschnecken sind lebhaft gefärbt. Diese Art hat eine weiße Grundfärbung mit mehr oder weniger runden, unterschiedlich großen, schokoladebraunen Flecken, die von einem schwarzbraunen Rand gesäumt werden. Die Anordnung der Flecken variiert individuell.
Lebensraum: Das Mittelmeer, wo sie regelmäßig auf Schwammböden, besonders von *Petrosia ficiformis*, anzutreffen ist. In tieferem Wasser und in Brandungshöhlen der Felsküsten.
Lebensweise: Ihre Nahrung bildet der Schwamm, auf dem sie siedelt.
Fortpflanzung: Die Laichzeit ist von Mai bis August, die hellgelben Eier liegen in einem 1–2 mm breiten Laichband.

Elegante Sternschnecke AM
Hypselodoris elegans

Merkmale: Diese Sternschnecke gehört zur Familie der *Chromodorididae*. Der Körper ist gestreckt bis 85 mm lang. Der Vorderrand des Fußes ist zu kurzen Ecken ausgezogen, das Schwanzende zugespitzt. Die Färbung ist sehr variabel: von fast schwarz über blau, violett bis blaugrün. Rücken und Fußrand sind gelb gesäumt. Das Tier auf dem Bild ist fast schwarz mit gelber, in Längsreihen angeordneter Zeichnung. Die Kiemen sind deutlich heller als die Grundfarbe.
Lebensraum: Die Art kommt im gesamten Mittelmeer vor, geht im angrenzenden Atlantik bis zur Biscaya im Norden, zu den Kanarischen Inseln und im Süden bis zum Golf von Guinea. Kommt auf sandigen und korallinen Böden im Sublitoral häufig vor.
Lebensweise: Bei Störung kann sie sich zu einer Kugel zusammenrollen.
Fortpflanzung: Eiablagen erfolgen in den Monaten Oktober und November.

Neapolitanische Fadenschnecke AM
Spurilla neapolitana

Merkmale: Fadenschnecken sind durch in Büscheln stehende Rückenanhänge gekennzeichnet. Bei dieser Art sind sie halbmondförmig gebogen, mit großen opakweißen Flecken versehen. Von der gelbrosa Körperfarbe sieht man auf dem Bild kaum etwas. Körperlänge 37 mm, der Schwanz ist stumpf.
Lebensraum: Sie kommt im gesamten Mittelmeer und im Ostatlantik, im Westatlantik sowie im Ostpazifik unter Steinen in der Phytalzone der Felsküsten vor.
Lebensweise: Sie ernähren sich von Seerosen wie Siebrose *(Aiptasia mutabilis)* und Wachsrose *(Anemonia sulcata)*. Mit der Nahrung nehmen sie die Nesselkapseln dieser Tiere auf, die sie in Taschen ihrer Rückenanhänge speichern und ab und zu wieder nach außen entleeren. Die Kapseln werden bei diesem Vorgang erstaunlicherweise nicht entladen und fügen der Schnecke keinen Schaden zu.
Fortpflanzung: Eiablagen in spiraligen Bändern während des ganzen Jahres.

Violette Fadenschnecke AM
Flabellina affinis

Merkmale: Die mittelgroße Art ist sehr langgestreckt (7 mal so lang als breit), sie wird 16 mm lang, die Fußecken sind tentakelartig ausgezogen. Die Körpergrundfarbe ist hellviolett, die Spitzen der in gestielten Büscheln angeordneten, langen, dünnen Rückenanhänge sind dunkler, stellenweise weiß punktiert.
Lebensraum: Die Art kommt im Mittelmeer und im Ostatlantik südlich bis Ghana vor. Man findet sie regelmäßig, aber nicht häufig in der Pflanzenzone der Felsküsten oder an Hafenmauern an verschmutzten Algen.
Lebensweise: Die Violette Fadenschnecke ernährt sich von den Polypenköpfchen von *Eudendrium*, einer Hydrozoenart.
Fortpflanzung: Die hellrosa oder purpurvioletten Eier werden als Schnüre in gewundenen Mäandern um die Eudendriumästchen abgelegt. Nach 5–8 Tagen schlüpfen Veligerlarven, die sich dann nach einiger Zeit zu Jungschnecken entwickeln.

Diese Weichtierklasse hat etwa 25000 Arten hervorgebracht, die ausschließlich im Wasser leben, die meisten im Meer, wo sie im flachen Uferbereich wie auch in der Tiefsee vorkommen, aber auch im Brackwasser und mit wenigen Familien im Süßwasser.

Wie schon der Name *Bivalvia* sagt, sind die Muscheln durch zwei Schalenklappen gekennzeichnet, die am oberen Rand durch das sogenannte Schloß gelenkig verbunden sind. Es ist eine einfache oder gezähnte Leiste, bei der sich erhabene Zähne der einen Klappe jeweils in die entsprechenden Vertiefungen der anderen Klappe einfügen. Zahl und Form der Zähne sind oft ein wichtiges systematisches Merkmal. Die beiden Klappen werden durch zwei Schließmuskeln, einen vorderen und einen hinteren, zusammengehalten (siehe S. 261, Bild 4). Der vordere Schließmuskel ist nicht selten verkümmert, der hintere um so kräftiger entwickelt. Ihnen wirkt ein Schloßband, das Ligament, entgegen, das durch seinen Zug die Klappen öffnet. Es besteht aus zwei Schichten, einem elastischen inneren und einem nicht elastischen äußeren Teil. Erschlaffen die Schließmuskeln, so öffnet sich das Gehäuse durch den Zug des Ligaments (daher klaffen tote Muscheln).

Die Form der Muscheln ist vielgestaltig: rund oder oval, schnabelförmig ausgezogen oder scheidenförmig. Meist ist das Vorderende abgerundet, das Hinterende zugespitzt oder abgestutzt. In der Regel sind die Klappen symmetrisch, doch gibt es auch Familien, bei denen die eine Hälfte deutlich tiefer ist, die andere dafür um so flacher (z. B. Pecten).

Die Schale ist aus drei Schichten aufgebaut, einer hornartigen äußeren, einer Prismenschicht aus Kalk in der Mitte und einer zuletzt abgeschiedenen Perlmutterschicht, die aber den meisten Meeresmuscheln fehlt. Die Klappen sind entweder glatt und glänzend oder durch konzentrische Ringe oder radial vom Wirbel zum Rand ziehende, erhabene Linien gezeichnet, manchmal mit Lamellen, Knoten oder Stacheln besetzt. Der untere Rand ist glatt oder gekerbt. Am oberen Rand, meist in der Mitte oder nahe dabei, liegen die Wirbel, die Stellen, von den das Gehäusewachstum ausgeht. Auf der Innenseite der Klappen sind die Abdrücke der Schließmuskeln und des Mantelrandes (Mantellinie) zu sehen.

Muscheln haben keinen Kopf und damit weder ein zentrales Nervensystem noch besonders entwickelte Sinnesorgane (wenn man von den Augen am Mantelrand absieht) oder eine *Radula*.

Der Körper ist symmetrisch gebaut und seitlich zusammengedrückt, die meisten Organe sind paarig. Der Eingeweidesack setzt sich auf der Unterseite in einen beil- oder fingerförmigen Fuß fort, der in den Mantelraum vorragt. Er scheidet bei vielen marinen Arten und einigen Süßwasserarten (Familie *Dreissenidae*) ein im Wasser fädig erhärtendes Drüsensekret, den *Byssus* (bestehend aus chinongegerbten Eiweißstoffen, sieht hornartig aus und ist sehr zugfest) ab, mit dem sich die Tiere am Untergrund befestigen. So leben sie meist stationär oder bewegen sich langsam fort, wobei auch Byssusfäden abgerissen werden, die dann am neuen Sitzplatz wieder abgeschieden werden können. Manche Arten können durch Wasserausstoß horizontal durchs Wasser schwimmen.

In den zwischen Fuß und Mantel liegenden Mantelraum ragen paarige Kiemen, die nicht nur als Atmungsorgane, sondern auch zur Nahrungsaufnahme dienen. Es sind große, flächige Gebilde, die als einfache Fadenkiemen oder durch zahlreiche Brücken zu netzartig verflochtenen, durchbrochenen Blattkiemen entwickelt sein können. Die gut durchbluteten Kiemen sind mit schlagenden Wimpern besetzt, die einen steten Wasserstrom erzeugen, der den Sauerstoff und die Nahrung heranträgt, Exkremente und Geschlechtsprodukte wegschafft. Dabei tritt er durch die hin-

Schema der Organe einer Muschel

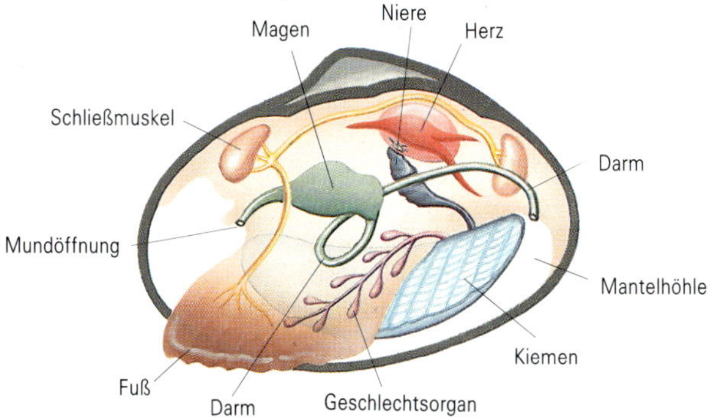

Rechte Muschelklappe von innen

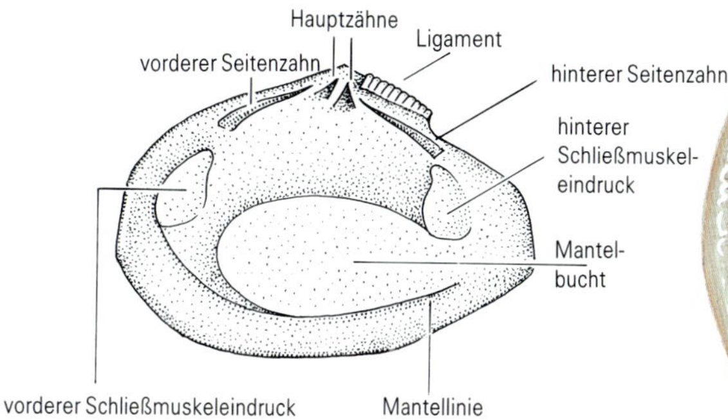

Linke Muschelklappe von außen

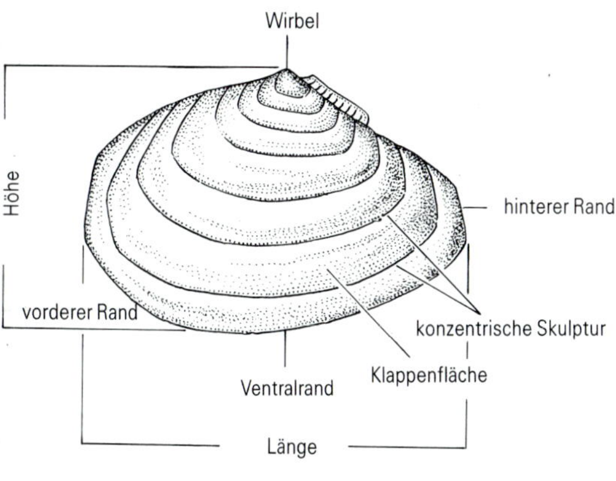

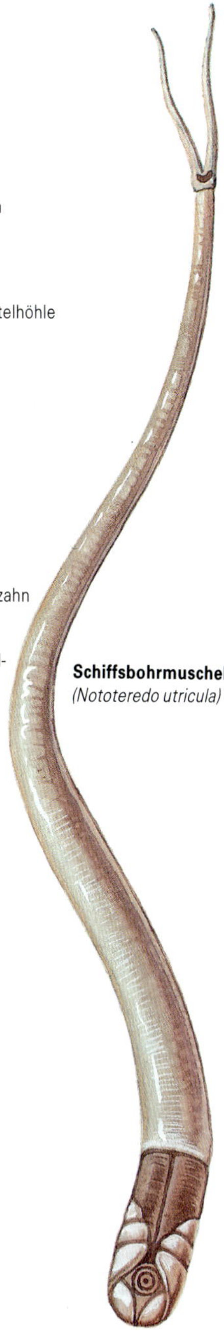

Schiffsbohrmuschel
(Nototeredo utricula)

ten gelegene Einstromöffnung ein, durchzieht den Körper auf bestimmten Bahnen und verläßt ihn durch die ebenfalls am Hinterende liegende Ausstromöffnung. Die Filtrierleistung ist enorm, eine Miesmuschel filtriert z. B. 5 Liter Wasser pro Stunde, eine Auster gar bis zu 26 Liter.

Von den klebrigen Kiemen wird die Nahrung, das aus dem vorbeifließenden Wasserstrom gefilterte Plankton, zu Schleimsträngen verarbeitet und der von ein Paar häutigen Lappen umstandenen Mundöffnung zugeführt. Im Darmtrakt, der zum großen Teil im Fluß gelegen ist, wird sie dann unter Einwirkung von Enzymen verdaut. In einem abgeteilten Magenbezirk besitzen die Muscheln einen Fermentstiel, durch dessen drehende Bewegung die Verdauungsfermente gleichmäßig verteilt werden. Der Endabschnitt des Mitteldarmes führt durch den Herzbeutel, der After mündet im hinteren Teil der Leibeshöhle.

Für die Ein- und Ausstromöffnung sowie auch für den Austritt des Fußes bilden die sonst häufig verwachsenen Mantelränder einen freien Spalt. Bei im Untergrund eingegraben lebenden Arten werden durch Verlängerung des Mantelsaumes ein Rohr oder auch zwei Röhren gebildet, die Siphonen, die durch das Substrat ins freie Wasser vorgestreckt werden können und somit den Zu- und Abstrom des Wassers sichern. Unter dem Herzbeutel sitzen paarige Nieren, sie beginnen in einem Rest der Leibeshöhle mit einem Wimpertrichter. Die Geschlechtsorgane liegen meist im Fußinnern. Ihre Ausführgänge sowie die der Nieren münden in den Mantelraum.

Da der Kopf fehlt, hat der Mantelrand dessen Funktionen übernommen und ist mit Tast-, Geruchs- und Lichtsinnesorganen ausgestattet. Als Tast- und Geruchssinnesorgane fungieren fadenförmige Anhänge der Mantelränder. Die Lichtsinneszellen treten manchmal zu hochentwickelten Augen zusammen, die ein Bewegungssehen ermöglichen.

Die meisten Muscheln sind getrenntgeschlechtig, es gibt nur wenige Zwitter. Eine Paarung findet nicht statt, Ei- und Samenzellen werden ins Wasser ausgestoßen. Aus den befruchteten Eiern entwickeln sich Schwimmlarven (Veligerlarven), die einige Zeit eine planktonische Lebensweise führen, dann zu Boden sinken und zu Jungmuscheln heranwachsen. Eine andere Entwicklung nehmen die Eier der Muscheln der Polargebiete und der meisten Süßwassermuscheln. Bei ihnen findet man Brutpflege. Sie halten ihre Eier zwischen den Kiemenblättern, bis sie zu fertigen Jungtieren geworden sind, diese werden dann mit einer bestimmten Größe ins Wasser entlassen. Die Fluß- und Teichmuscheln *(Unionacea)* bringen sogenannte Glochidienlarven hervor (siehe Bild S. 254), die das Muttertier verlassen und sich mit an den Gehäuseklappen ausgebildeten Haken an die Flossen oder Kiemen von Fischen heften, dort einige Zeit parasitieren und abfallen, sobald sie sich zu kleinen Muscheln umgebildet haben.

Die Klaffende Feilenmuschel (Lima hians) *mit ihrem dicht besetzten Kranz rosaroter Tentakeln lebt gesellig auf steinigem und bewachsenem Grund. Ihre ruckartigen Schwimmbewegungen erinnern ein wenig an den Flug von Schmetterlingen.*

Schotenmuschel M
Solemya togata

Merkmale: *Solemyidae* sind Muscheln mit dünnem, langgestrecktem und an den Enden abgerundetem Gehäuse. Der Schloßrand ist gerade, der Klappenrand wird vom dünnen, glänzenden *Periostrakum* überragt und sieht meist etwas zerfranst aus. Die Mantelränder sind teilweise verwachsen. Siphonen fehlen. Der Wassereinstrom erfolgt über die Vorderseite. *S. togata (= Solemya mediterranea)* wird 6 cm lang, ist gelblich mit schwachen dunkleren Radialstreifen und braun glänzendem *Periostrakum*.

Lebensraum: Sie lebt im Sand und Schlamm in den Böden des Mittelmeeres eingegraben.

Lebensweise: Die Schotenmuscheln besitzen ein Paar Fiederkiemen, die aber nicht allein für die Nahrungsaufnahme verantwortlich sind, sondern sie nur nebenbei betreiben, denn das eintretende Wasser wird bereits vor dem Durchtritt durch die Kiemen nach Nahrungspartikeln abgefiltert.

Fortpflanzung: Siehe Meeresmuscheln allgemein.

Große Nußmuschel AMNO
Nucula nucleus

Merkmale: Das kleine, etwa 1 cm lange, festwandige Gehäuse ist gestreift, am Rand gekerbt und gezähnelt. Die annähernd dreieckigen grüngrauen bis gelblichen Gehäuseklappen sind glanzlos und weisen auf ihrer Innenseite Perlmuttbelag auf.

Lebensraum: Man findet sie häufig und regelmäßig auf Schlick- und Sandböden, oft im Grobsand eingegraben, meist unter 5 m Tiefe. Ihre Heimat sind das Mittelmeer, der angrenzende Atlantik, die Nord- und Ostsee.

Lebensweise: Ihre Nahrung erwirbt sie mit Hilfe des äußeren, stark verlängerten Mundlappenpaares. Es wird zwischen den Schalenklappen hervorgestreckt und auf den Untergrund gelegt. Wimpern auf der Innenseite der Lappen treiben dann Mikroorganismen, die im Substrat leben, zum Mund. Die Muschel selbst wird gern von Plattfischen als Nahrung genommen.

Fortpflanzung: Sie erfolgt durch Ausstoßen von Ei- und Samenzellen ins freie Wasser. Eine Paarung findet nicht statt.

Dünnschalige Nußmuschel AN
Nucula tenuis

Merkmale: Bei ihr ist, wie schon der Name sagt, das Gehäuse dünn, nicht derbwandig wie bei den anderen Nußmuscheln. Sie wird bis 1 cm lang, ist olivgrün mit unregelmäßigen dunkleren Anwachsstreifen und gelbgrünem bis bräunlichem *Periostrakum.* Die Klappen sind außen glatt und glänzend, innen perlmuttbeschichtet. Der Bauchrand ist nicht gekerbt.

Lebensraum: Sie lebt im Schlick und Sand eingegraben, ab 25 m Tiefe, in der Nordsee und im Nordatlantik.

Lebensweise: Auffallend ist bei den Nußmuscheln die Ausbildung des Fußes, eine breite Sohle mit gezacktem Rand. Der Fuß wird im Boden verankert und dann der Körper nachgezogen. Dabei faltet die Muschel ihre Sohle nach unten zusammen, die wie ein Pflug in den weichen Boden eindringt, sich dann ausbreitet und somit fest verankert ist. Oft werden die Fußränder noch nach oben gebogen, was einen besonders guten Halt verleiht.

Meermandel AMN
Glycymeris glycymeris

Merkmale: Ihre Gehäuselänge beträgt 8 cm. Das gleichzähnige, langgestreckte Schloß ist, dem runden Gehäuse entsprechend, gekrümmt. Die Oberfläche des Gehäuses ist von brauner Farbe, reibt man dieses samtige *Periostrakum* ab, so kommt die schmutzig-weiße Grundfarbe zum Vorschein, die mit breiten rötlichbraunen Zickzackbändern gezeichnet ist. Innenseite weiß. Der Außenrand ist gezähnt (etwa 50 Zähnchen). Das Gehäuse ist mit dicken, konzentrischen Reifen und von darüberlaufenden Radialrippen skulpturiert.

Lebensraum: Sie bewohnt die Sand- und Schlammgründe im Flachwasserbereich des Mittelmeeres, Atlantiks und der Nordsee. Ihre abgestorbenen Schalen findet man massenhaft im Spülsaum am Strand, sie bilden einen wesentlichen Bestandteil der Muschelsandböden.

Fortpflanzung: Die Muscheln entwickeln sich über *Trochophora*- und Veligerlarven, die nach dem Absinken zu Jungtieren heranwachsen.

Eckige Archenmuschel AM

Tetrarca imbricata (Bild oben links)

Merkmale: Sie wird 25–40 mm lang, Farbe ist gelblich hellbraun mit geringer Zeichnung. Das Gehäuse ist fast rechteckig, stark ungleichseitig. Es hat im Vergleich zur Art Arche Noah nach hinten gerichtete Wirbel. Die Wirbel der Archenmuscheln sind stark eingekrümmt und weit voneinander entfernt, so daß zwischen ihnen eine breite Rückenfläche entsteht. Bei den Archenmuscheln sind die Kiemenblättchen zu langen Fäden ausgezogen, nur lose durch Wimpern miteinander in Kontakt; die Fortsätze an den Mundlappen fehlen; durch diese beiden Merkmale unterscheiden sie sich von den ebenfalls taxodonten (reihenzähnigen) Nußmuscheln *(Nuculacea)*.
Lebensraum: Sie kommt im Mittelmeer und im angrenzenden Atlantik vor, wo sie am Gestein und in Felsspalten mit *Byssus* festgeheftet sitzt. Sie ist gut für Seewasseraquarien geeignet.

Bärtige Archenmuschel M

Barbatia barbata (Bild oben rechts)

Merkmale: Die Länge beträgt 5 cm. Das Gehäuse ist hellbraun mit rötlichbraunen oder braunen Strahlen. Wie bei den meisten Archenmuscheln ist auch bei ihr das *Periostrakum* ziemlich derb und kann zu Lamellen und Borsten auswachsen. So hat *B. barbata* an ihren unteren hinteren Gehäuserändern lange Fasern ausgebildet, die ihr den Namen Bärtige eingebracht haben. Ihre Gehäuseklappen sind bauchig und ungleichseitig. Die Wirbel sitzen etwas vor der Mitte.
Lebensraum: Felsspalten und Steine oder Hornkorallen im Mittelmeer, wo sie meist in großer Zahl mit *Byssus* festgeheftet sitzt.
Lebensweise: Alle Archenmuscheln ernähren sich von kleinen Planktonorganismen, die sie mit ihren Mundlappen von der Bodenoberfläche abkehren oder mit den Kiemen aus dem Atemwasserstrom filtern.
Allgemeines: Sie ist roh eßbar und gut zur Haltung in Seewasseraquarien geeignet.

Arche Noah AMN

Arca noae (Bild unten links)

Merkmale: Archenmuscheln gehören zu den reihenzähnigen Muscheln *(Taxodonta)*, die einige primitive Merkmale aufweisen: das Schloß, das viele mehr oder weniger gleichgroße Zähnchen trägt, die besondere Form des Fußes, der auf der Unterseite ähnlich wie eine Kriechsohle abgeplattet ist, sowie das Vorhandensein von 2 gleichgroßen Schließmuskeln. *A. noae* besitzt etwa 8 cm lange gestreckte Gehäuse. Die Wirbel sind nach vorne gerichtet, von ihnen gehen strahlenförmig kräftige Rippen aus, die von Wachstumsrillen geschnitten werden. Der obere Schalenrand verläuft gerade. Die Färbung der Außenseite ist hellbraun, mit dunkler geflammten Bändern gezeichnet, auch die Innenseite weist eine braune Farbe auf. Ein braunes kurzhaariges *Periostrakum* bedeckt die Gehäuse.
Lebensraum: Man findet sie in Felsspalten, an Gestein und auf Hornkorallen in Mittelmeer, Atlantik und Nordsee.

Weiße Archenmuschel M

Striarca lactea (Bild unten rechts)

Merkmale: Eine kleine, nur 14 mm lange Art, die verkürzt rhombisch wirkt. Das schmutzigweiße, gegen den vorderen Unterrand zu dunklere Gehäuse ist fein gerippt und weist grobe Anwachsstreifen auf. Die Wirbel sind mittelständig, die mittleren Schloßzähne schwächer.
Lebensraum: Man findet sie regelmäßig und häufig auf allen Hartböden des Mittelmeergebietes, oft in Felsspalten und Höhlen mit starker Brandung, festgeheftet durch *Byssus*, ein Sekret, das im Wasser fädig erhärtet, äußerst reißfest ist und das alle Archenmuscheln abscheiden.
Fortpflanzung: Alle Archenmuscheln entwickeln sich über Schwimmlarven, die aus den befruchteten Eiern entstehen, einige Zeit im Plankton treiben und sich nach dem Absinken zu Jungmuscheln entwickeln.
Allgemeines: Archenmuscheln kennt man fossil bereits aus dem Kambrium.

Eckige Archenmuschel

Bärtige Archenmuschel

Arche Noah

Weiße Archenmuschel

Echte Miesmuschel ANO
Mytilus edulis

Merkmale: Die Gehäuse dieser Art werden 6–8 cm lang, sind blauschwarz, am Rücken gewinkelt, mit spitzen Wirbeln am Vorderende jeder Schalenklappe und geradem unterem Rand. Die Oberflächenstruktur besteht aus Querrillen und konzentrischen Wachstumslinien, oft ist die Oberfläche verwittert. Die Innenseite ist weiß, perlmuttrig, Rand und Muskeleindrücke sind bläulich. Schloß ohne Zähne. Das dünne *Periostrakum* ist hornfarben.

Lebensraum: Die Miesmuschel ist ein Kosmopolit und kommt an allen deutschen Küsten vor, reicht vom Nordpolarmeer bis zur französischen Atlantikküste und tritt zu beiden Seiten des Nordamerikanischen Kontinents auf. Man findet sie auch in den japanischen Gewässern. Im Mittelmeer wird sie durch *M. galloprovincialis* ersetzt. Sie lebt auf Felsen oder an Hafenbauten, nutzt jede feste Unterlage in der Gezeitenzone, um sich anzuheften.

Lebensweise: In ihrem Lebensbereich sitzt sie mit derben Byssusfäden verankert, die sie aber mit ihrem Fuß durchtrennen kann, um sich an einer anderen Stelle mit neuem *Byssus* wieder anzuheften. So kann sie z. B. an Pfählen hochklettern. Sie kann tagelanges Trockenliegen ertragen und wird in diesem Zustand oft weit ins Binnenland versandt. Ihre Nahrung filtert sie aus dem vorbeistreichenden Wasserstrom.

Fortpflanzung: Aus den befruchteten Eizellen gehen Schwimmlarven hervor, die einige Zeit im Plankton treiben, dabei auch verfrachtet werden, dann zu Boden sinken und sich zu Jungmuscheln entwickeln. Die Vermehrung ist ungeheuer, 3mal im Jahr kann ein einziges Tier 5–12 Millionen Eier hervorbringen.

Allgemeines: Jährlich werden in Europa ca. 100000 t Miesmuscheln gegessen, diese Mengen kann man nur herbeischaffen, wenn man sie züchtet, das geschieht in sogenannten Muschelgärten. Dazu setzt man ganz junge, 2 cm lange Tiere auf Zuchtbänken aus. Miesmuscheln werden auch als Futter in Seewasseraquarien verwendet.

Pferdemuscheln AMN
Modiolus modiolus, M. barbatus

Merkmale: Sie gehören zu den Miesmuscheln, denen sie auch in der Form ihrer Gehäuse gleichen, doch sind die Wirbel im Gegensatz zu diesen nicht endständig. Schloßzähne fehlen. *M. modiolus* wird bis 14 cm lang, ist weißlich bis rosigblau und von einem derben schwarzbraunen *Periostrakum* bedeckt, das bei jungen Muscheln dicht behaart ist. *M. barbatus* wird 7 cm lang, bei ihr ist das *Periostrakum* langhaariger, violettbläulich bis rötlichbraun.

Lebensraum: Sie leben an Felsen und Steinen von 5 m Tiefe an. *M. modiolus* in der Nordsee und im nördlichen Atlantik, *M. barbatus* im Mittelmeer und angrenzenden Atlantik, sie wird auch als Nahrungsmittel geschätzt.

Lebensweise: Die Muscheln sitzen mit *Byssus* verankert zusammen mit Artgenossen und leeren Gehäuseklappen oft in sehr dichten Beständen.

Fortpflanzung: Aus den befruchteten Eizellen gehen Schwimmlarven hervor, aus denen sich die Jungmuscheln entwickeln.

Meerdattel M
Lithophaga lithophaga

Merkmale: Von 5–8 cm Gehäuselänge, braun, langgestreckt, erinnert sie in Form und Farbe an eine Dattel. Braunes *Periostrakum*. Die Enden sind abgerundet, und die Oberflächenstruktur besteht aus feinen Radialrillen und konzentrischen Anwachsstreifen. Wirbel nahe dem Vorderende. Schloß ohne Zähne.

Lebensraum: Eine häufige Art im oberen Felsküstenbereich des Mittelmeeres, wo sie in den Kalkstein eingebettet lebt.

Lebensweise: Im Gegensatz zu den Bohrmuscheln benutzen sie zum Graben nicht die viel zu dünnen Schalen, sondern lösen das Kalkgestein durch eine kalklösende Säure, die von Drüsenzellen in den vorstreckbaren vorderen Mantelrändern erzeugt wird. Ätzlöcher, die heute oberhalb der Wassergrenze im Gestein liegen, dienen als Beweis, daß dieser Bereich einst unter Wasser lag, wie man am Serapis-Tempel bei Pozzuoli sehen kann. In manchen Gebieten wird die Muschel auf Fischmärkten angeboten.

Fortpflanzung: Siehe Muscheln allgemein.

Vogelmuschel M
Pteria hirundo

Merkmale: Sie wird bis 10 cm lang, ist von gelblichgrauer bis hellgrauer Farbe mit violettem Schimmer. Die Innenseite ist blauweiß irisierend. Das braune *Periostrakum* ist am Rande behaart. Die Gehäuseklappen sind oval-flügelförmig mit ungleich ausgezogenen Ohren; das hintere ist schnabelartig ausgezogen, das vordere trägt einen Byssuseinschnitt. Die Wirbel stehen nach vorne. Der vordere Schließmuskel ist zurückgebildet. Die Oberfläche ist dicht konzentrisch gestreift, die Oberflächenschicht blättert leicht ab, besonders bei ausgetrockneten Museumsstükken. Mit ihr verwandt ist die **Echte Perlmuschel** *(Pinctada margaritifera)* aus dem Indopazifik.

Lebensraum: Ihre Heimat ist das Mittelmeer, dort lebt sie auf Steinen, Sand und Schlick mit *Byssus* verankert, häufig auch auf Rindenkorallen *(Gorgonaria)* in der tieferen Küstenzone.

Fortpflanzung: Über Schwimmlarven, aus denen sich die jungen Vogelmuscheln entwickeln.

Edle Steckmuschel M
Pinna nobilis

Merkmale: Die rötlichbraunen, an der Spitze weißen Gehäuse erreichen eine Länge von 40–60 cm, sind fächerförmig nach oben abgerundet, nach unten spitz zulaufend. Die Oberfläche ist dicht mit engstehenden Schuppen oder rinnenförmigen Stacheln besetzt, die bei alten Tieren abgestoßen sein können. Die Innenseite ist rostrot mit Perlmuttglanz.

Lebensraum: Ihre Heimat ist das Mittelmeer, man findet sie dort auf Sandböden ab 3 m Tiefe besonders in der Nähe von Seegraswiesen. Sie wurde von Sammlern so sehr dezimiert und der Rest durch starke Wasserverschmutzung zurückgedrängt, daß sie heute selten ist.

Lebensweise: Mit ihrem spitzen Vorderende steckt sie im Sand, zusätzlich mit kräftigen Byssusfäden verankert. Ihre Nahrung filtert sie aus dem Atemwasserstrom.

Fortpflanzung: Siehe Muscheln allgemein.

Allgemeines: Man kann in ihr dunkle, manchmal rote Perlen finden.

Zerbrechliche Steckmuschel M
Pinna pectinata

Merkmale: Sie ist mit 25 cm Länge wesentlich kleiner als die Edle Steckmuschel. Die fächerförmigen Gehäuse sind am Hinterrand etwas abgestutzt und weisen 4–10 aufgerauhte Rippenstrahlen auf. Diese Schuppenstruktur ist aber nur bei Jungtieren deutlich zu sehen. Die Gehäuse sind hornfarben und haben einen schwärzlichen Wirbel.

Lebensraum: Das Mittelmeer. Man findet sie bis 600 m Tiefe im Sand und Schlamm ruhiger Buchten eingegraben.

Lebensweise: Sie erwirbt ihre Nahrung durch Filtrieren des Wassers.

Fortpflanzung: Wie die meisten Muscheln über Schwimmlarven.

Allgemeines: Diese Art und *P. nobilis* werden häufig auf Fischmärkten angeboten. Aus dem *Byssus* der Steckmuscheln wurden im Altertum und Mittelalter feine Gewebe hergestellt, welche den Eigenschaften des heutigen Nylon ähneln.

Sattelmuschel AMN
Anomia ephippium

Merkmale: Eine seßhafte Muschel mit 6 cm langen, rundlichen, weißlichgelben bis hornfarbenen, sehr dünnen, ungleich ausgebildeten Gehäuseklappen, die trotzdem recht widerstandsfähig sind. Die rechte Klappe ist scheibenförmig flach und weist einen Durchbruch auf, durch den der *Byssus* austritt, mit dem sie auf der Unterlage haftet, die linke Klappe bildet einen buckligen Deckel und zeigt 3 Haftmuskeleindrücke.

Lebensraum: Die Hartböden im Flachwasserbereich von Mittelmeer, Atlantik und Nordsee, wo sie hauptsächlich auf Steinen und anderen Muscheln sitzt und oft in großer Zahl vorkommt.

Lebensweise: Um fest an der Unterlage zu haften, werden die durch das Loch austretenden Byssusfäden durch Verkalkung zu einem festen Pfropf. Der Fuß ist, der seßhaften Lebensweise entsprechend, stark zurückgebildet und nur noch ein mit dem Byssuspfropf verbundener Muskel.

Allgemeines: Die zarten Gehäuse werden häufig zu Reiseandenken verarbeitet.

Große Kammuschel AN

Pecten maximus

Merkmale: Kammuscheln *(Pectinidae)* sind eine Familie von Muscheln, deren Gehäuseklappen ungleich ausgebildet sind. Die rechte, dem Untergrund aufliegende Klappe ist tief gewölbt, während die linke oben aufliegende einen flachen Deckel bildet. Die Wirbel liegen in der Mitte, seitlich davon befinden sich flügelartige Fortsätze, die »Öhrchen«. Von den Wirbeln gehen fächerförmig breite Rippen aus. *P. maximus* wird 15 cm groß, besitzt 14 wellenförmig gerundete, mit je 7 Radiallinien besetzte Radialrippen und vertiefte Zwischenräume. Das Schloß ist zahnlos, der vordere Schließmuskel reduziert und der Fuß fingerförmig. Die Farbe der gewölbten Klappe ist weißlich, gelblich oder rötlich, die der ihr aufliegenden flachen Klappe braun marmoriert. Oft ist die Schalenoberfläche mit Aufwuchs, Seepocken, Wurmröhren oder kleinen Muscheln verdeckt.

Lebensraum: Man trifft sie von den Lofoten bis zu den Britischen Inseln, im Atlantik bis Marokko und bei den Kanaren, auch in der Nordsee. Ihre Unterlage sind fein- und grobsandige Böden vom Flachwasser bis in 200 m Tiefe.

Lebensweise: Sie kann durch Auf- und Zuklappen der Schalen mit dem unteren Schalenrand voran kurze Strecken schwimmen. Bei Flucht bewegt sie sich mit der Schloßseite voran, wobei sie plötzlich Wasser aus einem Schlitz, den die zusammengelegten Mantelränder frei lassen, ausstößt. Beim normalen Rückstoßschwimmen klappt sie ihre Schalen rasch zusammen, das Wasser entweicht bei den Ohren, und die Tiere bewegen sich im Zickzackkurs, wobei sie regelrechte Sprünge vollführen. So gelingt es ihnen, ihrem größten Feind, dem Eis-Seestern, zu entkommen.

Fortpflanzung: Bei den Kammuscheln werden Ei- und Samenzellen ins Wasser abgegeben, aus den befruchteten Eiern entwickeln sich Schwimmlarven, die nach einiger Zeit absinken und zu Jungtieren heranwachsen.

Jakobsmuschel M

Pecten jacobaeus

Merkmale: Ihre Form ist bekannt vom Shell-Firmenzeichen und von ihrer Verwendung als Ragoutschälchen. Sie erreicht eine maximale Größe von 13 cm, bleibt aber meist kleiner. Im Gegensatz zur Großen Kammuschel hat sie 14–16 scharfkantige Radialrippen, die einen eckigen Querschnitt aufweisen und mit 4 groben Radiallinien verziert sind. Die schmalen Zwischenräume sind glatt. Die Radialrippen der flachen Klappe tragen keine Radiallinien. Die gewölbte Gehäuseklappe ist weißlich oder rötlich, die flache dunkelbraun.

Lebensraum: Der Sand- und Grobsandboden des Mittelmeeres, wo sie am Rande von Seegraswiesen vorkommt und oft leicht mit Sand bedeckt ist. Sie bevorzugt tieferes Wasser.

Lebensweise: Bei den Kammuscheln treten am Mantelrand leuchtend blaue, runde Augen auf. Es sind hochentwickelte Linsenaugen, mit denen die Tiere nicht nur hell und dunkel unterscheiden können, sondern die auch ein Bewegungssehen ermöglichen. Das ist ihnen eine große Hilfe bei Gefahr, wenn sie z. B. einen Seestern oder Kraken erspähen, entfliehen die Muscheln schwimmend dem Feind (Schwimmvorgang siehe *P. maximus*).

Fortpflanzung: Wie bei vorhergehender Art über Schwimmlarven.

Allgemeines: Die Jakobs- oder **Pilgermuschel** hat ihren Namen von dem spanischen Wallfahrtsort Santiago de Compostela. Die Pilger, die sich zu einer Reise dorthin aufmachten, trugen die gewölbten Gehäuseklappen als Trinkgefäß am Mantel befestigt mit sich, so daß die Muschel geradezu zum Emblem der Pilger wurde. Neben dem Pilgerstab ist sie daher auch das Attribut des heiligen Jakobus.

Das Fleisch der Kammuscheln wird gern in der Schale geröstet verzehrt, es soll vor allem im Herbst und Winter besonders wohlschmeckend sein und gilt dann als Delikatesse.

Kleine Pilgermuschel AMN
Aequipecten opercularis

Merkmale: Sie wird bis 8 cm lang, ist von sehr verschiedener Färbung: weiß, grau, gelb, ocker, braun, gefleckt, geflammt oder gestreift, die flachere rechte Gehäuseklappe ist etwas heller. Die Gehäuse haben 18–22 schuppige Radialrippen, die Zwischenräume weisen eine feine Fadenstruktur auf.

Lebensraum: Die Muschel kommt im Mittelmeer vor und reicht im angrenzenden Atlantik über die Kanaren bis Norwegen. In der Nordsee ist sie in der Deutschen Bucht bei Helgoland anzutreffen. Sie lebt in mehr als 15 m Tiefe auf Sand und Grobsand, die Jungtiere meist mit *Byssus* verankert, mit zunehmendem Alter frei beweglich.

Lebensweise: Sollte es vorkommen, daß die Kammuscheln beim Absinken auf die flache rechte Klappe fallen, so tritt ein Umdrehreflex auf: Durch einen kurzen Schwimmstoß drehen sie sich sofort wieder auf die gewölbte linke Seite.

Fortpflanzung: Wie alle Kammuscheln.

Bunte Kammuschel AMN
Chlamys varia

Merkmale: Die Färbung dieser Muschel ist äußerst variabel: weiß, gelblich, maisgelb, braun, orange, dunkelrot, violett, sogar fast schwarz. Die Gehäuse sind entweder leuchtend einfarbig oder gefleckt und mit Zeichnungen versehen. Vom Wirbel aus verlaufen radial 20–30 regelmäßige, rauhe, schuppige Rippen zum Klappenrand. Das Gehäuse erreicht eine Länge von 5 cm. Die Klappen sind ungleich gewölbt, die Ohren wie bei allen *Chlamys*-Arten verschieden groß, das vordere flügelförmig und wesentlich größer als das hintere, abgestutzte.

Lebensraum: Im Mittelmeer, Atlantik und in der Nordsee findet man die Art auf Felsen, Sedimentböden und unter Steinen mit *Byssus* verankert.

Lebensweise: Bei Störung besteht ihre Fluchtreaktion in einem ruckweisen Rückstoßschwimmen, bei dem ständig die Richtung geändert wird und das Tier leicht entkommt.

Fortpflanzung: Wie bei allen Kammuscheln über Schwimmlarven.

Lazarusklapper AM
Spondylus gaederopus

Merkmale: Die 10 cm lange Muschel gehört zu den Stachelaustern. Ihre Merkmale sind die langen, stachligen Gehäusefortsätze und, mit den Austern gemeinsam, die ungleichen Klappen sowie die Art, wie sie am Untergrund mit der gewölbten linken Klappe festzementiert ist. Die rechte flache Klappe liegt ihr wie ein Deckel auf. Sie ist heller gefärbt und mit zahlreichen Schuppenrippen versehen. Die Gehäuse sind rötlich bis purpurn; auf der Innenseite weiß, die Stacheln heben sich meist durch einen helleren Farbton ab. Die schöne purpurne Färbung bekommt man aber kaum zu Gesicht, weil sie meist von einem dichten Bewuchs bedeckt ist. Die beiden vorhandenen Schloßzähne greifen mit den Vertiefungen in der anderen Klappe wie ein Scharnier ineinander und gewährleisten einerseits eine kräftige Verbindung wie andererseits eine gute Beweglichkeit der Gehäuseklappen. Die Ohren sind ungleichmäßig groß.

Lebensraum: Heimat der Lazarusklapper sind das Mittelmeer und der angrenzende Atlantik von der portugiesischen Küste bis zu den Kapverdischen Inseln. Man findet sie auf großen Steinen und Felsen schon von der Flachwasserzone an bis in 40 m Tiefe.

Lebensweise: Die Nahrung filtert sie aus dem Atemwasserstrom. Wie bei allen Muscheln befindet sich in einem Magenabschnitt ein Fermentstiel, der durch dauernde drehende Bewegung in den Magen geschoben wird, sich dort langsam auflöst und die Verdauungsfermente freisetzt. Für den restlichen Abbau der Nahrung ist die Mitteldarmdrüse da.

Allgemeines: Die Lazarusklapper wurde im Mittelalter von Aussätzigen als Klapper verwendet, um auf ihre ansteckende Krankheit aufmerksam zu machen. An vielen Küstenstrichen wird sie von der einheimischen Bevölkerung gegessen.

Schuppige Feilenmuschel M
Lima lima

Merkmale: Ihren Namen hat sie von der stachlig gerippten Gehäuseoberfläche, die 35 mm langen, milchigweißen Gehäuse sind asymmetrisch, gleichklappig und kaum klaffend. Am Wirbel sitzen seitliche Fortsätze, die Ohren, bei *L. lima* ist das hintere Schloßohr sehr klein. Das derbwandige Gehäuse ist schwach gewölbt und trägt 18–24 strahlig vom Wirbel ausgehende Rippen, die am Rand mit scharfen, 3 mm hohen Stachelschuppen besetzt sind. Von dem weißen Gehäuse hebt sich das leuchtend rote Tier ab, der Mantelrand ist in zahlreiche Tentakel ausgezogen, die nicht mehr ganz in das Gehäuse zurückgezogen werden können.
Lebensraum: Im Mittelmeer auf allen Hartböden schon im Flachwasser.
Lebensweise: Umgeben sich mit einem Schutzwall aus mit *Byssus* verklebten Sandkörnchen, Seegras, Steinchen und Muschelgehäusen.
Fortpflanzung: Wie die meisten Muscheln durch Eier und Samenzellen, die ins Wasser ausgestoßen werden.

Klaffende Feilenmuschel AM
Lima hians

Merkmale: Das 20–25 mm lange, weiße (im Alter bräunliche) Gehäuse ist dünnschalig, beidseitig stark klaffend und mit 50–60 feinen, rauhen Radialrippen versehen. Die vorderen Ohren sind größer und spitzer als die hinteren. Der Weichkörper ist rot gefärbt (Bild S. 73). Ähnlich, aber kleiner, fast glatt mit annähernd gleich großen Ohren und nur vorn etwas klaffend ist die **Zarte Feilenmuschel,** *L. loscombii.*
Lebensraum: Atlantik und Mittelmeer. Auf Grobsand und Schill von der Niedrigwasserlinie bis etwa 100 m Tiefe. *L. loscombii:* tiefere Schlammböden vor allem Atlantik und Nordsee.
Lebensweise: Schwimmende Feilenmuscheln bieten einen eleganten Anblick, wenn sie mit wallenden roten Tentakeln ihre Sprünge durch das Wasser vollführen. Diese Bewegung geschieht durch Wasserausstoß nicht nur neben dem Schloß, sondern auch am seitlichen Unterrand, wodurch gleichzeitig ein Auftrieb erzeugt wird. Vielfach sitzen die Tiere an Schwämmen oder Seescheiden angeheftet.

Auster AMN
Ostrea edulis

Merkmale: Die allgemein bekannte, 7–15 cm große Muschel hat rundlich-ovale, unregelmäßig gewellte, mit konzentrischen, blättrigen Lamellen bedeckte und von Radialrippen überzogene Klappen. Die Farbe ist ziemlich unansehnlich, schmutzigweiß oder graubraun. Die starkwandigen Klappen sind ungleich gewölbt; die linke, stärker gewölbte, ist am Untergrund festgekittet, während ihr die rechte wie ein flacher Deckel aufliegt.
Lebensraum: Die europäische Auster kommt an allen europäischen Küsten vor, die Wassertemperatur darf allerdings zur Brutzeit 15 °C nicht unterschreiten, und der Salzgehalt muß mindestens 19‰ betragen. Ihre Unterlage sind Hartböden und Felsen in der Brandungszone, auf Schillgrund bildet sie oft ganze Bänke.
Lebensweise: Austern erreichen ein Alter von 10–15 Jahren, im 2. Jahr werden sie geschlechtsreif. Der Vorgang des Festsetzens ist folgender: Zunächst befestigt sich die ansatzreife Austernlarve senkrecht stehend mit *Byssus* am Untergrund; darauf preßt sie aus ihrem Fuß eine Kittsubstanz und läßt sich mit der linken Klappenhälfte in diese Kittmasse fallen, der Kitt erhärtet, und die Muschel sitzt zeitlebens fest. Fuß und Byssusdrüse werden bis auf verkümmerte Reste zurückgebildet. Die Ränder der Klappen sind weich und elastisch, dadurch kann das Gehäuse hermetisch verschlossen werden. So können die Austern selbst an Stellen, die immer wieder trocken liegen, leben.
Fortpflanzung: Die zwittrigen Tiere sind abwechselnd Männchen und Weibchen. Die im Muttertier befruchteten Eier werden ins Wasser ausgestoßen, und es entwickeln sich über Schwimmlarven die Jungaustern.
Allgemeines: Natürliche Austernbänke findet man nur noch selten. Austern werden daher gezüchtet, wozu die etwa ein Jahr alten Tiere, von Ziegeln abgeschabt und in Austernparks ins Seichtwasser überführt, dort regelmäßig vom Aufwuchs gesäubert werden und mit 3–4 Jahren in den Handel kommen.

Eßbare Herzmuschel AMNO
Cerastoderma edule

Merkmale: Sie erreicht einen Durchmesser von 5 cm. Das schmutzigweiße, blaßgelbe oder bräunlichgelbe, oft dunkler gesäumte oder gestreifte Gehäuse wird von 22–28 stark ausgeprägten, breiten, flachen, etwas rauhen Radialrippen gezeichnet, die von schuppenartigen Dornen und konzentrischen Linien überzogen sind. Ein gelbliches oder grünliches *Periostrakum* bedeckt das Gehäuse. Der Klappenrand ist gekerbt. Stark eingebogene Wirbel verleihen der Klappe ein herzförmiges Aussehen.
Lebensraum: Die Verbreitung ist sehr weit gestreut. Man findet sie im Atlantik vom Nordkap über die Kanarischen Inseln bis Senegal, in der Nord- und Ostsee ebenso wie im Mittelmeer, im Schwarzen und Kaspischen Meer. Sogar im Brackwasser vermag sie, dank ihrer großen Anpassungsfähigkeit an geringen Salzgehalt, zu überdauern; nur bleibt sie dort meist kleiner. Ihr bevorzugter Untergrund sind die Schlamm- und Sandböden in der Gezeitenzone.
Lebensweise: Sie besitzt einen langen, fingerförmigen, geknickten Fuß, der es ihr ermöglicht, mit ruckartigen Bewegungen regelrechte Sprünge zu vollführen. Dabei stemmt sie den Fuß gegen den Boden oder gegen einen Stein, streckt ihn plötzlich und wird durch diese Bewegung weit weggeschleudert (bis zu einem halben Meter). Meist lebt sie im Untergrund eingegraben, aus dem sie ihre kurzen Atemröhren hervorstreckt; über sie wird Nahrung eingestrudelt.
Fortpflanzung: Sie entwickelt sich wie fast alle Muscheln über Schwimmlarven. *Cerastoderma edule* ist, im Gegensatz zu vielen anderen Herzmuscheln, getrenntgeschlechtig.
Allgemeines: Sie wird in großen Mengen geerntet (20000 t jährlich in West- und Nordeuropa) und auf Märkten angeboten. Man nimmt sie auch als Köder zum Fischen. Die leeren Gehäuse dienen als Brutfänger bei der Austernzucht.

Islandmuschel ANO
Arctica islandica

Merkmale: Sie erreicht einen Durchmesser von 11 cm. Die dickwandigen, fast kreisrunden Gehäuse sind braun, weiß oder gelb gefärbt, fast völlig von einem dunkelbraunen bis schwarzen *Periostrakum* bedeckt; die Schaleninnenseite ist weiß oder rosa getönt. Der Klappenrand ist glatt, das Schloß hat 3 Hauptzähne und 1 Seitenzahn. Die Oberflächenstruktur besteht aus feinen konzentrischen Anwachsstreifen.
Lebensraum: Sie ist in der Nordsee, der westlichen Ostsee, im östlichen Atlantik von Island und den Faröern bis zur Biscaya und im westlichen Atlantik von Labrador bis Nordkarolina beheimatet. Geht von der Gezeitenzone bis in beträchtliche Tiefen und lebt auf Schlicksand teilweise eingegraben.
Lebensweise und Fortpflanzung: Wie bei den meisten Meeresmuscheln. Sie filtert ihre Nahrung aus dem Wasser; aus den befruchteten Eiern entwickeln sich über Schwimmlarven die Jungmuscheln.

Mittelmeer-Hufmuschel M
Chama gryphoides

Merkmale: Hufmuscheln haben ungleichklappige, sehr derbwandige Gehäuse, von Stacheln und Lamellen überzogen. Die Wirbel sind spiralig aufgewunden. Schloß jederseits mit einem Hauptzahn. Die mittelgroße, etwa 2 cm erreichende Schale von *Ch. gryphoides* ist, ihrer festsitzenden Lebensweise entsprechend, von stark verändertem Bau. Die linke untere Gehäuseklappe ist mit ihrem schüsselförmig vertieften Teil an der Unterlage angewachsen, die rechte liegt ihr wie ein flacher Deckel auf. Der Fuß ist ziemlich stark reduziert. Die Anwachsstreifen auf der Gehäuseoberfläche tragen Dornfortsätze. Farbe weißlich, gelb oder rot, meist ist sie aber durch Kalkablagerungen und Kalkalgenaufwuchs verdeckt.
Lebensraum: Das Mittelmeer. Sie ist vor allem im etwas durchwärmten Flachwasser in großer Zahl auf Gestein zu finden.
Lebensweise: Ihre Nahrung gewinnt sie aus dem Plankton, das sie aus dem vorbeistreichenden Wasserstrom abfiltert.

Stachlige Herzmuschel AMNO

Acanthocardia echinata

Merkmale: Ihr Durchmesser beträgt 4–8 cm. Die kugelig herzförmigen Gehäuse sind von weißlicher, gelblicher bis ockerbrauner Farbe, die Wirbel oft braunrot. Von ihnen aus verlaufen 18–22 gefurchte Radialrippen, in den Rippenfurchen sitzen weißliche Knötchen oder kurze Stacheln. Am gekerbten Rand stehen die Rippen beider Klappen so, daß sie ineinandergreifen und die Schalen dicht schließen.

Lebensraum: Von Island bis zur marokkanischen Küste, bei den Kanarischen Inseln, in der Ostsee sowie im Mittelmeer kommt diese Art häufig vor. Meist findet man sie ab 10 m Tiefe, im Mittelmeer sogar erst ab 50 m, im Schlicksand eingegraben im Bereich von Seegras.

Lebensweise: Wie bei allen eingegrabenen Muscheln erfolgen Atmung und Nahrungsaufnahme über mit fransenartigen Tastern versehene Siphonen.

Große Herzmuschel AMN

Acanthocardia aculeata

Merkmale: Sie erreicht eine Länge von 8 cm. Die Farbe ihres Gehäuses ist weißlich oder gelbbraun bis ockerbraun, Wirbel oft braunrot. Von ihnen aus verlaufen 20–30 kräftige gefurchte Rippen zum Gehäuserand, auf den Rippen sitzen teilweise gekrümmte, zum Rand hin länger werdende Stacheln. Meist sind sie abgebrochen, es bleiben nur die stärksten und jüngsten erhalten. Die Rippen und ihre Zwischenräume sind durch konzentrische Anwachsstreifen quergerillt.

Lebensraum: Man trifft sie häufig im Feinsand und weichen Schlammgrund, besonders in Nähe von Seegraswiesen im Küstenbereich erst ab 20 m. Heimat ist das Mittelmeer, der angrenzende Atlantik und die Nordsee.

Lebensweise: Sie wird im Küstenbereich als Delikatesse viel gefangen. Zubereitung wie Miesmuscheln. Kleinere Exemplare werden von der Küstenbevölkerung roh gegessen. Ihre Gehäuse dienen oft zur Herstellung von Schmuckgegenständen.

Warzige Herzmuschel AMN

Rudicardium tuberculatum

Merkmale: von 5–7 cm Durchmesser ist ihr Gehäuse oval, mit 19–24 rundlichen, hohen Radialrippen, die stellenweise knotig verdickt sind. Die Vertiefungen zwischen den Rippen sind dicht konzentrisch gestreift. Die Färbung ist schmutzigweiß bis rostrot, mit dunkelbraunen bis schwarzbraunen konzentrischen Bändern, die gegen den Rand zu schmäler und dichter werden.

Lebensraum: Man findet sie häufig wenige Zentimeter tief in allen Sand- bis Grobsand- und steinigen Böden eingegraben, von 10 m Tiefe an. Im Mittelmeer, Atlantik und in der Nordsee.

Lebensweise und Fortpflanzung: Dieselbe wie bei den übrigen Herzmuscheln.

Allgemeines: Sie gehört zu den beliebten Speisemuscheln und wird daher auf Fischmärkten gerne angeboten. Ihrer schönen Schale wegen wird sie zu Schmuckgegenständen verarbeitet oder als Aschenbecher gebraucht.

Teppichmuschel AMN

Venerupis decussata

Merkmale: Die *Paphiidae* (Teppichmuscheln) zeichnen sich durch einen länglich-ovalen Umriß ihrer manchmal durch Bohren verformten Gehäuse aus. Die Wirbel liegen weit am Hinterende. Es sind Siphonen vorhanden, und es wird *Byssus* abgeschieden. Sie sind im Vergleich zu den Echten Venusmuscheln, mit denen sie verwandt sind, deutlich längsgestreckt. Die mit 6 cm Länge verhältnismäßig große *V. decussata* besitzt eine hinten abgestutzte Schale. Sie ist von weißlicher, gräulicher bis gelblicher Farbe, mit mehreren radial verlaufenden Bändern, Flecken oder Tüpfeln. Die Oberflächenskulptur besteht aus einer feinen Gitterung von konzentrischen Anwachsstreifen und Radialriefen.

Lebensraum: Man findet sie häufig auf allen Sedimentböden im Mittelmeer, Atlantik und in der Nordsee.

Lebensweise: Sie sitzt im Sand und Schlamm eingegraben, aus dem sie ihre Siphonen an die Bodenoberfläche vorstreckt. Im Winter wird sie häufig auf Fischmärkten angeboten.

Gemeine Venusmuschel M
Chamelea gallina

Merkmale: Ihr Durchmesser beträgt bis 35 mm. Die dreieckigen Gehäuse sind von ca. 80 feinen, etwas unregelmäßigen, konzentrischen Rippen überzogen. Radialrippen sind nicht vorhanden. Die Farbe ist weißlich (selten rötlich oder bräunlich) mit unterschiedlich deutlichen punktierten oder gestreiften braunen Radialfeldern. Im Atlantik und der Nordsee kommt die sehr ähnliche Atlantische Venusmuschel, *C. striatula*, vor, die dünnschaliger, weniger glänzend und mit zahlreicheren Rippen versehen ist.

Lebensraum: Mittelmeer. Häufig auf Sandböden und besandeten Hartböden von 5 m Tiefe an.

Lebensweise: In den Sand eingegraben verrät sie sich nur durch die herausragenden Siphonen.

Fortpflanzung: Die meisten Venusmuscheln sind Zwitter.

Allgemeines: Kommt vor allem im Winter regelmäßig auf die Fischmärkte. In Italien heißt sie »Vòngola« und ist eine der beliebtesten Speisemuscheln (»Spaghetti vòngole«).

Warzige Venusmuschel AM
Venus verrucosa

Merkmale: Das Gehäuse dieser 7 cm langgestreckten, sich nach hinten verschmälernden und nach vorn schnabelartig verengenden Muschel wirkt durch konzentrische Anwachsstreifen und Radialrippen, die im Vorderteil ausgeprägter und mit scharfen Schuppen besetzt sind, wie eine Feile. Die Färbung ist weißlich, manchmal schwach bräunlich, wird von einem schmutzigbraunen *Periostrakum* verdeckt.

Lebensraum: Sie stammt aus dem Westatlantik und wurde im vorigen Jahrhundert von dort nach Europa eingeschleppt, wo sie heute im Nordatlantik, in der Nordsee und westlichen Ostsee vorkommt; sie reicht südlich bis Senegal und ist auch ins Mittelmeer und Schwarze Meer vorgedrungen.

Lebensweise: Mit Hilfe ihrer feilenartig rauhen, frei gegeneinander beweglichen Klappen raspelt sie ihre Löcher überall in Kreide, Kalk, Ton, Torf und Muschelgehäuse.

Helle und Schlichte Artemis AM
Dosinia lupinus und D. exoleta

Merkmale: Sie gehören zu den Venusmuscheln. *D. lupinus* wird 3 cm lang und ist von rundlichem Umriß wie auch die 5 cm lange *D. exoleta*. Die rundlichen Gehäuse sind sehr dickwandig. *D. lupinus* ist milchigweiß, gegen die Wirbel zu gelb. Die Färbung von *D. exoleta* ist weiß, gelbbraun gefleckt oder gestrahlt. Die Gehäuse beider sind seitlich stark zusammengedrückt, die Oberfläche weist konzentrische Anwachsstreifen auf. Die Wirbel sind nach vorne gebogen. Die Mantelbucht auf der Gehäuseinnenseite deutet auf kräftige Siphonen hin.

Lebensraum: Beide Arten leben auf Feinsand und Schlick. Im Flachwasserbereich der Küstenzone graben sie sich etwa 5 cm tief ein. Man trifft sie im Mittelmeer, an der Atlantikküste von Südnorwegen bis Nordafrika

Lebensweise: Mit dem Atemwasser werden auch Plankton und Algen zugeführt, von denen sich diese Muscheln ernähren.

Amerikanische Bohrmuschel AMNO
Petricola pholadiformis

Merkmale: Das Gehäuse dieser 7 cm langgestreckten, sich nach hinten verschmälernden und nach vorn schnabelartig verengenden Muschel wirkt durch konzentrische Anwachsstreifen und Radialrippen, die im Vorderteil ausgeprägter und mit scharfen Schuppen besetzt sind, wie eine Feile. Die Färbung ist weißlich, manchmal schwach bräunlich, wird von einem schmutzigbraunen *Periostrakum* verdeckt.

Lebensraum: Sie stammt aus dem Westatlantik und wurde im vorigen Jahrhundert von dort nach Europa eingeschleppt, wo sie heute im Nordatlantik, in der Nordsee und westlichen Ostsee vorkommt; sie reicht südlich bis Senegal und ist auch ins Mittelmeer und Schwarze Meer vorgedrungen.

Lebensweise: Mit Hilfe ihrer feilenartig rauhen, frei gegeneinander beweglichen Klappen raspelt sie ihre Löcher überall in Kreide, Kalk, Ton, Torf und Muschelgehäuse.

Steinbohrender Engelsflügel AM
Petricola lithophaga

Merkmale: Die *Petricolidae* sind ihrem Körperbau nach nicht so gut an die bohrende Lebensweise angepaßt wie die Echten Bohrmuscheln *(Pholadidae* und *Teredinidae*). *P. lithophaga* hat ein 3 cm großes, oval-langgestrecktes und abgeplattetes, dünnes Gehäuse, mit wenigen konzentrischen Anwachsstreifen und dichten, etwas schräg verlaufenden Radialrippen. Die Klappenränder klaffen etwas. Die Hauptzähne der rechten Klappe stehen fast parallel zum Schloßrand. Oberflächenfärbung grauweiß, Innenseite weiß.
Lebensraum: Sie ist im Mittelmeer, im Schwarzen Meer und an der europäischen Atlantikküste anzutreffen.
Lebensweise: Man findet die Art zahlreich auf Hartböden, wo sie in weichem Gestein bohrt. Sie schreckt aber auch vor derbwandigen Schalen anderer Muscheln nicht zurück und geht auch manchmal an das Holz von Hafenbauten, wo sie allerdings dann beträchtlichen Schaden anrichtet.

Große Pfeffermuschel AMNO
Scrobicularia plana

Merkmale: Die schmutziggrauen oder weißlichen Gehäuse dieser Plattmuschel sind flach und haben einen Durchmesser von 4–5 cm. Ein gelblichbraunes, meist abgeriebenes *Periostrakum* bedeckt sie. Die Oberfläche ist glatt und nur von konzentrischen Anwachsstreifen gezeichnet.
Lebensraum: Sie kommt im Mittelmeer vor und reicht über den angrenzenden Atlantik bis in die Nordsee und westliche Ostsee. Sie bevorzugt schlammige Böden, man findet sie daher meist in Buchten (z. B. im Watt der Deutschen Bucht) und Brackwasserzonen von Flußmündungen.
Lebensweise: Von den tief in den Boden eingegrabenen Tieren sind nur die Spitzen der weit mehr als körperlangen Siphonen zu sehen, die an die Bodenoberfläche vorragen, um das Tier mit frischem Atemwasser zu versorgen. Mit ihnen pipettiert es Algen sowie pflanzliche und tierische Mikroorganismen ein.
Fortpflanzung: Siehe Muscheln allgemein.

Rote Bohne ANO
Macoma balthica

Merkmale: Man nennt diese kleine, nur 20–35 mm lange nordische Plattmuschel so wegen der schönen roten Farbe der Innenseiten ihrer Gehäuse. Die rote Färbung der Außenseite wird durch breite, weiße, konzentrische Binden teilweise verdeckt; daneben gibt es aber auch ganz weiße, gelbe oder rosafarbene Individuen. Die glatte Oberfläche ist nur durch konzentrische Wachstumsringe skulpturiert. Das blaßbraune *Periostrakum* ist sehr dünn und daher meist abgerieben.
Lebensraum: Man findet die Art im Atlantik von Norwegen bis zur Biscaya sowie in der Nordsee und westlichen Ostsee. Sie lebt dort in sandigen oder schlammigen Böden eingegraben, in Tiefen bis zu 15 m.
Lebensweise: Die langen Siphonen benutzt die Muschel dazu, den Boden abzutasten und die Nahrungsteilchen aufzusaugen.
Fortpflanzung: Wie bei fast allen Muscheln, die Entwicklung erfolgt aus den Eiern über Schwimmlarven zu fertigen Tieren.

Zarte Plattmuschel AMN
Tellina tenuis

Merkmale: Ihre Gehäuse sind, wie die aller Plattmuscheln *(Tellinacea)*, zusammengedrückt eiförmig oder gebläht dreieckig, etwas asymmetrisch. Die tiefe Mantelbucht auf der Innenseite weist auf lange Siphonen hin. *T. tenuis* wird bis 3 cm lang, die sehr zarten fast durchscheinenden Gehäuseklappen sind von weißer, gelber oder rosiger Farbe und haben feine konzentrische Anwachsstreifen. Der Hinterrand ist kielartig.
Lebensraum: Die sandigen Böden im Küstenbereich von Mittelmeer, Atlantik und Nordsee, wo die Art nicht sehr häufig anzutreffen ist.
Lebensweise: Die Ein- und Ausstromöffnungen sind bei den Plattmuscheln getrennt voneinander beweglich. Die eingegrabenen Muscheln strekken sie aus dem Boden vor und pipettieren ihn nach Nahrung ab.
Fortpflanzung: Wie die meisten Meeresmuscheln.

Sägezähnchen M
Donax trunculus

Merkmale: Das Gehäuse dieser Stumpf- oder Dreiecksmuschel ist mit 2–4 cm etwa doppelt so lang wie hoch. Die glatte, glänzende Oberfläche ist bräunlichgelb, etwas dunkler gebändert und weist sehr feine Radialstreifen auf. Innenseite leicht violett. Der Klappenunterrand hat auf der Innenseite eine feine Zähnelung.
Lebensraum: Man findet sie im Mittelmeer. Sie besiedelt vor allem Sand- und Schlickgrund der flachen Küstenzone, in dem sie eingegraben lebt.
Lebensweise: Die Stumpfmuscheln besitzen alle einen kräftigen Fuß, der es ihnen ermöglicht, sich vom Boden abzuschnellen und kleine Sprünge zu vollführen. Von der Küstenbevölkerung wird *D. trunculus* roh gegessen.
Fortpflanzung: Wie bei den meisten Meeresmuscheln über Schwimmlarven, die nach dem Absinken zu Jungmuscheln heranwachsen.

Große Sandmuschel AM
Asaphis depressa

Merkmale: Die Sandmuscheln *(Psammobiidae)* haben langgezogene, ungleichseitige, dünne Gehäuse, die an beiden Enden leicht klaffen, vorne etwas abgerundet und hinten deutlich abgeflacht sind. Das Schloß trägt jederseits 2 Hauptzähne, keine Seitenzähne. *A. depressa* wird bis 5 cm lang, die Farbe ist gelblich bis gräulich mit verwischten, strahlig angeordneten, rötlichbraunen bis hellvioletten Flecken und gelblichbraunem *Periostrakum.* Die Innenseite ist glänzend. Die Gehäuse weisen als Oberflächenstruktur dichte, konzentrisch verlaufende Anwachsstreifen und sehr feine, unterbrochene Radiallinien auf.
Lebensraum: Die Art trifft man regelmäßig und häufig auf Sedimentböden im Mittelmeer und angrenzenden Atlantik.
Lebensweise: Wie alle *Tellinacea* lebt auch sie im Boden eingegraben und streckt ihre langen Siphonen zur Atmung und zum Nahrungserwerb an die Oberfläche ins freie Wasser vor.

Striegelmuschel M
Solecurtus strigillatus

Merkmale: Sie gehört zu den Sandmuscheln *(Psammobiidae)*, deren verschieden gefärbte Gehäuse einen länglichen Umriß aufweisen. Vorne sind sie etwas abgerundet, hinten, wo sie klaffen, deutlich abgeflacht. Das Schloß trägt jederseits 2 Hauptzähne, Seitenzähne fehlen; das Schloßband ist äußerlich und vorspringend. *S. strigillatus* ist beiderseits gerundet. Die Oberfläche weist neben konzentrischen Anwachsstreifen äußerst feine wellige Schräglinien auf. Die Farbe ist rosa mit 2 breiten, radial divergierenden weißlichen Bändern.
Lebensraum: Die Feinsandböden des Mittelmeeres.
Lebensweise: Sie lebt im feinen Sand eingegraben wie auch *Asaphis depressa* und streckt die langen Siphonen an die Bodenoberfläche vor, um an frisches Atemwasser und die Nahrung zu gelangen.
Fortpflanzung: Wie die meisten Meeresmuscheln über Schwimmlarven, die nach dem Absinken zu Jungtieren heranwachsen.

Messerscheide AMN
Ensis siliqua

Merkmale: Die Scheidenmuscheln *(Solenidae)* weichen in ihrer Form von allen anderen Muscheln ab. Die gleichklappigen Gehäuse sind bedeutend verlängert, zusammengedrückt und klaffen an den Enden; sie lassen an Messerscheiden denken. Die Gehäuse sind an der Oberfläche ganz glatt. Entsprechend ihres schlanken Gehäuses haben sie einen schmalen Fuß ausgebildet. *E. siliqua* ist mit 20 cm sehr groß, leicht gebogen, hinten und vorne etwas abgerundet. Sie ist von gelblicher Farbe mit rötlichen, grünlichbraunen oder violetten Schattierungen. Wirbel und Schloß sitzen kurz vor dem Hinterende. Die Anwachsstreifen verlaufen auf 2 diagonal abgegrenzten Feldern rechtwinklig zueinander. Jede Klappe besitzt 2 Hauptzähne.
Lebensraum: Sie lebt im Sand eingegraben im Mittelmeer, Atlantik und in der Nordsee. Häufig wird sie auf Fischmärkten angeboten.
Lebensweise: Sie gräbt Röhren in die Tiefe und verschwindet bei Gefahr blitzschnell im Boden.

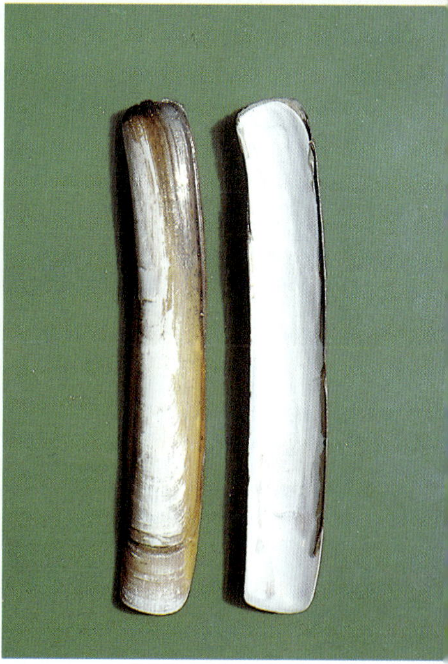

Gebogene Schwertmuschel AMN
Ensis ensis

Merkmale: Ihre langen, messerscheidenförmig gebogenen, hinten und vorn leicht abgerundeten Gehäuse erreichen eine Länge von 16 cm. Die Wirbel sitzen direkt am Hinterende. Die Rücken- und Bauchränder verlaufen parallel. Das Schloß weist rechts 2, links 2–3 Zähne auf. Die Farbe ist cremeweiß mit rötlichen oder grünlichbraunen Streifen. Die Anwachsstreifen verlaufen auf 2 deutlich abgegrenzten Feldern rechtwinklig zueinander.

Lebensraum: Sie lebt im Feinsand eingegraben im Flachwasserbereich in der Nordsee, im Atlantik von Norwegen bis zur marokkanischen Küste und im Mittelmeer.

Lebensweise: Meist gräbt sie sich seicht unter die Oberfläche, manchmal aber auch bis zu 1 m Tiefe in den weichen Boden. Bei der Grabtätigkeit wird der Fuß zuerst stark verlängert, dann schwillt das Vorderende an, der Fuß verkürzt sich und zieht die Schale in den Boden.

Fortpflanzung: Alle Scheidenmuscheln siehe Meeresmuscheln allgemein.

Gefurchte Scheidenmuschel AMN
Solen marginatus

Merkmale: Die *Solen*-Arten haben, im Gegensatz zu *Ensis*, gerade Gehäuse, die Enden sind nicht gerundet, sondern abgestutzt. Die kleinen Wirbel sitzen direkt am Vorderende und weisen eine Kallusverdickung auf. *S. marginatus* wird 14 cm lang, ist weißlich oder gelblich gefärbt und von einem hornfarbenen *Periostrakum* überzogen. Zuwachsstreifen auf 2 deutlich abgegrenzten Feldern rechtwinklig zueinander, in 2 spitzwinkligen Dreiecken verlaufend.

Lebensraum: Die Sandböden des Mittelmeeres, Atlantiks und der Nordsee. Sie ist häufig anzutreffen und wird gerne gegessen.

Lebensweise: Die Tiere graben senkrechte, röhrenartige Gänge, in denen sie sich wie in einem Kamin bewegen, indem sie sich mit Schwellkörpern des Fußes gegen die Wände zurück- und vorwärts stemmen. Durch Wasserausstoß aus den kleinen Atemröhren am Hinterende und mit Hilfe des Fußes können sie sich weit wegschnellen. Algen und *Detritus* sind ihre Nahrung.

Bunte Trogmuschel AMN
Mactra corallina

Merkmale: Trogmuscheln haben dreieckig-eiförmige, fast gleichseitige Gehäuse. Ihr Schloß trägt V-förmig angeordnete Hauptzähne und lamellenförmige Seitenzähne. Diese dünnschalige Art wird 4–6 cm groß, die Oberfläche ist mit ganz feinen konzentrischen Linien gezeichnet. Cremeweiß bis hellbraun, glänzend, mit hellen Radialbändern (daher auch der Name **Strahlenkorb**), *Periostrakum* dünn, braun.

Lebensraum: Das Mittelmeer, die Nordsee und der Atlantik von Norwegen bis Senegal. Man findet sie in der Gezeitenzone bis in geringe Tiefen, in Sand und Schlick eingegraben.

Lebensweise: Wie alle tiefer eingegrabenen Muscheln besitzt sie lange Siphonen, die sie ins freie Wasser vorstreckt, um Atemwasser zu bekommen und Nahrung daraus filtern zu können.

Fortpflanzung: Aus den befruchteten Eiern entstehen Schwimmlarven, die sich nach dem Absinken zu jungen Muscheln entwickeln.

Dicke Trogmuschel AN
Spisula solida

Merkmale: Sie wird bis 4 cm lang, ist von weißlicher bis gelblichweißer Farbe und oft unregelmäßig braun bis schwärzlichbraun gestreift oder gefleckt; *Periostrakum* gelblichbraun. Die rundlich-dreieckigen Gehäuseklappen sind sehr dickschalig und weisen feine, konzentrische Anwachsstreifen auf. Lamellenartige Seitenzähne im Schloß. Die Gattung *Spisula* ist durch eine am Schloß liegende dreieckige Vertiefung gekennzeichnet, in der das die Klappen zusammenhaltende Schloßband liegt.

Lebensraum: Die Grobsandböden in der Nordsee und im angrenzenden Atlantik.

Lebensweise: Wie bei *Mactra corallina.* Die Trogmuscheln findet man vor allem in der Nordsee. Bei Massenansammlungen dieser Muscheln finden sich ganze Schwärme von Plattfischen ein, die sich von ihnen ernähren.

Fortpflanzung: Wie bei der vorhergehenden Art.

Abgestutzte Klaffmuschel NO
Mya truncata

Merkmale: *M. truncata* unterscheidet sich von *M. arenaria* durch die hinteren Gehäuseränder, die bei ihr fast senkrecht abgestutzt sind und weit klaffen. Sie wird bis 7 cm lang, ist von weißlicher bis hellbrauner Farbe, mit gelblichen oder bräunlichen Bändern gezeichnet, der Rand ist manchmal braun gefleckt. Das *Periostrakum* ist bräunlich. Die Gehäuseklappen weisen flach geriefte Anwachsstreifen auf.
Lebensraum: Sie lebt in Sand und Schlick bis zu 20 cm tief eingegraben in der Nordsee, der westlichen Ostsee, weiter östlich als *M. arenaria*, die nur etwa bis Warnemünde vorkommt, und in tieferem, salzhaltigerem Wasser. In der Nordsee findet man sie vorwiegend im Wattenmeer.
Lebensweise: Wie *M. arenaria. Mya* war schon bei den alten Griechen der Name für Muschel.
Fortpflanzung: Die *Mya*-Arten pflanzen sich wie alle Meeresmuscheln über Schwimmlarven fort, aus denen die Jungtiere hervorgehen.

Sandklaffmuschel ANO
Mya arenaria

Merkmale: Kennzeichnend für *Mya* ist, daß bei ihr Ein- und Ausstromröhren zu einem einzigen Sipho verwachsen sind (siehe Bild). Er kann nicht in das Gehäuse zurückgezogen werden und ist daher zum Schutz, wie das Gehäuse, mit dem derben, gelblichen bis hellgrauen *Periostrakum* überzogen. Die ungleichklappigen, 12 cm langen Gehäuse klaffen am Hinterende. Die Färbung ist weißlich. Die Oberflächenstruktur besteht aus konzentrischen Anwachsstreifen und schmalen Radiallinien.
Lebensraum: Man findet sie häufig im nördlichen Europa vom Weißen Meer bis Frankreich, in der Nord- und westlichen Ostsee, wo sie charakteristisch ist und, bis in die Flußmündungen aufsteigend, schlammige Böden besiedelt.
Lebensweise: Im Boden eingegraben, streckt sie ihren Sipho vor, um durch ihn an das Atemwasser und die Nahrung zu gelangen. Bei Gefahr verkürzt sie ihn plötzlich und spritzt gleichzeitig einen kräftigen Wasserstrahl aus.

Flaschenmuschel AM
Gastrochaena dubia

Merkmale: Eine Muschel mit kleinem (2 cm) langgestrecktem, sehr dünnwandigem und zerbrechlichem Gehäuse. Die Wirbel stehen nahe dem Vorderende. Die langen Siphonen sind in einer einheitlichen Kalkröhre vereinigt. Das ovale, keilförmige Gehäuse ist mit konzentrischen Anwachsstreifen gezeichnet, das Vorderende ist kurz und verengt, das Hinterende elliptisch. Farbe weiß, rotbraunes *Periostrakum*.
Lebensraum: Man findet sie häufig in der Gezeitenzone von Felsküsten im Kalkgestein eingebohrt oder besser eingeätzt im Mittelmeer, Schwarzen Meer und Atlantik.
Lebensweise: Diese Muschel bohrt zwar das Kalkgestein an, baut es aber auch auf, indem sie aus Gesteinsstückchen, Steinchen und Schalenfragmenten ein flaschenförmiges Nest zusammenklebt, das ihr Gehäuse wie ein Schutzwall umgibt. Da sie auch härtere Materialien anbohrt, kann sie in Austernkulturen, die sie besonders gern befällt, großen Schaden anrichten.

Gemeine Bohrmuschel AMN
Pholas dactylus

Merkmale: Ihre 15 cm langen, dattelförmigen, schmalen Gehäuse sind hinten abgerundet, am vorderen Ende schnabelartig zugespitzt und klaffen an beiden Enden. Von weißlicher bis gelblicher Farbe, mit dünnem, grauem *Periostrakum*. Konzentrisch fein gerippt, stehen an den Kreuzungsstellen mit Radialrippen raspelartige Zähne. Die Klappen haben kein Schloß; der Zusammenhalt und die freie Beweglichkeit der Klappen gegeneinander werden durch Muskeln gewährleistet.
Lebensraum: Sie bohrt im Kalkgestein, Holz und Torf lange, röhrenartige Löcher, deren Querschnitt mit dem Wachstum der Muschel nach und nach erweitert wird. Heimat ist die Nordsee, der Atlantik, das Mittelmeer und sogar das Schwarze Meer.
Lebensweise: Der Bohrvorgang besteht in drehenden Bewegungen ihrer Klappen. Mantelrand und Siphonen scheiden ein Leuchtsekret ab, dem man anlockende Wirkung auf Planktonorganismen zuschreibt, welche die Muscheln ernähren.

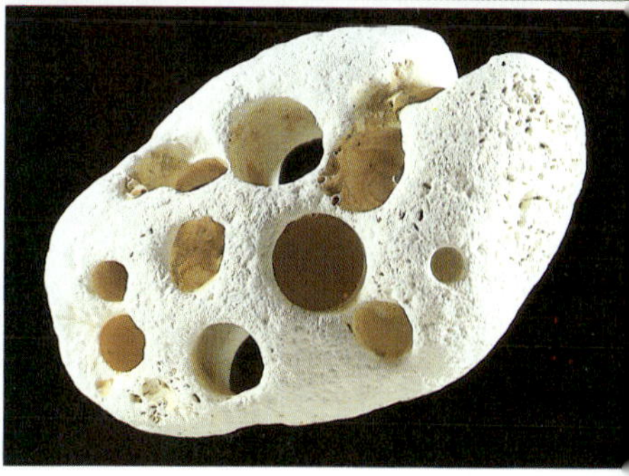

Krause Bohrmuschel ANO
Zirfaea crispata

Merkmale: Sie wird 8 cm lang, ist von weißlicher Farbe und mit einem dünnen, gelblichen *Periostrakum* überzogen. Beide Klappen werden durch eine radial verlaufende Zahnlinie in 2 Felder geteilt, die unterschiedliche Skulptur aufweisen: Das vordere hat Radialrippen, gekreuzt von rauhen, schuppigen Anwachsstreifen, das hintere weist nur unregelmäßige, glatte Anwachsstreifen auf. Auch bei ihr sind Schloß und Ligament zurückgebildet, so daß die Klappen nur noch mit Muskeln bewegt werden, wobei der vordere Schließmuskel die Klappen öffnet, während sie der hintere schließt. Der Mantel ist bis auf einen engen Spalt, durch den der Fuß austritt, verwachsen.

Lebensraum: Sie kommt im Atlantik, in der Nord- und Ostsee vor.

Lebensweise: In unseren Breiten raspelt sie ihre Löcher in Torf, Kreidefelsen (z. B. bei Helgoland) oder submerse Hölzer, wobei sie auch vor Hafenbauten und Deichen nicht Halt macht und unter Umständen sehr schädlich ist.

Pandoramuschel AMN
Pandora inaequivalvis

Merkmale: Sie gehört zu den Büchsenmuscheln *(Pandoridae)*, die ein innen leicht perlmuttriges Gehäuse haben. Man erkennt sie gut an den Verstärkungsleisten, die auf der Innenseite verlaufen. Die fehlende Mantelbucht weist darauf hin, daß die Siphonen nur kurz sein können; sie sind fast bis zum Ende miteinander verwachsen und nicht in das Gehäuse zurückziehbar. Es wird *Byssus* abgeschieden. Die 3 cm lange Muschel hat ein weißliches Gehäuse von einer bräunlichen Außenhaut gesäumt. Es ist länglich-oval, vorne abgerundet, hinten leicht schnabelartig verlängert. Die linke Klappe, auf der die Muschel meist liegt, ist etwas gewölbt, die rechte fast vollkommen flach, wodurch der Eindruck einer Dose oder Büchse entsteht.

Lebensraum: Die relativ seltene Art lebt verstreut auf Sandgrund in der Nordsee, im Atlantik und Mittelmeer.

Lebensweise: Über die Lebensweise dieser Familie ist kaum etwas bekannt.

Schiffsbohrwurm AMNO
Nototeredo utricola

Merkmale: Schiffsbohrwürmer haben kleine (1 cm), weit klaffende Gehäuseklappen, die nur mehr dem Bohrvorgang dienen. Sie sitzen dem wurmartig langgestreckten Körper vorne auf. Jede Klappe besitzt einen inneren Ansatzsporn für den Spreizmuskel. Das Hinterende des unbeschalten Körpers geht in kurze Siphonen über, sie sind an der Basis verbunden; an den Trennungsstellen sitzen einfache oder zusammengesetzte Kalkplättchen, Paletten, die zum Verschluß der Siphonen dienen und deren Struktur und Form für die Artbestimmung von Bedeutung ist. Vom Mantel wird eine Kalkröhre abgeschieden, die aber nicht mehr mit dem Tier verbunden ist, sondern in der es nur noch steckt und die mehr der Auskleidung der Gänge dient. Die Kalkröhre von *N. utricola* wird 20 cm lang. Die Gehäuseklappen sind schwach gewölbt, die Paletten einfach spachtelförmig. Sie sind am Ende gabelig gekerbt und mit einer bräunlichen Haut teilweise bedeckt.

Lebensraum: In Europa das Mittelmeer, der Atlantik, die Nord- und Ostsee; durch Verschleppung aber eine weite Verbreitung.

Lebensweise: Der Schiffsbohrwurm bohrt im Holz von Schiffen, Brücken, Dämmen und Hafenanlagen, dabei sind die erste Phase des Befalls nur winzige Löcher, die selbst einem aufmerksamen Beobachter entgehen können, bald aber treten die verheerenden Schäden zutage, denn der Schiffsbohrwurm höhlt das Holz durch simultane Bewegungen seiner Klappen, die er wie Zangen öffnet und schließt, immer stärker aus. Zusätzlich greifen dann auch noch chemische Absonderungen an, bis das Holzstück ganz zersetzt ist.

Fortpflanzung: Er ist zuerst männlichen, dann weiblichen Geschlechts. Ein Weibchen produziert in jährlichen Legeperioden 1–5 Millionen Eier, die sich zunächst in der Mantelhöhle entwickeln und nach 14 Tagen als Schwimmlarven freigesetzt werden, nach weiteren 14 Tagen suchen sie sich ein Holzstück, entwickeln sich zum Jungtier und beginnen ihre Bohrtätigkeit.

Es gibt ungefähr 730 Cephalopodenarten, zu ihnen zählen die größten Wirbellosen (*Architeuthis princeps* z. B. wird 22 m lang), sie sind aber auch besonders hochentwickelt.

Das auffälligste Merkmal ist der sogenannte Kopffuß (*Cephalopoda* = »Kopffüßer«), zu dem Kopf und Fuß verschmolzen sind. Er trägt die Augen und 8 *(Octobrachia)* oder 10 *(Decabrachia)*, bei den urtümlichen Perlbooten *(Nautilus)* bis zu 90, saugnapfbewehrte Arme, welche die Mundöffnung umstehen.

Die halbkugelförmigen Saugnäpfe sind außerordentlich wirksame Haftapparate. Sie bestehen aus einem festen Muskelring und einem Muskelstrang, der wie ein Pfropfen in ihn hineinragt. Wird der Muskelring auf einen Gegenstand gepreßt, während der Pfropfen zurückgezogen wird, so entsteht ein Unterdruck und dadurch eine so starke Haftwirkung, daß eher der Arm abreißt, als der Saugnapf losläßt.

Es gibt auch Saugnäpfe (vor allem bei den *Decabrachia*) mit verkümmerter Saugkammer, die aber dafür Randzähnchen ausgebildet haben oder einen hakenförmigen Mittelzahn, was vor allem zum Fang weichhäutiger Tiere geeignet ist. Die Saugnäpfe können einen Durchmesser von 4 cm *(Octobrachia)* oder gar 20 cm *(Decabrachia)* erreichen; man weiß das von Abdrucksnarben auf der Haut von Pottwalen, es ist jedoch bisher noch nicht gelungen, einen Tintenfisch mit derart großen Saugnäpfen zu fangen. Viele Tintenfische haben zwischen den Armen Schirmhäute (sog. *Vela*) ausgebildet, die wie eine pulsierende Glocke wirken und ganz in den Dienst der Fortbewegung gestellt sind.

An der Basis der Arme liegt die Mundöffnung mit dem Kieferapparat. Er besteht aus den einem Papageienschnabel ähnlichen Ober- und Unterkiefern, die kräftig zubeißen und damit harte Panzer knacken oder Fischen den Kopf durchbeißen können.

Am Kopfteil sitzen auch die großen, hochentwickelten Augen, die im Bau denen der Wirbeltiere gleichen, aber auf andere Weise entstanden sind. Diese Linsenaugen erlauben bereits ein Farben- und Bildsehen. Das größte im Magen eines Pottwals gefundene Cephalopodenauge hatte 40 cm im Durchmesser. Außerdem ist die Kopfkapsel Sitz des Gehirns.

Tintenfische besitzen – abgesehen von den Perlbooten, die ein großes, aufgewundenes, gekammertes äußeres Gehäuse aufweisen – ein vom Mantel überwachsenes Gehäuse, das zu einem kalkigen Schulp oder hornigen Stab rückgebildet ist. Aus geologischen Schichten vom Devon bis zur Kreidezeit sind die spiralig gewundenen Gehäuse der Ammoniten und die der Belemniten bekannt.

Die ungepanzerten Tintenfische haben zum Schutz vor Feinden den Tintensack entwickelt, eine sehr wirksame Einrichtung, die eine dunkelbraune Flüssigkeit abscheidet. Sie wird bei Störung oder Gefahr ins Wasser ausgeschüttet und bildet eine dunkle Wolke, die den Feind ablenkt, während der Tintenfisch entflieht. Es handelt sich um ein Melaninpigment, das in Anhangsdrüsen des Enddarmes, den Tintendrüsen, erzeugt und in einem Beutel gesammelt wird. Aus diesem Pigment läßt sich die als Malerfarbe bekannte »Sepia« gewinnen.

Anschließend an den Kopffuß folgt der Eingeweidesack, der sackartig *(Octopus)*, flachgedrückt *(Sepia)* oder torpedoförmig (Kalmare) gestaltet sein kann, letzterer ist besonders geeignet für eine pfeilschnelle Fortbewegung im Wasser. Bei vielen Tintenfischen sind seitlich Verbreiterungen in Form von Flossen oder einem umlaufenden Flossensaum vorhanden, die der Stabilisierung dienen und beim langsamen Schwimmen eingesetzt werden. Im Eingeweidesack verläuft der Magen-Darm-Trakt mit den umfangreichen Mitteldarmdrüsen, hier liegen das von einem Herzbeutel umschlossene Herz, das zwei Vorkam-

Zwergsepia von oben gesehen (Sepiola rondeleti)

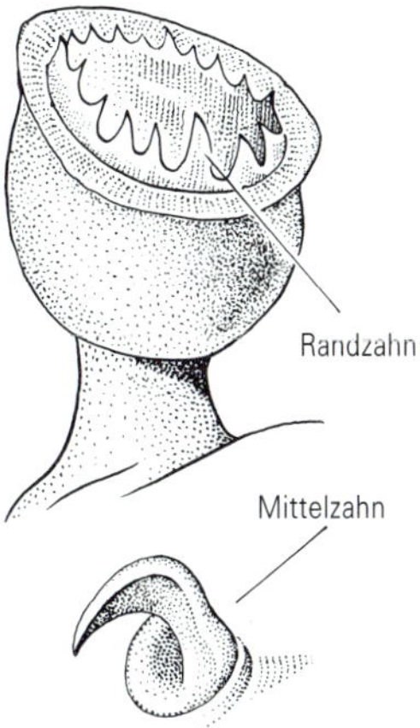

Eitraube der **Sepia**

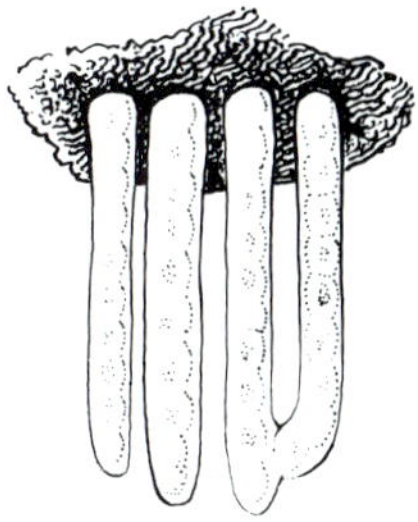

Eischläuche von **Octopus**

Schema der Organe eines Tintenfischs

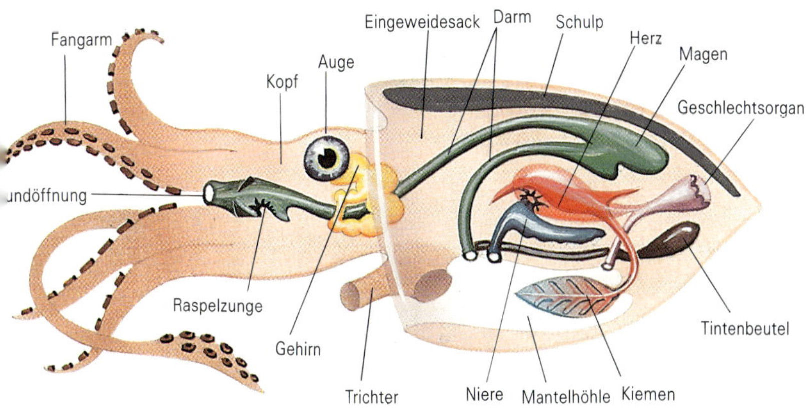

mern besitzt, die Geschlechts- und Ausscheidungsorgane (ein Paar Nieren, beim *Nautilus* zwei Paar) sowie der Tintenbeutel.

Der Eingeweidesack ist von einem Mantel umgeben, der auf der Körperunterseite die sogenannte Mantelhöhle bildet. In ihr liegen die Kiemen und münden After, Nieren- und Geschlechtsausführgänge. Sie ist von spaltförmigen Eingängen durchbrochen, durch die das Atemwasser aufgenommen wird, und hat einen trichterförmigen Ausgang. Der Mantel ist sehr muskulös, er kann sich stark kontrahieren und dabei das Wasser aus der Mantelhöhle durch den Trichter, einen umgewandelten Abschnitt des Fußes, ausstoßen, was zu einer Rückstoßbewegung führt und das Tier rasch durch das Wasser treibt. Unterschiedliche Stellungen des Trichters gestatten ein Richtungsschwimmen: Steht er beim Wasserausstoß nach vorne, so schwimmt das Tier rückwärts, und umgekehrt, auch seitliche Bewegung ist möglich.

Tintenfische können innerhalb von Sekunden ihre Farbe wechseln, ärgert man eine eben noch helle *Sepia*, dann läuft sie, wie ein wütender Mensch, dunkel an. Von dieser Fähigkeit machen die Tiere auch bei Anpassung an den Untergrund Gebrauch, dabei ahmen sie nicht nur die Farbe, sondern auch seine Form und Struktur nach. Dieser Farbwechsel wird durch unter der Haut liegende Pigmentzellen gesteuert, sie sind schwarz, gelb oder orange; je nachdem, ob sie sich zusammenziehen oder ausbreiten, bilden sie Farbmuster. Viele Tintenfische besitzen Leuchtorgane.

Die Tintenfische sind getrenntgeschlechtig. Begattungsorgan ist oft ein umgestalteter Fangarm *(Hectocotylus)*, mit dessen Hilfe das Männchen ein Samenpaket (Spermatophore) in die Mantelhöhle des Weibchens oder auf dessen Mundhaut bringt. In manchen Fällen kann sich sogar ein solcher Arm ablösen und aktiv schwimmend das Weibchen aufsuchen.

Die Eier werden in derbwandigen Kokons in Klumpen oder Eischläuchen an Pflanzen und Steinen befestigt; pelagische Tintenfische legen gallertartige Laichschnüre ab, die dann im Wasser flottieren. Ein echtes Larvenstadium fehlt, die fast fertig entwickelten Jungtiere treiben in den ersten Wochen mit dem Kopf nach unten im Plankton und gehen dann allmählich zum aktiven Schwimmen über.

Tintenfische sind ausgesprochene Meerestiere, sie meiden sogar das Brackwasser. Bodenbewohnende Formen ernähren sich von Muscheln, Krebsen und Bodenfischen, aber auch Aas; die Hochseeformen leben von Fischen, schwimmenden Schnecken und Krebsen.

Systematische Einteilung: Vierkiemige Tintenfische *(Tetrabranchiata)*, heute nur noch mit der Gattung *Nautilus* vertreten, und Zweikiemige Tintenfische *(Dibranchiata)*, diese werden wiederum unterteilt in Achtarmige Tintenfische *(Octobrachia* – Krakenartige und Papierboot) und in die Zehnarmigen Tintenfische *(Decabrachia* – Sepien und Kalmare).

Schwimmende Sepia. In dieser Stellung sind die zehn Arme stromlinienförmig aneinandergelegt. Auf dem oberen Bild sind die eingebogenen Endkeulen der zwei langen, Saugnäpfe tragenden Tentakeln zu erkennen.

Das Bild rechts unten zeigt den rückgebildeten Hartteil einer Sepia, den Schulp, wie man ihn vielerorts im Sand der Strände findet.

Sepia
AMN

Sepia officinalis

Merkmale: Sie gehört zu den Zehnarmigen Tintenfischen, bei denen die 8 kurzen Arme mit 4 Saugnapfreihen besetzt sind, während die 2 langen einziehbaren Tentakel auf den Endkeulen 4 Reihen verschieden großer Saugnäpfe tragen. Der Körper ist abgeflacht und von einem breiten Flossensaum umgeben. Die Länge der Sepia beträgt etwa 30 cm. Die Färbung ist sehr variabel und das Tier zu raschem Farbwechsel befähigt, wobei es sich meist dem Untergrund anpaßt. Aber auch bei Erregung läuft es dunkel an. Die Schale liegt am Rücken unter der Haut. Man findet diesen sogenannten Schulp häufig im Spülsaum am Strand, er wird als Kalkfutter und Wetzstein für Kanarienvögel verwendet.

Lebensraum: Sie ist im Mittelmeer, Atlantik und in der Nordsee verbreitet, wo sie auf Sand- und Geröllgrund, zwischen Algen und Seegras haust.

Lebensweise: Tagsüber liegt sie eingegraben im Sand, abends wird sie aktiv und macht sich dann auf Beutefang. Sie liegt auf der Lauer, gleitet aus dem Sand und pirscht sich, wenn sie eine Muschel, einen Krebs oder einen Fisch ausgemacht hat, mit wellenförmigem Schlag ihres Flossensaumes an das Opfer heran. Sobald sie nahe genug ist, schnellen ihre beiden, in Ruhestellung in Hauttaschen liegenden Fangarme vor und ergreifen die Beute. Von scharfen Kiefern werden dem Opfer schwere Wunden geschlagen, in die lähmender Speichel fließt; dann macht sich die Sepia an ihre Mahlzeit.

Fortpflanzung: Laichzeit ist im Frühjahr, dann legt das Männchen ein prächtiges, zebragestreiftes Balzkleid an (das Weibchen weist gedämpftere Farben auf), und das Paarungsspiel beginnt. Bei der Begattung praktiziert das Männchen mit einem umgestalteten Fangarm das Samenpaket in die Mantelhöhle des Weibchens. Die Eier, schwarze, zitronenförmige Kapseln, werden an Pflanzen befestigt. Ein Larvenstadium fehlt. Die Jungen treiben einige Zeit im Plankton, ehe sie aktiv zu schwimmen beginnen.

Gemeiner Krake
AMN

Octopus vulgaris

Merkmale: Wie der Name sagt, besitzt dieser Tintenfisch 8 Arme. Diese sind alle gleich lang und mit je 2 Reihen von Saugnäpfen besetzt. Der kurze, sackförmige Rumpf ist ohne Flossensaum. Mit Armen ist der *Octopus* meist 60–70 cm lang, kann aber im Maximum 3 m erreichen. Die Arme setzt er meist zum Kriechen, Hangeln oder Stelzen am Boden ein, nur bei Störung schwimmt er. Bei dieser Fluchtreaktion schießt er durch Ausstoßen von Wasser aus dem Trichter mit angelegten Armen im Rückstoß durchs Wasser. Die Farbe ist hell- bis dunkelbraun marmoriert und wechselt rasch bei Beunruhigung oder Angleichen an den Untergrund.

Lebensraum: Der felsige Küstenbereich, wo er in Höhlen und Spalten haust. Häufig im Mittelmeer und Atlantik, seltener in der Nordsee.

Lebensweise: Der Krake verläßt nachts seine Wohnstatt und geht auf Beutefang. Dabei tastet er den Boden nach Muscheln und Krabben, seiner Hauptnahrung, ab, ergreift sie blitzschnell und führt sie zum Mund. Er schlägt ihnen tiefe Wunden, in die er Verdauungssaft erbricht. Den entstandenen Nahrungsbrei schlürft er auf. Als Feindabwehr stößt er aus seinem Tintensack eine schwarzbraune Tintenwolke aus, die den Angreifer ablenkt. Während sich dieser noch mit dem Phantom beschäftigt, entkommt der Krake rasch der Gefahr.

Fortpflanzung: Auch hier dient als Begattungsorgan ein zum Begattungsarm *(Hectocotylus)* umgewandelter Fangarm des Männchens, das mit seiner Hilfe ein Samenpaket in die Mantelhöhe des Weibchens bringt. Das Weibchen legt einen traubigen Haufen Laich an die Decke der Wohnhöhle ab und betreut ihn, d. h. es fächelt ihm frisches Atemwasser zu und säubert das Gelege. Es verläßt sein Gelege während der ganzen, einen Monat dauernden Brutzeit nicht ein einziges Mal, nimmt keine Nahrung zu sich und stirbt am Ende meist.

Papierboot M
Argonauta argo

Merkmale: Hier stoßen wir auf eine Eigenschaft, die im Tierreich öfter anzutreffen ist, den Geschlechtsdimorphismus, d.h. Männchen und Weibchen haben ein ganz unterschiedliches Erscheinungsbild. Beim Papierboot handelt es sich um einen Achtarmigen Tintenfisch, dei dem das Weibchen eine Körperlänge von 20–30 cm erreicht, während das Männchen nur 1 cm lang wird. Nur das Weibchen scheidet das äußerst dünnwandige und doch derbelastische Gehäuse ab. Es ist kahnförmig, spiralig gewunden und mit kräftigen Querrippen versehen. Es wird, im Gegensatz zu den anderen Molluskengehäusen, nicht vom Mantel, sondern von den beiden rükkenständigen Armen hervorgebracht; diese sind lappenförmig verbreitert und besitzen Schalendrüsen, die Kalksubstanz absondern. Das Gehäuse ist auch nicht fest mit dem Tier verbunden, sondern wird durch die beiden membranartigen Lappen gehalten. Das Weibchen kann alle Arme im Gehäuse bergen, so daß nur noch der Kopf und der stark verlängerte Trichter herausschauen. Die Weibchen sind silbrigweiß, grünviolett irisierend. Das schalenlose Männchen ist eigentlich nur noch Geschlechtstier von octopusähnlicher Gestalt.

Lebensraum: Das Mittelmeer, wo das Papierboot meist schwimmend lebt, aber auch am Grunde kriechend beobachtet wird.

Lebensweise: Das Tier verläßt seine Schale nur selten, ohne Schale kann es nicht schwimmen. Von seinem »Kahn« aus fängt es auch die Nahrung, zufällig vorbeischwimmende Beutetiere.

Fortpflanzung: Am winzigen Männchen bildet sich ein Arm zum Begattungsarm um, der sich vom Männchen ablöst, aktiv das Weibchen aufsucht und in dessen Mantelhöhle eindringt (in manchen Weibchen wurden mehrere solcher *Hectocotyli* gefunden). Die Schale dient auch als Brutbehälter, in dem das Weibchen die Eier birgt und betreut.

Gemeiner Kalmar AMNO
Loligo vulgaris

Merkmale: Ein schlanker, bis 50 cm langer Tintenfisch von torpedoförmigem Körperbau. Am zugespitzten Hinterende sitzen rhombische Flossen. Die Saugnäpfe der 8 relativ kurzen Arme stehen in 2 Reihen, auf den Endkeulen der langen Tentakel in 4 Reihen. Die Färbung ist rosig und gelblichweiß, auf der Oberseite karminrot-braun gesprenkelt.

Lebensraum: Er schwimmt, vielfach in Schwärmen, im freien Wasser des Mittelmeeres, Atlantiks, der Nord- und westlichen Ostsee. In den deutschen Küstengewässern erscheint er vom Süden her im April und bleibt bis August; er sucht hier sein Laichgebiet auf wie ein Zugvogel.

Lebensweise: Loliginiden leben als Dauerschwimmer. Sie haben einen ausgeprägten Farbwechsel zwischen Tag und Nacht und eine gute Farbanpassung an den Boden, auf den sie sich bei Gefahr wie ein Stein fallen lassen.

Fortpflanzung: Die Eier werden an festen Gegenständen in farblosen, gallertartigen Schläuchen abgelegt.

Zwergsepia M
Sepiola rondeleti

Merkmale: Die Sepioliden sind wesentlich kleiner als die Sepiiden, in der Regel nur wenige Zentimeter groß. Die Länge der Zwergsepia beträgt 6 cm. Sie ist rosigweiß bis bräunlich mit roten, bläulich irisierenden Flecken am unteren Mantelrand. Der kurze, zylindrische Körper ist plump, von ihm gehen seitlich gerundete Flossen ab; 8 Arme mit 2 Saugnapfreihen und 2 Tentakel mit 4–8 Reihen von Saugnäpfen auf den keulenförmigen Enden.

Lebensraum: Das Mittelmeer, in dem man die Art regelmäßig über Sand und Schlammgrund und in Seegraswiesen antrifft, wo sie halb eingegraben im Boden lauert.

Lebensweise: Die meisten Sepioliden bleiben auch beim Schwimmen in Grundnähe. Das Eingraben geschieht entweder mit den Seitenflossen, die wie Schaufeln arbeiten, oder einfach durch ihren kräftigen Schlag, wodurch eine Grube entsteht, in der das Tier durch den herabsinkenden Sand gut getarnt ist.

Fortpflanzung: Siehe Tintenfische allgemein.

Papierboot *(Argonauta argo)*

Gemeiner Kalmar *(Loligo vulgaris)*

Zwergsepia *(Sepiola rondeleti)*

Der von dem bedeutenden Weichtierforscher E. A. ROSSMÄSSLER geprägte Begriff Binnenmollusken bezeichnet die Gesamtheit der nichtmarinen Weichtiere. Von den acht Klassen des Mollusken-Stammes (S. 9) sind nur die Schnekken und Muscheln in kontinentalen Lebensräumen vertreten. Die Eroberung von Land und Süßwasser vollzog sich wiederholt und unabhängig, so daß sich unter den Binnenmollusken verschiedene Organisationstypen finden, die ihre nächste Verwandtschaft jeweils in marinen Gruppen haben.

Alle **Binnen-Vorderkiemer** können wie ihre marinen Verwandten das Gehäuse mit einem Deckel verschließen. Die Süßwasser-Vorderkiemer haben noch im größten Maße Organisationsmerkmale der Meeresschnecken beibehalten, während die Land-Vorderkiemer stärkere Abwandlungen zeigen. Sie haben die Kieme reduziert und benützen die Mantelhöhle als Lunge. Allerdings atmen sie durch die offene Mantelhöhle und sind daher für alle aktiven Lebensäußerungen auf dauernde hohe Luftfeuchte angewiesen. Dies begrenzte in ihrer Entwicklungsgeschichte die Möglichkeiten der Eroberung neuer Lebensräume. So haben die Land-Vorderkiemer weltweit nur rund 3500 Arten hervorgebracht, von denen die meisten sich in den feuchten Tropen finden.

Die **Lungenschnecken** (Pulmonata) haben sich mit den marinen Hinterkiemern aus gemeinsamen Vorfahren entwickelt, die den Kopfschildschnecken (Beispiel: *Acteon* S. 64) nahestanden. Evolutionstendenzen dieser Großgruppe (der Euthyneura) sind die Zwittrigkeit, die Rückbildung des Operculums (bei ursprünglichen Formen während der Embryonalentwicklung noch angelegt und im Erwachsenenstadium rückgebildet) und die Entstehung von Nacktschnecken im Meer und am Land. Aus Formen, die den heutigen Küstenschnekken nahestanden, dürften am Ende des Erdaltertums auch die ersten stylommatophoren Landschnecken entstanden sein.

Bei den **Wasserlungenschnecken** (Unterordnung Hygrophila) ist die Mantelhöhle als echte Lunge ausgebildet, und sie müssen zum Atmen an die Wasseroberfläche kommen, sofern nicht aus Mantelfortsätzen gebildete Ersatzkiemen oder Hautatmung ein dauerndes Leben unter Wasser ermöglichen. Neben der Atmung dient die luftgefüllte Lunge der Auftriebsregulierung, indem sie der Schnecke das Tragen des Gehäuses erleichtert und es ihr z. B. auch ermöglicht, rasch zur Wasseroberfläche aufzusteigen oder plötzlich abzusinken.

Im Gegensatz zu den landlebenden Vorderkiemern haben die **Landlungenschnecken** (Stieläugler, Ordnung Stylommatophora) einen kräftigen Mantelwulst ausgebildet, der den Weichkörper nach außen abschließt und der ein verschließbares Atemloch hat. Damit haben sie die Möglichkeit dauernder Befeuchtung einer hochentwickelten Lunge erworben und können auch bei geringerer Luftfeuchte aktiv sein. Neben dem Gehäuse bildet der hygroskopische Körperschleim einen wirksamen Verdunstungsschutz. Diese Anpassungsvorteile ermöglichten es den Landlungenschnecken, ein weites Spektrum terrestrischer Lebensräume in großer Diversität zu besiedeln, so daß sie mit weltweit rund 25000 Arten eine der erfolgreichsten landlebenden Tiergruppen geworden sind. Hochentwickelte Stylommatophoren, wie z. B. die großen Schnirkelschnecken, haben bereits ein stark konzentriertes Nervensystem und sind damit zu verhältnismäßig kompliziertem Verhalten befähigt.

Die **Süßwassermuscheln** gehören, wie vor allem ihre unterschiedliche Fortpflanzungsweise zeigt, drei unabhängigen Entwicklungslinien an. Die Najaden (Unionacea), die sich über ein parasitisches Larvenstadium fortpflanzen, spielen (oder spielten!) mit rund 1000 Arten eine wichtige Rolle in den Lebensgemeinschaften der Süßgewässer der Erde. Sie haben wahrscheinlich einen gemeinsamen Stamm mit den heute nur noch reliktär bei Australien vorkommenden marinen Trigoniacea, und lassen sich seit dem Beginn des Erdmittelalters nachweisen. Von den beiden anderen Überfamilien, über deren Abstammung von bestimmten marinen Gruppen innerhalb der Venusmuschelartigen es noch keine begründeten Hypothesen gibt, und die nur verhältnismäßig wenige Arten hervorgebracht haben, sind die zwittrigen Kugelmuscheln (Sphaeriacea) ovovivipar, während die Dreikantmuscheln (Dreissenacea) Eier ablegen und sich über planktische Veligerlarven fortpflanzen.

Gegenüber den weiträumig gleichförmigen Lebensbedingungen im Meer bilden kontinentale Lebensräume ein vielfältiges kleinteiliges Mosaik, das ökologische Spezialisierung und **Artbildung** begünstigt. Auch das Eiszeitalter trug mit seinen extrem wechselnden Klimaten zur Art- und Rassenbildung und zur Entstehung der heutigen Verbreitungsmuster entscheidend bei. In den meisten Gruppen der Binnenmollusken gibt es daher zahlreiche Arten, die nur in eng begrenzten Verbreitungsbezirken vorkommen (Endemismus). Dies gilt insbesondere für die in Höhlen, im Grundwasser oder in Quellen lebenden Zwergdeckelschnecken, die rund ein Viertel der europäischen Binnenmolluskenfauna ausmachen und von denen immer noch neue entdeckt werden.

In den dichtbesiedelten Regionen Europas zeigen die Binnenmollusken heute einen teilweise alarmierenden **Bestandsrückgang**. Gefährdet sind vor allem die Wassermollusken und unter ihnen insbesondere die Najaden, deren Fließwasserpopulationen nahezu überall stark geschädigt oder bereits verschwunden sind. Alle einheimischen Najadenarten sind heute durch die Bundesartenschutzverordnung geschützt. Molluskenarten, die vom Wasser und vom Land her Flußauen, Moore, Sumpfwiesen und Tümpel besiedeln, stellen die nächste große Gruppe besonders gefährdeter Arten. Dränierung und Düngung von Feuchtflächen sowie Nährstoffüberfrachtung (Eutrophierung) der Gewässer bilden die Hauptfaktoren der Gefährdung. Auch hier gibt es bereits große Auslöschungszonen. Eine dritte durch Lebensraumverlust stark gefährdete Gruppe stellen in Mittel- und Westeuropa die Trockenrasenschnecken dar. Viele Restvorkommen bedrohter Arten können schon durch geringe Biotopveränderungen vernichtet werden. Relativ ungefährdet sind noch die Waldschnecken sowie die Fauna der Hochgebirge in der montanen und alpinen Stufe, obwohl intensive Freizeitnutzung bereits zu erheblichen Biotopverlusten geführt hat und die Luftverschmutzung sich flächendeckend auswirkt. Neu geschaffene Biotope werden von Mollusken nur äußerst langsam besiedelt und in der Regel nur durch Allerweltsarten oder zunehmend durch eingeschleppte Fremdlinge.

Die Erforschung der europäischen Binnenmollusken ist noch vielfach im Fluß und die **wissenschaftliche Namengebung** daher oft unsicher. Damit die verwendeten Artnamen eindeutig sind, ist es notwendig, den Autor und das Jahr der Erstbeschreibung anzugeben (diese Angabe steht in Klammern, wenn eine Art nachträglich in eine andere Gattung versetzt wurde). Für dieses Buch wurden die wissenschaftlichen Namen, soweit möglich, überprüft und dem gegenwärtigen Kenntnisstand angeglichen. Allerdings mußte auf die Angabe von Synonymen und die Einfügung von Untergattungsnamen verzichtet werden.

auch Nixenschnecken

Überfamilie Kahnschnecken – Neritacea

Urtümliche Tiere mit gedrungenem Gehäuse und kalkigem Deckel. Zwischenwände der Umgänge werden in der Regel resorbiert. Meeres-, Süßwasser- und Landbewohner; weltweit verbreitet.

Familie Kahnschnecken – Neritidae

Gehäuse dickschalig mit wenigen rasch zunehmenden Umgängen; Spindelseite der Mündung als ebene Platte ausgebildet; charakteristisch für die Kahnschnecken ist eine große Vielfalt in der Zeichnung und Farbe. Der Deckel (a–h) hat innen meist zwei Apophysen, von denen die längere als Rippe und die kürzere als Zapfen bezeichnet wird. **Fortpflanzung:** Die zunächst weißen Eikapseln werden auf Hartsubstrat aller Art und – bei der Mehrzahl der Arten – bevorzugt auf den Gehäusen der Artgenossen abgesetzt (▷3 links u. Mitte). Sie enthalten 30–70 Eier, von denen sich jeweils eines innerhalb von 4–8 Wochen (je nach Umweltbedingungen) zum schlupfreifen Jungtier entwickelt.

Gemeine Kahnschnecke (▷1, 3, 4) D, RL
Theodoxus fluviatilis (LINNAEUS 1758)
M.: Dunkelrote Netzzeichnung auf hellem Grund, oft in Bändern; Deckel (a) nur mit breiter Rippe, ohne Zapfen; im Mittelmeergebiet abweichende Formen, die aufgrund des Deckels erkannt werden können. **L.:** Im Mittel- und Unterlauf der Flüsse und in Seen, auch im Brackwasser. Europa; fehlt in den Alpen und deren nördlichen Vorländern.

Donau-Kahnschnecke (▷5, 6) D, RL
Theodoxus danubialis (C. PFEIFFER 1828)
M.: Zickzackstriemen auf gelblichem Grund, im Osten auch einfarbig schwarz; Deckel (b) blaßgelb, Zapfen plättchenartig in einer Grube. **L.:** Donau von Kelheim abwärts und Unterläufe der Nebenflüsse; Flüsse u. Seen der S-Alpen im W bis zum Iseo-See; in der deutschen Donau nur noch Restpopulationen, im österreichischen Abschnitt verschollen.

Thermalkahnschnecke (▷7)
Theodoxus prevostianus (C. PFEIFFER 1828)
M.: Meist einfarbig schwarz; Deckel (c) dem von *T. danubialis* ähnlich, aber mit dunkelgrauem Mittelfeld und orangefarbenen Rändern. **L.:** Thermalquellen in Bad Vöslau und Bad Fischau (Niederösterreich), auch in Ungarn.

Gebänderte Kahnschnecke (▷2, 8, 9) D, RL
Theodoxus transversalis (C. PFEIFFER 1828)
M.: Bleigrau bis gelb, mit feinen Spirallinien, die sich meist zu drei Binden anordnen (gut sichtbar bei verwitterten Exemplaren); Deckel (d) orangefarben, mit kräftigem spiralig gedrehten Zapfen. **L.:** Donau, Theiß, Djnestr; Reliktvorkommen in der Alz; in der Donau heute Restpopulationen von Kelheim abwärts (ursprünglich auch bei Donauwörth u. Ingolstadt).

Türkische Kahnschnecke (▷10)
Theodoxus anatolicus (RECLUZ 1841)
M.: Einfarbig schwarz oder mit axialen Zickzackstriemen; stark glänzend; Deckel (f) mit schwacher Rippe und kurzem spitzen Zapfen. **L.:** In Quellen. Südwestliches Kleinasien und angrenzende Inseln.

Andalusische Kahnschnecke (▷11)
Theodoxus baeticus (LAMARCK 1822)
M.: Halbkugelig; glänzend, graublau mit verschmelzender Zickzackzeichnung und dunkler Spindelplatte; Deckel (e) grau mit rötlichem Saum und kräftiger Rippe, Zapfen kurz und gezähnelt.
L.: In Quellen. SO-Spanien.

Getürmte Kahnschnecke (▷12)
Theodoxus valentinus (GRAËLLS 1846)
M.: Hochgetürmt bis halbkugelig mit eingeschnürten Umgängen; Deckel (g) weißlich mit schmaler Rippe und kurzem, vollständig angewachsenen Zapfen. **L.:** Nur im Flußgebiet des Albaido bei Játiva in Spanien.

Veränderliche Kahnschnecke (▷13)
Theodoxus varius (MENKE 1828)
M.: Sehr klein und glänzend; Deckel (h) schmal, blaß blaugrau mit orangefarbenem Saum, Rippe kurz, Zapfen kräftig. **L.:** In Quellen. Ionische Inseln und angrenzendes Festland.

Familie Hohlhäuschen – Hydrocenidae

Gehäuse klein, mit knopfartig kugeliger Spitze; Spindelrand schwielig verdickt; Deckel kalkig mit Apophyse wie bei den wasserlebenden Kahnschnecken; lungenatmende Landtiere. Hauptverbreitung im pazifischen Gebiet; in Europa im Tertiär weitverbreitet, heute noch ein Reliktvorkommen.

Cattaro-Hohlhäuschen (▷14)
Hydrocena cattaroensis (L. PFEIFFER 1841)
M.: Gehäuse orangerot; zum Schutz und zur Tarnung meist mit Kot und Substrat beklebt (Camouflage). **L.:** An Felswänden in feuchten Schluchten. W-Montenegro bei Kotor und Titograd.

1) Angitis b. Drama, Makedonien, GR – 2) Obere Alz, Bayern, D – 3) Schlei b. Schleswig, Schl.-Holst., D – 4) Río Guadiaro, Prov. Cadiz, E – 5) Donau b. Schönbühel, Niederösterreich, A – 6) Leitha b. Nickelsdorf, Burgenland, A – 7) Bad Fischau, Niederösterreich, A – 8) wie 2 – 9) wie 2, subfossil – 10) Bad d. Aphrodite b. Akamas, CY – 11) Cerro de la Virgen b. Orce, Prov. Granada, E – 12) Venta del Conde, Prov. Valencia, E – 13) Korfu, GR – 14) Kotor (Cattaro), Montenegro, YU.

2: ♀; 6: links ♀ rechts ♂; 8: links und Mitte ♀♀, rechts ♂; übrige unbestimmt

1–2 u. 13 = 4fach, 3–12 = 2fach, Deckel = 4fach, 14 = 6fach

Überfamilie Kreismundschnecken Cyclophoracea

Landbewohner, deren Mantelhöhle zur Lunge umgebildet ist, mit tropisch-subtropischer Verbreitung. In Europa nur eine Familie.

Familie Turmdeckelschnecken Cochlostomatidae

Gehäuse getürmt mit zahlreichen regelmäßig zunehmenden Umgängen, 6–15 mm hoch; Deckel (mit einer Ausnahme) hornig mit mehreren Windungen. Penis des ♂ über dem rechten Fühler eingerollt (▷ 2, 3); Geschlechtsdimorphismus oft am Gehäuse erkennbar. Die charakteristischen Kotpillen werden über die Genitalrinne abgeflimmert (▷ 4). In Ruhe hängen sich die Tiere an zwei Schleimfäden auf (▷ 5). Alle Arten sind stark kalkbedürftig und leben auf bewachsenen Felsen und im Felsschutt; sie fressen faulendes Pflanzenmaterial und weiden die Mikroflora ab. In S-Europa 47 Arten, z. T. mit reicher geographischer Rassenbildung. **Fortpflanzung:** Das ♀ legt gut versteckt wenige große Eier ab, die es mit zuvor aufgenommenen Kalkpartikeln gleichmäßig beklebt (▷ 1). Die Jungtiere schlüpfen nach 3–6 Wochen.

Kleine Walddeckelschnecke (▷ 1, 2, 6) D, RL
Cochlostoma septemspirale (Razoumowsky [1789)
M.: Regelmäßig gerippt, mit drei rotbraunen Fleckenbändern, deren Flecken häufig zu Radiärstriemen verschmelzen. Höhe 7–8 mm. Geschlechtsdimorphismus am Gehäuse kaum ausgeprägt. **L.:** Am meisten an Waldstandorte gebunden. Weit verbreitet; von den Pyrenäen entlang der S-Alpen bis zum mittleren Balkan; umgreift die Alpen im Westen bis zum Oberrheintal; nördliche Kalkalpen zwischen Enns und Berchtesgadener Land; einzelne isolierte Vorkommen im Gebiet zwischen ehemaligem Inn- und Isargletscher und bei Kelheim.

Graue Turmdeckelschnecke (▷ 7, 8)
Cochlostoma henricae (Strobel 1851)
M.: Untere Umgänge schwach gerippt bis fast glatt; Nabelritz offen. ♀♀ bauchiger mit schwächer gewölbten glatteren Umgängen, meist hornfarben; ♂♂ schlanker, meist blaugrau bereift mit weiß abgesetzter Mündung. Höhe 8–11 mm. **L.:** In mehreren Rassen in den SO-Alpen von Südtirol bis ins Isonzogebiet verbreitet; die auffällige größere glatte Form (▷ 8) nur im oberen Brenta-Tal; isolierte Vorkommen im Salzkammergut und bei Reutte/Tirol, letzteres vielleicht auf Verschleppung beruhend.

Schlanke Turmdeckelschnecke (▷ 3–5, 9, 10)
Cochlostoma patulum (Draparnaud 1801)
M.: In großen Formen dem *C. henricae* ähnlich, aber Nabel geschlossen; mit ähnlichem Geschlechtsdimorphismus; kleine Formen (▷ 3, 4, 10) nur 6–7 mm hoch. **L.:** Mediterrane Kalkgebiete SO-Frankreichs und westliches Ligurien.

Zierliche Turmdeckelschnecke (▷ 11)
Cochlostoma gracile (L. Pfeiffer 1849)
M.: Sehr klein, Umgänge stark gewölbt, regelmäßig gerippt, einfarbig; Geschlechtsdimorphismus, wie bei allen folgenden Arten, nicht bekannt. Höhe 5–7 mm. Mehrere Rassen. **L.:** Westliche Balkanhalbinsel von S-Kärnten bis NW-Griechenland.

Philippis Turmdeckelschnecke (▷ 12)
Cochlostoma philippianum (Gredler 1853)
M.: Schlank, feingerippt mit vollständig bedecktem Nabel; Fleckenbinden schwach, manchmal fehlend. Höhe 8–9 mm. **L.:** SO-Alpen vom Gardasee bis zum Tagliamento.

Savoyer Turmdeckelschnecke (▷ 13)
Cochlostoma apricum (Mousson 1847)
M.: Umgänge wenig gewölbt und Seitenlinien gerade, Mundsaum weiß und über dem offenen Nabel kaum verbreitert; Fleckenbinden auf der Unterseite oft zu spiraligen Bändern verschmelzend; das Tier zieht sich aus den oberen Umgängen zurück, die jedoch nicht abgestoßen werden. Höhe 8–10 mm. **L.:** SW-Alpen: Mt. du Chat bis Grande Chartreuse.

Breitlippige Turmdeckelschnecke (▷ 14)
Cochlostoma roseoli (A. J. Wagner 1901)
M.: Groß, mit breiter Basis, regelmäßige weiße scharfe Rippen, obere Umgänge oft abgestoßen; Mundsaum weit ausgebreitet mit umgebogenem Spindelohr; Deckel mit dünner Kalkauflage. Höhe 9–11 mm. **L.:** Herzegowina, Montenegro und N-Albanien (Umgebung Skutari).

Geöhrte Turmdeckelschnecke (▷ 15)
Cochlostoma auritum (Rossmässler 1837)
M.: Sehr groß mit unregelmäßigen sehr scharfen, oft ausbrechenden Rippen; obere Umgänge meist abgestoßen; Spindelohr fast rechtwinkelig gestutzt; Deckel dick, verkalkt, zweilagig, gekammert. Höhe 10–13 mm. **L.:** Küstengebirge S-Dalmatiens und Montenegros.

1) Taborska-Höhle b. Ljubljana, Slowenien, YU – 2) Taubenlochschlucht b Biel, Kt. Bern, CH – 3–4) Mt. Ventoux, Dép. Vaucluse, F – 5) Grand Canyon du Verdon, Dép. Var, F – 6) wie 2 – 7) Izvor Soče (Isonzoquelle), Slowenien YU – 8) Bassano del Grappa, Venetien, I – 9) wie 5 – 10) wie 3–4 – 11) Crkvice, Montenegro, YU – 12) Cellino, Friaul, I – 13) Grande Chartreuse, Dép. Isère, F – 14) Morača-Schlucht, Montenegro, YU – 15) Braič b. Budva, Montenegro, YU.

1: ♀ mit Gelege; 2: ♂; 3: links ♂, rechts ♀; 4: ♀; 5: ♂; 6–10: links ♀♀, rechts ♂♂; übrige unbestimmt

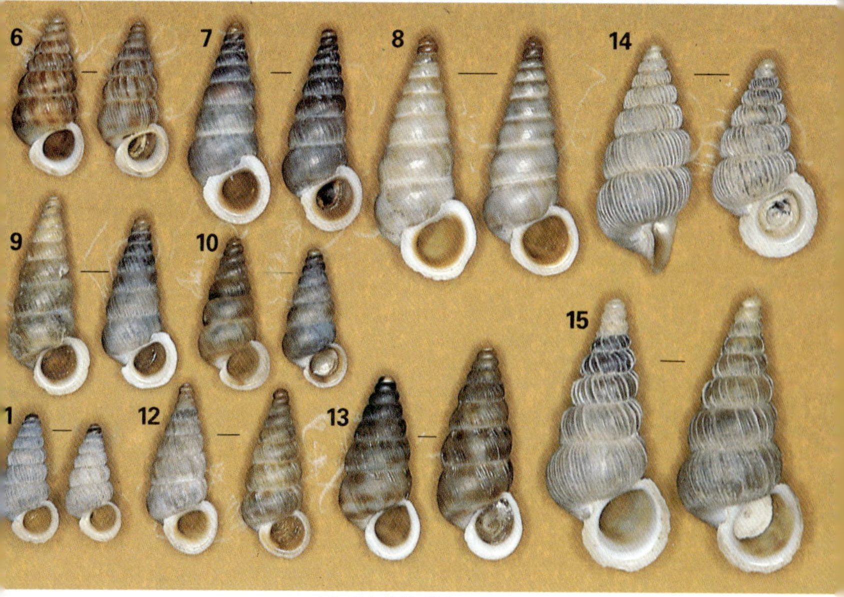

1–5 = 4fach, 6–15 = 3fach

Überfamilie Sumpfdeckelschnecken Ampullariacea

Großwüchsige, gedrungene, träge Süßwasser-Kiemenschnecken. Über alle Kontinente verbreitet, in Europa nur eine Familie. Hierher gehören auch die in Aquarien gehaltenen tropischen Apfelschnecken (Ampullariidae).

Familie Fluß- und Sumpfdeckelschnecken Viviparidae

Gehäuse kegelförmig, 20–60 mm hoch; mit konzentrisch wachsendem hornigen Deckel; spitze Fühler, von denen der rechte beim ♂ zum Begattungsorgan umgebildet ist. Geschlechtsdimorphismus: ♀♀ im allgemeinen etwas bauchiger und größer, bei einigen Arten deutlicher Gestaltunterschied (vgl. ▷5, 6). Die Viviparen sind Weidegänger, die beim Fressen charakteristisch hin und her pendeln; sie können aber auch durch Atemwasser-Filtration Schwebstoffe aufnehmen und sitzen daher manchmal wochenlang an einer Stelle. In Europa fünf Arten mit einem weiten Spektrum geographischer und ökologischer Variabilität. Die vier zuerst behandelten Arten leben in bewegtem Wasser, in Tieflandflüssen und im Litoral großer Seen; nur *V. contectus* kommt in stehenden Gewässern vor, in pflanzenreichen Teichen, Altwässern und Sümpfen, aber auch in kleinen Moorgräben und temporären Gewässern. **Fortpflanzung:** Ovoviviparie; ziemlich entwickelte Jungtiere werden im Abstand von Stunden bis Tagen abgesetzt; im Winter bleiben die reifen Embryonen im Mutterleib.

Gemeine Flußdeckelschnecke (▷1–3) D, RL
Viviparus viviparus (Linnaeus 1758)
M.: Gedrungen kreiselförmig mit wenig gewölbten Umgängen und stumpfer Spitze; grünlich-braun mit drei rotbraunen Spiralbändern; Jungtiere sehr fein gegittert, ohne Borsten. **L.:** Tiefländer von England bis zum Ural, im Norden bis S-Schweden; fehlt in den Mittelgebirgen und im Gebiet der oberen und mittleren Donau. – *V. v. costae* (Mousson 1863): Bauchiger, mit kontrastreicherer Zeichnung; Körper feiner punktiert. Geographische Rasse in Thrakien und Vorderasien (▷2).

Italienische Sumpfdeckelschnecke (▷4) (D)
Viviparus ater (Cristofori & Jan 1832)
M.: Spitzkegelig mit abgeplatteten oft gekanteten Umgängen; mit kräftiger Bindenzeichnung oder einfarbig olivbraun. Jungtiere mit sehr schwacher Skulptur, fast glatt und glänzend. Sehr variabel, neigt zu reicher Rassenbildung und Ausprägung von Lokalformen. **L.:** Flüsse und Seen Oberitaliens vom Lago Maggiore bis zum Isonzo und isoliert in Mittelgriechenland; eingeschleppt im Genfer-, Zürcher- und Bodensee.

Donau-Flußdeckelschnecke (▷5) D, RL
Viviparus acerosus (Bourguignat 1862)
M.: Umgänge ziemlich gewölbt, auffallend starkschalig (Gehäusewand, besonders unter der Naht, oft mehr als 1 mm dick); meist grünlich mit drei rotbraunen Bändern, gelegentlich ungebändert; die winzige stumpfe Spitze ist bei frischen Gehäusen stets weiß. ♀♀ mit stärker gewölbten Umgängen und ziemlich offenem Nabel, ♂♂ spitzkegelig mit flacheren Umgängen und fast ganz bedecktem Nabel; auf 10 ♀♀ kommen nur 3–4 ♂♂. Jungtiere mit rauher, manchmal kurzborstiger Spiralstreifung. **L.:** Donau und ihre größeren Zuflüsse unterhalb Wiens, auch in der Maritza; isoliert in der deutschen Donau, bei Pfatter erloschen, aber lebend bei Passau.

Balkan-Sumpfdeckelschnecke (▷6)
Viviparus mamillatus (Küster 1852)
M.: Gewinde mit stumpf gerundeter Spitze; sehr feiner Nabelritz oder ungenabelt; meist einfarbig olivbraun, selten mit Andeutung von drei verwaschenen rotbraunen Bändern. ♀♀ bauchig-eiförmig, ♂♂ schlanker. Jungtiere mit sehr feinen Spirallinien und zwei Reihen kurzer wimperartiger Borsten. **L.:** Westliche Balkanhalbinsel von Kroatien bis zum Epirus.

Spitze Sumpfdeckelschnecke (▷7) D, RL
Viviparus contectus (Millet 1813)
M.: Von allen anderen Arten durch stark gewölbte Umgänge und stechende Spitze zu unterscheiden; gleichmäßig dünnwandig, nicht selten hammerschlägig; grünlich-braun mit verwaschenen Binden, oft einfarbig. Jungtiere mit 3 Spiralreihen etwa 0,5–1,0 mm langer Wimper-Borsten, die in tentakelartigen Fortsätzen des Mantelrands gebildet werden. Sehr variabel: Riesenformen bis 60 mm hoch, Zwergformen, die die Gestalt der Großen haben (daran von Jugendstadien zu unterscheiden), oft nur 25 mm hoch. **L.:** Nord- und Mitteleuropa (in S-Schweden weniger weit nach Norden als *V. viviparus*); fehlt in großen Teilen der west- und mitteldeutschen Bergländer; Nordspanien und Portugal, in Italien bis in die Toskana, auf der Balkanhalbinsel bis Makedonien.

1) Wakenitz b. Rothenhusen, Schl.-Holst., D – 2) İpsala, Türkisch-Thrakien, TR – 3) wie 1 – 4) Lago di Viverone, Piemont, I – 5) Donau b. Mannswörth, Niederösterreich, A – 6) Skutari-See, Montenegro, YU – 7) Kleinhesseloher See, München, Bayern, D.

1–2: ♂♂; 3: ♀; 5–6: links ♀♀, rechts ♂♂; übrige unbestimmt

1–2 = 1,5fach, 3–7 = nat. Gr.

Überfamilie Federkiemenschnecken Valvatacea

Familie Federkiemenschnecken – Valvatidae

Einzige Familie. Gehäuse klein, kreisel- bis scheibenförmig mit offenem Nabel. Mündung meist kreisrund mit zusammenhängendem Mundsaum. Deckel dünn, hornig, mit zentralem Kern und spiraligem Zuwachs. Der Fuß hat vorn zwei greiferartig gegeneinander bewegliche Fortsätze, die ihn gespalten erscheinen lassen. Fühler lang und dünn. Mantel rechts mit fadenförmigem Anhang (Manteltentakel) und links mit vorstreckbarer doppelfiedriger Kieme (Name!). Dichtes Flimmerepithel an der Schnauze (Mundscheibe), an den Fußfortsätzen und am Manteltentakel dient dem Nahrungs- und Atemwassertransport; Detritusfresser.

Fortpflanzung: Valvaten sind als einzige einheimische Vorderkiemer Zwitter. Der Penis hinter dem rechten Fühler ist in Ruhe in die Mantelhöhle zurückgebogen (▷ 11); Begattung (▷ 12) meist einseitig, das männlich fungierende Tier zeigt dabei stark kontrahierte Fühler. Die Eier werden in hornigen Eikapseln abgesetzt (▷ 10), die 2–40 Einzeleier enthalten können. *V. naticina* ist ovovivipar.

Flache Federkiemenschnecke (▷ 1) D
Valvata cristata O. F. Müller 1774
M.: Gehäuse scheibenförmig, 3–3½ enge, langsam zunehmende Umgänge, letzter gelegentlich auch absteigend. **L.:** Häufig in Bächen, Seen und Teichen, auch in huminstoffreichen Gewässern, selten in Temporärgewässern. Verbreitet in Europa mit Ausnahme der südlichen Mittelmeerhalbinseln.

Sumpf-Federkiemenschnecke (▷ 2, 13) D, RL
Valvata macrostoma Mörch 1864
M.: Gehäuse flach mit niedrigem Gewinde, selten in einer Ebene aufgewunden (▷ 2, unten rechts) wie *V. sibirica*; Umgänge rasch zunehmend, mit feinen scharfen Rippchen; Nabel weit; Deckel mit enger Spirale. Wird häufig mit *V. pulchella* verwechselt. **L.:** Temporärgewässer in Auen großer Ströme, im Norden auch im sumpfigen Uferbereich der Seen. Sehr zerstreut in Mittel- und Nordeuropa, dort, wo sie vorkommt aber meist zahlreich.

Sibirische Federkiemenschnecke (ohne Bild)
Valvata sibirica Middendorff 1851
M.: Mit voriger Art nahe verwandt und ihr sehr ähnlich, aber stets mit völlig flachem Gewinde und noch weiterem Nabel, Periostrakum meist heller. **L.:** In Tundrengewässern. Vom nördlichen Sibirien über Lappland bis Mittelschweden einstrahlend.

Moor-Federkiemenschnecke (▷ 3, 8) D, RL
Valvata pulchella Studer 1820
M.: Gehäuse flach bis kegelförmig mit tiefer Naht und weitem Nabel, dunkelbraun und meist hochglänzend; Tierkörper braun, oft bläulich irisierend. **L.:** Sehr sauerstoffbedürftig, veträgt keinen Trokkenfall. Zerstreut und selten in Kleingewässern der Flachmoore der nördlichen und westlichen Voralpen und des Alpenvorlands.

Gemeine Federkiemenschnecke (▷ 4–6, 9–12) D, RL
Valvata piscinalis (O. F. Müller 1774)
M.: Gehäuse meist kugelig mit engem Nabel, weißlichgelb bis grünlichgrau; Gewindehöhe, Nabelweite und Oberflächenstruktur geographisch und ökologisch bedingt sehr variabel. In Tieflandgewässern meist die Normalform (▷ 4), in Alpenseen und schnell fließenden Bächen des Alpenvorlands oft die flache und weit genabelte *V. p. alpestris* Küster 1853, **Alpen-Federkiemenschnecke** (▷ 5) und in tieferen Bereichen größerer Seen (Nordeuropa) die hoch aufgetürmte, meist durch besonders abgeflachte Umgämge gekennzeichnete *V. p. antiqua* Morris 1838, **See-Federkiemenschnecke** (▷ 6). **L.:** Sehr sauerstoffbedürftig, Huminstoffe meidend. Häufig im Schlamm eingegraben, so daß nur Fühler und Manteltentakel herausragen (erzeugt dann einen Atemwasser- und Nahrungsstrom, ▷ 9). Europa und W-Asien; meist häufig (wichtige Fischnahrung!), stellenweise durch Gewässerverschmutzung rückläufig oder verschwunden.

Fluß-Federkiemenschnecke (▷ 7, 14) D, RL
Borysthenia naticina (Menke 1845)
M.: Gehäuse gedrückt kugelig mit stark überwiegendem letzten Umgang und flacher Naht; engnabelig; Mündung oben gewinkelt; hornfarbig bis gelb, glänzend; Deckel mit wenigen weitläufigen Spiralen. Tier weißlich, ohne Pigmentflecke, mit besonders breitem Fuß (Schlammgleiter); Mitteldarmdrüse grün irisierend. **L.:** Auf tonigem und schlammig-feinsandigen Grund im seichten Uferbereich größerer Flüsse. O-Europa, westwärts bis zur Oder; Reliktvorkommen in der deutschen Donau unterhalb von Regensburg. Durch Verschmutzung der Flüsse vom Aussterben bedroht.

1) Lyngby See b. Kopenhagen, DK – 2) Oberzeitldorn/Donau, Bayern, D – 3) Gröbenzell b. München, Bayern, D – 4) Landau/Isar, Bayern, D – 5) Schwabinger Eisbach, München, Bayern, D – 6) Eutiner See, Schl.-Holst., D – 7) Warta b. Gorzów Wielkopolski (Landsberg/Warthe), PL – 8) wie 3 – 9–10) Fischerdorfer See b. Straubing, Bayern, D – 11) wie 4 – 12) Donau b. Bad Deutsch-Altenburg, Niederösterreich, A – 13) Ratzeburger See, Schl.-Holst., D – 14) Donau b. Aicha, Bayern, D.

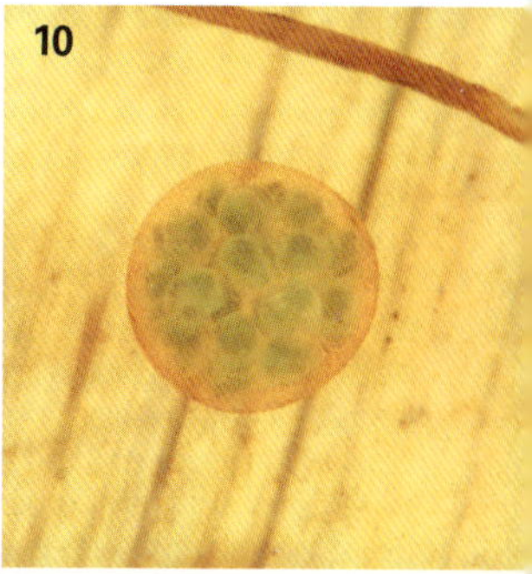

1–7 = 4fach, 8–9 u. 11–14 = 8fach, 10 = 15fach

Überfamilie Strandschnecken – Littorinacea

Meeresbewohner der strandnahen Zone und Landbewohner; weltweit verbreitet. Unter den Binnenmollusken Europas nur eine Familie.

Familie Landdeckelschnecken – Pomatiasidae

Landschnecken ohne Kiemen; Deckel spiralig, außen mit Kalkauflage. Am Fuß zwei Längswülste, mit denen die Tiere sich schreitend fortbewegen (▷3). Sie fressen totes Pflanzenmaterial und können Zellulose mit Hilfe von Darmbakterien verdauen. In Europa 5 Arten als Tertiärrelikte.

Fortpflanzung: Die großen Eier (Ø 2 mm) werden einzeln abgelegt und vom ♀ mit einer dicken Kruste aus Schleim und Bodenpartikeln umhüllt; Embryonalentwicklung etwa ein Vierteljahr. Erwachsene werden 5–6 Jahre alt.

Schöne Landdeckelschnecke (▷1–2, 4–5, 169/11) D, RL
Pomatias elegans (O. F. Müller 1774)
M.: Umgänge stark gewölbt, gegittert, Spiralrippen gleich breit wie die Zwischenräume. **L.:** Kalk- und wärmebedürftig; in lichten Wäldern und Geröllhalden. Im Mittelmeergebiet und W-Europa weit verbreitet und meist häufig; isoliert in Dänemark; in Deutschland nur im Oberrheingebiet und zerstreut im Mittelgebirge.

Tyrrhenische Landdeckelschnecke (▷3, 6)
Pomatias sulcatus (Draparnaud 1805)
M.: Umgänge weniger gewölbt, Spiralrippen stark betont und weiter auseinanderstehend; Mundsaum außen stärker vorgezogen; einfarbig weißlich bis orange oder mit dunklen Spiralbändern. **L.:** In Küstennähe im Kalkfelsschutt. Provence, Korsika, Sardinien, Sizilien, Maltesische Inseln; isolierte Vorkommen in S-Spanien, S-Portugal und O-Algerien.

Balearische Landdeckelschnecke (▷7)
Tudorella ferruginea (Lamarck 1822)
M.: Schlank, turmförmig mit stumpfer Spitze und geraden Seitenlinien; Spiralrippen eng; rotbraun striemenartig gefleckt. **L.:** In Aleppokiefernwäldern und Macchien, unter Steinen und Gebüschen. Nur auf den östlichen Balearen.

Maurische Landdeckelschnecke (ohne Bild)
Leonia mamillaris (Lamarck 1822)
M.: In der Gestalt zwischen *Pomatias* und *Tudorella* stehend; Skulptur geglättet; weiß bis hell rötlichbraun, oft mit einer dunklen Fleckenreihe unter der Naht; Deckel nach außen konvex. **L.:** In Halfagras-Horsten und unter Steinen. Spanien (Prov. Murcia); Hauptverbreitung in Algerien und Marokko.

Überfamilie Zwergdeckelschnecken Truncatellacea

Kopf schnauzenartig verlängert, Fühler lang fadenförmig. Meeres-, Süßwasser- und Landbewohner.

Familie Binnen-Zwergdeckelschnecken Hydrobiidae

Süßwasserbewohner, selten im Brackwasser (z. B. Wattschnecke S. 36) oder auf feuchtem Boden in Küstennähe. Hierzu gehören über 300 äußerst vielgestaltige meist winzige grundwasser-, höhlen- und quellbewohnende Arten der Horatiinae in S- und Mitteleuropa. Artenzahl und Gestaltvielfalt nehmen von S nach N ab. Systematik noch sehr unsicher.

Unterfamilie Horatiinae (▷8–9)

Brunnenschnecken: Die Ablagerung einer Quelle als Karstwasseraustritt (▷8) zeigt beispielhaft den Formen- und Individuenreichtum der unterirdischen Lebensräume. Im Sediment vier endemische Arten, die nur aus den niederösterreichischen Alpen bekannt sind; links in der Mitte eine *Bythinella austriaca*, die oberirdisch in der Quelle lebt.

Die vier Brunnenschneckenarten sind:
Iglica gratulabunda (A. J. Wagner 1910)
ssp. *kleinzellensis* Reischütz 1981 (▷8a)
Belgrandiella fuchsi (Boeters 1970) (▷8b)
Alzoniella hartwigschuetti (Reischütz 1983) (▷8c)
Bythiospeum reisalpense (Reischütz 1983) (▷8d)
Die unterirdisch lebenden Formen wie z. B. *Bythiospeum quenstedti* (Wiedersheim 1873) (D, RL) sind meist völlig pigment- und augenlos (▷9).

Unterfamilie Pyrgulinae

Gardasee-Ringelschnecke (▷10)
Pyrgula annulata (Linnaeus 1758)
M.: Turmförmig, Umgänge mit zwei scharfen Kielen; 7–10 mm hoch. **L.:** Italienische Voralpenseen und reliktär in Quellen Dalmatiens.

Unterfamilie Emmericiinae

Breitlippige Zwergdeckelschnecke (▷11) D, RL
Emmericia patula (Brumati 1838)
M.: Stumpf-kegelig; Mundsaum stark verbreitert. **L.:** Kalkreiche Quellen und Flüsse der Küstenregionen von Venetien bis Mittel-Dalmatien; in Bayern (Mittelfranken) und S-Frankreich eingeschleppt.

Neretva-Zwergdeckelschnecke (▷12)
Emmericia narentana Bourguignat 1880
M.: Voriger ähnlich, aber mit scharfem Kiel.
L.: Neretva-Unterlauf und Quellen im Neretva-Tal.

1) Badberg, Kaiserstuhl, Bad.-Württ., D – 2) Crest, Dép. Drôme, F – 3) Provence, F – 4) Tramin, Südtirol, I – 5) wie 1 – 6) San Gwann, M – 7) Génova b. Palma, Mallorca, E – 8) Kleinzell, Niederösterreich, A – 9) Falkensteiner Höhle b. Urach, Bad.-Württ., D – 10) Gardasee, I – 11) Sipovaca, Herzegowina, YU – 12) Radopolje-Quelle b. Mostar, Herzegowina, YU.

1 u. 3 = 2fach, 2 u. 10–12 = 4fach, 4–7 = nat. Gr., 8–9 = 8fach

Unterfamilie Amnicolinae

Quellschnecken (Gattung *Bythinella*): Rund 40 Arten in Mittel- und S-Europa. Die fünf deutschen Arten – durch anatomische Merkmale definiert und am Gehäuse nicht immer zu trennen – können meist nach dem Fundort bestimmt werden (Karte). An gleichbleibend niedrige Temperaturen angepaßt, leben sie fast nur in Quellen und deren oberstem Ablauf. Sie sind Indikatoren für die Reinheit des Quellwassers und durch Quellfassung, Drainierung und Eutrophierung gefährdet.

Bayerische Quellschnecke (▷1, 3–4) D, RL
Bythinella bavarica Clessin 1877
M.: Meist groß, kegelförmig, Umgänge gerundet, letzter verbreitert; oft grünlich (Algenbewuchs). **L.**: Kalkbedürftig; N-Alpen und Vorland.

Österreichische Quellschnecke (▷2, 5) D, RL
Bythinella austriaca (Frauenfeld 1857)
M.: Kleiner, fast rein zylindrisch, Umgänge abgeflacht. **L.**: O-Alpen und deren Vorland, Karpaten, Bayerischer Wald und Böhmerwald, Sudeten.

Dunkers Quellschnecke (▷6) D, RL
Bythinella dunkeri (Frauenfeld 1857)
M.: Wie die beiden folgenden eiförmig zylindrisch. **L.**: Von den Ardennen und Vogesen bis zum Pfälzer Wald, S-Limburg und ins Sauerland.

Badische Quellschnecke (ohne Bild)
Bythinella badensis Boeters 1981
L.: Schwarzwald und SW-Baden (hier auf Kalk).

Rhön-Quellschnecke (ohne Bild) D, RL
Bythinella compressa (Frauenfeld 1857)
L.: Rhön und Vogelsberg mit Teilen des Vorlands.

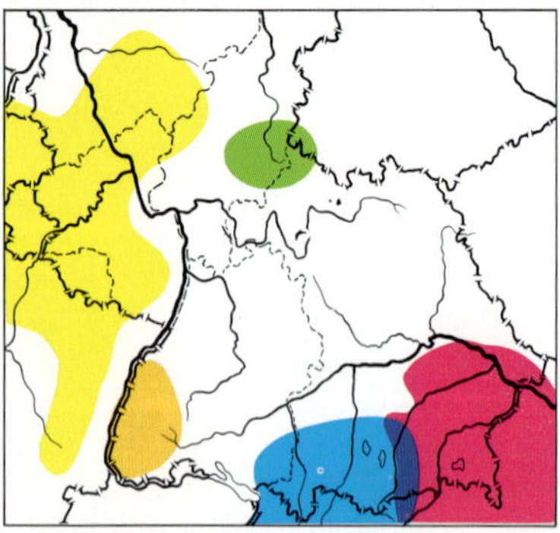

Verbreitung der Quellschnecken in Deutschland
- Bayerische Quellschnecke *(Bythinealla bavarica)*
- Österreichische Quellschnecke *(Bythinella austriaca)*
- Dunkers Quellschnecke *(Bythinella dunkeri)*
- Badische Quellschnecke *(Bythinella badensis)*
- Rhön-Quellschnecke *(Bythinella compressa)*

Gekielte Quellschnecke (▷7)
Bythinella bicarinata (Des Moulins 1827)
M.: Kegelförmig, mit zwei stumpfen Kielen, Naht sehr tief. **L.**: Nur in einer einzigen kalten Tümpelquelle der Dordogne, dort aber sehr häufig.

Rötliche Quellschnecke (▷8)
Bythinella rufescens (Küster 1852)
M.: Gestreckt eiförmig, Mündung gerundet; rötlich bis weißlich durchscheinend. Mehrere Unterarten. **L.**: O-Pyrenäen, im S bis Barcelona.

Pyrenäen-Quellschnecke (▷9)
Bythinella reyniesii (Dupuy 1851)
M.: Der vorigen ähnlich, aber kleiner und gedrungener; weißlich-grau. **L.**: Kalkarme Fließquellen in den Pyrenäen und im Massif Central.

Schöngesichtige Zwergdeckelschnecke (▷10) D, RL
Marstoniopsis scholtzi (A. Schmidt 1856)
M.: *Bythinella* ähnlich, aber mehr kegelförmig; Umgänge gerundet und durch tiefe Naht getrennt; dünnwandig und durchsichtig, meist dunkel inkrustiert. Über den Augen schwefelgelbe Flecken. **L.**: Pflanzenreiche Seen und ruhige Buchten von Flüssen. N-Europa von den Niederlanden über S-Schweden bis Finnland sowie ins Flußgebiet der mittleren Wolga; isoliert bei Manchester; in Deutschland nur im Niederrheingebiet und östlich der Elbe.

Unterfamilie Potamopyrginae

Neuseeland-Zwergdeckelschnecke (▷11) D
Potamopyrgus antipodarum (Gray 1843)
M.: Spitz kegelförmig mit flachen Umgängen, Mündung spitzoval; gelblich bis rötlich hornfarben. Gelegentlich (bei höherer Salinität häufiger) mit fadenförmigem, manchmal mit feinen Borsten besetzten Kiel. **L.**: Brack- und Süßwasser in Fließgewässern und Seen; oft Massenvorkommen (es wurden Siedlungsdichten bis zu 100000/m^2 festgestellt). Etwa um 1850 aus Neuseeland nach England eingeschleppt und seither (begünstigt durch Nitratbelastung der Binnengewässer) über fast ganz Europa verbreitet. **Fortpflanzung:** Vivipar; früher für rein parthenogenetisch gehalten, da nur ♀♀ gefunden wurden; neuerdings wurden aber in England, Holland und Polen vereinzelt ♂♂ nachgewiesen. Ein ♀ kann pro Tag 2–3 Jungtiere hervorbringen, die nach 2 Monaten wieder fortpflanzungsfähig sind.

1) Fischerhäuser b. München, Bayern, D – 2) Oberföhring b. München, Bayern, D – 3–4) wie 1 – 5) wie 2 – 6) Zweifall b. Aachen, Nordrh.-Westf., D – 7) Lalinde b. Bergerac, Dép. Dordogne, F – 8) Bagnères-du-Luchon, Dép. Hte. Garonne, F – 9) Bagnères-de-Bigorre, Dép. Hte. Pyrenées, F – 10) Lüttauer See b. Mölln, Schl.-Holst., D – 11) wie 10.

1: Quellbiotop mit Quellschnecken *(Bythinella bavarica)*

1 = nat. Gr., 2–3 u. 10 = 10fach, 4–9 = 8fach, 11 = 4fach

Unterfamilie Lithoglyphinae

Fluß-Steinkleber (▷ 1–2) D, RL

Lithoglyphus naticoides (C. PFEIFFER 1828)

M.: Kugelig mit stumpf-konischem Gewinde; hellgrau bis grünlich-gelb. Fuß sehr breit (Schlammgleiter). ♂♂ meist kleiner und mit vorgezogenem Mündungsaußenrand (▷ 2 oben). Eikapseln werden auf den Gehäusen der Artgenossen abgelegt. **L.**: Sehr sauerstoff- und kalkbedürftig; in Flüssen an Stellen schwächerer Strömung auf verfestigtem Schlickboden und schlickigen Steinen. Ursprünglich nur in Schwarzmeerzuflüssen (Donau bis Regensburg); im vorigen Jahrhundert in die baltischen Flüsse sowie ins Elbe- und Rheingebiet verschleppt und sehr häufig geworden. Ab 1960 durch Verschmutzung der Flüsse nahezu ausgestorben, neuerdings in leichter Erholung.

Familie Schnauzenschnecken – Bithyniidae

Gehäuse kegelig-eiförmig, meist glatt; Deckel verkalkt mit konzentrischem Zuwachs. Körper mit schwarzen und gelben Pigmentpunkten. Detritusfresser und Filtrierer. Verbreitet über alle Kontinente mit Ausnahme Amerikas (dort *B. tentaculata* eingeschleppt). In Europa zwei verbreitete und 3–4 lokale Arten im S. **Fortpflanzung**: Vor der Eiablage reinigt das ♀ die Unterlage (Steine, Muschelklappen, Pflanzenteile) und fügt 20–40 einzeln abgelegte Eier mit dem Fuß zu einem 2–3reihigen, 10–15 mm langen Laichband zusammen. Jungtiere schlüpfen je nach Temperatur nach 14–20 Tagen.

Gemeine Schnauzenschnecke (▷ 3, 5–6) D

Bithynia tentaculata (LINNAEUS 1758)

M.: Umgänge wenig gewölbt; Mündung und Deckel oben gewinkelt. Sehr schlanke Exemplare (▷ 5 unten) sind meist ♂♂; überwüchsige Exemplare (▷ 5 rechts), die man früher für Mastformen hielt, entstehen durch parasitäre Kastration; in Seen und kalten Fließgewässern oft verkürzte Formen (▷ 6). **L.**: Fließende, stehende, auch zeitweilig trockenfallende Gewässer. W-Sibirien und Europa mit Ausnahme von N-Skandinavien und Griechenland.

Bauchige Schnauzenschnecke (▷ 4, 7) D, RL

Bithynia leachii (SHEPPARD 1823)

M.: Umgänge sehr stark gewölbt; Mündung und Deckel oben gerundet. Größe äußerst variabel, Überwuchs durch parasitäre Kastration aber nicht erwiesen. **L.**: Pflanzenreiche Stillgewässer. Mit großen Lücken von N-Afrika über fast ganz Europa bis O-Sibirien verbreitet; in Süddeutschland und dem Alpengebiet weitgehend fehlend.

Familie Mulmnadeln – Aciculidae

Kleine bis sehr kleine Landschnecken; Gehäuse zylindrisch mit stumpfer Spitze; meist mit kräftigem Nackenwulst. Tief in der Laubstreu und unter Totholz lebende Fleischfresser, die sich überwiegend von Eigelegen anderer Schnecken ernähren (▷ 14). Mit 56 Arten über Europa, das Kaukasusgebiet und N-Afrika verbreitet. Viele Arten haben sehr zersplitterte Areale, einige existieren kaum verändert bereits seit dem Miozän (Tertiärrelikte).

Gestreifte Mulmnadel (▷ 8, 13 rechts) D, RL

Acicula lineata (DRAPARNAUD 1805)

M.: Umgänge mit unregelmäßig stehenden feinen Rillen; auffallend zylindrisch, 2,8–3,3 mm hoch. **L.**: N- und W-Alpen mit ihrem Vorland und S-Alpen zwischen Gardasee und Lago Maggiore.

Gekritzte Mulmnadel (▷ 9, 13 links, 14) D, RL

Acicula lineolata (PINI 1884)

M.: Der vorigen, mit der sie nicht selten vergesellschaftet ist, ähnlich, aber deutlich kegelförmig und größer, 3,5–4,2 mm hoch. **L.**: S-Alpen vom Tessin bis zu den Karawanken und (mit großer Verbreitungslücke) in den Salzburger und Bayerischen Alpen und deren Vorland bis München.

Glatte Mulmnadel (▷ 10) D, RL

Platyla polita (HARTMANN 1840)

M.: Glatt und stark glänzend, Nackenwulst kräftig. **L.**: Häufig und weitgehend geschlossen verbreitet in den Alpen, Karpaten und nördlich angrenzenden Mittelgebirgen; mit vereinzelten Fundpunkten bis in die Ostseeländer und die Ukraine.

Wulstige Mulmnadel (▷ 11)

Platyla callostoma (CLESSIN 1911)

M.: Voriger ähnlich, aber etwas größer mit noch breiterem und kräftigerem Nackenwulst.
L.: Französische und spanische O-Pyrenäen.

Gerippte Mulmnadel (▷ 12) D, RL

Renea veneta (PIRONA 1865)

M.: Turmförmig mit fast geraden Seitenlinien; regelmäßig gerippt; seidenglänzend. **L.**: Südliche Kalkalpen zwischen Gardasee und Isonzo; durch eine große Verbreitungslücke getrennt in den Salzburger Alpen und dem Salzkammergut; in Deutschland nur in den Berchtesgadener Alpen.

1) Donau b. Mettenufer, Bayern, D – 2) Donauarm b. Regelsbrunn, Niederösterreich, A – 3) Warmbad Villach, Kärnten, A – 4) Lüttauer See b. Mölln, Schl.-Holst., D – 5) Alburger Moos b. Straubing, Bayern, D – 6) Alte Laaber b. Straubing, Bayern, D – 7) Pönitzer See, Schl.-Holst., D – 8–9) Brunnenberg b. Jachenau, Bayern, D – 10) Usterling b. Landau/Isar, Bayern, D – 11) St. Privat d'en Bas, Prov. Gerona, E – 12) Sallet-Alm, Königssee, Bayern, D – 13–14) wie 8–9.

1: ♂; 2: obere Reihe ♂♂, untere Reihe ♀♀;
13: links *Acicula lineolata*, rechts *A. lineata*; 14: *A. lineolata* an Gelege von *Cochlodina laminata*

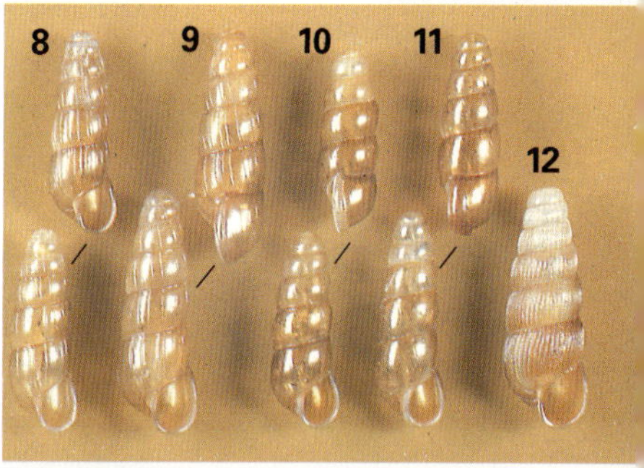

1 u. 3–4 = 4fach, 2 u. 5–7 = 2fach, 8–14 = 6fach

Überfamilie Nadelschnecken – Cerithiacea

Überwiegend marin; eine Familie im Süßwasser.

Familie Kronenschnecken – Thiaridae

Mittelgroß, schlank getürmt bis oval, glatt bis kräftig skulpturiert; Umgänge an der Naht meist flach ausgezogen und angedrückt (übergreifend, besonders ausgeprägt bei *Melanopsinae*). Deckel hornig mit wenigen Windungen. Gehäuse vielfach mit schwärzlicher Kruste bedeckt. Süßwasserbewohner wärmerer Zonen; mit zahlreichen Arten fast weltweit verbreitet. **Fortpflanzung:** Teils ovipar, teils ovovivipar oder vivipar; im einzelnen noch wenig bekannt. Bei *Esperiana* legt das ♀ mit einem besonderen Legeapparat, der von einer Verlängerung des Eileiters gebildet wird, einzelne Eier von etwa 1 mm ∅, die sich innerhalb von 20–25 Tagen zum schlüpfreifen Embryo entwickeln. *Melanopsis* ist oft ovovivipar, wobei die fertigen Jungtiere in großen Abständen einzeln abgesetzt werden. *Melanoides* pflanzt sich meist parthenogenetisch fort und ist vivipar; die Embryonen reifen in einer Bruttasche in »Nährkammern«, die durch Zellwucherungen gebildet werden.

Unterfamilie Melanopsinae

Mittelmeer-Kronenschnecke (▷ 1–3, 8)
Melanopsis praemorsa (LINNAEUS 1758)
M.: Kegelig-eiförmig, spitz; fast glatt bis stark gerippt oder gekielt; Mündung unten ausgeschnitten, Spindel eckig abgestutzt; einfarbig bronzebraun oder gebändert. Sowohl an einer Fundstelle (Polymorphismus ▷ 3), als auch geographisch äußerst variabel; Gliederung in Unterarten noch unsicher. **L.:** Braucht sauerstoff- und kalkreiches Wasser in dauerhaften Gewässern (Quellen, Gräben, Flüsse, Seen). Mittelmeergebiet: SO-Spanien zwischen Guadalquivir- und Ebrodelta und Pityusen (nicht auf Mallorca); afrikanische Mittelmeerländer ostwärts bis zur Cyrenaika (nicht in Ägypten); in Italien nur in Thermalquellen der Maremmen; im östlichen Mittelmeergebiet auf der Peloponnes, Kreta, den südlichen ägäischen Inseln, Zypern, in Anatolien und Syrien, ostwärts bis Mesopotamien.

Zerfressene Kronenschnecke (▷ 9)
Melanospis cariosa (LINNAEUS 1767)
M.: Letzter Umgang stark überwiegend, Gewinde besonders kurz; stets mit kräftigen geschwungenen, manchmal an der Naht knotigen Rippen; hellhornfarben. **L.:** Unterlauf des Guadalquivir und weitere Küstenflüsse Niederandalusiens; Hauptverbreitung N-Afrika (Marokko).

Pontische Kronenschnecke (▷ 4–5)
Esperiana esperi (A. FÉRUSSAC 1823)
M.: Spitz-kegelig, Gewinde höher als Mündung; Spindel nicht abgestutzt, sondern allmählich in den Basalrand übergehend; hornfarben mit rötlichbraunen Flecken. **L.:** An Steinen, untergetauchten Wurzeln oder auf dem Uferschlamm in Flüssen des westlichen Schwarzmeergebiets (donauaufwärts bis an die österreichische Grenze); NW-Anatolien.

Thermal-Kronenschnecke (▷ 6–7, 11)
Microcolpia acicularis (A. FÉRUSSAC 1823)
M.: Voriger ähnlich, aber schlanker; Spindel unten abgestutzt wie bei *Melanopsis*; einfarbig dunkel rötlich-braun bis violett-schwarz. **L.:** Wie vorige und in SO-Europa ähnlich verbreitet; donauaufwärts bis Wien (in den wärmeren Zwischeneiszeiten sogar bis Bayern und Thüringen). Reliktär in Thermalquellen Niederösterreichs (Vöslau, Fischau) und des Bükk-Gebirges in Ungarn.

Unterfamilie Amphimelaniinae

Kurze Kronenschnecke (▷ 10)
Holandriana holandrii (C. PFEIFFER 1828)
M.: Eiförmig-bauchig, mit spitzem Gewinde; Spindel nicht gestutzt; fast glatt oder mit höckrigen Spiralrippen; hell strohgelb mit 3–4 schwarzbraunen Bändern, die auch zusammenfließen können; Spindel und Mündung braun. Alle Merkmale äußerst variabel. **L.:** In Flüssen und Bächen an seichten Stellen bei mäßiger bis starker Strömung. Nördl. Balkanhalbinsel: Jugoslawien, Albanien, W-Bulgarien, Rumänien (Banat), W-Ungarn (Zalagebiet); in S-Kärnten durch Biotopzerstörung erloschen.

Unterfamilie Thiarinae

Nadel-Kronenschnecke (▷ 12) (D)
Melanoides tuberculatus (O. F. MÜLLER 1774)
M.: Schlank getürmt mit gewölbten Umgängen, spiralrippig bis gegittert; hell-hornfarben mit braunen Striemen oder Flecken; Gehäusehöhe 25–50 mm. **L.:** Stillgewässer und schwach strömende Fließgewässer der Subtropen und Tropen der Alten Welt von den Azoren bis SO-Asien. Häufig in Botanischen Gärten; beliebte Aquarienschnecke. Im Freiland eingeschleppt in Thermen und künstlich erwärmten Gewässern: Spanien (Peñíscola südl. Tortosa); Malta; Österreich (Vöslau, Villach); Tschechoslowakei (Pistany); Ungarn (Budapest); Deutschland (Schwandorf in Bayern).

1) Priene, Vilayet Aydın, TR – 2–3) Bad d. Aphrodite b. Akamas, CY – 4) Mosoni Duna b. Györ, H – 5) Kupa b. Karlovac, Kroatien, YU – 6) Bad Fischau, Niederösterreich, A – 7) wie 4 – 8) Cerro de la Virgen b. Orce, Prov. Granada, E – 9) Río Guadiaro, Prov. Cadiz, E – 10) Plavnica b. Titograd Montenegro, YU – 11) wie 6 – 12) Warmbad Villach, Kärnten, A.

1: im Wasserfilm auf überrieselter Mauer

1 = nat. Gr., 2–3 u. 11–12 = 2fach, 4–10 = 1,5fach

Überfamilie Küstenschnecken – Ellobiacea

Urtümliche Lungenschnecken mit kurz-kegelförmigem Gehäuse, dessen Innenwände während des Wachstums resorbiert werden. Meist Strandbewohner der Meeresküsten; weltweit verbreitet.

Familie Zwerghornschnecken – Carychiidae

Gehäuse sehr klein und zart; mit zwei Spindellamellen (die obere endet auf der Mündungswand); Mundsaum wulstig verdickt mit zahnartigem Vorsprung. Einzige ins Binnenland vorgedrungene Familie der Küstenschnecken; in Europa die holarktische Gattung *Carychium* mit zwei weit verbreiteten und 4–5 südeuropäischen untereinander sehr ähnlichen Arten und die Gattung *Zospeum* mit rund 20 Arten augenloser Höhlenschnecken. **Fortpflanzung:** Zwitter, bei denen die Spermien vor den Eiern reifen und die Begattung einseitig ist. Bei weiblich fungierenden Tieren wird der Penis rückgebildet. Die sehr großen Eier (Ø 0,4 mm) werden einzeln abgelegt. Dauer der Embryonalentwicklung und Wachstum sehr unterschiedlich. *C. minimum* kann drei bis vier Generationen in einem Jahr hervorbringen, andere Arten sind einjährig.

Bauchige Zwerghornschnecke (▷ 1) D
Carychium minimum O. F. MÜLLER 1774
M.: Durchmesser meist größer als die halbe Höhe. **L.:** Dauernd nasse Biotope, meist in Gewässernähe. Europa ohne südliche Mittelmeerhalbinseln.

Schlanke Zwerghornschnecke (▷ 2) D
Carychium tridentatum (RISSO 1826)
M.: Durchmesser kleiner als die halbe Höhe. **L.:** Weniger feuchte Orte, aber an dauernd feuchtes Mikroklima gebunden; in der Laubstreu und zwischen Gestein. Europa mit Mittelmeerhalbinseln.

Überfamilie Teichnapfschnecken – Acroloxacea

Familie Teichnapfschnecken – Acroloxidae

Einzige Familie. Süßwasser-Napfschnecken mit rückgebildeter Lunge, deren Geschlechtsöffnungen und Hilfskieme auf der rechten Seite liegen. Weltweit 10 Arten; in Europa eine weit verbreitete Art und vier endemische Arten auf dem Balkan.

Teichnapfschnecke (▷ 3–4) D, RL
Acroloxus lacustris (LINNAEUS 1758)
M.: Siehe Süßwasser-Napfschnecken. Substratanpassung: an dünnen Pflanzenstengeln schmal parallelseitig (▷ 4 links), auf Blättern und Steinen breitoval (▷ 4 Mitte). **L.:** Stehende oder langsam fließende pflanzenreiche Gewässer. Mittel- und O-Europa.

Süßwasser-Napfschnecken sind durch konvergente Entwicklung in verschiedenen Grundäugler-Gruppen entstanden. Die Gehäuse (▷ 4–6) der drei deutschen Arten unterscheiden sich folgendermaßen: *Acroloxus* (▷ 4): flach, Spitze scharf und nach links gebogen. – *Ancylus* (▷ 5): höher und haubenförmig, Spitze stumpf, nach hinten gebogen. – *Ferrissia* (▷ 6): *Acroloxus* ähnlich, aber Spitze sehr stumpf und nach rechts gebogen; Hinterende manchmal mit Septum verschlossen (▷ 133/3).

Überfamilie Fadenfühlerschnecken Planorbacea

Turm-, scheiben- oder mützenförmig. Weichkörper stets der einer linksgewundenen Schnecke.

Familie Blasenschnecken – Physidae

Oval bis spitz getürmt; stets linksgewunden. Der Mantel greift meist auf das Gehäuse über.

Moos-Blasenschnecke (▷ 11) D, RL
Aplexa hypnorum (LINNAEUS 1758)
M.: Schlank, Gewinde spitz; glänzend braun. Tier schwarz; Mantel greift nicht auf das Gehäuse über. **L.:** Klein-, oft Temporärgewässer im Tiefland. Paläarktisch; in Europa weit nach N, im S spärlich.

Quell-Blasenschnecke (▷ 7–8) D, RL
Physa fontinalis (LINNAEUS 1758)
M.: Oval, mit stumpfem Gewinde von wechselnder Höhe. Mantellappen greifen mit fingerförmigen Fortsätzen weit auf den Gehäuserücken. **L.:** Klare pflanzenreiche Gewässer. Fast ganz Europa.

Spitze Blasenschnecke (▷ 9, 12) (D)
Physella acuta (DRAPARNAUD 1805)
M.: Spitz; gelblich, Spindel und Lippe weiß. Fuß hell mit feinen Pigmentpunkten; Fortsätze des Mantels nur auf der Unterseite. **L.:** Warme stehende und fließende Gewässer. Aus SW-Europa weit verschleppt; in Deutschland vor allem im W.

Amerikanische Blasenschnecke (▷ 10, 13) (D)
Physella heterostropha (SAY 1817)
M.: Voriger sehr ähnlich; Gehäuse meist braun mit rötlicher Spindel und Lippe; Fuß einfarbig dunkel oder mit großen verfließenden Pigmentflecken; Mantelfortsätze kürzer. **L.:** Östliches N-Amerika; in Europa eingeschleppt und in rascher Ausbreitung.

1) Pfatterer Au b. Pfatter, Bayern, D – 2) Klingberg, Schl.-Holst., D – 3) Arnegger Ried b. Ulm, Bad.-Württ., D – 4) Pönitzer See, Schl.-Holst., D – 5) Haselbach b. Krumbach, Bayern, D – 6) Warmbad Villach, Kärnten, A – 7) Duvenstedter Brook b. Hamburg, D – 8) Moosbach b. Moosburg/Isar, Bayern, D – 9) Rio Tajo b. Aranjuez, Prov. Madrid, E – 10) Bad Fischau, Niederösterreich, A – 11) Rotenburg/Wümme, Niedersachsen, D – 12) wie 6 – 13) Freising, Bayern, D.

1: mit frisch geschlüpftem Jungtier

Küstenschnecken

Teichnapfschnecken

Fadenfühlerschn.

1–2 = 15fach, 3–6 = 5fach, 7–10 = 2fach, 11–13 = 3fach

Familie Tellerschnecken – Planorbidae

Gehäuse meist scheibenförmig, aber auch kegelig oder napfförmig. Scheibenförmige Gehäuse werden nach links überkippt, so daß die Unterseite zur funktionellen Oberseite wird und die Tiere rechtsgewunden erscheinen; Körperöffnungen und Hilfskieme liegen aber auf der linken Seite. Die gallertartigen Laichballen sind flach scheibenförmig. Zahlreiche Arten; weltweit verbreitet.

Unterfamilie Bulininae

Posthornschnecke (▷ 1) D
Planorbarius corneus (LINNAEUS 1758)
M.: Dick scheibenförmig, Umgänge gerundet; bis 40 mm Durchmesser; Jungtiere mit dichten borstigen Spiralrippen. Durch das hämoglobinhaltige Blut sind vereinzelt auftretende pigmentarme Mutanten rot (beliebte Aquarienschnecken). Im Bild ein rotes und ein normalfarbiges Tier im Paarungsvorspiel; die Fühler wirken pelzig, weil sie mit zahlreichen Exemplaren des parasitischen (auch kommensalischen) Borstenwurms *Chaetogaster limnaei* besetzt sind. **L.**: Pflanzenreiche ruhige, auch zeitweilig trockenfallende Tieflandgewässer. Lückenhaft durch Europa und W-Asien verbreitet, vielfach verschleppt oder künstlich angesiedelt.

Amerikanische Posthornschnecke (▷ 2)
Planorbella duryi (WETHERBY 1879)
M.: Ähnlich, aber kleiner; Umgänge oft rascher zunehmend und mit wulstigen Wachstumsabsätzen; Jugendstadien glatt; Mantel mit großen durchscheinenden Pigmentflecken. **L.**: Ursprüngliche Heimat Florida; weit verschleppt in Botanische Gärten und Wasserpflanzen-Gärtnereien; im Freiland in erwärmten Gewässern z. B. in Österreich (Baden b. Wien, Warmbad Villach) und auf Malta.

Flache Mützenschnecke (▷ 3, 131/6) (D)
Ferrissia wautieri (MIROLLI 1960)
M.: Siehe S. 130. **L.**: An Stengeln und Blättern untergetauchter Pflanzen in ruhigen Gewässern. Sporadisch über Mittel- und S-Europa verbreitet und in rascher Ausbreitung; es ist noch unklar, ob es sich um eine lange übersehene europäische oder um eine eingeschleppte Art handelt.

Unterfamilie Planorbinae

Flußnapfschnecke (▷ 4, 131/5) D, RL
Ancylus fluviatilis O. F. MÜLLER 1774
M.: Siehe S. 130. **L.**: An Steinen in sauerstoffreichen Fließgewässern vom Quellbach bis zum Strom und in der Brandungszone von Seen. Fast ganz Europa, N-Afrika und Vorderasien.

Gemeine Tellerschnecke (▷ 5) D
Planorbis planorbis (LINNAEUS 1758)
M.: Umgänge langsam und gleichmäßig zunehmend, der letzte nahe der fast ebenen funktionellen Unterseite mit fadenartig abgesetztem Kiel. **L.**: Stehende und langsam fließende Gewässer, auch schlammige Tümpel und zeitweilig trockenfallende Flutmulden. Ganz Europa und W-Asien.

Gekielte Tellerschnecke (▷ 6) D, RL
Planorbis carinatus O. F. MÜLLER 1774
M.: Umgänge rasch zunehmend, letzter beiderseits gewölbt; mit besonders scharfem, meist nahe der Mitte gelegenen Kiel. **L.**: Dauerhafte und sauerstoffreichere Gewässer als *P. planorbis*. Europa ohne den Süden der Mittelmeerhalbinseln.

Gelippte Tellerschnecke (▷ 7) D, RL
Anisus spirorbis (LINNAEUS 1758)
M.: Umgänge ziemlich rasch zunehmend, gerundet, an der funktionellen Unterseite mit stumpfer Kante; hell hornfarben. Diese und die beiden folgenden Arten in Trockenruhe mit weiß verkalktem Epiphragma. **L.**: Temporärgewässer in Tiefländern und Stromtälern. N- und W-Europa; Sibirien.

Weißmündige Tellerschnecke (▷ 8, 12) D, RL
Anisus leucostoma (MILLET 1813)
M.: Ähnlich, aber enger aufgewunden und flacher scheibenförmig; Umgänge mit angedeuteter zweiter Kante; meist braun und hochglänzend.
L.: Wie vorige Art, aber auch in Bergländern.

Enggewundene Tellerschnecke (▷ 9)
Anisus septemgyratus (ROSSMÄSSLER 1835)
M.: Extrem flach und eng aufgewunden; Umgänge nach außen schräg abgeböscht, Kante an der funktionellen Unterseite scharf. **L.**: In Sümpfen; erträgt nur kurzen Trockenfall. O-Europa, im W bis Mecklenburg und bis in die Po-Ebene.

Scharfe Tellerschnecke (▷ 10) D, RL
Anisus vortex (LINNAEUS 1758)
M.: Kiel sehr scharf; Umgänge auf der funktionellen Unterseite abgeplattet. **L.**: Pflanzenreiche stehende und langsam fließende Gewässer, auch Temporärgewässer. Europa und W-Sibirien.

Zierliche Tellerschnecke (▷ 11) D, RL
Anisus vorticulus (TROSCHEL 1834)
M.: Voriger ähnlich, in der Regel kleiner; Kiel stumpf; Umgänge beiderseits gewölbt.
L.: Pflanzenreiche stehende dauerhafte Gewässer; zerstreut und selten. Mittel- und O-Europa.

1) Dachau, Bayern, D – 2–3) Botanischer Garten München, Bayern, D – 4) Haselbach b. Krumbach, Bayern, D – 5) Rothenhusen a. Ratzeburger See, Schl.-Holst., D – 6) wie 1 – 7–8) Klingberg, Schl.-Holst., D – 9) Castel Goffredo, Lombardei, I – 10–11) Pönitzer See, Schl.-Holst., D – 12) wie 5.

12: letzter Halbumgang mit ausgeheilter Bißspur

1 = 1,5fach, 2 u. 5–11 = 3fach, 3 = 10fach, 4 = 5fach, 12 = 6fach

Riemen-Tellerschnecke (▷ 1) D, RL
Bathyomphalus contortus (Linnaeus 1758)
M.: Umgänge viel höher als breit und dicht riemenartig aufgewunden; funktionelle Unterseite hohlkegelig eingetieft; fein gestreift; rötlich hornbraun, oft schwarz oder ockerbraun überkrustet. **L.:** Pflanzenreiche, oft huminstoffhaltige stehende, meist dauerhafte Gewässer, auch in ruhigen Buchten größerer Flüsse. Über den größten Teil Europas und im O bis ins Lena- und Amurgebiet verbreitet; nicht im Süden der Mittelmeerhalbinseln.

Weißes Posthörnchen (▷ 2) D
Gyraulus albus (O. F. Müller 1774)
M.: Umgänge rasch zunehmend, letzter gegen die Mündung meist besonders erweitert; dünnwandig und durchscheinend mit ausgeprägter Spiral- bis Gitterskulptur, die manchmal durch Periostrakum-Säume oder -Borsten rauh wirkt; gelbgrau bis weißlich. Das abgebildete Exemplar hat seinen Laich an der funktionellen Unterseite des eigenen Gehäuses abgelegt. **L.:** Stehende und langsam fließende Gewässer. Fast ganz Europa mit Ausnahme des Südens der Mittelmeerhalbinseln.

Chinesisches Posthörnchen (▷ 3–4) (D)
Gyraulus chinensis (Dunker 1848)
M.: Flacher als vorige Art, Umgänge langsamer zunehmend, letzter weniger stark erweitert; oft mit Kante oder Kiel auf der Mitte des letzten Umgangs; glatt oder mit sehr schwacher Gitterskulptur; Mantel mit großen durch das Gehäuse durchscheinenden Pigmentflecken; Niere (heller Strang, der am Außenrand durchscheint ▷ 4) gerade. **L.:** Ursprüngliche Heimat O- und S-Asien; weit verschleppt durch Reisanbau und Wasserpflanzen; massenhaft in den Reisfeldern Norditaliens und der Camargue; sonst in botanischen Gärten und nur gelegentlich dauerhaft im Freiland (z. B. Bad Fischau, Niederösterreich).

Glattes Posthörnchen (ohne Bild) D, RL
Gyraulus laevis (Alder 1838)
M.: Der folgenden Art sehr ähnlich und ihr nahe verwandt; meist etwas größer, Durchmesser 3,0–4,5 mm; Umgänge stark gewölbt und nie gekielt; funktionelle Unterseite breit schüsselförmig, Mündung gerundet. Immer ohne Spiralskulptur, glänzend bräunlich-hornfarben. **L.:** Durchsonnte, mäßig pflanzenreiche Flachwasserzonen von sauberen Stillgewässern. Mittel- und O-Europa, sehr zerstreut und selten. Eine stark gefährdete Art, die vielerorts bereits erloschen ist oder vor dem Erlöschen steht.

Kleines Posthörnchen (▷ 5) D, RL
Gyraulus parvus (Say 1817)
M.: Meist etwas kleiner als vorige Art, Durchmesser 2,5–3,5 mm; vorletzter Umgang auf der funktionellen Oberseite etwas wulstig vorstehend; meist weißlich-grau. Weichkörper, ähnlich wie bei *G. laevis*, kaum pigmentiert und Niere mit gewellten Rändern (Unterschied dieser beiden Arten gegenüber *G. albus, G. chinensis* und weiteren Arten). **L.:** Fast ganz N-Amerika, S-Grönland und Island; mit Wasserpflanzen eingeschleppt nach W-Europa (in S-Deutschland in rascher Ausbreitung).

Zwergposthörnchen (▷ 6–7) D, RL
Gyraulus crista (Linnaeus 1758)
M.: Sehr zart und kleiner als vorhergehende Arten; Umgänge abgeflacht, außen kantig; letzter Umgang meist zur funktionellen Unterseite absteigend, oft etwas abgelöst. Zwei Hauptformen, die durch Übergänge verbunden sind: Oberfläche glatt und glänzend (▷ 6) bzw. mit Hautrippchen und Randzakken (▷ 7). **L.:** Pflanzenreiche dauerhafte Stillgewässer. Holarktisch; ganz Europa außer dem hohen Norden.

Glänzende Tellerschnecke (▷ 8–9) D, RL
Segmentina nitida (O. F. Müller 1774)
M.: Flach linsenförmig mit einander stark umgreifenden Umgängen; letzter Umgang innen durch außen durchscheinende Schmelzleisten verengt; glatt und ungewöhnlich stark glänzend; rotbraun oder (seltener ▷ 9 rechts) albin. Gehäusegestalt und glatte Oberfläche erlauben der Schnecke rasches Hindurchgleiten im dichten Pflanzengewirr. **L.:** Pflanzenreiche, besonders huminstoffhaltige Abschnitte größerer Stillgewässer oder dauerhafte Kleingewässer, vor allem solche mit *Lemna trisulca*; vollständiger Trockenfall wird kaum ertragen (die Verengung der Mündung ist in erster Linie ein Schutz gegen Räuber). Große Teile Europas, Mittel- und N-Asien bis ins Lena-Gebiet.

Linsenförmige Tellerschnecke (▷ 10) D, RL
Hippeutis complanatus (Linnaeus 1758)
M.: In der Gestalt voriger ähnlich, aber ohne Schmelzleisten und Oberfläche fein gestreift und dadurch matt-seidig; meist weißlich-grau. **L.:** Stehende oder langsam fließende pflanzenreiche, oft auch temporäre Gewässer. Von NW-Afrika über fast ganz Europa bis W-Sibirien.

1) Rothenhusen a. Ratzeburger See, Schl.-Holst., D – 2) Dachau, Bayern, D – 3–4) Bad Fischau, Niederösterreich, A – 5) Bruckmühl, Bayern, D – 6) Lüttauer See, Schl.-Holst., D – 7) Kührener Teich b. Preetz, Schl.-Holst., D – 8–9) Alburger Moos b. Straubing, Bayern, D – 10) Gmünder Au b. Wörth/Donau, Bayern, D.

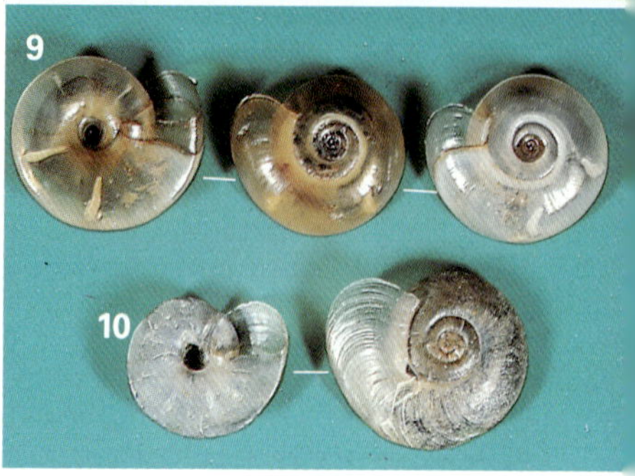

1–4 u. 6–8 = 6fach, 5 = 10fach, 9–10 = 3fach

Überfamilie Schlammschnecken – Lymnaeacea

Familie Schlammschnecken – Lymnaeidae

Einzige Familie. Gehäuse spitz-kegelig bis stark gedrückt kugelig; dünnschalig; europäische Arten rechtsgewunden. Fuß breit, Kopf mit breiten Mundlappen; Fühler, an deren innerer Basis die Augen liegen, flach und dreieckig, von zahlreichen Blutgefäßen durchzogen, dienen der Hautatmung. Am Atemloch ein Mantelanhang, der eine Atemröhre bildet und sich, wenn die Tiere am Wasserspiegel gleiten, zum Luftaustausch öffnet (▷ 139/8). Umweltbedingte Variabilität in Größe und Gehäusegestalt bereitet oft Schwierigkeiten bei der Bestimmung. Schlammschnecken sind mit etwa 100 Arten über fast alle Süßgewässer der Erde verbreitet. **Fortpflanzung:** Zwitter mit getrennten Geschlechtsöffnungen; Begattung (▷ 139/8) immer einseitig; ein zuerst als ♀ fungierendes Tier begattet aber oft anschließend den Partner als ♂. Laichballen länglich wurstförmig, kurz oval mit wenigen Eiern *(Galba truncatula)* bis langgestreckt und gekrümmt mit mehr als 200 Eiern *(Lymnaea stagnalis)*.

Kleine Sumpfschnecke (▷ 1) D
Galba truncatula (O. F. Müller 1774)
M.: Umgänge stark stufenartig gegeneinander abgesetzt; Mündung oval, Spindelumschlag gerade; Nabelritz offen und tief. Gehäusehöhe 6–8 mm; Zwergformen 3 mm, Riesen bis 15 mm hoch. **L.:** Kleine und kleinste Wasseransammlungen, in größeren Gewässern nur im Verlandungsbereich; sehr oft außerhalb des Wassers. Ganz Europa, N-Afrika, W- und N-Asien und Alaska. Zwischenwirt des Großen Leberegels.

Längliche Sumpfschnecke (▷ 2) D, RL
Omphiscola glabra (O. F. Müller 1774)
M.: Gehäuse schlank zylindrisch; Gewinde meist doppelt so hoch wie die schmale Mündung; Spindel leicht verdreht; ungenabelt; hell hornfarben, oft mit ockerbraunem oder schwärzlichem Belag. Gehäusehöhe bis 20 mm, in kleinwüchsigen Populationen nur 10 mm. **L.:** Pflanzenreiche, auch temporäre, Kleingewässer, vor allem Sümpfe und lauberfüllte Waldtümpel; oft in kalkarmen Gewässern mit organischer Eisenfällung. Tiefländer W-Europas von S-Skandinavien bis N-Spanien; sehr zerstreut und selten. Stark gefährdet, vielerorts erloschen.

Gemeine Sumpfschnecke (▷ 3) D
Stagnicola palustris (O. F. Müller 1774)
M.: Getürmt eiförmig mit gleichmäßig gewölbten Umgängen, letzter nur mäßig erweitert; Gehäusehöhe selten über 20 mm; Spindel meist kräftig verdreht, mit Spindelkante; braun oder graubraun, meist mit violettem Schimmer. Sehr variabel, ohne anatomische Untersuchung nicht immer sicher bestimmbar. **L.:** Meist dauerhafte pflanzenreiche Stillgewässer aller Art; Verbreitung wegen Verwechslung mit den beiden folgenden Arten ungenügend bekannt, vermutlich fast ganz Europa.

Schlanke Sumpfschnecke (▷ 4) D, RL
Stagnicola turricula (Held 1836)
M.: Voriger ähnlich, aber meist kleiner und schlanker, oft verzwergt; in manchen Populationen spitzkegelig mit abgeflachten Umgängen und geraden Seitenlinien; Spindel oft nur schwach verdreht und mit undeutlicher Kante; hornbraun bis dunkelbraun, kaum violett. **L.:** In stärkerem Maße an Temporärgewässer in Überschwemmungsgebieten angepaßt als andere Arten der Gattung (Kopulation und Eiablage nicht selten außerhalb des Wassers auf feuchten Schlammflächen). Bis jetzt aus dem Donaugebiet von Ulm bis zur Mündung, dem oberen Elbegebiet und S-Polen bekannt; vertritt im Donaugebiet weitgehend *S. palustris*.

Raben-Sumpfschnecke (▷ 5–6) D, RL
Stagnicola corvus (Gmelin 1791)
M.: Groß und massig, Umgänge schwach gewölbt, letzter stark überwiegend; ziemlich festschalig; Spindel kräftig verdreht, mit ausgeprägter Kante. Gehäusehöhe 25–40 mm; hornbraun, oft mit schwarzem Überzug (Name!); typische Formen können sicher erkannt werden, während schlanke Kleinformen nach Gehäusemerkmalen nicht von den beiden vorhergehenden Arten zu unterscheiden sind. Bild 6 Paarungsvorspiel. **L.:** Pflanzenreiche Stillgewässer aller Art von großen Seen bis zu verlandenden Sumpfgewässern. S-Skandinavien, Mittel- und SO-Europa; Verbreitung noch ungenügend bekannt.

Amerikanische Schlammschnecke (▷ 7–8)
Pseudosuccinea columella (Say 1817)
M.: Spitz eiförmig mit stark überwiegendem letzten Umgang; Naht flach, Spindel verdreht; dünnschalig, hornfarben; Oberfläche mit feinen welligen Spirallinien (▷ 8); 10–15 mm hoch. **L.:** Oft außerhalb des Wassers auf Schwimmblattpflanzen (▷ 7); aus N- und S-Amerika verschleppt in die Warmhäuser der botanischen Gärten Europas; in Warmbad Villach (Kärnten) seit mehreren Jahren im Freiland.

1) Haseltal b. Krumbach, Bayern, D – 2) Wageningen, NL – 3) Lüttauer See, Schl.-Holst., D – 4) Marchegg, Niederösterreich, A – 5–6) Grabensee, Land Salzburg, A – 7–8) Warmbad Villach, Kärnten, A.

1 u. 6–7 = nat. Gr., 2–5 = 2fach, 8 = 5fach

Ohrschlammschnecke (▷ 1) D, RL

Radix auricularia (LINNAEUS 1758)

M.: Letzter Umgang aufgeblasen, ohrförmig erweitert; Höhe und Durchmesser etwa gleich; Gewinde klein und spitz mit abgeflachten Umgängen und konkaven Seitenlinien; Spindel verdreht mit kräftiger Kante, Spindel und Mündungsrand bilden einen stumpfen Winkel; Nabel meist verschlossen. Gewindehöhe und Erweiterung der Mündung ökologisch bedingt sehr variabel; auch bei verkürztem Gewinde bleibt dessen Charakter noch erkennbar und die Spitze überragt den oberen Mündungsrand. Gehäusehöhe bis 35 mm. **L.:** Pflanzenreiche Seen, Altwässer und ruhige Strombuchten. Europa einschließlich der Mittelmeerländer (außer Sizilien und der Peloponnes); Vorder- und N-Asien.

Eiförmige Schlammschnecke (▷ 2) D

Radix ovata (DRAPARNAUD 1805)

M.: Eiförmig; einer halbwüchsigen *R. auricularia* ähnlich, aber das spitzkegelige Gewinde deutlich breiter und mit gewölbten Umgängen; Mündung spitzoval; Außenrand bogig abfallend, Mundsaum meist nur an der Basis ausgebreitet. Spindel kaum verdreht, nur manchmal mit angedeuteter Spindelkante. **L.:** Bäche, Flüsse, Altwässer und Seen, auf Pflanzen, Steinen und Schlamm; bevorzugt in kalkreichem Wasser. Ganz Europa außer S-Spanien und der Peloponnes; W- und N-Asien.

Weitmündige Schlammschnecke (▷ 3) D, RL

Radix ampla (HARTMANN 1821)

M.: Letzter Umgang stark aufgeblasen, Höhe und Durchmesser etwa gleich; Mundsaum bei ausgewachsenen Exemplaren hutkrempenartig ausgebreitet; Gewinde mit gewölbten Umgängen, sehr kurz, manchmal fast eingeebnet, wird vom oberen Mündungsrand überragt; Spindelkante kaum ausgeprägt, Spindel und Mündungswand bilden eine fast gerade Linie; Nabel offen; zartschaliger und hellfarbiger als die beiden vorhergehenden. Jugendstadien sind auf jeder Wachstumsstufe am kurzen Gewinde, der kugeligen Gestalt und der sehr zarten Schale zu erkennen. **L.:** Ruhige Zonen von Flüssen und Seen; ausgewachsene Tiere am Ufer an der Wasserlinie, wo sie laichen und das breite Gehäuse sie vor dem Umgeworfenwerden durch Wellenschlag schützt. Jungtiere an untergetauchten Wasserpflanzen und im Getreibsel. Mittel- und O-Europa bis Sibirien.

Gemeine Schlammschnecke (▷ 4) D

Radix peregra (O. F. MÜLLER 1774)

M.: Länglich eiförmig mit geraden Seitenlinien; Gewinde kegelförmig erhoben; letzter Umgang unter der Naht leicht geschultert, dann ziemlich steil abfallend und seitlich gedrückt; ziemlich festschalig; dunkel hornfarben bis braun, meist mit braunschwarzem Belag. **L.:** Stehende oder langsam fließende, oft kalkarme Kleingewässer; übersteht Austrocknung des Wohngewässers wesentlich besser als andere *Radix*-Arten. Ganz Europa einschließlich des hohen Nordens und W-Asien.

Mantelschnecke (▷ 5–6) D, RL

Myxas glutinosa (O. F. MÜLLER 1774)

M.: Gehäuse kugelig, glasartig durchsichtig und glänzend; Spindelumschlag sehr schmal; der schleimige Mantelrand kann sich fast vollständig über das Gehäuse schieben. Die Tiere werden bereits im ersten Lebensjahr mit etwa 8 mm Gehäusehöhe geschlechtsreif und wachsen bis zum darauffolgenden Frühjahr auf 13–15 mm heran; sie laichen in der durchsonnten Flachwasserzone. **L.:** Pflanzenreiche ruhige Bäche, Altwässer und Seen; nur in der Ebene. N-Europa, im W bis an die Pyrenäen, im O bis ins Baltikum und nach Galizien; norddeutsche Tiefebene; isoliert im Oberrheintal und dem bayerischen Donautal; in Deutschland fast ausgestorben.

Spitzhornschnecke (▷ 7–8) D

Lymnaea stagnalis (LINNAEUS 1758)

M.: Größte Schlammschnecke, mit spitz-ahlenförmig ausgezogenem Gewinde und aufgeblasenem letzten Umgang. Spindel spiralig gewunden, so daß man bei Einblick senkrecht von unten direkt bis zur Spitze sehen kann. Riesenformen bis 70 mm, Zwergformen in Tümpeln des Bayerischen Waldes oder im Brackwasser der nördlichen Ostsee nur 20–30 mm hoch. Gestalt in Abhängigkeit von den Umwelteinflüssen ebenfalls sehr variabel; besonders in Brandungszonen großer Seen (Bodensee) wird das Gewinde verkürzt und die Mündung zusammen mit dem Fuß stark verbreitert; schilfbewohnende Formen bilden bei bewegtem Wasser einen hakenförmigen Vorsprung am äußeren Mündungsrand mit dem sie die Schilfrohre umklammern. Bild 8 zeigt eine Kopula, wobei das weiblich fungierende Tier am Oberflächenhäutchen des Wassers kriecht. **L.:** Pflanzenreiche stehende Gewässer, in Flußauen auch Temporärgewässer. Holarktisch verbreitet; Europa mit Ausnahme des Südens der Mittelmeerhalbinseln.

1) Freising, Bayern, D – 2) Dachau, Bayern, D – 3) Pfatterer Au b. Pfatter, Bayern, D – 4) Bärenbach b. Wollmetshofen, Bayern, D – 5) Wageningen, NL – 6) Bad Segeberg, Schl.-Holst., D – 7–8) wie 3.

1–2 u. 4 = 2fach, 3 u. 7–8 = nat. Gr., 5–6 = 3fach

Überfamilie Glattschnecken – Cochlicopacea

Familie Glattschnecken – Cochlicopidae

Kleine Landlungenschnecken mit glattem, glänzenden länglich-eiförmigen Gehäuse. Die besondere Schlüpfrigkeit der Gehäuse ist ein Schutz vor Feinden und wird durch regelmäßiges Sauberlecken erhalten. **Fortpflanzung:** Die großen weichhäutigen Eier werden einzeln abgelegt und bei mehreren Arten mit Substrat umhüllt, so daß sie kleinen Erdklümpchen gleichen. Schlupf nach etwa 14 Tagen.

Bezahnte Glattschnecke (▷1) D, RL
Azeca goodalli (A. Férussac 1821)
M.: Umgänge sehr flach; Mündung mit Lamellen und Falten; rötlich- oder gelblichbraun, nicht selten albin. Mehrjährig. **L.:** Krautreiche, feuchte Stellen in aufgelockerten Laubwäldern; W-Europa vom Kantabrischen Gebirge bis Mitteldeutschland, Mittel- und S-England; isoliert in Schottland, der Holsteinischen Schweiz und N-Bayern.

Glänzende Glattschnecke (▷2, 7, 8 links) D, RL
Cochlicopa nitens (M. von Gallenstein 1848)
M.: Größte Glattschnecke; Umgänge stark gewölbt, Außenrand der Mündung gerundet; dunkel horn- bis kastanienbraun, stark glänzend. Bereits Jungtiere unterscheiden sich von *C. lubrica* (▷8). **L.:** Zeitweilig überflutete Sümpfe und Kalkflachmoore; zerstreut und selten. Mittel- und O-Europa.

Gemeine Glattschnecke (▷3, 8 rechts) D
Cochlicopa lubrica (O. F. Müller 1774)
M.: Kleiner und schlanker; Umgänge weniger gewölbt, Außenrand der Mündung gedrückt; hornfarben bis rötlichbraun. **L.:** Feuchte Biotope, vor allem Talwiesen und Auen. Holarktisch; ganz Europa.

Mittlere Glattschnecke (▷4, 6) D
Cochlicopa repentina Hudec 1960
M.: Voriger sehr ähnlich, aber oft schlanker mit geraderen Seitenlinien; Umgänge meist weniger gewölbt; Mündung im Verhältnis zur Gehäusehöhe niedriger; Färbung heller und mehr hornbraun. **L.:** Trockenere Biotope als vorige Art. Mittel- und O-Europa, Verbreitung noch wenig bekannt.

Kleine Glattschnecke (▷5) D, RL
Cochlicopa lubricella (Porro 1838)
M.: Auffallend klein, Höhe nur 4–5 mm; meist schlank mit breiter stumpfer Spitze; Umgänge kaum gewölbt, südlich der Alpen meist etwas bauchiger; Mündung klein mit abgeflachtem Außenrand; hell hornfarben. **L.:** In Rasen trockener Hänge. Große Teile Europas und W-Asiens, im N bis S-Finnland; in Spanien nur im N.

Überfamilie Puppenschnecken – Pupillacea

Gehäuse klein bis sehr klein, meist hoch getürmt; nur bei wenigen Arten kugelig oder flach; rechts- oder linksgewunden; Mündung meist mit Armatur. Ovipar oder ovovivipar. Weltweit verbreitet.

Familie Pyramidenschnecken – Pyramidulidae

Kreiselförmig mit stufigen Umgängen und offenem Nabel; ohne definitiven Wachstumsabschluß. Ovovivipar. Wenige einander sehr ähnliche Arten in den Kalkgebirgen der altweltlichen alpidischen Faltung.

Felsen-Pyramidenschnecke (▷9–10) D
Pyramidula rupestris (Draparnaud 1801)
M.: Durchmesser 2,5–3,0 mm; dunkel rotbraun, weißgrau verwitternd; Gehäuse oft mit Gesteinskrümeln und Flechtenresten bedeckt. **L.:** An warmtrockenen Kalkfelsen, oft in kleinen Trupps in Felsritzen oder unter winzigen Felsvorsprüngen. Alpen, angrenzende Mittelgebirge und Bergländer des Mittelmeergebiets; bis Mittelasien.

Familie Windelschnecken – Vertiginidae

Sehr klein, eiförmig bis schlank zylindrisch; Mündung meist bezahnt. Untere Fühler rückgebildet. Über die Nordhalbkugel verbreitet; in Europa 25 Arten. **Fortpflanzung:** Ovipar, es werden nur wenige große Eier abgelegt; Selbstbefruchtung ist häufig. Viele Arten werden mehrere Jahre alt.

Unterfamilie Truncatellininae

Zahnlose Windelschnecke (▷11 rechts) D, RL
Columella edentula (Draparnaud 1805)
M.: Gehäuse kegelig-walzenförmig; kein Wachstumsabschluß; Umgänge mäßig gewölbt, Mündung kurzoval; sehr fein verlöschend gestreift; hell hornfarben, glänzend. **L.:** Krautschicht feuchter Wälder. Holarktisch verbreitet; fast ganz Europa ohne den Süden der Mittelmeerhalbinseln.

Rauhe Windelschnecke (▷11 links, 12) D, RL
Columella aspera Waldén 1966
M.: Ähnlich, aber breiter und stumpfer; Umgänge stärker gewölbt, Mündung gleichmäßig gerundet; fein und regelmäßig rippenstreifig; dunkel graubraun und matt. **L.:** Bodensaure Standorte; oft in Heidelbeerbeständen; selten mit voriger zusammen (▷11). Verbreitung ungenügend bekannt; in NW-Europa und in W-Deutschland zerstreut und selten; in Frankreich in den Vogesen.

1) Bausenberg, Coburg, Bayern, D – 2–3) Reipersdorf, Kärnten, A – 4) Pfatterer Au b. Pfatter, Bayern, D – 5) Magdalensberg, Kärnten, A – 6) Krakau, PL – 7) Alzufer b. Point, Bayern, D – 8) wie 2–3 – 9–10) Roßstein, Mangfall-Gebirge, Bayern, D – 11) Klingberg, Schl.-Holst., D – 12) Schweinberg b. Grafenau, Bayern, D.

8: Jungtiere (links *Cochlicopa nitens*, rechts *C. lubrica*); 11: links *Columella aspera*, rechts *C. edentula*

1–5 = 4fach, 6–8 u. 10 = 8fach, 9 = 2fach, 11 = 15fach, 12 = 10fach

Zylinderwindelschnecke (▷1) D
Truncatellina cylindrica (A. Férussac 1807)
M.: Klein, walzenförmig; fein und regelmäßig gerippt; Mundsaum erweitert, Mündung ohne Zähne; hell bräunlich-hornfarben. Alle Arten der Gattung *Truncatellina* haben unterhalb der Gehäusespitze im Bereich der Mitteldarmdrüse auf dem Weichkörper zwei auffällige schwarze Pigmentflecken, deren Bedeutung unbekannt ist. **L.:** Sonnige Trocken- und Halbtrockenrasen sowie Pflanzenpolster an Felsen; im S auch in lichten Wäldern. Südhälfte Europas, NW-Afrika und Kleinasien; sporadisch bis Schottland, S-Skandinavien und Mittelrußland.

Helle Zylinderwindelschnecke (▷2)
Truncatellina claustralis (Gredler 1856)
M.: Kleinste und zarteste *Truncatellina*; durch besonders dichte Rippung seidig glänzend; Spindelzahn und Zahn auf der Mündungswand in der Mündung sichtbar, tiefliegender Gaumenzahn auf der Rückseite tropfenförmig durchscheinend; sehr hell gelblich-hornfarben. **L.:** Feuchtigkeitsbedürftig, daher nicht an Trockenstandorten. Sehr lückenhaft von S-Frankreich über ganz S-Europa bis zum Kaukasus verbreitet.

Unterfamilie Vertigininae

Gemeine Windelschnecke (▷3–4) D
Vertigo pygmaea (Draparnaud 1801)
M.: Walzig-eiförmig mit schwach gewölbten Umgängen; fast glatt; vor der Mündung ein kräftiger Nackenwulst; 5 Zähne, davon 1 auf der Mündungswand. Neben der Normalform (▷3), diese in feuchten Biotopen oft kleinräumig in reinen Beständen vertretend, eine bauchige, stärker glänzende 4zähnige Form mit abgeschwächtem Nackenwulst (▷4). **L.:** Offene Standorte von Sumpfwiesen bis zu Trokkenrasen. Holarktisch verbreitet; fehlt in Europa nur im S der Mittelmeerhalbinseln und im äußersten N.

Gestreifte Windelschnecke (▷5, 11) D, RL
Vertigo substriata (Jeffreys 1833)
M.: Umgänge stark gewölbt; fein regelmäßig gerippt; mit 5–6 Zähnchen, davon 2 auf der Mündungswand; gelblich hornfarben. **L.:** Feuchtigkeitsliebend; kalkarme Buchenwälder, Erlenbrüche und Sümpfe. N-Europa und Alpengebiet; im W bis N-Spanien (Kantabrisches Gebirge).

Alpen-Windelschnecke (▷6) D, RL
Vertigo alpestris Alder 1838
M.: Gehäuse schlank, fast walzenförmig, ohne Nakkenwulst; zartschalig und fein rippenstreifig, matt glänzend; normal mit 4 schwachen Zähnchen, gelegentlich (vor allem in höheren Gebirgslagen) Gaumenzähnchen fehlend. **L.:** Kalkliebend; im Moos an Felsen und im Laub über Hangschutt. N-Europa bis O-Asien; Alpen, Karpaten und angrenzende Mittelgebirge.

Sumpf-Windelschnecke (▷7, 12) D, RL
Vertigo antivertigo (Draparnaud 1801)
M.: Gedrungen bauchig mit kräftigem Nackenwulst; glatt; Mündung mit eingekerbtem Außenrand; bis zu 11 Zähnchen, davon 2–3 auf der Mündungswand; meist dunkel kirschbraun und glänzend. **L.:** Nasse Wiesen und Sümpfe, besonders häufig im Röhrichtgürtel größerer Gewässer. Über den größten Teil Europas bis Mittelasien verbreitet.

Bauchige Windelschnecke (▷8) D, RL
Vertigo moulinsiana (Dupuy 1849)
M.: Voriger ähnlich, aber größer und viel bauchiger; Mündung an der Basis breiter; im typischen Fall 4 Zähnchen, manchmal 1–2 zusätzliche Zähnchen an der Basis. **L.:** Kalkreiche Seggensümpfe und Röhrichte im Tiefland. Über S- und Mitteleuropa weit verbreitet, im N bis Dänemark und ins südlichste Schweden, im O bis Transkaukasien. Äußerst zerstreut und vielerorts durch Biotopzerstörung erloschen; in Deutschland dem Aussterben nahe. Die Vorkommen nördlich der Alpen stellen ein Relikt aus der nacheiszeitlichen Wärmezeit dar (die Art ist empfindlich gegen niedrige Wintertemperaturen).

Linksgewundene Windelschnecke (▷9, 13) D, RL
Vertigo pusilla O. F. Müller 1774
M.: Diese und die folgende Art sind als einzige linksgewunden; unregelmäßig fein gestreift; 6–9 Zähnchen, davon 2 auf der Mündungswand; hell hornfarben und glänzend. **L.:** Meist in Laubwäldern an weniger feuchten Stellen; bei Luftfeuchte oft hoch an den Stämmen im Moos und unter Rinde. Fast ganz Europa und Kleinasien.

Schmale Windelschnecke (▷10) D, RL
Vertigo angustior Jeffreys 1830
M.: Linksgewunden; kleiner als die vorige; dicht rippenartig gestreift; Nackenwulst bildet an der Basis einen Höcker; Mündung mit tief eingekerbtem Außenrand, dem eine lange leistenförmige Gaumenfalte entspricht; rötlich hornfarben. **L.:** Feuchtigkeitsbedürftig; Sumpfwiesen in Talauen, auch in der Streu von Weiden- und Erlengebüschen. Fast ganz Europa ohne den S der Mittelmeerhalbinseln.

1) Mt. Ventoux, Dép. Vaucluse, F – 2) Tscheppaschlucht am Loiblpaß, Kärnten, A – 3–4) Großweidsee/Amper, Lkr. Freising, Bayern, D – 5) Klingberg, Schl.-Holst., D – 6) wie 2 – 7–8) wie 3–4 – 9) Radmer/Stube, Steiermark, A – 10) Biedenkopf/Lahn, Hessen, D – 11) wie 5 – 12) Alzufer b. Point, Bayern, D – 13) Brunnenberg b. Jachenau, Bayern, D

(zu S. 142)

Schmale Windelschnecke

(Vertigo angustior)

Das rötlichbraune, spindelförmige Gehäuse dieser kleinen Schneckenart erreicht eine Höhe von knapp 2 mm und eine Breite von etwa 1 mm.

Die Schmale Windelschnecke bevorzugt feuchte Lebensräume. Sie besiedelt Großseggenriede, Pfeifengraswiesen sowie Gras und Moos feuchter Wiesen, gelegentlich auch Röhrichte und Hochstaudenfluren.

Aus allen Hauptnaturräumen Baden-Württembergs liegen zerstreut Fundmeldungen vor. Der aktuelle Verbreitungsschwerpunkt liegt jedoch im Voralpinen Hügel- und Moorland.

Vierzähnige Windelschnecke

(Vertigo geyeri)

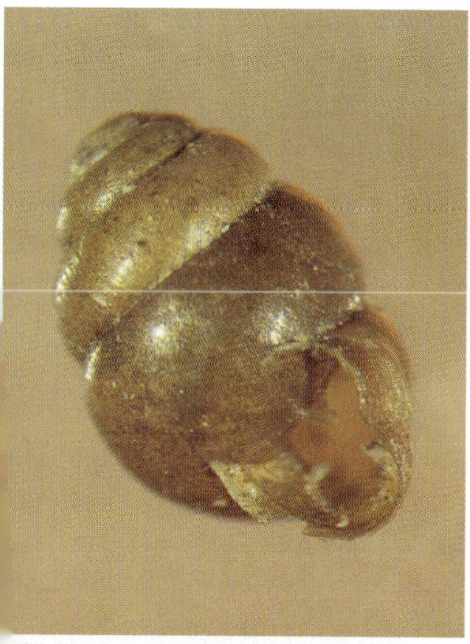

Das bauchig-konische Gehäuse der Vierzähnigen Windelschnecke weist ähnliche Maße wie das der Schwesterart, der Schmalen Windelschnecke auf.

Die kalkliebende Schneckenart lebt in Kalkflachmooren, feuchten Wiesen, Auwäldern und Uferbereichen. Torfmoos wird gemieden.

Alte Funde aus Baden-Württemberg stammen aus dem Alpenvorland sowie fossil aus Kalktuff von der Schwäbischen Alb. Heute ist landesweit nur noch ein Vorkommen aus dem Federseegebiet bekannt.

Kleine Flussmuschel, Bachmuschel

(Unio crassus)

[1.]

Die etwa 6 cm lang werdende Kleine Flussmuschel besiedelt vor allem saubere, sauerstoffreiche Fließgewässer, die eine mäßige bis starke Strömung aufweisen und kommt nur ausnahmsweise auch in sauberen Seen vor.

In Baden-Württemberg werden zwei Unterarten unterschieden: *Unio crassus nanus* im Rheineinzugsgebiet und *Unio crassus cytherea* im Donaueinzugsgebiet. Die Art lebt halb eingegraben in sandigen bis kiesigen Bereichen und filtriert ihre Nahrung aus dem Wasser. Im Laufe ihrer Entwicklung durchleben die Muscheln ein Larvenstadium als sogenannte Glochidien, in dem sie einige Wochen an den Kiemen oder Flossen bestimmter Wirtsfischarten (Groppe, Elritze, Döbel und andere) schmarotzen. Erst nach der Umwandlung zur Jungmuschel beginnt das Leben im Fluss.

Die noch zu Beginn des 20. Jahrhunderts als eine der häufigsten Flussmuschelarten auftretende Kleine Flussmuschel ging in ihrem Vorkommen bis heute stark zurück und bildet teilweise nur noch dünne, überalterte Restbestände. Bedeutende und reproduzierende Populationen sind derzeit nur aus dem mittelbadischen Rheingebiet sowie in einzelnen Gewässern Oberschwabens und entlang des Neckars und Mains bekannt.

Kleine Flussmuscheln können nur in sehr sauberen Gewässern überleben, da der Fortpflanzungserfolg bei Nitratgehalten über 10 mg/l deutlich abnimmt. Auch die Jungmuscheln reagieren hochempfindlich auf Verschmutzungen und benötigen ein unbelastetes, gut mit Sauerstoff versorgtes Substrat. Zusätzlich muss ein ausreichend großer Wirtsfischbestand im Gewässer vorhanden sein.

1–2 u. 11–13 = 15fach, 3–10 = 10fach

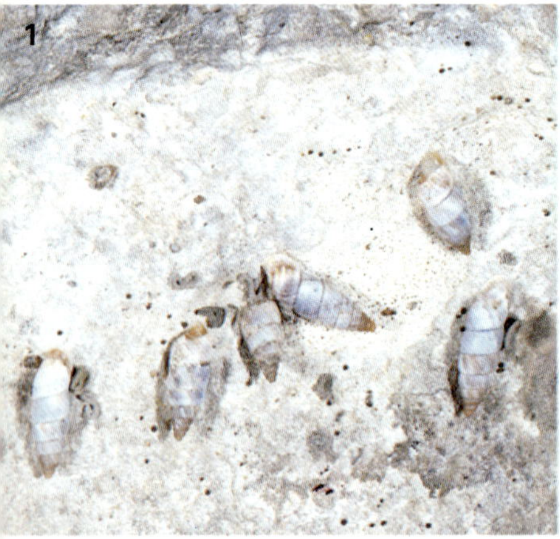

Familie Kornschnecken – Chondrinidae

Gehäuse hoch aufgewunden; Mündung meist kräftig armiert, mit leistenförmigen Gaumenfalten und zahnartiger Winkellamelle, die mit dem Mundsaumansatz verbunden ist. Rein felsbewohnende Arten ernähren sich fast ausschließlich von Krustenflechten, die im Kalkgestein (endolithisch) leben und beweiden diese indem sie die oberste Gesteinsschicht abschaben (▷ 10); die Radula ist durch Ausbildung vieler gleichmäßiger einspitziger und gekrümmter Zähne besonders an diesen Nahrungserwerb angepaßt. Mit 60 Arten von Marokko über S- und Mitteleuropa bis Arabien verbreitet.

Mittelmeer-Kornschnecke (▷ 1–2)
Solatopupa similis (Bruguière 1792)
M.: Spindelförmig mit schwach gewölbten Umgängen; mattweiß bis bläulich, hornbraun marmoriert. Mündung bezahnt, 2 kräftige Gaumenfalten auch außen durchscheinend. **L.:** An besonnten Kalkfelsen im Küstengebiet des Mittelmeers von NO-Spanien (Prov. Gerona) bis Mittelitalien (Rom).

Cians-Kornschnecke (▷ 3–4)
Solatopupa cianensis (Caziot 1910)
M.: Kleiner als vorige; Mündungsarmatur meist völlig rückgebildet; dunkel hornbraun, meist mit rötlichem Gesteinsstaub bedeckt. **L.:** Nur in S-Frankreich auf roten permischen Sandsteinfelsen in den Schluchten des Cians und Daluis zwischen 800 und 1200 m NN. Nächst verwandt mit voriger und ein Beispiel für Artbildung in jüngster geologischer Vergangenheit durch Anpassung an einen extremen Biotop und Auslese durch schneckenfressende Vögel (vgl. *Macularia saintivesi* S. 232).

Wulstige Kornschnecke (▷ 5–6) D, RL
Granaria frumentum (Draparnaud 1801)
M.: Walzig mit kegeliger Spitze; feingerippt; Nackenwulst sehr stark, das Nabelfeld verengend; Haupt-Gaumenfalten sehr tief ins Gehäuseinnere verlängert, außen durchscheinend. **L.:** Im Rasen sonniger Hänge und zwischen Felstrümmern. Von den Pyrenäen bis zum Balkan, vorwiegend südalpin; zerstreut in Mittel- und S-Deutschland.

Große Kornschnecke (▷ 7)
Granaria variabilis (Draparnaud 1801)
M.: Meist größer und schlanker; Umgänge abgeflacht, fast glatt; kein Nackenwulst; Mündung mit starker weißer Lippe; untere Gaumenfalte auffallend stark. **L.:** Vom Roussillon bis in die W-Alpen.

Roggenkornschnecke (▷ 8) D, RL
Abida secale (Draparnaud 1801)
M.: Schlanker als *G. frumentum*; fein gerippt; kein Nackenwulst; Nabelfeld trichterförmig offen; Haupt-Gaumenfalten lang; braun. **L.:** Felsen und Gerölle in lichten Wäldern. W-Europa einschließlich England; Alpen und S-Karpaten.

Westliche Haferkornschnecke (▷ 9–10) D, RL
Chondrina avenacea (Bruguière 1792)
M.: Schlank kegelig-eiförmig; unregelmäßig gestreift; Haupt-Gaumenfalten kurz (zahnartig); dunkel rötlich hornbraun, grau verwitternd; meist mit Gesteinskrümeln und mit Flechtenresten bedeckt. **L.:** Nur an Kalkfelsen. Zerstreut von Spanien durch Frankreich und die Alpen bis zur NW-Balkanhalbinsel; kalkreiche Mittelgebirge nördlich der Alpen.

1–2) Fontaine-de-Vaucluse, Dép. Vaucluse, F – 3–4) Gorges du Cians, Dép. Alpes-Maritimes, F – 5–6) Furth-Hörfarth, Niederösterreich, A – 7) Mt. Ventoux, Dép. Vaucluse, F – 8) Ruine Merkenstein, Niederösterreich, A – 9–10) Grand Canyon du Verdon, Dép. Var, F.

6: definitiver Mundsaum in Bildung; 10: fressend

1 u. 3 = 1,5fach, 2,4–6, 8 u. 10 = 5fach, 7 = 4fach, 9 = 2fach

Familie Tönnchenschnecken – Orculidae

Gehäuse zylindrisch, keulen- oder kegelförmig bis fast flach; Armatur besteht vor allem aus spiraligen Lamellen auf Spindel und Mündungswand; meist ohne Winkellamelle. In Europa rund 50 Arten.

Glattes Zahnkreistönnchen (▷ 1–2)
Odontocyclas kokeilii (ROSSMÄSSLER 1837)
M.: Kurz kegelförmig mit offenem Nabel; Mündung fast kreisrund, durch Lamellen, Falten und zusätzliche Zähnchen stark verengt; hell hornbraun oder (im N des Verbreitungsgebiets überwiegend) albin. Gehäuse meist durch angeklebte Erd- oder Kotklümpchen getarnt (Camouflage); gereinigte Tiere stellen die Tarnung sofort wieder her. **L.:** Im Moos an Kalkfelsen. NW-Jugoslawien und angrenzende Gebiete Österreichs und Italiens; im S bis Dubrovnik.

Geripptes Zahnkreistönnchen (▷ 3)
Walklea rossmaessleri (ROSSMÄSSLER 1838)
M.: Voriger ähnlich, aber größer und bauchiger; Nabel geschlossen; fein gerippt; hell hornbraun. Camouflage ähnlich. Jugendstadien von *Odontocyclas* und *Walklea* haben – im Gegensatz zu *Orcula* – eine völlig unbewehrte Mündung. **L.:** Unter Laub und im Felsschutt. Äußerster NW Jugoslawiens und italienisches Grenzgebiet.

Große Tönnchenschnecke (▷ 4) D, RL
Orcula dolium (DRAPARNAUD 1801)
M.: Walzenförmig mit kurzer Spitze; 2 Lamellen auf der Spindel und 1 Lamelle auf der Mündungswand; dunkel hornbraun. Camouflage bei Jungtieren durch Kot, der spiralig auf die Umgänge geklebt wird. **L.:** Kalkfelsen und schuttreiche Waldhänge. Alpen mit nördlichem Vorland und Karpaten.

Schlanke Tönnchenschnecke (▷ 5) D, RL
Orcula gularis (ROSSMÄSSLER 1837)
M.: Kleiner und schlanker als vorige, meist zylindrisch; Mündung mit kräftiger Gaumenschwiele und Gaumenfalte; Spindellamellen tief liegend. **L.:** Kalk- und feuchtigkeitsbedürftiger als vorige. Nördliche Kalkalpen (Berchtesgadener bis Niederösterreichische Alpen) und Südliche Kalkalpen (N-Dolomiten, Karnische Alpen, mittlere Karawanken).

Kegel-Tönnchenschnecke (▷ 6)
Orcula conica (ROSSMÄSSLER 1837)
M.: Eiförmig-kegelig mit breiter Basis; Mündung etwas schräg seitlich angesetzt. **L.:** Feuchte bewachsene Kalkschutthänge, auch an Laub und Fallholz. Karawanken, Julische und Steiner Alpen sowie angrenzendes dinarisches Gebirgsland bis Zagreb und zur Kapela.

Kleine Tönnchenschnecke (▷ 7) D, RL
Sphyradium doliolum (BRUGUIÈRE 1792)
M.: Gehäuse keulig (im oberen Drittel am breitesten) bis walzenförmig; weitläufige Rippchen mit Hautsaum; hell hornfarben. Jugendstadien flach kreiselförmig und weit genabelt mit sternförmig wegstehenden Hautrippchen. **L.:** Wärmebedürftig, aber nicht kalkgebunden; in Wäldern unter Laub und im Hangschutt, oft in quelligen Bereichen. Mittelmeerländer von den Pyrenäen bis N-Iran; Mittelgebirge nördlich der Alpen und Karpaten (in Deutschland bis zur Porta Westfalica).

Pagodenschnecke (ohne Bild) D, RL
Pagodulina pagodula (DESMOULINS 1830)
M.: Gedrungen-walzenförmig; Gehäusehöhe 3–3,5 mm; Spitze bienenkorbartig gerundet; letzter Umgang stark ansteigend; mit feinen scharfen Rippchen, dadurch seidenglänzend; Nabel geschlossen; stets nur mit einer tief liegenden leistenförmigen Gaumenfalte. **L.:** In Wäldern unter totem Laub. Drei voneinander getrennte Hauptareale: Mittelfrankreich bis Elsaß, Berchtesgadener Alpen bis Wienerwald und von den südöstlichen Kalkalpen über die W-Balkanhalbinsel bis zu den Ägäischen Inseln. Kleine isolierte Vorkommen in S-Polen, Ungarn und S-Italien (Kalabrien).

Südliche Pagodenschnecke (▷ 8)
Pagodulina subdola (GREDLER 1856)
M.: Voriger sehr ähnlich, manchmal etwas größer (Höhe bis 4 mm); Rippung vor der Mündung auffallend enger werdend; unter der großen Gaumenfalte 1–2 weitere Falten, die meist an der Basis um das Nabelfeld durchscheinen. **L.:** Biotope wie vorige, oft quellige Bereiche. Von S-Frankreich über die S-Alpen bis ins westbalkanische Küstengebiet; W-Griechenland bis zur Peloponnes.

Ferraris Puppenschnecke (▷ 9–10)
Argna ferrarii (PORRO 1838)
M.: Rein zylindrisch bis keulig; fein gerippt; hornbraun; Mündung schmal, durch tiefliegende Lamellen und Falten stark verengt; Mündungslippe mit kräftigem Zahnhöcker. Jugendstadien (▷ 10) gelblich mit sehr starken leistenförmigen Falten an der Basis als Schutz gegen Räuber, die das Gehäuse entlang der Umgänge aufbeißen. Das erwachsene Tier (▷ 9) zeigt eine verheilte Bißspur. **L.:** In Wäldern unter Laub und Gesteinsschutt. Südalpen von den Meeralpen bis ins Trentino.

1–2) Tscheppaschlucht am Loiblpaß, Kärnten, A – 3) Trnovo ob Soči (Isonzo), Slowenien, YU – 4) Trögernklamm, Kärnten, A – 5–6) wie 1–2 – 7) Nationalpark Samsun Daği, Vilayet Aydın, TR – 8) wie 3 – 9–10) Valle del Cervo, Piemont, I.

1–2: Gehäuse mit Camouflage; 10: Jungtier

1–3 u. 7–9 = 8fach, 4–6 = 4fach, 10 = 15fach

Familie Scheibenschnecken – Pleurodiscidae

Scheibenförmig, weit genabelt, Mundsaum scharf. Fühler sehr lang, an der Spitze rückwärts gebogen. Bei Angriff durch räuberische Glanzschnecken wird das Gehäuse herumgeschleudert und die Tiere ziehen sich blitzartig zurück. Mündung in Trockenruhe mit hornartigem Epiphragma. Im Tertiär weit verbreitet, heute nur noch drei Arten im östlichen Mittelmeergebiet. **Fortpflanzung:** Selbstbefruchtung häufig; ovovivipar, Jungtiere mit 1,5 mm Ø werden einzeln abgesetzt. 1–2jährig.

Scheibenschnecke (▷ 1–2)
Pleurodiscus balmei (Potiez & Michaud 1838)
M.: Weitläufig scharf gerippt; hell hornfarben. Die abgebildete östliche Unterart *P. b. erdelii* (Roth 1839) ist etwas weiter genabelt. **L.:** Unter Steinen, in Erdspalten und Höhlen. Sardinien, Sizilien, Malta, N-Tunesien, W-Türkei mit vorgelagerten griechischen Inseln; Syrien und Israel.

Familie Puppenschnecken – Pupillidae

Gehäuse klein, meist walzenförmig; Armatur schwach oder fehlend; Mundsaum verdickt. **Fortpflanzung:** Ovovivipar; *P. alpicola* legt Eier mit ziemlich unreifen Embryonen, die noch 5–8 Tage zur Entwicklung brauchen; junge *P. muscorum* durchstoßen dagegen meist während der Geburt die Eihaut, die in den ersten Wochen noch auf dem Embryonalgewinde haftet. Weltweit verbreitet.

*) **Moospüppchen** (▷ 3) D
Pupilla muscorum (Linnaeus 1758)
M.: Eiförmig-walzig; starkwandig; fast glatt; rötlichbraun; Nackenwulst stark; meist je ein Zähnchen auf Mündungswand und Gaumen. **L.:** In Trockenrasen. Holarktisch; fast ganz Europa.

Alpen-Puppenschnecke (▷ 4) D, RL
Pupilla alpicola (Charpentier 1837)
M.: Fast rein zylindrisch; dünnwandig; gestreift, Streifen bei frischen Exemplaren mit feinen Hautsäumen; Nackenwulst schwach; meist zahnlos. **L.:** Im Moos nasser Wiesen, meist in Kalkmooren. Zerstreut im Alpen- und Karpatengebiet.

Zweizähniges Moospüppchen (▷ 5) D, RL
Pupilla bigranata (Rossmässler 1839)
M.: Verkleinerte Ausgabe von *P. muscorum* mit etwas gewölbteren Umgängen; Gaumenzähnchen meist mit einer sehr starken Gaumenschwiele verschmolzen. **L.:** Trockenwarme Grashänge in Kalkgebieten. SW-europäisch; in Deutschland im Mittelrheingebiet und zerstreut bis Weser und Donau.

Gestreifte Puppenschnecke (▷ 6) D, RL
Pupilla sterrii (Voith 1840)
M.: Umgänge stark gewölbt; Naht tief; fein gerippt, Rippchen mit sehr feinen Hautsäumen; hell hornfarben, grau verwitternd; zweizähnig. **L.:** Im Gras an sonnigen Kalkfelsen. Alpen, Karpaten, Balkan; zerstreut in den Mittelgebirgen; von Kleinasien durch Turkestan bis N-China.

Dreizähnige Puppenschnecke (▷ 7–8) D, RL
Pupilla triplicata (Studer 1820)
M.: Viel kleiner als *P. sterrii* und Oberflächenstruktur feiner; meist dreizähnig, Spindellamelle höckerartig, Lamelle auf Mündungswand und Gaumenfalte leistenförmig. In den O-Alpen und östlichen Verbreitungsgebieten gedrungen eiförmige Formen mit kurzen tropfenförmigen Zähnchen, die vielleicht eine selbständige Art darstellen. **L.:** Im Gras an sonnigen Kalkfelsen. S-Europa von Spanien bis Transkaukasien; in Deutschland bisher nur bei Hohenschwangau und im Altmühljura nachgewiesen.

Familie Grasschnecken – Valloniidae

Klein, flach bis kugelig; meist ohne Armatur. Vorwiegend auf der Nordhalbkugel; in Europa 11 Arten. **Fortpflanzung:** Meist durch Selbstbefruchtung; Acanthinulinae ovipar oder ovovivipar; Valloniinae legen 1–2 abgeplattete kalkschalige Eier; frisch geschlüpfte Jungtiere ätzen die Geschwistereier an und fressen sie aus (Eikannibalismus).

Unterfamilie Acanthinulinae

Stachelige Streuschnecke (▷ 9–10) D
Acanthinula aculeata (O. F. Müller 1774)
M.: Kugelig mit stumpf-kegeligem Gewinde; Hautrippchen zu stachelartigen Zipfeln ausgezogen. Oft mit Kot beklebt (▷ 9, neben jungen *S. lamellata* u. *Punctum pygmaeum*). **L.:** In Wäldern und Gebüschen. Von N-Afrika über fast ganz Europa bis Mittelrußland und Transkaukasien verbreitet.

Bienenkörbchen (▷ 11) D, RL
Spermodea lamellata (Jeffreys 1830)
M.: Bienenkorbartig mit geradem Mundsaum und seidig glitzernden Hautrippchen. Läßt sich bei Erschütterung sofort fallen. **L.:** Mäßig feuchte Laubstreu über feuchten bis nassen Bodenstellen in Buchenmischwäldern. NW-Europa im Bereich ozeanischen Klimas (Britische Inseln bis S-Schweden); isoliert in Portugal (Buçaco und Sintra).

1–2) Ephesos, TR – 3) Montmartre, Paris, F – 4) Krahberg b. Landeck 1130 m NN, Tirol, A – 5) Goldberg, Nördlinger Ries, Bad.-Württ., D – 6) Esslingen im Altmühltal, Bayern, D – 7) Mörnsheim-Altendorf, Bayern, D – 8) Mt. Ventoux, 1400 m NN, Dép. Vaucluse, F – 9) Klingberg, Schl.-Holst. D – 10) Grande Chartreuse, Dép. Isère, F – 11) wie 9.

*) Charakterschnecke der eiszeitl. Lößablagerung.

9: Kleinschnecken in der Buchenlaubstreu; neben *Acanthinula aculeata* (mit Camouflage) Jungtiere von *Spermodea lamellata* und *Punctum pygmaeum*

1 = 1,5fach, 2 = 3fach, 3–7 = 8fach, 8 u. 10–11 = 10fach, 9 = 5fach

Unterfamilie Valloniinae

Gerippte Grasschnecke (▷ 1) D

Vallonia costata (O. F. MÜLLER 1774)

M.: Scheibenförmig mit sehr flachem Gewinde und weitläufigen Conchinrippchen; letzter Umgang stark absteigend, daher Mündung schief gestellt; Mündungsränder stark genähert, Mundsaum stark erweitert mit kräftiger Lippe, die in der Mündungsebene liegt. Wenn die Rippchen schwach ausgebildet oder abgerieben sind, durch Flachheit, tiefere Naht, weiteren Nabel und Mündungsmerkmale von *V. pulchella* unterscheidbar. **L.:** Im Rasen sonniger Hänge. Holarktisch; fast ganz Europa.

Glatte Grasschnecke (▷ 2) D

Vallonia pulchella (O. F. MÜLLER 1774)

M.: Fast rund mit leicht erhobenem Gewinde; sehr fein und unregelmäßig gestreift; letzter Umgang erst kurz vor der Mündung kräftig erweitert, kaum absteigend; Mündung wenig schief mit wenig genäherten Rändern; Mundsaum kräftig erweitert mit wulstförmiger Lippe, die oben über die Mündungsebene vorspringt. **L.:** Im Rasen offener Biotope; bevorzugt auf Sumpfwiesen, wo es häufig zur Massenvermehrung kommt und die Grasschnecken eine wichtige Nahrung vieler anderer Arten, z. B. räuberischer Glanzschnecken, bilden. Ausgeschwemmte Gehäuse oft in großer Menge in Flußgenisten. Holarktisch; fast ganz Europa.

Vallonia pulchella von *Perpolita hammonis* ausgefressen (Schwillach-Moos, Lkr. Erding, Bayern, 5fach).

Überfamilie Vielfraßschnecken – Buliminacea

Gehäuse spitz kegelförmig bis walzig mit schwach gewölbten, meist glatten Umgängen; Mundsaum erweitert, oft verdickt, nicht selten bezahnt. Ovipar (alle europäischen Arten) oder ovovivipar. Zahlreiche Arten in Europa, Vorder-, Zentral- und O-Asien, Indien, Afrika und auf den Inseln des westlichen Pazifik. In Europa nur eine Familie.

Familie Vielfraßschnecken – Buliminidae

In gemäßigtem Klima sind Arten mit hornbraunem Gehäuse meist baumlebende Waldschnecken, in Trockengebieten überwiegend Bodenwühler. Arten mit weißem Gehäuse, das eine Totalreflexion des Sonnenlichts bewirkt, leben offen wie Heideschnecken, oft mit diesen vergesellschaftet. Verbreitungszentrum SO-Europa und Vorderer Orient.

Unterfamilie Eninae

Berg-Vielfraßschnecke (▷ 3, 4 rechts) D

Ena montana (DRAPARNAUD 1801)

M.: Spitzkegelig; Oberfläche gitterartig gekörnt. Jungtiere mit Camouflage. **L.:** Feuchte Laubwälder der Berg- und Hügelländer; in Flußtälern kennzeichnende Auwaldschnecke. Ganz Mitteleuropa, im O bis Mittelrußland, isoliert in den Pyrenäen.

Kleine Vielfraßschnecke (▷ 4 links, 5) D

Merdigera obscura (O. F. MÜLLER 1774)

Merdigera obscura, Jungtier mit charakteristischer Camouflage (Grand Chartreuse, F, 6fach)

M.: Voriger ähnlich, aber nur 8,5–9,5 mm hoch; nicht gekörnt. Jungtiere und Erwachsene meist mit Camouflage. **L.:** In Laubwäldern an Stämmen und unter Laub; auch außerhalb von Wäldern; weniger feuchtigkeitsbedürftig als vorige Art. Von NW-Afrika über fast ganz Europa bis S-Finnland verbreitet.

Märzenschnecke (▷ 6–8) D, RL

Zebrina detrita (O. F. MÜLLER 1774)

M.: Bauchig eiförmig mit stumpfer Spitze; fast glatt und leicht glänzend; festwandig; undurchsichtig weiß, einfarbig oder mit dunklen Striemen; Mundsaum mit Innenlippe, nur im Spindelabschnitt erweitert. Sehr variabel, Kleinformen 16 mm, Riesen bis 30 mm hoch. Zwischenwirt des Kleinen Leberegels. Bei parasitärer Kastration entstehen stark verlängerte überschlanke Gehäuse. Mehrere Unterarten; in O-Griechenland und der NW-Türkei die große bauchige *Z. d. inflata* (KOBELT 1877). **L.:** Wärmeliebend; Rasen warmtrockener Hänge und Felssteppen. Von S-England durch fast ganz S-Europa bis Kleinasien; warme Lagen der deutschböhmischen Mittelgebirge.

1) Hardegg/Donau, Niederösterreich, A – 2) Oberzeitldorn, Bayern, D – 3–5) Wolfschlucht am Weissenstein, Kt. Solothurn, CH – 6) Blaustein b. Ulm, Bad.-Württ., D – 7) Vegoritis-See, Makedonien, GR – 8) Kilkis, Makedonien, GR.

4: links *Merdigera obscura*, rechts *Ena montana*; 5: *M. obscura* fressend; 8: Jungtier

1–2 = 10fach, 3–4 u. 6 = 2fach, 5 = 4fach, 7 = 1,5fach, 8 = 3fach

Bosporus-Vielfraßschnecke (▷ 1)
Zebrina dardana (PHILIPPI 1844)
M.: Gehäuse verlängert spitz-kegelförmig mit schwach gewölbten Umgängen; Naht etwas vertieft; stichförmig genabelt; schmutzig-weiß mit undeutlichen dunklen Striemen. Mundsaum außen und unten erweitert, Innenlippe schwach und etwas zurückstehend; Gaumen innen bräunlich bis hell-orange. Gehäusehöhe 25–30 mm, Durchmesser 8–11 mm; im Bosporusgebiet kleinwüchsiger und schlanker als im Landesinneren. **L.:** Offene Raine und Kleinstrauchsteppen; die Tiere entziehen sich wie *Z. detrita* der Bodenhitze durch Aufsteigen an Gräsern und Sträuchern. Europäisches und asiatisches Ufer des Bosporus und NW-Anatolien landeinwärts bis Bursa und Eskişehir.

Zwerghorn-Vielfraßschnecke (▷ 2–3)
Chondrula microtragus (ROSSMÄSSLER 1839)
M.: Gehäuse eiförmig bis walzig; fein gestreift; hell-hornfarben bis weißlichgrau. Mündung durch eine starke am Unterrand besonders verdickte Lippe verengt; Mündungsränder durch einen starken Kallus verbunden. Armatur: auf der Mündungswand eine kräftige gebogene Lamelle und ein schwacher Winkelhöcker, die manchmal miteinander verschmelzen; Spindel lamellenartig zusammengedrückt und mit starkem Spindelzahn; Unterrand mit oder ohne Zahn; Außenrand mit 1–2 Zahnhöckern auf der Lippe. Sehr variabel; Gehäusehöhe 8–11 mm; mehrere geographische Rassen. Jungtiere mit Camouflage (▷ 2). **L.:** In felsigen Biotopen unter Steinen, oft in den Boden eingewühlt. Nördliche Balkanhalbinsel von Albanien durch N-Griechenland (mit Thasos) bis in die Dobrudscha und Türkisch Thrakien; NW-Anatolien.

Dreizahn-Vielfraßschnecke (▷ 4–5) D, RL
Chondrula tridens (O. F. MÜLLER 1774)
M.: Walzig-eiförmig mit kegeliger Spitze; Umgänge schwach gewölbt, Naht flach; fein rippenstreifig, matt-glänzend; graubraun oder hornbraun. Mündungsränder durch einen schwachen Kallus verbunden; Mundsaum schwach erweitert, mit starker Lippe. Armatur: Lamelle auf der Mündungswand etwas zurückstehend, Winkelhöcker unterschiedlich stark, manchmal fehlend; kräftiger höckerartiger Spindelzahn und kräftiger Zahnhöcker auf der Lippe des Außenrands, darüber oft noch ein zweiter schwacher Höcker. Gehäusehöhe 7–12 mm (im SO bis 16 mm); mehrere Unterarten. Jungtiere mit Camouflage, frühe Jugendstadien gleichen kleinen Erdkrümeln. **L.:** Im Rasen trockener sonniger Hänge; charakteristische Steppenschnecke; lebt meist im Boden eingewühlt und kommt nur bei warmem feuchten Wetter an die Oberfläche. Von SW-Frankreich durch das südliche Mitteleuropa und den nördlichen Mittelmeerraum bis zum S-Ural und N-Iran, in O-Europa nordwärts bis Mittelrußland und Litauen; Verbreitungsschwerpunkt ist SO-Europa. In W-Deutschland zerstreut und nordwärts etwa bis Bonn, überall stark rückläufig und vielerorts bereits erloschen.

Roßmäßlers Vielfraßschnecke (▷ 6)
Mastus rossmaessleri (L. PFEIFFER 1846)
M.: Spitz-eiförmig, Umgänge schwach gewölbt; Naht etwas vertieft; schwach gestreift, matt glänzend; dunkel hornbraun bis gelblich. Mündung lang oval, innen hell gelippt, Mündungsränder durch schwachen Kallus verbunden; nur mit schwachem Winkelhöcker, der manchmal fehlen kann, sonst ohne Armatur. Größe sehr variabel, Gehäusehöhe 9–16 mm. Bildet in der Trockenruhe als Verdunstungsschutz in der Mündung einen festen Pfropf aus Bodenpartikeln, die mit Schleim verklebt werden. Jungtiere mit Camouflage. **L.:** Im offenen Gelände unter Steinen und dichter Vegetation, meist in den Boden eingewühlt. SO-bulgarisches Küstengebiet, europäische Türkei und anatolische Küstengebiete vom armenischen Pontus bis zum westlichen Taurus; Lesbos und Chios.

Unterfamilie Jaminiinae

Vierzahn-Vielfraßschnecke (▷ 7–8) D, RL
Jaminia quadridens (O. F. MÜLLER 1774)
M.: Linksgewunden; länger oder kürzer walzenförmig mit kegeliger Spitze; fein gestreift, schwach glänzend; hell hornfarben. Mundsaum wenig erweitert, stumpf mit starker Lippe; Armatur: Lamelle auf der Mündungswand ziemlich tiefliegend, Winkelhöcker schwach; Spindelseite mit zwei versetzten Zahnhöckern; Zahn auf der Lippe des Außenrands sehr stark. Jungtiere (▷ 8) mit Kante an der Basis der Umgänge. **L.:** Trockenwarme steinige Rasenhänge, besonders solche mit Kalkschutt; im Lückensystem zwischen den Steinen. Einzige Vielfraßschnecke mit westlichem Verbreitungsschwerpunkt. S- und O-Spanien, Pyrenäen und fast ganz Frankreich; in Deutschland im südlichen Oberrheintal und zerstreut vom Pfälzer Wald bis zur Mosel; Schweiz, W-Österreich, fast ganz Italien, W-Balkanhalbinsel bis Albanien und N-Griechenland.

1) Demircihüyük b. Eskişehir, TR – 2) Monastiri Prodromos, Makedonien, GR – 3) Mara-Höhle w Drama, Makedonien, GR – 4) Krakau, PL – 5) Herrnwahlthann b. Saal/Donau, Bayern, D – 6) Armutlu am Marmara-Meer, TR – 7–8) Grand Canyon du Verdon, Dép. Var, F.

1: *Zebrina dardana* und Heideschnecken in Trockenruhe; 2: Jungtiere mit Carmouflage; 8: Jungtier

1 = ⅙ nat. Gr., 2 = 1,5fach, 3–4 u. 6 = 2fach, 5 = 4fach, 7–8 = 3fach

Überfamilie Schließmundschnecken Clausiliacea

Familie Schließmundschnecken – Clausiliidae

Gehäuse meist linksgewunden, gestreckt spindel- bis keulenförmig, vorletzter Umgang am breitesten, Mündung birnförmig bis oval, Mundsaum erweitert. Im Inneren des letzten Umgangs ein komplizierter Verschlußapparat (Clausiliar), der aus einer mit elastischem Stiel an der Spindel befestigten Platte, dem Clausilium (▷ 159/2), und einem System von Falten an den benachbarten Wänden besteht, deren Anordnung die Funktion des Clausiliums (Verschluß des Gehäuses bei Zurückziehen des Tieres) ermöglicht. In der Mündung sichtbar sind meist nur Ober- und Unterlamelle, zwischen denen das Interlamellar liegt, evtl. vordere Gaumenfalten; außen durchscheinend Haupt- und Mondfalte sowie Gaumenfalten. **Fortpflanzung:** Überwiegend ovipar; wenige Arten sind ovovivipar (▷ 165/10–11).

Unterfamilie Alopiinae

Zieglers Schließmundschnecke (▷ 1)
Herilla ziegleri (KÜSTER 1847)
M.: Groß und glatt; braun mit schwachem weißen auf den oberen Umgängen papillierten Nahtfaden; Nacken fast gerundet, rippenstreifig; Mundsaum angeheftet oder abgelöst; mit Mondfalte und zwei vorderen Gaumenfalten, Clausiliumplatte gebuchtet. **L.:** Dinarisches Gebirge (Bosnien, Serbien, N-Albanien), Banat und angrenzende S-Karpaten.

Bosnische Schließmundschnecke (▷ 2)
Herilla bosniensis (L. PFEIFFER 1868)
M.: Wie die vorige, aber Clausilium nicht oder nur schwach gebuchtet. **L.:** Dinarisches Gebirge von Kroatien bis N-Albanien; eingeschleppt bei Wien.

Linke Fuchs-Schließmundschnecke (▷ 3)
Alopia straminicollis (CHARPENTIER 1852)
M.: Wie *Herilla*, aber kleiner; violettbraun mit weißem Nahtfaden; Nacken gerippt mit Nackenwulst, Mundsaum verstärkt; ohne Mondfalte, nur mit Gaumenfalten, Clausiliumplatte gebuchtet, rückgebildet (Lumen der Endwindung nicht ausfüllend). **L.:** Bucegi-Gebirge; eingeschleppt im Bükk-Gebirge.

Rechte Fuchs-Schließmundschnecke (▷ 4) (D)
Alopia livida (MENKE 1828)
M.: Wie vorige, aber rechts gewunden; Verschlußapparat stärker rückgebildet (ohne Clausilium). »Spiegelbild« der vorigen Art, mit der zusammen (aber selten am gleichen Standort) sie das Bucegi-Gebirge besiedelt. **L.:** Bucegi- und Bihar-Gebirge; eingeschleppt im Bükk-Gebirge und im Harz.

Cetina-Schließmundschnecke (▷ 5) (D) RL
Medora almissana (KÜSTER 1847)
M.: Groß, glatt; weiß bis blaugrau; Nacken fast gerundet, gerippt, Mundsaum abgelöst, ausgebreitet, mit Mondfalte und mit dieser verbundener kurzer vorderer unterer Gaumenfalte. **L.:** Dinarisches Küstenland von Split bis Makarska, unteres Cetina-Tal; eingeschleppt bei Weltenburg/Donau.

Starkrippige Schließmundschnecke (▷ 6)
Medora armata (KÜSTER 1847)
M.: Kleiner und schlanker als vorige; weit gerippt, Rippen stumpf und dick mit Zwischenrippenstreifen. **L.:** Dinarisches Küstenland zwischen Split und Omiš. Bis 1986 war der tatsächliche Fundort unbekannt, da Händler und Sammler im vorigen Jahrhundert bewußt falsche Angaben machten, um sich ein Monopol zu sichern. Das abgebildete Stück gehört zu den ersten wiederentdeckten. Die kleinflächigen Vorkommen sind in hohem Maße schutzbedürftig.

Nadel-Schließmundschnecke (▷ 7)
Agathylla exarata (ROSSMÄSSLER 1835)
M.: Sehr schlank; gerippt; violettbraun, Rippen weiß; Nacken mit ausgeprägtem zusätzlichen Kiel; Mündung vorgezogen; mit Mondfalte und vorderer oberer Gaumenfalte. **L.:** S-Dalmatien und angrenzende Herzegowina (Bereich der Neretva).

Ragusa-Schließmundschnecke (▷ 8)
Agathylla lamellosa (SCHUBERTH & WAGNER 1829)
M.: Kleiner als vorige, weniger schlank; scharf gerippt; gelbbraun, Rippen weiß; Nacken ohne zusätzlichen Kiel; ohne vordere obere Gaumenfalte. **L.:** S-Dalmatien und Montenegro (zwischen Dubrovnik und Petrovac sowie angrenzende Inseln).

Thermopylen-Schließmundschnecke (▷ 9)
Isabellaria thermopylarum (L. PFEIFFER 1850)
M.: Glatt; weißlich bis graubraun, mit schwachem weißen Nahtfaden; Nacken gerundet und gerippt; Mundsaum abgelöst; anstelle der Hauptfalte drei Gaumenfältchen über der Mondfalte. **L.:** O-Mittelgriechenland (von S-Thessalien bis N-Phokis u. O-Böotien, NW-Euböa).

Mähnen-Schließmundschnecke (▷ 10–11)
Isabellaria lophauchena (STURANY 1894)
M.: Wie vorige, aber braun; Nacken mit ausgeprägtem zusätzlichen Kiel; nur ein Gaumenfältchen über der Mondfalte. **L.:** N-Griechisch Makedonien, Vardar-Tal.

1) Sarajevo, Bosnien, YU – 2) Mödling b. Wien, A – 3) Bucegi-Gebirge, S-Karpaten, bei 1550 m NN, R – 4) wie 3, bei 1450 m NN – 5) Weltenburg/Donau, Bayern, D – 6) Jesenice b. Omiš, Dalmatien, YU – 7) Neretva-Mündung, Rogotin, Dalmatien, YU – 8) Dubrovnik, Dalmatien, YU – 9) Parnassos-Gebirge, Phokis, GR – 10–11) Kilkis, Makedonien, GR.

1–4 u. 6–11 = 2fach, 5 = nat. Gr.

Die Gattung *Albinaria* (Ägäis-Schließmundschnecken) umfaßt mehr als 60 Arten und über 200 Rassen, deren Gattungszugehörigkeit durch folgende **Merkmale** gekennzeichnet ist: Gehäuse glatt bis gerippt; weiß bis graubraun, manchmal braun geflammt; Nacken gerippt, z. T. mit groben Runzeln (gerippelt); Mundsaum meist abgelöst; mit Mondfalte und meist ohne vordere Gaumenfalten; Epiphragma zum Schutz vor Austrocknung als dicker Schleimpfropf ausgebildet, der fest mit dem Untergrund verklebt wird und das Mündungslumen verstopft. **Lebensraum:** Ausschließlich felsbewohnend; W-Küstengebiete der S-Balkanhalbinsel, Mittelgriechenland mit Euböa, Peloponnes, Kreta, Ägäische Inseln, SW-Küste Kleinasiens und Zypern.

Albinaria coerulea in Trockenruhe (Siebenschläfer-Heiligtum von Ephesos, TR, ⅛ nat. Gr.).

Kykladen-Schließmundschnecke (▷ 5)
Albinaria coerulea (ROSSMÄSSLER 1835)
M.: Meist glatt; Nacken gerippt und gerippelt, mit zusätzlichem Kiel. **L.:** Kykladen, nördliche S-Sporaden und angrenzendes Küstenland Anatoliens.

Zypern-Schließmundschnecke (▷ 1, 6)
Albinaria saxatilis (L. PFEIFFER 1846)
M.: Ausgezogene Spitze; gerippt; Nacken gerippelt, ohne zusätzlichen Kiel. **L.:** Zypern.

Ruinen-Schließmundschnecke (▷ 2–3, 7)
Albinaria inflata (OLIVIER 1801)
M.: Bauchig, ausgezogene Spitze; gerippt bis glatt; Nacken zusätzlich gerippelt, ohne zusätzlichen Kiel; Spitze blau (▷ 2, 7) oder braun (▷ 3). **L.:** Mittel-Kreta.

Schmalmündige Schließmundschnecke (▷ 4, 8)
Albinaria teres (OLIVIER 1801)
M.: Schlanker als vorige; Mündung schmaler, innen z. T. dunkler gefärbt. Abgebildet ist die südl. der Mirabellobucht vorkommende *A. t. nordsiecki* ZILCH 1977. **L.:** O-Kreta außer NW-Teil, Insel Dia.

Panzer-Schließmundschnecke (▷ 9–10)
Albinaria praeclara (L. PFEIFFER 1853)
M.: Ausgezogene Spitze; bei *A. p. praeclara* (▷ 9) Rippen besonders kräftig und hoch, mit Zwischenrippenstreifen; Nacken zusätzlich gerippelt. Zahlreiche Rassen, darunter die stark abweichende enggerippte *A. p. drakakisi* (MALTZAN 1884) (▷ 10). **L.:** Mittel- und O-Kreta bis Sitia-Gebirge.

Fleckige Schließmundschnecke (▷ 11)
Albinaria discolor (L. PFEIFFER 1846)
M.: Meist glatt, z. T. geflammt; Nacken gerippt, mit nur einem ausgeprägten Kiel. **L.:** N-Sporaden, S-Attika (mit Inseln), SO-Peloponnes (mit Insel Kithira), Kykladen (Kea).

Greis-Schließmundschnecke (▷ 12)
Albinaria senilis (ROSSMÄSSLER 1836)
M.: Bauchiger als übrige Arten; gerippt; Nacken nur mit einem Kiel. **L.:** Epirus, NW-Akarnanien, Ionische Inseln außer Zakinthos.

Syrakus-Schließmundschnecke (▷ 13)
Muticaria syracusana (PHILIPPI 1836)
M.: Meist dekolliert; scharf gerippt; weißlich bis gelbbraun, Rippen weiß; Nacken mit ausgeprägtem zusätzlichen Kiel; Mundsaum abgelöst; an Stelle der Hauptfalte drei Gaumenfältchen über der Mondfalte, dritte mit vorderer oberer Gaumenfalte verbunden. **L.:** SO-Sizilien.

Römische Schließmundschnecke (▷ 14–15)
Leucostigma candidescens (ROSSMÄSSLER 1835)
M.: Glatt; braun mit weißem Nahtfaden und Papillen (▷ 14) bis weiß (▷ 15); Nacken fast gerundet, rippenstreifig; statt der Hauptfalte ein Gaumenfältchen, über das die Mondfalte zur Naht zieht. **L.:** Apenninen von Umbrien bis Kampanien.

Montenegro-Schließmundschnecke (▷ 16)
Montenegrina cattaroensis (ROSSMÄSSLER 1835)
M.: Schlank, glatt; gelbbraun; Nacken fast gerundet, gerippt; Mundsaum angeheftet und unterbrochen; mit Mondfalte und vorderer oberer und unterer Gaumenfalte. **L.:** Montenegro (Boka).

Platanusa-Schließmundschnecke (▷ 17)
Montenegrina irmengardis KLEMM 1962
M.: Bauchiger als vorige, violettbraun mit schwachem weißen Nahtfaden; Mondfalte mit vorderer unterer Gaumenfalte verbunden. **L.:** Epirus.

1) Paphos, CY – 2) Prinias, Kreta, GR – 3) Lato, Kreta, GR – 4) Gournia, Kreta, GR – 5) Iraklia, Kykladen, GR – 6) wie 1 – 7) Knossos, Kreta, GR – 8) Istro b. Ag. Nikolaos, Kreta, GR – 9) Ag. Nikolaos, Mirabellobucht, Kreta, GR – 10) wie 8 – 11) Insel Aegina, GR – 12) Insel Kefallinia, GR – 13) Siracusa (Amphitheater), Sizilien, I – 14) Olévano Romano, Latium, I – 15) Roccasecca b. Mte. Cassino, Latium, I – 16) Kotor, Montenegro, YU – 17) Vikos-Schlucht b. Ioannina, Epirus, GR.

1–17 = 2fach

Siris-Schließmundschnecke (▷ 1–4)
Carinigera schuetti BRANDT 1962
M.: Meist dekolliert, scharf gerippt; gelbbraun, Rippen weiß; Nacken mit einem Kiel, Mundsaum abgelöst; mit Mondfalte und vorderer oberer Gaumenfalte. **L.**: NO-Griechenland (Makedonien und angrenzendes Thrakien) und S-Bulgarien. Abgebildet ist die neu entdeckte Rasse *C. s.limbrunneri* H. NORDSIECK n. ssp., die im Anhang beschrieben wird (S. 275). Das Aufbruchpräparat (▷ 2) zeigt den Verschlußapparat mit dem Clausilium (dieses Exemplar noch ohne definitive Mündung).

Thrakische Schließmundschnecke (▷ 5)
Carinigera buresi (A. J. WAGNER 1928)
M.: Nicht dekolliert; meist glatt; braun mit schwachem weißen Nahtfaden, auf den oberen Umgängen schwach papilliert; Mundsaum z. T. angeheftet; vordere obere Gaumenfalte z. T. fehlend. **L.**: Makedonien, Thasos, Thrakien und angrenzendes Bulgarien.

Angitis-Schließmundschnecke (▷ 6)
Carinigera superba H. NORDSIECK 1977
M.: Nicht dekolliert, weitläufig scharf gerippt mit Zwischenrippenstreifen; braun mit weißem Nahtfaden, Rippen weiß; Nacken gerundet; ohne vordere obere Gaumenfalte. **L.**: NO-Griechenland (Makedonien, Angitis-Tal).

Doppellippige Schließmundschnecke (▷ 7)
Macedonica marginata (ROSSMÄSSLER 1835)
M.: Glatt; braun; Nacken fast gerundet, rippenstreifig; Mundsaum abgelöst, ausgebreitet und verstärkt; ohne Mondfalte, nur mit oberer und unterer Gaumenfalte; Clausiliumplatte gebuchtet. **L.**: S-Karpaten mit Banat, O-Serbien, Bulgarien, NO-Griechenland (Makedonien).

Geradmund-Schließmundschnecke (▷ 8) D, RL
Cochlodina orthostoma (MENKE 1830)
M.: Klein und schlank; gerippt; braun; Nacken fast gerundet, mit Nackenwulst und Gaumenschwiele; Mundsaum angeheftet; wie die drei folgenden ohne Mondfalte, nur obere und untere Gaumenfalte, die untere erreicht nicht die Gaumenschwiele; Clausiliumplatte gebuchtet. Ovovivipar. **L.**: Mittel- und O-Europa bis SW-Finnland, Ukraine, Dobrudscha; N-Alpen bis Schweizer Jura.

Glatte Schließmundschnecke (▷ 9, 12) D
Cochlodina laminata (MONTAGU 1803)
M.: Größer und bauchiger als vorige; glatt und glänzend; braun bis kirschrot; Gaumenschwiele meist schwach, vordere untere Gaumenfalte in diese einmündend, z. T. diese durchbrechend. **L.**: Ganz Europa von S-Skandinavien bis N-Spanien und Kalabrien, im O bis zum Kaukasus.

Berg-Schließmundschnecke (▷ 10, 13–14) D, RL
Cochlodina costata (C. PFEIFFER 1828)
M.: Wie *C. laminata*, aber schlanker; glatt bis gerippt; Gaumenschwiele meist kräftig, vordere untere Gaumenfalte diese durchbrechend, obere Gaumenfalte mit einer von der Gaumenschwiele ausgehenden mittleren Gaumenfalte verbunden. **L.**: SO-Alpen und Dinarisches Gebirge bis Kroatien; isoliert in den Sudeten und im nördlichen Fränkischen Jura.

Bleiche Schließmundschnecke (▷ 11) D, RL
Cochlodina fimbriata (ROSSMÄSSLER 1835)
M.: Wie *C. laminata*, aber stärker rippenstreifig; meist heller gefärbt; vordere untere Gaumenfalte endet vor der meist kräftigen Gaumenschwiele. **L.**: Alpen und Apenninen, Dinarisches Gebirge bis Kroatien und Karpaten; in Deutschland nur in S-Baden-Württemberg und den Allgäuer Alpen.

Blanke Schließmundschnecke (▷ 16)
Delima laevissima (ROSSMÄSSLER 1835)
M.: Gestreckt walzig; glatt; gelbbraun mit schwachem weißen Nahtfaden ohne Papillen; Nacken mit einem Kiel, rippenstreifig; Mundsaum angeheftet; mit Mondfalte und z. T. mit von dieser getrennter, kurzer vorderer unterer Gaumenfalte. **L.**: Dinarisches Küstenland und angrenzende Inseln von der Neretva-Mündung bis zur Bucht von Kotor.

Dalmatinische Schließmundschnecke (▷ 15, 17)
Delima conspurcata (ROSSMÄSSLER 1836)
M.: Kleiner und weniger schlank als die vorige; meist glatt, auf den oberen Umgängen mehr oder weniger papilliert; Nacken gerippt; vordere untere Gaumenfalte mit Mondfalte verbunden. **L.**: Mittleres Dinarisches Küstenland, kroatische und dalmatinische Inseln (Krk bis Vis).

Wulstige Schließmundschnecke (▷ 18)
Delima semirugata (ROSSMÄSSLER 1836)
M.: Bauchiger als vorige, z. T. auffallend gedrungen; auf den oberen Umgängen mehr gerippt und papilliert; Nacken z. T. mit sehr kräftigem Nackenwulst und innen Gaumenschwiele; Mundsaum meist abgelöst; ohne vordere untere Gaumenfalte. **L.**: Mittleres Dinarisches Küstenland, kroatische und dalmatinische Inseln (Krk bis Korčula).

1–4) Monastiri Prodromos, Makedonien, GR – 5) Aliki, Thasos, GR – 6) Mara-Höhle w Drama, Makedonien, GR – 7) Domogled sö Mehadia, Banat, R – 8) Sallet-Alm, Königssee, Bayern, D – 9) Rottachberg b. Immenstadt, Bayern, D – 10) Loiblpaß, YU – 11) wie 9 – 12) Iller-Auwald b. Regglisweiler, Baden-Württ., D – 13) wie 10 – 14) Schloß Greifenstein b. Heiligenstadt, Bayern, D – 15) Žrnovnica b. Split, Kroatien, YU – 16) Dubrovnik, Dalmatien, YU – 17) wie 15 – 18) Kistanje b. Knin, Dalmatien, YU.

3: dekolliert; 4: jüngere Exemplare, noch nicht dekolliert

1–2 = 4fach, 3–18 = 2fach

Italienische Schließmundschnecke (▷ 1) D, RL
Charpentieria itala (G. von Martens 1824)
M.: Glatt, z. T. gerippt; braun mit schwachem weißem Nahtfaden, papilliert; Nacken fast gerundet, Nackenwulst und Gaumenschwiele schwach; Mundsaum angeheftet bis fast abgelöst; gewinkelte Mondfalte, ohne vordere Gaumenfalten. **L.:** S-Alpen und N-Apenninen; eingeschleppt in Mitteleuropa, z. B. Heidelberg und Weinheim.

Gezierte Schließmundschnecke (▷ 2)
Charpentieria ornata (Rossmässler 1836)
M.: Wie vorige, aber Mundsaum stets angeheftet; Gaumenschwiele meist kräftig; Mondfalte nicht gewinkelt. **L.:** SO-Alpen und angrenzendes dinarisches Gebirgsland bis Kroatien; Sudeten und Karpaten-Vorland.

Piemont-Schließmundschnecke (▷ 3)
Charpentieria thomasiana (Küster 1850)
M.: Wie *C. itala*, aber meist kleiner; z. T. olivgrün, kaum papilliert; Mondfalte mehr oder weniger rückgebildet. **L.:** Piemont (von der Dora Riparia bis zum Lago Maggiore).

Palermo-Schließmundschnecke (▷ 4)
Siciliaria grohmanniana (Rossmässler 1836)
M.: Meist dekolliert; gerippt; weißlich bis gelbbraun, Rippen weiß; Nacken mit kräftigem Kiel; Mundsaum abgelöst; mit Mondfalte und drei vorderen Gaumenfalten. **L.:** NW-Sizilien (bei Palermo).

Adriatische Schließmundschnecke (▷ 5)
Siciliaria gibbula (Rossmässler 1836)
M.: Kleiner als vorige; nicht dekolliert; meist glatt; braun, papilliert; mit Nackenwulst und innen Gaumenschwiele; Mundsaum angeheftet; mit vorderer oberer und unterer Gaumenfalte. **L.:** Apenninenhalbinsel mit O-Sizilien, Venetien; N-Dinarisches Küstenland bis Mitteldalmatien.

Papillen-Schließmundschnecke (▷ 6)
Papillifera papillaris (O. F. Müller 1774)
M.: Glatt bis gerippt; weißlich bis graubraun, an der Naht braun, mit kräftigen Papillen; Nacken wie vorige; Mundsaum angeheftet bis abgelöst; über der Mondfalte an Stelle der Hauptfalte zwei verschmolzene Gaumenfältchen. **L.:** Apenninenhalbinsel, Sardinien, Korsika und Sizilien; im gesamten Mittelmeergebiet verschleppt.

Unterfamilie Clausiliinae

Bauchige Schließmundschnecke (▷ 7, 12) D
Macrogastra ventricosa (Draparnaud 1801)
M.: Groß, weitläufig gerippt, Rippen an der Naht gruppenweise weiß (gestrichelt); Nacken mit Kiel, Nackenauftreibung ebenso wie die Gaumenschwiele in der Mündung schwach; Mündung wie bei den folgenden Arten unten nicht rinnenförmig, Mundsaum abgelöst; zwischen Ober- und Unterlamelle (Interlamellar) keine Fältchen; Unterlamelle vorn mit Doppelfältchen. **L.:** Europa von S-Norwegen und Mittelrußland bis N-Spanien.

Asphalt-Schließmundschnecke (▷ 13)
Macrogastra asphaltina (Rossmässler 1836)
M.: Etwa gleichgroß wie vorige, aber Nackenauftreibung und Einschnürung vor dem Mundsaum stärker, dadurch Kiel abgeschnitten; Mündung unten gerundet; Gaumenschwiele stärker; Interlamellar gefältelt. **L.:** S-Alpen (von S-Tirol bis Kärnten und Slowenien).

Mittlere Schließmundschnecke (▷ 8–9, 14) D
Macrogastra attenuata (Rossmässler 1835)
M.: Wie vorige, aber kleiner, vordere untere Gaumenfalte angedeutet. **L.:** W-, Mittel- und S-Europa. Bildet im S des Verbreitungsgebiets neben ***M. a. attenuata*** weitere Unterarten aus, die sich oft in der Rippendichte unterscheiden (▷ 8, 9), während im N die Unterart ***M. a. lineolata*** (Held 1836) (▷ 14) weit verbreitet ist.

Dichtgerippte Schließmundschnecke (▷ 10, 15) D, RL
Macrogastra densestriata (Rossmässler 1836)
M.: Wie *M. attenuata*, aber Gaumenschwiele kräftiger und Mündung kreisrund; Interlamellar stärker gefältelt; vordere untere Gaumenfalte ausgebildet; Rippung meist dicht (▷ 15), in den N-Alpen weitläufiger (▷ 10). **L.:** O-Alpen von N-Tirol bis S-Steiermark; Dinarisches Gebirge bis W-Bosnien.

Gefältelte Schließmundschnecke (▷ 11, 16) D
Macrogastra plicatula (Draparnaud 1801)
M.: Wie *M. attenuata*, aber kleiner und schlanker; Mündung elliptisch; Nackenauftreibung stärker; Interlamellar gefältelt; ohne vordere untere Gaumenfalte. **L.:** Ganz Europa.

Spindelförmige Schließmundschnecke (▷ 17) D, RL
Macrogastra rolphii (Turton 1831)
M.: Wie *M. ventricosa*, aber viel kleiner und enger gerippt; Interlamellar gefältelt. **L.:** W-Europa von England und W-Mittelgebirgsland bis N-Portugal.

1) Heidelberger Schloß, Baden-Württ., D – 2) Taborska-Höhle b. Ljubljana Slowenien, YU – 3) San Oropa b. Biella, Piemont, I – 4) Palermo, Sizilien, I – 5) Lovran, Istrien, YU – 6) Siena, Toskana, I – 7) Plattling/Isar, Bayern, D – 8) Gorges du Cians, Dép. Alpes-Maritimes, F – 9) Crest, Dép. Drôme, F – 10) Streichen b. Schleching, Bayern, D – 11) Trnovo ob Soči (Isonzo) Slowenien, YU – 12) Grünwald b. München, Bayern, D – 13) Tscheppaschlucht am Loiblpaß, Kärnten, A – 14) wie 12 – 15) Gurnitz-Schlucht Sattnitz, Kärnten, A – 16) wie 12 – 17) Boxhill b. Dorking, Surrey, GB.

1–11 = 2fach, 12–17 = 4fach

Julische Schließmundschnecke (▷ 1)
Julica schmidtii (L. Pfeiffer 1841)
M.: Ähnlich den folgenden, aber obere Umgänge gerippt, untere glatt; violettbraun, oft grau bereift; Nackeneindruck schwach; Mündung birnförmig, basal gerundet, nicht rinnenförmig; zwei vordere untere Gaumenfalten. **L.:** Julische Alpen, W-Karawanken; in Österreich nur wenige Vorkommen im Gebiet des Wurzenpasses.

Rauhe Schließmundschnecke (▷ 2–4) D
Clausilia rugosa (Draparnaud 1801)
M.: Klein; gerippt und gestrichelt bis glatt; braun; Nacken mit kräftigem Kiel, zwischen diesem und der Naht eingedrückt (Nackeneindruck); Mündung unten rinnenförmig, Mundsaum abgelöst; Gaumenschwiele hauptsächlich als oberer Gaumenhöcker ausgebildet, nur vordere untere Gaumenfalte; Interlamellar gefältelt; Unterlamelle vorn mit Doppelfältchen. Bildet mehrere Unterarten: Neben der weit gerippten *C. r. rugosa* (▷ 2) in SO-Frankreich (Dép. Hérault u. Gard), u. a. die eng gerippte *C. r. reboudii* Dupuy 1850 (▷ 3) in S-Frankreich und die geglättete *C. r. parvula* A. Férussac 1807, **Kleine Schließmundschnecke** (▷ 4), die den Norden des Verbreitungsgebiets einnimmt und bevorzugt an Kalkfelsen vorkommt. **L.:** W-, S- und Mitteleuropa (bis Polen, N-Karpaten, W-Ungarn, N-Kärnten, Piemont, S-Abruzzen und N-Spanien).

Zweizähnige Schließmundschnecke (▷ 5–6) D, RL
Clausilia bidentata (Ström 1765)
M.: Wie vorige, aber meist größer; meist eng gerippt; kirschrot mit Seidenglanz, auch grau gestrichelt; Unterlamelle mit schwachem Doppelfältchen; Clausiliumplatte unten ohne Außenecke. **L.:** W-, N- und Mitteleuropa; fehlt in S-Deutschland östlich des Schwarzwaldes und südlich des Mains.

Scharfgerippte Schließmundschnecke (ohne Bild) D, RL
Clausilia cruciata (Studer 1820)
M.: Wie *C. bidentata*, aber meist weiter gerippt; Unterlamelle mit ausgeprägtem Doppelfältchen; Clausiliumplatte unten mit deutlicher Außenecke. **L.:** Mittel- und O-Europa.

Keulige Schließmundschnecke (▷ 9) D, RL
Clausilia pumila C. Pfeiffer 1828
M.: Wie *C. bidentata*, aber mit stärker ausgezogener Spitze; weiter gerippt; Unterlamelle mit Doppelfältchen. **L.:** N-, Mittel-, O- und SO-Europa; SO-Alpen bis Friaul; W-Grenze in Deutschland etwa an der Linie Hamburg–Würzburg–Regensburg.

Gitterstreifige Schließmundschnecke (▷ 7–8) D, RL
Clausilia dubia Draparnaud 1805
M.: Wie *C. bidentata*, aber meist größer; Interlamellar nicht gefältelt; Unterlamelle mit Doppelfältchen; vordere untere Gaumenfalte z. T. rückgebildet. **L.:** W-, Mittel-, N-, O- und SO-Europa ohne Mittelmeerhalbinseln.
Diese Art bildet vor allem in den O-Alpen und Karpaten zahlreiche Unterarten, die sich durch Abwandlungen der Rippung und Mündungsarmatur auszeichnen; von besonderem Interesse sind die weitgerippten Formen, die in dieser Hinsicht mit *C. r. rugosa* verglichen werden können und die nur sporadisch vorkommen. Solche weitgerippten Formen, von denen jedes der isolierten Vorkommen eine eigene Unterart ist, wurden bisher in folgenden Gebieten festgestellt: Kärnten, Steiermark, Niederösterreich, Slowakei und Siebenbürgen.

Kalkfelsen-Schließmundschnecke (▷ 10) D, RL
Neostyriaca corynodes (Held 1836)
M.: Wie *Clausilia*, aber obere Umgänge gerippt, untere glatt; Nackeneindruck schwach; Unterlamelle ohne Doppelfältchen; an Stelle der Hauptfalte zwei Gaumenfältchen über der Mondfalte. In Gestalt und Färbung der *Julica schmidtii* ähnlich, aber durch die unten rinnenförmige Mündung leicht unterscheidbar. **L.:** N-Alpen (Savoyen bis Niederösterreich) und angrenzendes Mittelgebirgsland.

Zierliche Schließmundschnecke (▷ 11) D, RL
Ruthenica filograna (Rossmässler 1836)
M.: Wie *Clausilia*, aber mit dicker, konisch zulaufender Spitze; meist scharf gerippt; gelbbraun; Nackeneindruck schwach; Mündung unten nicht rinnenförmig; Unterlamelle und Verschlußapparat wie vorige. **L.:** Mittel-, O- und SO-Europa von Estland bis Bulgarien, im Mittelgebirge und in den Alpen bis zum Salzach- und bis zum Piavetal.

Ohrlappige Schließmundschnecke (▷ 12) D, RL
Erjavecia bergeri (Rossmässler 1836)
M.: Fast glatt; violettbraun; Nacken mit sehr starkem Kiel und kräftigem Nackeneindruck; Mündung fast dreieckig, unten rinnenförmig; Unterlamelle ohne Doppelfältchen; durch die Mündungsform sehr gut erkennbar. Ovovivipar. **L.:** O-Alpen (östl. N-Tirol bis Totes Gebirge, Gailtaler und Julische Alpen bis Steiner Alpen).

1) Trnovo ob Soči (Isonzo), Slowenien, YU – 2) Montpellier, Dép. Hérault, F – 3) Crest, Dép. Drôme, F – 4) Roßstein, Mangfallgebirge, Bayern, D – 5) wie 3 – 6) Gorges du Cians, Dép. Alpes-Maritimes, F – 7–8) Ruine Merkenstein, Niederösterreich, A – 9) Reipersdorf, Kärnten, A – 10) Gorges de Moutier, Kt. Bern, CH – 11) wie 1 – 12) Salzachöfen, Salzburg, A.

9: bei der Kalkaufnahme

1, 5–7 u. 9–12 = 3fach, 2–4 u. 8 = 5fach

Unterfamilie Baleinae

Faltenrandige Schließmundschnecke (▷5) D, RL

Laciniaria plicata (DRAPARNAUD 1801)

M.: Gerippt und gestrichelt; braun; Nacken mit kräftigem Kiel, Nackeneindruck schwach; Mündung unten rinnenförmig, Mundsaum abgelöst, meist mit Fältchen auf der Gaumenseite; mit Mondfalte und vorderer oberer Gaumenfalte; Clausiliumplatte breit, unten gedreht. **L.:** Mittel-, O- u. SO-Europa bis Dänemark, Mittelrußland, Bulgarien, Makedonien, Piemont und O-Frankreich.

Gemeine Schließmundschnecke

(▷3, 4 rechts, 6, 10–11; 273/16–17) D

Balea biplicata (MONTAGU 1803)

M.: Wie vorige, aber ohne Mundsaumfältchen; vordere obere Gaumenfalte schräger; Clausiliumplatte stärker gedreht. Ovovivipar: Jungtiere mit 1,5–1,8 mm Gehäusehöhe werden einzeln oder in Gruppen abgesetzt (▷10); in Ausnahmefällen werden Eier mit weit entwickelten Embryonen gelegt (▷11). **L.:** Mittel- und SO-Europa bis S-Skandinavien, Polen, N- und W-Karpaten, Bulgarien, N-Griechenland, Südtirol, N-Schweiz und N-Frankreich; häufigste Schließmundschnecke Mitteleuropas.

Zahnlose Schließmundschnecke (▷1–2) D, RL

Balea perversa (LINNAEUS 1758)

M.: Klein; schlank kegelförmig (wie unerwachsen aussehend); eng gerippt; Nackenkiel fast fehlend; Mündung unten nicht rinnenförmig, Mundsaum kaum erweitert; außer der zu einem Höckerchen rückgebildeten Oberlamelle fehlen alle Teile des Verschlußapparats. Ovovivipar. **L.:** Europa mit Britischen Inseln bis W- und S-Skandinavien, Estland, N-Karpaten, Serbien, Apenninen-Halbinsel und italienische Inseln, N-Spanien und Portugal, Madeira, Azoren; im W häufiger, gegen O zerstreut und selten.

Aufgeblähte Schließmundschnecke (▷7) D, RL

Vestia turgida (ROSSMÄSSLER 1836)

M.: Wie die vorhergehenden, aber nicht gestrichelt; Nackenkiel schwächer; Mündung unten nicht rinnenförmig; Mondfalte in der Mitte abgeschwächt; Clausiliumplatte unten nicht gedreht, sondern in einer gebogenen Spitze endend; ovovivipar. **L.:** N- und O-Karpaten, Sudeten, Böhmer- und südöstlicher Bayerischer Wald.

Graue Schließmundschnecke (▷8; 273/15) D, RL

Bulgarica cana (HELD 1836)

M.: Wie *Laciniaria* oder *Balea*, aber Nackeneindruck stärker; mit Gaumenschwiele; ohne vordere obere Gaumenfalte, schwache mit Mondfalte verbundene vordere untere Gaumenfalte; Clausiliumplatte schmaler, unten nicht gedreht. **L.:** Mittel- und O-Europa bis S-Finnland, Mittelrußland, S-Karpaten, Alpen, N-Schweiz, SW- und O-Deutschland.

Schlanke Schließmundschnecke (▷4 l., 9) D, RL

Bulgarica vetusta (ROSSMÄSSLER 1836)

M.: Wie vorige, aber schlanker; Mündung verhältnismäßig kleiner; vordere untere Gaumenfalte von Mondfalte getrennt. **L.:** SO-Europa (W-Karpaten mit Banat, O-Serbien und angrenzendes Bulgarien, Dinarisches Gebirge bis Albanien und Makedonien); Alpenostrand bis O-Kärnten und Wienerwald; isoliert in Böhmen, S-Sachsen, Thüringen und Oberfranken.

Unterfamilie Mentissoideinae

Zweikielige Schließmundschnecke (▷12)

Idyla bicristata (ROSSMÄSSLER 1839)

M.: Spitze kegelig zugespitzt; glatt, z. T. gerippt; braun, mit schwachem weißen Nahtfaden; Nacken mit sehr ausgeprägtem zusätzlichem Kiel; Mündung vorgezogen, unten nicht rinnenförmig; Mondfalte nur im unteren Teil ausgebildet, darüber an Stelle der Hauptfalte zwei Gaumenfältchen. Ovovivipar. **L.:** O-Griechenland, N-Sporaden und N-Kykladen, Lesbos und Samothraki, W-Küste Kleinasiens.

Unterfamilie Serrulininae

Gezähnelte Schließmundschnecke (▷13)

Serrulina serrulata (L. PFEIFFER 1847)

M.: Gerippt, nicht gestrichelt; gelblich; Nacken gerundet ohne Kiel; Mundsaum abgelöst, ringsum (außer an der Mündungsbucht) mit Fältchen; mit Mondfalte, ohne vordere Gaumenfalten. **L.:** W- und Mittelkaukasien; Teile Anatoliens, O-Bulgarien und O-Rumänien (Dobrudscha, Walachei, Moldau).

Unterfamilie Laminiferinae

Relikt-Schließmundschnecke (▷14)

Laminifera pauli (MABILLE 1865)

M.: Schlank; gerippt; braun; Nacken mit schwachem Kiel; Endwindung abgelöst, an der Naht über der Mündung dreieckiges kleines Feld ausgebildet; Mündung unten gerundet, Mundsaum auf Spindelseite mit Fältchen; kurze vordere untere Gaumenfalte mit Mondfalte verbunden. **L.:** W-Pyrenäen (französische und spanische Seite). Diese und eine weitere seltene Pyrenäen-Art sind letzte Vertreter einer im Tertiär artenreichen Gruppe.

1–2) Wimbachtal, Nationalpark Berchtesgaden, Bayern, D – 3) Mara-Höhle w Drama, Makedonien, GR – 4) Burggrub b. Heiligenstadt, Bayern, D – 5) Rodenkirchen b. Köln, Nordrh.-Westf., D – 6) Niederviehbach/Isar, Bayern, D – 7) Buchberger Leite b. Freyung, Bayern, D – 8) wie 6 – 9) wie 4 – 10–11) Iller-Auwald b. Illertissen, Bayern, D – 12) Levadia, Böotien, GR – 13) Niculitel b. Tulcea, Dobrudscha, R – 14) Azeguy, Pyrenäen, F.

ahnlose Schließmundschnecke (Balea perversa), Gehäuse

OL
Hausbuch 2013
S. 70 f.

Prof. Dr. Dr. B. Klaus-
nitzer

4: links *Bulgarica vetusta*, rechts *Balea biplicata*

1, 3–4 u. 13–14 = 3fach, 2 u. 5–11 = 4fach, 12 = 2fach

Überfamilie Bernsteinschnecken – Succineacea

Familie Bernsteinschnecken – Succineidae

Einzige Familie. Gehäuse zartschalig, mit kurzem Gewinde und sehr großer Mündung. Tendenz zur »Vitrinisierung« (vgl. S. 172): In einigen exotischen Gattungen Halbnacktschnecken und Nacktschnecken. Die fast weltweit verbreiteten Bernsteinschnecken haben von allen Stieläuglern die engste Bindung ans Wasser, leben aber niemals amphibisch, wie oft behauptet wird. Zwischen verschiedenen Populationen gibt es beträchtliche Größenunterschiede, die zum Teil erblich bedingt sind. Charakteristisch für *Succinea putris* und (seltener) *Oxyloma elegans* in naturnahen Auenbiotopen ist der Befall durch verschiedene Arten von Fühlermaden (▷9), Saugwürmer der Gattung *Leucochloridium,* Darmparasiten kleiner Singvögel, wobei die Bernsteinschnecken als Zwischenwirte dienen (vgl. Steinbachs Naturführer, Band 26, S. 142). **Fortpflanzung:** Geschlechtsreife bei etwa halber Endgröße des Gehäuses. Spermien reifen vor den Eiern; Begattung üblicherweise wechselseitig (▷8), aber auch Selbstbefruchtung. Bei *Succinea* und *Oxyloma* werden bis zu 150 Eier in gallertigen Laichballen abgelegt; bei *Succinella* Einzeleier in kleinen Gelegen. Entwicklungsdauer 1–2 Wochen, je nach Feuchte und Temperatur. Lebensdauer 1–2 Jahre

Gemeine Bernsteinschnecke (▷1, 5–6, 9) D
Succinea putris (Linnaeus 1758)
M.: 3–4 Umgänge, vorletzter schwach gewölbt, letzter bauchig erweitert und unter der Naht flach oder etwas eingezogen; Mündung oben scharf zugespitzt; bernsteinfarben bis weißlichgrau; durchscheinender Mantel hellfarbig oder dunkel pigmentiert. Sehr variabel: Großformen bis 27 mm, Zwergformen 10–13 mm hoch. **L.:** Auf Schilf und Stauden an Gewässerrändern, auf feuchten Wiesen und in Auwäldern. Europa mit Verbreitungslücken auf den Mittelmeerhalbinseln; W- und N-Asien.

Schlanke Bernsteinschnecke (▷2, 7–8) D
Oxyloma elegans (Risso 1826)
M.: Meist weniger als 3 Umgänge, vorletzter gut gewölbt, letzter nicht bauchig, unter der Naht nicht völlig flach; Mundsaumansatz mit kleinem hakenförmigen Bogen; wachsgelb bis grünlich-grau; Tier meist dunkel pigmentiert. Ähnlich variabel wie die vorige Art. **L.:** Enger ans Wasser gebunden und mehr am Boden als *S. putris*; oft auf im Wasser stehenden Pflanzen. Von NW-Afrika durch fast ganz Europa bis N-Asien.

Dunkers Bernsteinschnecke (▷3)
Oxyloma dunkeri (L. Pfeiffer 1865)
M.: Voriger Art ähnlich, unterscheidet sich durch das geradseitige, gestreckte Gehäuse und die abgeflachten Umgänge; Mundsaumansatz ebenfalls mit kleinem Bogen. **L.:** Auf Schlammboden in Überschwemmungsgebieten. Donaugebiet von der ungarischen Tiefebene bis in die Dobrudscha, Ukraine, S-Rußland, Zentralanatolien.

Rötliche Bernsteinschnecke (▷4) D, RL
Oxyloma sarsii (Esmark 1886)
M.: Gesamtgestalt des Gehäuses *O. elegans* ähnlich, jedoch Abplattung des letzten Umgangs unter der Naht und Ansatz des Mundsaums im oberen Mündungswinkel ähnlich wie bei *S. putris*; meist kräftig rötlich bernsteinfarben, Tier dunkel pigmentiert. Am Gehäuse nicht immer sicher bestimmbar. **L.:** Vegetationsfreie Uferzonen und Spülsäume an Flüssen und Seen, besonders im Überschwemmungsbereich; folgt der Wasserlinie. NW- und O-Europa, N-Sibirien, Donaugebiet; in Deutschland nur wenige zerstreute Vorkommen von Schleswig-Holstein bis zum Donautal.

Kleine Bernsteinschnecke (▷10–12) D
Succinella oblonga (Draparnaud 1801)
M.: Viel kleiner als die vorigen Arten; Umgänge meist stark gewölbt, letzter nur wenig überwiegend; im Binnenland meist blaß gelblichgrau, an der Meeresküste oft kräftig bernsteinfarben (▷11). Das Gehäuse wird häufig als Verdunstungsschutz und zur Tarnung mit Kot beklebt. **L.:** Am Boden, meist an feuchten Stellen, aber auch an ziemlich trockenen Standorten. Fast ganz Europa und N-Asien.

Salz-Bernsteinschnecke (▷13) D, RL
Catinella arenaria (Bouchard-Chantereux 1837)
M.: Voriger ähnlich, Umgänge noch stärker gewölbt; Mündung fast rund; Zuwachsstreifen gröber; rötlich bernsteinfarben. Umgänge des Embryonalgewindes nehmen rascher an Breite zu (Vergleich der Gehäuse in der Aufsicht), auch die übrigen Umgänge nehmen rascher zu, so daß ein Gehäuse mit gleicher Höhe weniger Umgänge hat. **L.:** Dünen der Meeresküsten; zerstreut und selten. Atlantisches Küstengebiet von der Biscaya bis Norwegen; Öland und Gotland; vereinzelt im Binnenland, z. B. in der Schweiz und der Zentralslowakei.

1–2) Oberzeitldorn, Bayern, D – 3) Soysallı (Sultanssümpfe) Prov. Kayseri, TR – 4) Mannswörth/Donau, Niederösterreich, A – 5) Iller-Auwald b. Illertissen, Bad.-Württ., D – 6) Schwalb-Aue b. Wemding, Bayern, D – 7–8) Fischerdorfer See b. Straubing, Bayern, D – 9) Deusmauer Moor, Bayern, D – 10) Alte Kalkhütte b. Eutin, Schl.-Holst., D – 11) Scharbeutzer Stranddüne, Schl.-Holst., D – 12) Aselfingen, Bad.-Württ., D – 13) Kastlösa, Öland, S.

9: Bernsteinschnecke mit Fühlermade

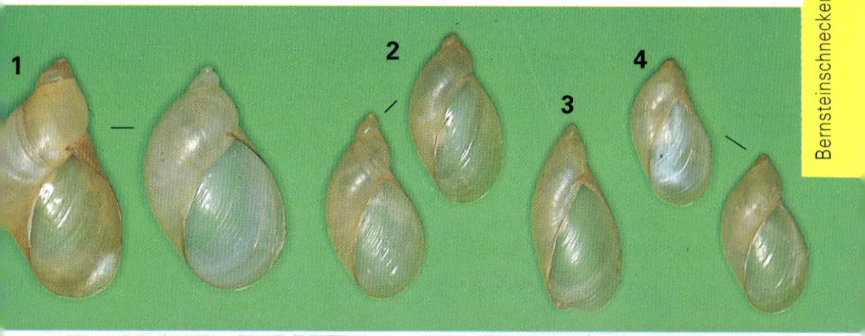

1–4 = 1,5fach, 5–6 u. 9 = 2fach, 7–8 u. 10–13 = 3fach

Überfamilie Achatschnecken – Achatinacea

Neben winzigen Formen gehören hierher die größten lebenden Landschnecken, darunter die Achatschnecken des Delikateßhandels *(Achatina fulica)*.

Familie Bodenschnecken – Ferussaciidae

Klein, schlank getürmt, dünnschalig, glatt und glänzend. Unterirdisch lebende Arten blind. In warmen und gemäßigten Zonen weltweit verbreitet.

Fortpflanzung: *Cecilioides* legt einzelne, sehr große kalkschalige Eier (▷1 rechts: Ei im Gehäuse sichtbar); *Ferussacia* ist ovovivipar.

Gemeine Blindschnecke (▷1, 9) D, RL
Cecilioides acicula (O. F. Müller 1774)
M.: Nadelförmig, zart und farblos; Spindel abgestutzt; Mündung etwa ein Drittel der Gehäusehöhe. **L.:** Unterirdisch im Lückensystem lockerer Böden. Mittelmeergebiet und warmtrockene Gebiete Mittel- und O-Europas, im N bis S-Schweden.

Mittelmeer-Blindschnecke (▷2)
Cecilioides petitianus (Benoit 1862)
M.: Voriger Art ähnlich, jedoch breiter mit stärker übergreifenden Umgängen; Mündung etwa die Hälfte der Gehäusehöhe. **L.:** Mittelmeergebiet; Verbreitung ungenügend bekannt. Außerdem Vorkommen im Karpatenbecken und am Alpenostrand, deren Artzugehörigkeit noch nicht gesichert ist.

Ägäis-Blindschnecke (▷3–4)
Cecilioides tumulorum (Bourguignat 1856)
M.: Größer als die beiden vorigen mit schlanker Spitze und bauchigem letzten Umgang. **L.:** Südliches griechisches Festland und ägäische Inseln.

Bauchige Blindschnecke (▷5)
Cecilioides janii (De Betta & Martinati 1855)
M.: Größe wie vorige, aber spindelförmig bauchig mit kurzem Spitzenteil. **L.:** Unterirdisch; meist in Abzugslöchern von Weinberg- und Terrassenmauern zu finden. Alpensüdrand und Oberitalien.

Große Blindschnecke (▷6–7)
Hohenwartiana hohenwarti (Rossmässler 1839)
M.: Spindel (im Gegensatz zu *Cecilioides*) unten nicht abgestutzt; Umgänge ungleichmäßig gewölbt. **L.:** Französisches Mittelmeergebiet, Italien und NW-Jugoslawien.

Hülsenschnecke (▷8)
Ferussacia folliculus (Gmelin 1791)
M.: Eiförmig walzig; braun, stark glänzend; Mundsaum innen verdickt. Sehr variabel. In Trockenruhe mit verkalktem Epiphragma. **L.:** Unter Steinen und Bodenstreu. Westliches Mittelmeergebiet, meist in Küstennähe.

Familie Ahlenschnecken – Subulinidae

Überwiegend tropische, sehr artenreiche Familie; in der europäischen Fauna nur eine Art.

Stumpfschnecke (▷10)
Rumina decollata (Linnaeus 1758)
M.: Obere Umgänge werden während des Wachstums abgestoßen, so daß ein stumpf-zylindrisches Gehäuse entsteht. Sehr variabel, aber unverkennbar. Eier kugelig, sehr festschalig. **L.:** Gesamtes Mittelmeergebiet, überwiegend in Küstennähe.

Überfamilie Raubschnecken – Testacellacea

Familie Raubschnecken – Oleacinidae

Können sich vollständig im Gehäuse bergen. Im Mittelmeergebiet 6 einander sehr ähnliche Arten; Hauptverbreitung tropisch-subtropisches Amerika.

Dalmatinische Raubschnecke (▷11)
Poiretia cornea (Brumati 1838)
M.: Groß und spindelförmig; Kopf mit tentakelartigen Mundlappen. Gehäuse der Beuteschnecken werden durch Sohlensekret aufgeätzt (Nebenbild: *Pomatias elegans*). Bei Trockenheit graben sich die Tiere senkrecht ein und verschließen die Mündung mit schaumigem Schleim. **L.:** Adriaküste von Monfalcone bis Albanien; Gargano-Halbinsel.

Familie Rucksackschnecken – Testacellidae

Halbnacktschnecken, deren reduziertes Gehäuse klauenförmig auf dem Hinterende sitzt; 6–12 cm lang. Leben überwiegend unterirdisch. Hauptbeute sind Regenwürmer, die mit weit ausgestülpter Radula ergriffen und im Ganzen verschlungen werden.

Braune Rucksackschnecke (▷12)
Testacella maugei A. Férussac 1819
M.: Gehäuserudiment fast parallelseitig, ziemlich groß; Tierkörper braun. **L.:** Tanger, Madeira, Azoren, westliche Iberische Halbinsel, Bretagne und südliche Britische Inseln.

Graugelbe Rucksackschnecke (▷13) (D)
Testacella haliotidea Draparnaud 1801
M.: Gehäuserudiment ungefähr dreieckig, ziemlich klein; Tier hellfarbig, graugelb. **L.:** Mittelmeergebiet, Mittelatlantische Inseln, W-Frankreich, Britische Inseln; in Deutschland eingeschleppt bei Frankfurt und Heidelberg.

1–2) Weidling, Niederösterreich, A – 3) Ayios Irint, CY – 4) Adana, TR – 5) Portese am Gardasee, Lombardei, I – 6) Castel Goffredo, Lombardei, I – 7) Alèssio b. San Marino, Emilia-Romagna, I – 8) Garrucha, Prov. Almería, E – 9) Werratal b. Werleshausen, Hessen, D – 10) Insel Pag, Adria, YU – 11) Nova Gorica, Slowenien, YU – 12) SW-England, GB – 13) Barcelona, E.

11: Überfall auf Landdeckelschnecke, aufgeätzte Gehäuse; 12: durch Eintrocknung »mumifiziert«

1–8 = 5fach, 9 = 10fach, 10–11 = 1,5fach, 12–13 = 3fach

Überfamilie Schüsselschnecken – Punctacea

Zahlreiche, meist kleine Arten, die überwiegend am Boden in der Streu leben; weltweit verbreitet. **Fortpflanzung:** Ovipar; meist werden verhältnismäßig große kalkschalige Eier abgelegt, die pillenförmig abgeplattet sind (▷4).

Familie Punktschnecken – Punctidae

In Europa 4 Arten, darunter die folgende als kleinste europäische Landschnecke, die im Verhältnis zur Körpergröße die größten Eier legt.

Punktschnecke (▷5–6) D
Punctum pygmaeum (DRAPARNAUD 1801)
M.: Fast flach, mit schwach gewölbtem Gewinde; weit genabelt; durch dicht stehende Hautrippchen seidenglänzend; hell hornfarben. **L.:** Meist in der Laubstreu von Wäldern und charakteristisch für bodensaure Buchenwälder, gelegentlich auch offene Biotope. Ganz Europa, W- und N-Asien.

Familie Knopfschnecken – Discidae

Klein bis mittelgroß, meist flach; Nabel oft weit perspektivisch; gerippt. Holarktisch mit Schwerpunkt in N-Amerika. In Europa 3 Arten.

Gefleckte Knopfschnecke (▷1, 4, 271/5) D
Discus rotundatus (O. F. MÜLLER 1774)
M.: Umgänge langsam zunehmend, mit stumpfer Kante; Nabel mehr als ein Drittel des Gehäusedurchmessers; hornfarben mit rotbrauner Fleckenzeichnung, selten einfarbig. **L.:** Meist in Wäldern an Totholz, auch an feuchten schattigen Stellen im offenen Gelände. Von den Mittelatlantischen Inseln über W-Europa bis S-Skandinavien und ins Ostbaltikum verbreitet.

Braune Knopfschnecke (▷2) D, RL
Discus ruderatus (A. FÉRUSSAC 1821)
M.: Umgänge rasch zunehmend und gerundet; Nabel etwa ein Drittel des Gehäusedurchmessers; einfarbig hornbraun bis rötlichbraun. **L.:** An morschem Holz, oft in Nadelwäldern. N-Europa und ganz N-Asien, Alpen und Karpaten; Reliktstandorte nördlich der Alpen und in den S-Pyrenäen.

Gekielte Knopfschnecke (▷3) D, RL
Discus perspectivus (MEGERLE VON MÜHLFELD 1816)
M.: Sehr flach mit scharfem Kiel, feingerippt; Nabel flach schüsselförmig; schwach gefleckt, oft einfarbig. **L.:** Unter Fallaub in feuchten Hangschuttwäldern; kalkliebend. O-Alpen, Karpaten, NW-Balkan; W-Grenze der geschlossenen Verbreitung entlang der Salzach, zerstreute Reliktvorkommen im Alpenvorland bis ins Allgäu.

Überfamilie Dolchschnecken – Gastrodontacea

Familie Dolchschnecken – Gastrodontidae

Einzige Familie. Gehäuse Glanzschnecken-artig. Penis mit gebogenem pfeilartigen verkalkten Reizorgan, das als Liebesdolch bezeichnet wird. Holarktisch verbreitet mit Schwerpunkt in N-Amerika. In Europa drei altansässige Arten und eine aus Amerika eingeschleppte Gewächshausart.

Glänzende Dolchschnecke (▷7) D
Zonitoides nitidus (O. F. MÜLLER 1774)
M.: Gehäuse mit flachkegeligem Gewinde und weit genabelt; ziemlich kräftig gestreift; stark glänzend, dunkelrotbraun, gelegentlich albin. Vor der Mündung scheint die Mantelranddrüse durch. **L.:** Nasse Wiesen, Röhrichte, Auwälder, meist in Wassernähe. Holarktisch verbreitet; fehlt in Europa nur in N-Skandinavien. **Fortpflanzung:** Eier in kleinen Gelegen von 2–8 Stück, kalkschalig, etwas abgeplattet; Schlupf nach etwa 3 Wochen, Eikannibalismus.

Überfamilie Porenschnecken – Euconulacea

Gehäuse meist kegelförmig; Tendenz zu »Vitrinisierung« (vgl. S. 172). Fußende meist mit einer drüsigen Schwanzgrube (▷9), die vermutlich – wie bei den Wegschnecken – der Wiederverwertung des Sohlenschleims dient. Weltweit verbreitet.

Familie Kegelchen – Euconulidae

Gehäuse klein bis sehr klein, eng genabelt oder ungenabelt; meist glatt und glänzend. Ovipar oder ovovivipar (europäische Arten ovipar). Verbreitungsschwerpunkt im Pazifik-Gebiet.

Helles Kegelchen (▷8) D
Euconulus fulvus (O. F. MÜLLER 1774)
M.: Kegelförmig, Basis gewölbt; letzter Umgang mit stumpfer Kante; Oberseite des Gehäuses bis zur Kante seidenmatt, Unterseite hoch glänzend; gelblich-braun. **L.:** Meist in Wäldern aller Art; nicht kalkgebunden. Holarktisch; ganz Europa.

Dunkles Kegelchen (▷9–10) D, RL
Euconulus alderi (GRAY 1840)
M.: Voriger Art sehr ähnlich, meist etwas größer; letzter Umgang gerundet, Ober- und Unterseite gleich stark glänzend; dunkel rotbraun, Weichkörper fast schwarz. **L.:** In Sümpfen und im Röhrichtgürtel der Gewässer. N- und Mitteleuropa.

1) Frederiksdal Skov b. Kopenhagen, DK – 2) St. Moritz, Kt. Graubünden, CH – 3) Stixenstein, Niederösterreich, A – 4) Grande Chartreuse, Dép. Isère, F – 5–6) Klingberg, Schl.-Holst., D – 7) Pfatterer Au b. Pfatter, Bayern, D – 8) wie 5–6 – 9–10) wie 7.

4: mit frischem Gelege

1–3 = 3fach, 4–5 u. 7–10 = 6fach, 6 = 15fach

Überfamilie Glanzschnecken – Vitrinacea

Gehäuse meist ziemlich dünnschalig, vorwiegend flach und meist weit genabelt; bei einzelnen Gruppen reduziert oder nur noch als inneres Schälchen vorhanden. Alle Erdteile außer Australien.

Familie Glasschnecken – Vitrinidae

Gehäuse reduziert, meist ohrförmig, dünn und glasartig durchscheinend. Der Prozeß der allmählichen Rückbildung des Gehäuses und seiner Einbettung in den Mantel läßt sich besonders gut bei den Glasschnecken verfolgen und wird deshalb »Vitrinisierung« genannt. Die Familie umfaßt Arten, die sich noch vollständig im Gehäuse bergen können, Halbnacktschnecken, bei denen nur noch ein geringer Teil der Eingeweide unter dem Gehäuse liegt, und schließlich Arten, ohne äußeren Gehäuserest, die zu echten Nacktschnecken geworden sind (Gattung *Plutonia* auf den Azoren). Mitteleuropäische Arten sind »Winterschnecken«, die erst im Spätherbst geschlechtsreif werden. Die zarten Jungtiere sind auf dauernd feuchtes Milieu angewiesen und leben im Sommer tief im Boden. Verbreitung: Europa, W-Asien, Mittelatlantische Inseln, O-Afrika; nur *Vitrina* auch in N-Amerika.

Eucobresia pegorarii bei der Eiablage; darunter Gelege. Der Vorderkörper wird lang und dünn ausgestreckt, versteift und funktioniert dann wie eine Legeröhre; in diesem Zustand sind die Tiere unfähig, auf Störungen zu reagieren (Steinsee-Hütte b. Zams, 2060 m NN, oben 3fach, unten 6fach).

Kugelige Glasschnecke (▷ 1) D
Vitrina pellucida (O. F. MÜLLER 1774)
M.: Gehäuse kugelig, Tier kann sich ganz zurückziehen; Mantel schmal mit kleinem Gehäuselappen. **L.:** Bewohnt von allen Glasschnecken die relativ trockensten Biotope, meist halboffene Rasenstandorte. Fast ganz Europa, bis Mittelasien.

Weitmündige Glasschnecke (▷ 2) D
Semilimax semilimax (J. FÉRUSSAC 1802)
M.: Gehäuse sehr klein und schmal mit breitem Hautsaum an der Spindelseite. Mantel und Gehäuselappen groß, hell bis dunkelgrau. **L.:** Feuchte Standorte, vor allem in Bergwäldern. Pyrenäen, Alpen, Karpaten, deutsch-böhmische Mittelgebirge.

Kurze Glasschnecke (▷ 3) D, RL
Vitrinobrachium breve (A. FÉRUSSAC 1821)
M.: Gehäuse breit ohrförmig mit schmalem Hautsaum. Mantel kapuzenartig sehr weit auf den Vorderkörper reichend; meist dunkelgrau bis schwarz. **L.:** Feuchte Wälder der Hügelländer und Flußauen; Alpennordrand östlich der Salzach und süddeutsche Mittelgebirge, im W bis zum Niederrhein.

Trentiner Glasschnecke (▷ 4)
Vitrinobrachium tridentinum FORCART 1956
M.: Der vorigen Art sehr ähnlich, aber Mantel noch größer, den Vorderkörper fast ganz einhüllend, meist einfarbig dunkelgrau. **L.:** Meist in feuchten Bergwäldern. Nur Alpensüdrand.

Ohrförmige Glasschnecke (▷ 5–6) D
Eucobresia diaphana (DRAPARNAUD 1805)
M.: Gehäuse ziemlich groß, mit sehr breitem Hautsaum. Mantel meist schwarz, im Gebirge hellgrau (▷ 6). **L.:** Feuchte und kühle Stellen, Talauen und Gebirge. Pyrenäen bis NW-Balkan mit Schwerpunkt in den Alpen; zerstreut bis N-Deutschland.

Alm-Glasschnecke (▷ 7) D, RL
Eucobresia nivalis (DUMONT & MORTILLET 1852)
M.: Gehäuse kleiner mit schmalem Hautsaum. Mantel marmoriert oder gefleckt mit dunklem Gehäuselappen. **L.:** Versumpfte Stellen in hochgelegenen Bergwäldern und auf Almen bis in die hochalpine Region. Alpen und Karpaten.

Gipfel-Glasschnecke (▷ 8) D, RL
Eucobresia pegorarii (POLLONERA 1884)
M.: Gehäuse dem der vorigen Art sehr ähnlich. Mantel einfarbig hell- bis mittelgrau. **L.:** Feuchte Alpenrasen und Geröllhalden, meist über der Baumgrenze. Mittlere und O-Alpen.

1–3) Iller-Auwald b. Regglisweiler, Bad.-Württ., D – 4) Caprino, Kt. Tessin, CH – 5) wie 1–3 – 6) Ferner-Gries, 1970 m NN, Tirol, A – 7) Weißensee, Kaunertal, 2480 m NN, Tirol, A – 8) Steinsee-Hütte b. Zams, 2060 m NN, Tirol, A.

1–8 = 3fach

Große Glasschnecke (▷1–2) D, RL
Phenacolimax major (A. FÉRUSSAC 1807)
M.: Gehäuse groß, einem flach gedrückten *V. pellucida*-Gehäuse ähnlich; Jungtiere und auch erwachsene Tiere bei Wasserverlust können sich vollständig ins Gehäuse zurückziehen. Mantel klein mit ziemlich großem, meist fleischfarbenen gefleckten Gehäuselappen. Die Kopulation (▷2) ist sehr eigenartig, da die Vagina als Reizorgan dient und vollständig ausgestülpt wird (mit gekrümmter Spitze); das Sperma wird im Bereich der Genitalöffnung äußerlich aufgedrückt. **L.:** In feuchten Wäldern. W-europäisch: Von den Pyrenäen durch Frankreich, die W-Schweiz und das Rheingebiet bis ins Bergische Land.

Piemont-Glasschnecke (▷3–4)
Phenacolimax stabilei (LESSONA 1880)
M.: Voriger Art ähnlich; Gehäuse meist etwas gedrückter. Mantel größer, hell- oder dunkelgrau, Gehäuselappen dunkel gerandet. Mantel bei Jungtieren *Vitrinobrachium*-ähnlich (▷4). **L.:** In feuchten Bergwäldern. Piemontesische Alpen.

Familie Glanzschnecken – Zonitidae

Gehäuse sehr klein bis sehr groß, scheibenförmig bis gedrückt kegelförmig, dünnschalig, mit scharfem Mundsaum. Tiere können sich vollständig im Gehäuse bergen; beginnende »Vitrinisierung« bei einigen Arten durch Mantellappen angedeutet, die sich aufs Gehäuse legen. Vorwiegend Moder- und Fleischfresser. Die Familie ist holarktisch verbreitet. **Fortpflanzung:** Ovipar; Eier kurzeiförmig bis kugelig, weichhäutig bis kalkschalig, oft in Streugelegen; häufig Eikannibalismus.

Unterfamilie Vitreinae

Eine sehr einheitliche Unterfamilie mit sehr kleinen (Durchmesser nicht über 6 mm) glasartigen farblosen Gehäusen mit niedrigem oder abgeflachtem Gewinde. Die Artsystematik ist noch vielfach unklar. Die Tiere leben sehr verborgen an feuchten Orten in der Streu, unter Steinen oder tief im Lükkensystem des Bodens, auch in Höhlen. In Europa mit rund 60 Arten vertreten.

Ungenabelte Kristallschnecke (▷5) D, RL
Vitrea diaphana (STUDER 1820)
M.: Ziemlich groß (Durchmesser bis 4,5 mm); scheibenförmig mit flach-kegeligem Gewinde; Umgänge sehr eng aufgewunden, letzter knapp doppelt so breit wie der vorletzte; ungenabelt. **L.:** Unter Laub und Steinen in feuchten Wäldern. Pyrenäen, Alpen, Karpaten, N-Balkanhalbinsel, Italien; in Deutschland außer dem Alpengebiet nur in den Tälern der Alpenflüsse und zerstreut durch die Mittelgebirge nordwärts bis zum Teutoburger Wald.

Siebenbürger Kristallschnecke (▷6) D, RL
Vitrea transsylvanica (CLESSIN 1877)
M.: Etwa gleich groß wie die vorige, ebenfalls ungenabelt; Gewinde fast eingeebnet; Umgänge einander stärker umgreifend, letzter etwa dreimal so breit wie der vorletzte; Mundsaum oben bogig vorgezogen. Das Tier legt im zurückspringenden oberen Mündungswinkel einen schmalen Mantellappen auf das Gehäuse, der bis zum Gewinde reichen kann. **L.:** An dauernd feuchten Stellen in Gebirgswäldern, sehr versteckt im Untergrund. O-Alpen, Karpaten-Gebiet, N-Balkanhalbinsel.

Gemeine Kristallschnecke (▷7) D
Vitrea crystallina (O. F. MÜLLER 1774)
M.: Meist etwas kleiner als die beiden vorigen Arten; Gewinde etwas erhoben, Umgänge oberseits leicht gewölbt, Unterseite stark gewölbt; Nabel eng, aber deutlich offen, noch den vorletzten Umgang zeigend. Tiere meist hellfarbig, seltener dunkel pigmentiert wie das abgebildete. **L.:** Unter Laub in feuchten Wäldern, außerdem charakteristisch für Auen und Erlenbrüche; die häufigste Art der Gattung. Fast ganz Europa.

Weitgenabelte Kristallschnecke (▷8–10) D, RL
Vitrea contracta (WESTERLUND 1871)
M.: Scheibenförmig abgeflacht mit auffallend flacher Unterseite; Nabel hohlkegelig, bohrlochartig offen. **L.:** Sehr verborgen in der Streu und unter Steinen, im SO des Verbreitungsgebiets fast ausschließlich unterirdisch lebend; kalkliebend. Verstreut über den größten Teil Europas ohne den Süden der Mittelmeerhalbinseln.

Enggenabelte Kristallschnecke (ohne Bild) D, RL
Vitrea subrimata (REINHARDT 1871)
M.: *V. diaphana* ähnlich, meist deutlich kleiner und zarter (kann aber deren Größe erreichen); Nabel sehr fein stichförmig offen, bei lebenden Tieren und frischen Gehäusen oft mit feiner Conchin-Membran verschlossen (verwitterte Exemplare vergleichen oder mit feinem Haarpinsel prüfen). Sehr variabel; das einzige sichere Merkmal ist der feine Nabelritz. **L.:** Meist in feuchten Bergwäldern unter Laub. Alpen, Karpaten und höhere Lagen der Mittelgebirge; zerstreut im Mittelmeergebiet.

1) Onglas, Dép. Ain, F – 2) Walbert b. Wallersheim, Eifel, Rheinl.-Pfalz, D – 3–4) Valle del Cervo, Piemont, I – 5) Taubenlochschlucht b. Biel, Kt. Bern, CH – 6) Trnovo ob Soči (Isonzo), Slowenien, YU – 7) Klingberg, Schl.-Holst., D – 8–10) Würmschlucht b. Mühlthal, Bayern, D.

2: Paarung; 4: Jungtier

1–4 = 3fach, 5–10 = 8fach

Unterfamilie Zonitinae

In Europa mit rund 60 Arten vertreten.

Albanische Glanzschnecke (▷ 1)
Paraegopis albanicus (ROSSMÄSSLER 1836)
M.: Gehäuse scheibenförmig mit kaum erhobenem Gewinde; Durchmesser bis 43 mm; weit und offen perspektivisch genabelt; letzter Umgang bei Jungtieren scharf gekielt, bei Erwachsenen gleichmäßig gerundet, mit hellfarbiger Binde; Oberseite sehr fein spiralig gekörnelt, hornbraun, Unterseite glänzend und gelblich. **L.**: Feuchte Felsklüfte in Dolinen und Poljen, oft mit *Dinarica pouzolzi* (S. 230) vergesellschaftet. S-Dalmatien, S-Bosnien, Herzegowina, Montenegro, N-Albanien.

Wirtelschnecke (▷ 2) D, RL
Aegopis verticillus (LAMARCK 1822)
M.: Gehäuse rundlich kegelförmig mit erhobenem Gewinde; offen zylindrisch genabelt; Jungtiere gekielt, Erwachsene mit gerundetem oder stumpf gekantetem letzten Umgang. Oberseite gegittert (nicht gekörnelt); hornfarben, mit hellen Zonen, die frühere Wachstumsunterbrechungen – sowohl im Winter, wie auch bei sommerlicher Trockenruhe – markieren. Die Nahrung bilden totes Pflanzenmaterial, Aas und kleinere Gehäuseschnecken. **L.**: Unter Laub und zwischen Steinen auf feuchtem Boden und an Sickerstellen in Bergwäldern niedriger Lagen, meist in lockerem Erdreich eingegraben. NW-Balkanhalbinsel und O-Alpen, bis Salzburger und Karnische Alpen, zerstreut bis ins Mährische Stufenland; deutsche Vorkommen bei Marktschellenberg, im Salzachtal und im südlichen Bayerischen Wald. 1880 im Englischen Garten von Landsberg/Lech künstlich angesiedelt. **Fortpflanzung:** Im

Aegopis verticillus mit frischem Gelege (Laufen/Salzach, Bayern, nat. Gr.).

Spätsommer werden in feuchter Erde unter Laub oder Totholz 1–2 Gelege von 20–50 kugeligen weichhäutigen Eiern abgesetzt, die sich in 3–4 Wochen entwickeln; Jungtiere erreichen die Geschlechtsreife meist am Ende des darauffolgenden Jahres, wachsen dann aber weiter.

Große Kielglanzschnecke (▷ 3)
Aegopis acies (A. FÉRUSSAC 1832)
M.: Gehäuse gewölbt linsenförmig; weit genabelt; mit scharfem zusammengedrückten weißen Kiel; Oberseite braun, fein gegittert, unter dem Kiel ein verwaschenes braunes Band, Unterseite hellfarbig, glänzend. **L.**: Unter Laub und Steinen meist in Buchenwäldern. Küstennahe Gebiete von Kroatien (vor allem Dalmatien) und Herzegowina. Im Gehäusebau ähnliche Formen, deren systematische Stellung noch unklar ist, finden sich in W-Griechenland.

Kleine Kielglanzschnecke (▷ 4)
Aegopis gemonensis (A. FÉRUSSAC 1832)
M.: Gehäuse im Vergleich zu den vorhergehenden Arten klein; offen und weit genabelt; Jungtiere sehr scharf gekielt, Erwachsene nur noch mit stumpfem Kiel; Oberseite fein gegittert mit Seidenglanz, Unterseite stark glänzend. **L.**: Meist in Bergwäldern unter Gesteinsschutt, bevorzugt in quelligen Bereichen. S-Rand der O-Alpen vom Val Sábbia (westlich Gardasee) bis Slowenien; fehlt im Etschtal.

Riesenglanzschnecke (▷ 5–6)
Zonites algirus (LINNAEUS 1758)
M.: Gehäuse sehr groß, mit flach kegelförmig erhobenem Gewinde; Durchmesser bis 55 mm; weit und offen genabelt; Jugendstadien (▷ 6 rechts unten) gekielt, Erwachsene mit gerundetem letzten Umgang; auf den oberen Umgängen spiralig gekörnelt, sonst grob gegittert. **L.**: In halboffenem Gelände, unter Steinen, totem Holz oder Gebüsch, im Boden eingegraben. S-Peloponnes und Kithira, Lesbos und gegenüberliegendes Festland bei Pergamon; Epirus; S-Frankreich, Ligurien, Apulien. Die Gattung *Zonites* (Riesenglanzschnecken) ist mit rund 30 Arten auf der Peloponnes, den Kykladen und den der kleinasiatischen Küste vorgelagerten Inseln von Lesbos südwärts sowie in W- und S-Kleinasien verbreitet und hat im Gebiet der südöstlichen Ägäis sicher ihr natürliches Zentrum. Im westlichen Mittelmeergebiet ist *Z. algirus* als einzige *Zonites*-Art ein fremdes Faunenelement. Er wurde bereits im Altertum (vermutlich von altgriechischen Seefahrern und Kolonisatoren) eingeschleppt. Sein Vorkommen im Westen ist daher ein bemerkenswertes Dokument antiker Kulturbeziehungen.

1) Njeguš oberhalb Kotor, Montenegro, YU – 2) Heiligenkreuz, Niederösterreich, A – 3) Split, Kroatien, YU – 4) Val Degana, Lombardei, I – 5) Viens, Dép. Vaucluse, F – 6) Serignan (Harmas de J. H. FABRE), Dép. Vaucluse, F.

6: im Versteck unter altem Weinstock

1–5 = nat. Gr., 6 = ½ nat. Gr.

Kleine Glanzschnecke (▷ 1)
Aegopinella pura (ALDER 1830)
M.: Gehäuse klein, Durchmesser unter 5 mm; Gewinde flach-kegelig; Nabel weit und flach trichterförmig; letzter Umgang gegen die Mündung stark erweitert, oberseits gedrückt und herabsteigend. **L.:** Zwischen totem Laub in mäßig trockenen Wäldern. Europa, im N bis S-Skandinavien, im S bis Katalonien, Mittelitalien, S-Bulgarien, in den Kaukasus und in den N-Iran.

Rötliche Glanzschnecke (▷ 2, 271/6) D, RL
Aegopinella nitidula (DRAPARNAUD 1805)
M.: Gehäuse größer, Durchmeser 6–8 mm, im Maximum bis 11 mm; Gewinde gewölbt flach-kegelig; Nabel ziemlich weit; Umgänge gut gewölbt, regelmäßig zunehmend, letzter gegen die Mündung kaum erweitert, nicht gedrückt; rötlich bernsteinfarben, Nabelfeld milchig weißlich. **L.:** In Laubwäldern. NW- und N-Europa, südlich der Norddeutschen Tiefebene zerstreut bis Oberschwaben, N-Bayern und Böhmen; außerdem auf den Azoren.

Weitmündige Glanzschnecke (▷ 3) D
Aegopinella nitens (MICHAUD 1831)
M.: Meist etwas größer als vorige, Durchmesser 7–10 mm, im Maximum bis 14 mm (S-Alpen); Gewinde flach-kegelig mit fast geraden Seitenlinien; Nabel ziemlich weit, trichterförmig; letzter Umgang gegen die Mündung kräftig erweitert und abgeflacht, etwa dreimal so breit wie der vorletzte; hell hornbraun. **L.:** Unter Laub und Steinen in feuchten Wäldern, besonders in niederen und mittleren Gebirgslagen. Alpen, W-Karpaten, deutsche und böhmische Mittelgebirge; nördlichster Fundort Bad Pyrmont (S-Niedersachsen).

Gegitterte Glanzschnecke (▷ 4) D, RL
Aegopinella ressmanni (WESTERLUND 1883)
M.: Größte Art der Gattung *Aegopinella*, Durchmesser 12–14 mm; Gehäuse sehr dünnwandig und zerbrechlich; Gewinde flach kegelförmig erhoben; Nabel offen und tief, aber ziemlich eng; letzter Umgang gegen die Mündung nach außen und unten stark erweitert und absteigend; Mündung sehr schief; Oberfläche sehr fein gegittert, dadurch matt seidenglänzend. In stärkerem Maße räuberisch als die vorhergehenden Arten, überfällt häufig andere Gehäuseschnecken. **L.:** Feuchte Schluchten und Quellfluren, meist im Boden eingegraben. O-Alpen und angrenzende Gebiete; vom östlichen Ober- und Niederbayern, dem Land Salzburg, der Steiermark, O-Kärnten und der Provinz Udine bis SW-Ungarn; isoliert in Tirol (Silltal).

Oliven-Glanzschnecke (▷ 5)
Retinella olivetorum (GMELIN 1791)
M.: Gehäuse sehr groß, gedrückt kugelig, mit stumpfer Spitze; weit trichterförmig bis perspektivisch genabelt; Umgänge rasch zunehmend, letzter zur Mündung stark erweitert und abgeflacht; hornfarben, manchmal mit olivgrünem Stich. **L.:** Am Fuß von Ölbäumen und in Kastanienwäldern; fast immer in der Erde vergraben, wo auch die Trockenzeiten überdauert werden. Verbreitungsschwerpunkt im Ligurischen Apennin und der Toskana; zerstreut bis S-Italien und Sizilien.

Waskonische Glanzschnecke (▷ 6)
Retinella incerta (DRAPARNAUD 1805)
M.: Kleiner und kugeliger als vorige; Nabel enger; Umgänge langsamer zunehmend, letzter kaum erweitert und gerundet; oberseits horn- bis kräftig rotbraun, Unterseite gelblich; meist stark glänzend. **L.:** Feuchte bis mäßig feuchte Wälder, unter Stauden und Geröll, oft tief eingegraben. SW-Frankreich und N-Spanien: Vom O-Kantabrischen Gebirge durch die Pyrenäen bis zur Ariège und Garonne.

Streifenglanzschnecke (▷ 7) D
Perpolita hammonis (STRÖM 1765)
M.: Gehäuse klein, im allgemeinen kleiner als bei der folgenden Art, Durchmesser meist unter 4 mm; Gewinde sehr flach; Umgänge rasch zunehmend, mit regelmäßigen Querrillen; letzter Umgang vor der Mündung auffallend erweitert, Mündung elliptisch; Nabel offen und nicht sehr tief, durch den letzten Umgang stark erweitert; meist rotbraun (selten albin, dann sorgfältig mit folgender Art zu vergleichen). **L.:** In der Streu mittelfeuchter Wälder, besonders in bodensauren Buchenwäldern; manchmal in offenen Biotopen. Fast ganz Europa ohne den S der Mittelmeerhalbinseln; N-Asien.

Weiße Streifenglanzschnecke (▷ 8) D, RL
Perpolita petronella (L. PFEIFFER 1853)
M.: Voriger Art ähnlich, im allgemeinen etwas größer, Durchmesser meist über 4 mm; Gewinde stärker erhoben; letzter Umgang weniger erweitert, Mündung mehr gerundet; Nabel enger, tiefer trichterförmig und regelmäßig spiralig; gelblichweiß bis grünlich. **L.:** Kühlere und feuchtere Biotope als *P. hammonis*; Alpenrasen, Sümpfe und Erlenbrüche. N- und Mitteleuropa, Alpen und W-Sibirien; nur im Norden und in den Alpen häufig, im Zwischengebiet zerstreute Reliktstandorte.

1) Grande Chartreuse, Dép. Isère, F – 2) Klingberg, Schl.-Holst. D – 3) Iller-Auwald b. Regglisweiler, Bad.-Württ., D – 4) Tscheppaschlucht am Loiblpaß, Kärnten, A – 5) Lámole in Chianti, Toskana, I – 6) Foix, Dép. Ariège, F – 7) wie 2 – 8) Schwillach-Moos, Lkr. Erding, Bayern, D.

4: *Aegopinella ressmanni* überfällt *Kosicia intermedia*

1 u. 7–8 = 6fach, 2–4 = 3fach, 5–6 = nat. Gr.

Unterfamilie Oxychilinae

In Europa mit rund 75 Arten vertreten.

Ägäis-Glanzschnecke (▷ 1)

Eopolita protensa (A. Férussac 1832)

M.: Gehäuse sehr dünnschalig, fast flach und weit genabelt; letzter Umgang gegen die Mündung stark erweitert; gelblich hornfarben. Zur Trockenruhe wird in der Mündung eine starke Schwelle gebildet, die im oberen und unteren Mündungswinkel in einem Knötchen endet und bei weiterem Wachstum nicht resorbiert wird (bleibt als helle Zone sichtbar). Die Trockenruhe, in der das Gehäuse mit einem sehr dicken Schleim-Epiphragma verschlossen wird, dauert meist von Mai bis Oktober. **L.:** Unter Steinen und in Felsspalten, oft tief im Boden. Attika, Kykladen und Sporaden, Kreta, Zypern; Küstengebiete der W- und S-Türkei und von Syrien bis N-Israel.

Knoblauch-Glanzschnecke (▷ 2) D, RL

Oxychilus alliarius (Miller 1822)

M.: Gehäuse klein mit stumpf kegelig erhobenem Gewinde; Durchmesser meist unter 7 mm; Nabel ziemlich weit; fast glatt und stark glänzend, rötlich braun; Tier schwärzlich blau. Starker Knoblauchgeruch bei Reizung. Lebt vor allem räuberisch von anderen Gehäuseschnecken. **L.:** Unter Laub und Steinen in Laubwäldern. NW-Europa (Island, norwegisches Küstengebiet, S-Skandinavien, Norddeutsche Tiefebene und Britische Inseln); zerstreut in den Mittelgebirgen, der Schweiz und Vorarlberg; außerdem Toskana, Katalonien und Azoren; häufig verschleppt.

Schweizer Glanzschnecke (▷ 3–4) D

Oxychilus helveticus (Blum 1881)

M.: Voriger Art ähnlich, aber größer; Durchmesser meist über 8 mm; oberseits stärker gewölbt und enger genabelt. Ein Merkmal am lebenden Tier ist der schwarze Mantelsaum. **L.:** Feuchte, schattige Standorte in Wäldern und zwischen Felsgeröll. W-Europa von den Britischen Inseln bis zur Schweiz und von den W-Pyrenäen bis zum Kantabrischen Gebirge; neuerdings auch in Deutschland im südlichen Pfälzerwald festgestellt.

Oxychilus draparnaudi frißt an einem verletzten Regenwurm (Crest, Dép. Drôme, 3fach).

Keller-Glanzschnecke (▷ 5–6) D

Oxychilus cellarius (O. F. Müller 1774)

M.: Gehäuse scheibenförmig, flachgedrückt mit schwach gewölbtem Gewinde; Durchmesser meist unter 11 mm; Nabel trichterförmig offen; Naht verflacht; fast glatt und stark glänzend, durchscheinend grau-gelblich, Unterseite heller. Fuß im allgemeinen blaugrau, sehr selten hellfarbig (▷ 6). **L.:** In mäßig feuchten Laubwäldern unter Laub und Fallholz und zwischen Gesteinsschutt; häufig im Kulturgelände unter Ziegelschutt, in feuchten Kellern und unter moderndem Holz. W- und Mitteleuropa; südlich der Donau und im Alpengebiet überwiegend als Kulturfolger; vielfach nach Übersee verschleppt.

Große Glanzschnecke (▷ 7) D

Oxychilus draparnaudi (Beck 1837)

M.: Größer als vorhergehende Art, Durchmesser meist über 12 mm; Gewinde meist deutlich kegelförmig erhoben; Nabelfeld flach eingesenkt, Nabel ziemlich weit, fast perspektivisch; Umgänge rasch zunehmend, letzter gegen die Mündung erweitert und mehr als doppelt so breit wie der vorletzte; unregelmäßig gestreift, matt glänzend; kräftig hornbraun. **L.:** An feuchten Orten unter Laub und Steinen im offenen und halboffenen Gelände. Ursprünglich nur in SW- und W-Europa bis SW-Deutschland heimisch; heute als Kulturfolger über ganz Mitteleuropa verbreitet und auch nach Übersee verschleppt.

Berg-Glanzschnecke (▷ 8) D, RL

Oxychilus mortilleti (L. Pfeiffer 1859)

M.: Größe wie vorige Art, aber im Gehäusebau *O. cellarius* ähnlich; etwas enger aufgewunden und stärker gewölbt; letzter Umgang etwa eineinhalbmal so breit wie der vorletzte; Naht tiefer rinnenförmig; Nabel mehr zylindrisch; meist dunkler gefärbt, hornfarben bis rötlich braun. **L.:** Biotope ähnlich der vorigen Art, aber auch in Wäldern. Schwerpunkt in den S-Alpen und Oberitalien; zerstreut in warmen Lagen der N-Alpen mit ihrem Vorland; isoliert im Altmühljura und in Mittelböhmen.

1) Kalymnos, GR – 2) Klingberg, Schl.-Holst., D – 3–4) Weissenstein, Kt. Solothurn, CH – 5) Hörlkofen, Lkr. Erding, Bayern, D – 6) Hohenmirsberger Platte b. Pottenstein, Bayern, D – 7) Crest, Dép. Drôme, F – 8) Braunau/Inn, Oberösterreich, A.

2 und 8: mit Gelege

1 = 1,5fach, 2–8 = 3fach

Samos-Glanzschnecke (▷ 1)
Oxychilus samius (E. von Martens 1889)
M.: Größte europäische *Oxychilus*-Art, Durchmesser bis 28 mm; Gewinde fast eben; Nabel eng; gelblich hornfarben, stark glänzend. Fuß gestreckt über 50 mm lang, hinten sehr schmal und zugespitzt. **L.:** In Höhlen und unterirdischen Hohlräumen. Mittlere W-Küste Kleinasiens, südliche Sporaden, Kykladen, Attika und Peloponnes.

Vorderkörper von *Oxychilus samius*. Die Genitalfurche und eine asymmetrische seitliche Verdickung am Vorderkörper sind stark ausgeprägt. Die Funktion dieser Bildungen ist noch unbekannt (Ephesos, 1,5fach).

Zypern-Glanzschnecke (▷ 2)
Oxychilus cyprius (L. Pfeiffer 1847)
M.: Ziemlich groß und mäßig gedrückt; Durchmesser bis 20 mm; unregelmäßig gestreift und matt seidenglänzend, unterseits abgeflacht; Nabelfeld eingesenkt, Nabel trichterförmig; hell hornbraun. Mantelwulst und Sohle orangefarben. **L.:** Unter Steinen; auch Kulturfolger. SW-Kleinasien, Zypern, ganz Griechenland, Albanien und Dalmatien.

Flache Glanzschnecke (▷ 3) D, RL
Oxychilus depressus (Sterki 1880)
M.: Sehr flach, Gewinde fast eben, Naht seicht; Nabel stichförmig, mit Conchinhäutchen verschlossen; glänzend, blaßgelblich bis weißlich. Drüsen im Mantelwulst jüngerer Tiere als rubinrote Körnchen durch die Schale sichtbar. **L.:** In Kalkschuttwäldern tief im Untergrund verborgen und in Höhlen. Alpen und Karpaten; Französischer bis Fränkischer und Polnischer Jura, Thüringer Wald, Erzgebirge und Sudeten; im S bis Montenegro und S-Bulgarien.

Glatte Glanzschnecke (▷ 4–5) D, RL
Oxychilus glaber (Rossmässler 1835)
M.: Ziemlich groß, Durchmesser bis 14 mm; Gewinde flach-kegelig; Unterseite gewölbt mit eingesenktem Nabelfeld; Nabel sehr eng, wird mit einem Mantellappen verschlossen (▷ 5); fast glatt, hochglänzend; rötlich braun. Gehäuse wird durch häufiges Lecken saubergehalten. **L.:** In Hangschuttwäldern und bei genügender Deckung im offenen Gelände, auch in Höhlen. Lückenhaft von Katalonien durch S-Frankreich, den Jura, die Alpen und Karpaten bis zum Balkan verbreitet; Mittelgebirge vom östlichen Erzgebirge bis Podolien; isoliert auf Gotland und in S-Italien; in Deutschland nur in S-Baden und der Fränkischen Schweiz.

Vielwindige Glanzschnecke (▷ 6)
Oxychilus polygyrus (Pollonera 1885)
M.: Gewinde flach; sehr eng aufgewunden; Durchmesser bis 12 mm; Nabel etwa 1/10 des Gehäusedurchmessers; zartschalig, fast glatt und hochglänzend; dunkel rot- bis hornbraun. Bisher noch nie abgebildet! **L.:** In Buchenwäldern sehr verborgen im Urgesteinsschutt und unter Totholz. Nur aus einem eng begrenzten Gebiet im nördlichen Piemont bekannt (Valle del Cervo, San Oropa, Pollone).

Familie Daudebardien – Daudebardiidae

Halbnacktschnecken. Gehäuse stark reduziert; Jungtiere können sich noch darin bergen. Die Tiere leben in Berg- und Hügelländern in feuchten, meist quelligen Bereichen unter dicken Lagen von Laub und in lockerem Gesteinsschutt. Sie ernähren sich von Regenwürmern, Insektenlarven und kleinen Schnecken. Die Gesamtverbreitung der Familie, die 24 Arten umfaßt, erstreckt sich vom Mittelrheingebiet und Sauerland über das Weserbergland, Thüringen, die Sudeten, Karpaten und die S-Ukraine bis Kurdistan und reicht im S bis N-Algerien (Tell-Atlas), Sizilien, Kreta, Zypern und Israel.

Rötliche Daudebardie (▷ 7–8) D, RL
Daudebardia rufa (Draparnaud 1805)
M.: Tier blaugrau, gestreckt bis 20 mm lang. Gehäuse länglich, Außenrand des letzten Halbumgangs gestreckt; Embryonalgewinde vom letzten Umgang umgeben; meist rötlich hornfarben, auch albin. **L.:** In mehreren Unterarten über das europäische und n-afrikanische Areal der Familie verbreitet.

Kleine Daudebardie (▷ 9) D, RL
Daudebardia brevipes (Draparnaud 1805)
M.: Gehäuse oval, Außenrand des letzten Halbumgangs gerundet; Embryonalgewinde nicht ganz vom letzten Umgang umgeben; häufiger gelblich hornfarben. **L.:** Oft mit *D. rufa* vergesellschaftet, aber viel seltener. Gesamtareal nahezu gleich, jedoch mit größeren Verbreitungslücken.

1) Ephesos, TR – 2) Birgi, Vilajet Izmir, TR – 3) Magdalensberg, Kärnten, A – 4–5) Ruine Merkenstein, Niederösterreich, A – 6) Pollone b. Biella, Piemont, I – 7) Barterode, Niedersachsen, D – 8) Rottachberg b. Immenstadt, Bayern, D – 9) München-Großhesselohe, Bayern, D.

1–2 = 1,5fach, 3–7 = 3fach, 8–9 = 6fach

Familie Kielschnegel – Milacidae

Nacktschnecken mit vollständig im Mantel eingeschlossenem Gehäuserudiment (Schälchen). Mantel mit hufeisenförmiger Rinne, Atemloch hinter der Mantelmitte; scharfer Kiel über den ganzen Rükken; Schleim zäh und klebrig. Kielschnegel sind Pflanzenfresser und nachtaktive Bodentiere, die Trockenzeiten in schleimverklebten Erdkokons überdauern. Die Familie ist im gesamten Mittelmeergebiet verbreitet und in der europäischen Fauna mit 37 Arten vertreten.

Schwarzer Kielschnegel (▷ 1) (D)
Milax nigricans (Philippi 1836)
M.: Gestreckt 60–75 mm lang; meist mit schwarzem Rücken und aufgehellten Flanken, manchmal heller bis blaß blaugrau; Runzeln ziemlich grob, Sohle einfarbig cremefarben. Jungtiere gelblich. **L.:** Meist in Gärten, auf Schuttplätzen u. ä. W-Italien, Sardinien, Sizilien, Malta, Balearen, nw-afrikanische Küstengebiete, Kanarische Inseln; häufig mit Gemüse verschleppt.

Dunkler Kielschnegel (▷ 2) D, RL
Milax gagates (Draparnaud 1801)
M.: Voriger Art ähnlich; meist etwas kleiner und hellfarbiger, kann aber ebenso schwarz werden; Runzeln feiner, Mantel verhältnismäßig größer, Sohle dunkler, oft mit schwärzlichen Rändern. Die allgemein trägen Tiere zeigen manchmal einen Abwehrreflex, indem sie sich bei Berührung heftig herumschleudern. **L.:** Meist im Kulturgelände, besonders häufig in Küstennähe. W-Europa und westlicher Mittelmeerraum (ostwärts bis zum Rhônedelta, und den Balearen); in Deutschland im nordwestlichen Rheinland; fast weltweit verschleppt.

Großer Kielschnegel (▷ 3) D, RL
Tandonia rustica (Millet 1843)
M.: Gestreckt 80–100 mm lang; rötlich bis gelblich grau, schwarz gepunktet, mit hellem Kiel und dunklen Mantelbinden; Sohle cremefarben. **L.:** Besonders in kalkschuttreichen Hangwäldern. Zerstreut von S- und Mittelfrankreich bis nach Rumänien; am Alpensüdrand geschlossen verbreitet; in Deutschland in warmen Mittelgebirgslagen (im N bis ins Weserbergland).

Boden-Kielschnegel (ohne Bild) D
Tandonia budapestensis (Hazay 1881)
M.: Gestreckt 50–60 mm lang; schlank und schmal; braun bis dunkelgrau; sehr fein schwarz und gelb gemustert, Kiel gelblich; Sohle gelblichgrau. **L.:** Überwiegend im Kulturgelände, meist tief versteckt. Ursprungsgebiet vermutlich SO-Alpen und N-Balkan; als Kulturfolger weit über W- und Mitteleuropa verbreitet.

Berg-Kielschnegel (▷ 4)
Tandonia robici (Simroth 1885)
M.: Gestreckt bis 50 mm lang; beige-olivfarben bis graubraun; Kiel hell, wenig hervortretend; Sohle cremefarben. In der Ruhe breiten sich die Tiere oft flach »asselartig« aus. **L.:** In montanen Kalkschuttwäldern an feuchten Stellen unter Laub und Steinen. Karawanken, Julische Alpen, im S bis Istrien.

Balkan-Kielschnegel (▷ 5–6)
Tandonia kusceri (H. Wagner 1931)
M.: Gestreckt bis 80 mm lang; rötlich- oder gelblichbraun, mit sehr deutlicher Mantelrinne; Kiel ziemlich flach. Von *T. rustica* durch Schlankheit und schwächere Fleckung zu unterscheiden und von *T. sowerbyi* durch den flacheren Kiel. **L.:** In Wäldern und im Kulturgelände. Weit verbreitet auf der westlichen Balkanhalbinsel.

Gelblicher Kielschnegel (ohne Bild)
Tandonia sowerbyi (A. Férussac 1823)
M.: Voriger Art sehr ähnlich, aber Kiel schärfer; hell bis dunkel braungelb oder graubraun. **L.:** In offenen Biotopen, vor allem Gärten. W-Europa von den Britischen Inseln bis S-Portugal, Italien, Griechenland; vielfach verschleppt.

Familie Mantelschnegel – Parmacellidae

Große Nacktschnecken mit sehr großem Mantel; Atemloch hinter der Mitte; Schwanzende gekielt. Gehäuserudiment mit halbkugeligem Embryonalgewinde, das in eine flache Kalkplatte übergeht (▷ 7 Nebenbild). Nachtaktive Pflanzenfresser. Mit etwa 15 Arten im westlichen und südlichen Mittelmeergebiet und vom Kaukasus bis Mittelasien verbreitet. **Fortpflanzung:** 20–60 große, ovale, weichhäutige Eier werden meist im zeitigen Frühjahr abgelegt; Schlupf nach etwa 4 Wochen. Anfangs können sich die Jungtiere noch ganz ins Gehäuse zurückziehen, das später vom Mantel überwachsen wird. Wahrscheinlich einjährig.

Iberischer Mantelschnegel (▷ 7)
Parmacella valenciennii Webb & van Beneden [1836
M.: Gestreckt bis 100 mm lang; braunrot bis bräunlich olivfarben. **L.:** Steinige Strauchsteppen, Garigues. Iberische Halbinsel, isoliert in S-Frankreich.

1) München (b. d. Großmarkthalle), Bayern, D – 2) Helgoland, D – 3) Crest, Dép. Drôme, F – 4) Trnovo ob Soči (Isonzo), Slowenien, YU – 5–6) Limenas auf Thasos, GR – 7) Plaine de la Crau, Dép. Bouche-du-Rhône, F (nach MOQUIN-TANDON 1855), Schälchen: Gibraltar.

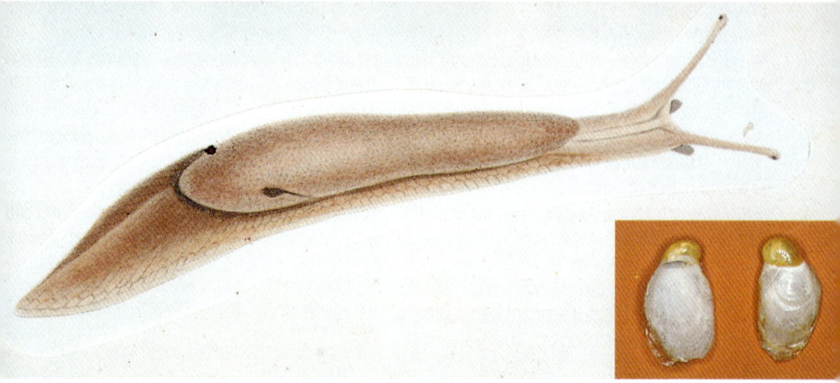

1–3 u. 7 = nat. Gr., Schälchen = 1,5fach, 4–6 = 1,5fach

Überfamilie Schnegel – Limacacea
Nacktschnecken, deren stets vorhandenes Gehäuserudiment (Schälchen) vollständig im Mantel verborgen ist. Das Schälchen dient als Kalkspeicher. Atemloch hinter der Mitte des Mantels. Sohle in drei Längsfelder geteilt; Rücken meist nur am hinteren Ende gekielt; Schwanzende spitz, ohne Schwanzgrube. Holarktisch verbreitet.

Familie Großschnegel – Limacidae

Mittelgroß bis groß; die größten *Limax*-Arten können ausgestreckt kriechend über 30 cm lang werden. Bemerkenswert ist das komplizierte Paarungsverhalten, dessen Analyse für die Artabgrenzung wichtig ist. Da erst wenige Beobachtungen vorliegen, ist noch unklar, welchen der in großer Zahl beschriebenen Formen Artrang zukommt. Die Familie ist mit etwa 100 Arten westpaläarktisch verbreitet, Schwerpunkt in S- und SO-Europa.

Blau-Schnegel (▷ 1)
Bielzia coerulans (M. Bielz 1851)
M.: Gestreckt etwa 10–14 cm lang. Einfarbig blau oder malachitgrün bis schwarz; Jungtiere braun mit Seitenbinden. **L.:** Montane Laub- und Nadelwälder, meist am Boden. Karpaten und angrenzende Gebirge. **Fortpflanzung:** Geschlechtsreife Juni–Juli; Kopula am Boden; die Tiere haben, als einzige Ausnahme unter den Schnegeln, keinen Penis, sondern ein penisartiges Kopulations-Hilfsorgan, das die Tiere zum Austausch der Spermaflüssigkeit miteinander verbindet; nur ein Gelege mit 30–80 perlschnurartig zusammenhängenden Eiern; Alttiere sterben nach Eiablage, Jungtiere überwintern halbwüchsig.

Tigerschnegel (▷ 2) D
Limax maximus Linnaeus 1758
M.: Gestreckt bis 13 cm lang; hellbräunlich oder grau mit unregelmäßiger sehr veränderlicher dunkler Streifen- oder Fleckenzeichnung, im S auch einfarbig oder fein punktiert; Sohle einfarbig.
L.: Meist im Kulturgelände, oft in Kellern, im S auch in Wäldern. Ursprüngliche Heimat vermutlich SW-Europa; als Kulturfolger über fast ganz Europa verbreitet; auch nach Übersee verschleppt.
Fortpflanzung: Bei der Paarung hängen beide Partner verschlungen an einem bis 40 cm langen Schleimfaden frei herab. Penes weniger als körperlang; Eiablagen meist im Herbst, Gelege enthalten bis zu 200 große fast glasklare Eier (Entwicklung gut zu beobachten). Mehrjährig.

Schwarzer Schnegel (▷ 3–5) D
Limax cinereoniger Wolf 1803
M.: Gestreckt bis über 20 cm lang; graubraun und fleckig gestreift bis schwarz, Kiel meist hellfarbig abgesetzt, gelegentlich einfarbig tiefschwarz; Seitenfelder der Sohle grau bis schwarz, Mittelfeld scharf abgesetzt hellfarbig. Jungtiere braun mit undeutlicher Zeichnung und einfarbiger Sohle. Hauptsächlich Algen- und Pilzfresser (▷ 4). **L.:** Ausgesprochene Waldschnecke. Fast ganz Europa ohne N-Skandinavien und den äußersten Süden.
Fortpflanzung: Paarung meist an Bäumen, mit der Schwanzspitze an der Unterlage haftend; Penes etwa körperlang, umwickeln sich schraubenartig.

1) Západní Karpaty, CS – 2) Dachau, Bayern, D; Schälchen: Leobendorf, Niederösterreich, A – 3) Himmelberg b. Metten, Bayern, D; Schälchen: Oberbergen, Kaiserstuhl, Bad.-Württ., D – 4) Klingberg, Schl.-Holst., D – 5) Loiblpaß, Slowenien, YU.

4: an Pilzmyzelium fressend; 5: in Ruhe neben Kothaufen

1 = 1,5fach, 2–5 = nat. Gr., Schälchen = 1,5fach

Conéménos' Schnegel (▷1)
Limax conemenosi O. BOETTGER 1882
M.: Gestreckt 10–12 cm lang; schmutzig cremefarben, gelblich- oder rötlich-grau, mit zahlreichen, etwa 1 mm großen schwarzen Flecken übersät, die oft mit einem hellen Hof umgeben sind; Kiel kurz, wenig vortretend. Penis weniger als körperlang, Kopulationsweise unbekannt. **L.:** Wälder, Gebüsche und Kulturgelände. S-Jugoslawien, Bulgarien, fast ganz Griechenland ohne nordöstliche Inseln und Thrakien.

Korsischer Schnegel (▷2–5)
Limax corsicus MOQUIN-TANDON 1855
M.: Gestreckt 12–15 cm lang; bräunlich ockerfarben bis dunkel rotbraun, mit heller Rückenlinie und hellen Zonen auf den Flanken, die einen etwas dunkleren Bereich nach oben begrenzen; Fußsaum und Seitenfelder der Sohle rot, Mittelfeld gelblich bis rosa. Die Rückenzeichnung kann sehr verwaschen sein, so daß die Tiere fast einfarbig wirken.
L.: An feuchten Stellen in Buchen- und Edelkastanienwäldern, auch in der Macchie. Toskana bis N-Latium, Toskanische Inseln, Korsika und Sardinien.
Die Bilder (▷2–5) zeigen die bemerkenswerte **Paarung**, die vor allem im September und Oktober bei warmer Witterung und hoher Luftfeuchte stattfindet. Nach langer Verfolgungsjagd, die instinktsicher zu einem geeigneten Platz an Bäumen und Felsen (oder Mauern) führt, wo die Tiere unter gegenseitigem Belecken und Schnappen kreisförmig immer enger zusammenrücken, umwinden sie sich und der dabei abgesonderte Schleim bildet ein kurzes dreieckiges Schleimsegel, an dem hängend die Vereinigung vollzogen wird. Die Penes werden zunächst etwa 3 cm ausgestreckt und suchen sich in der Luft, um sich dann von der Spitze her spiralig zu umschlingen (▷2). Die Umschlingung wird immer enger, wobei auch die Geschlechtsöffnungen eng zusammenrücken (▷3). Mit dem Herabwandern der reiskornförmigen Spermamassen, die von bläulicher Blutflüssigkeit vorwärts gepumpt werden, verlängern sich die Penes immer mehr, wobei die spiralige Umschlingung der Enden immer enger wird (▷4–5) und die Länge fast 60 cm erreichen kann. Die Spermamassen werden an der Spitze jeweils an den Penis des Partners geheftet und bei der Verkürzung der Penes mit eingezogen. Die gesamte Vereinigung dauert 2–3 Stunden. Ein vergleichbar komplizierter und rätselhafter Kopulationsmodus, der sich in Einzelheiten teilweise erheblich unterscheidet, hat sich bei einer ganzen Reihe großer *Limax*-Arten herausgebildet. Am genauesten untersucht ist die folgende Art.

Redis Schnegel (ohne Bild)
Limax redii GERHARDT 1933
M.: Gestreckt 13–15 cm lang, ausnahmsweise bis 23 cm; isabell- bis bräunlich-sandfarben, meist mit zerstreuten schwarzen Punkten, selten einfarbig; Sohle einfarbig. **L.:** Laubmischwälder mit reichem Unterholz. Alpen-Südrand (Tessin und Lombardei westlich Comer See) und Bulgarien (Mittelbalkan und Rhodopen). Unterschiede bei der **Paarung:** Maximale Penislänge bis 85 cm, Penisenden kaum umschlungen, Spitzen greiferartig; Vorderende des Mantels wird röhrenförmig eingerollt; Dauer etwa 12 Stunden, maximal 20 Stunden.

1) Mara-Höhle w Drama, Makedonien, GR – 2–5) Massa Marittima, Toskana, I.

1–3 = nat. Gr., 4 = ¼ nat. Gr., 5 = ½ nat. Gr.

Rabenschnegel (▷ 1)
Limax carbonarius O. BOETTGER 1885
M.: Gestreckt 80–90 mm lang; dunkel schiefergrau bis glänzend tiefschwarz, manchmal mit aufgehellten Flanken; Sohle hell, mit angedunkelten Rändern; ziemlich gedrungen, Schwanzende breit zugespitzt, Kiel sehr kurz. **L.**: Meist in feuchten bewaldeten Bergschluchten, auch in Höhlen. N- und Mittelgriechenland.

Bierschnegel (▷ 2) D, RL
Limacus flavus (LINNAEUS 1758)
M.: Ausgestreckt 70–90 mm lang, ausnahmsweise bis 120 mm; gelblich bis orange, auch grünlichgrau, mit verwaschener Fleckung; Kiel kurz und schwach. Kopulationsstellung wie bei Arion, Übertragung des Spermas aber außerhalb des Körpers wie bei *Limax,* Dauer der Kopula nur wenige Minuten. **L.**: Meist in der Nähe menschlicher Siedlungen in Brunnen, altem Gemäuser u. ä., auch in Höhlen; nördlich der Alpen nur in feuchten Kellern. Ursprung im Mittelmeerraum, aber schon seit früher historischer Zeit weit über Europa verbreitet. Früher häufig in Bierkellern, wo die Tiere von ausgelaufenem Bier besonders angelockt wurden.

Grünschnegel (▷ 3)
Limacus maculatus (KALENICZENKO 1851)
M.: Voriger Art ähnlich; olivgrün und kontrastreicher gezeichnet. **L.**: Meist in natürlichen Biotopen unter Steinen und totem Holz, oft in Wäldern. In den Ländern rings um das Schwarze Meer und, mit großer Verbreitungslücke, in Irland, W-England und auf den Kanarischen Inseln.

Mittelschnegel (▷ 4)
Mesolimax brauni POLLONERA 1888
M.: Gestreckt 60–70 mm lang; Grundfarbe oliv- bis dunkelbraun mit kurzem hellfarbigen Kiel. Sohle cremefarbig mit fischgrätenartig nach hinten gewinkelten Querfurchen, Seitenfelder mit zwei Längsfurchen. **L.**: Meist sehr versteckt unter Steinen und dichter Vegetation. W- und SW-Kleinasien mit vorgelagerten Griechischen Inseln.

Pilzschnegel (▷ 5)
Malacolimax tenellus (O. F. MÜLLER 1774)
M.: Gestreckt 30–50 mm lang; blaß- bis bräunlich-zitronengelb, wachsartig durchscheinend, Kopf dunkler; sehr schwach gerunzelt und nur Schwanzende stumpf gekielt. Ernährt sich hauptsächlich von Algen, Flechten und Pilzen. **L.**: In Laub- und Nadelwäldern. N- und Mitteleuropa (ohne Island, Irland und N-Skandinavien); im S von O-Frankreich über die S-Alpen bis zur Dobrudscha.

Baumschnegel (▷ 6, 7 rechts) D
Lehmannia marginata (O. F. MÜLLER 1774)
M.: Gestreckt 60–75 mm lang; Grundfarbe hell graubraun mit heller Rückenlinie und dunklen Binden, die meist zu Flecken aufgelöst sind; weichhäutig und (besonders im durchsichtigen Hinterende) sehr wasserhaltig; bei Berührung wird viel wäßriger Schleim abgesondert. Schwanzende scharf gekielt, dachartig abgeschrägt. Auf Algen- und Flechtennahrung spezialisiert. **L.**: Hauptsächlich an Bäumen, bei Trockenheit unter Rinde und in Astlöchern. Fast ganz Europa.

Bergschnegel (▷ 7 links) D, RL
Lehmannia rupicola LESSONA & POLLONERA 1882
M.: Größe und Gestalt wie vorige, nicht ganz so wasserhaltig; dunkler, Grundfarbe braun; helle Rückenlinie sehr schmal oder fehlend, Seitenbinden auf dem Mantelschild gerader und von hellen Streifen eingefaßt. **L.**: Meist in hoch gelegenen Bergwäldern. Alpen (mit Schwerpunkt in den südlichen W-Alpen) und Pyrenäen.

Familie Wurmschnegel – Boettgerillidae

In gestrecktem Zustand wurmartig, mit hinten V-förmig zugespitztem Mantel in dessen Spitze das schmale Schälchen liegt. Vom Atemloch gehen nach vorn und hinten gebogene Mantelrinnen aus. Rücken mit durchgehendem Kiel, der hinten flossenartig zusammengedrückt ist und bei Reizung scharf hervortritt. Eine Gattung mit zwei Arten.

Wurmschnegel (▷ 8) D
Boettgerilla pallens SIMROTH 1912
M.: Gestreckt 40–50 mm lang, nur 2–3 mm breit; bleich bläulich- bis bleigrau, Kopf und Kiel etwas dunkler. Jungtiere gelblich bis schmutzigweiß. Nahrung vor allem Gelege der Wegschnecken, in deren Legehöhlen sich *Boettgerilla* festsetzt und ein Ei nach dem anderen ausfrißt (ein Nützling im Garten!). **L.**: Feuchte Bergwälder und feuchte schattige Kulturbiotope; in Bodenspalten und Regenwurmlöchern. Ursprünglich nur vom pontischen Kaukasus bekannt; ab 1960 nahezu schlagartig in fast ganz Europa aufgefunden. Die Art wird oft in abgelegenen naturnahen Biotopen gefunden, und das Vorkommen in W-Europa konnte nachträglich durch Sammlungsmaterial bis 1949 zurückdatiert werden; dies könnte dafür sprechen, daß sie nicht eingeschleppt, sondern früher übersehen wurde.

1) Kerkini, Makedonien, GR – 2) Pfälzer Weinkeller, Rheinl.-Pfalz, D – 3) Leenane, Galway, IRL – 4) Ephesos, TR – 5) Himmelberg b. Metten, Bayern, D – 6) Wutachschlucht, Bad.-Württ., D – 7) Wimbachtal, Nationalpark Berchtesgaden, Bayern, D – 8) Hörlkofen, Lkr. Erding, Bayern, D.

7: links *L. rupicola*, rechts *L. marginata*

1–4 = nat. Gr., 5–8 = 1,5fach

Familie Kleinschnegel – Agriolimacidae

Kleine schlanke und bewegliche Nacktschnecken mit ziemlich glatter Haut und kurzem Kiel. Mantel konzentrisch gerunzelt; Atemloch mit deutlich abgesetzter Randzone. Einfarbig oder gefleckt, niemals mit Längsbinden. Schleim klar oder milchig. Pflanzenfresser, die auch schädlich werden können. Holarktisch mit Schwerpunkt in der W-Paläarktis. **Fortpflanzung:** Penis mit unterschiedlich gestaltetem Reizkörper, der beim Paarungsvorspiel (▷ 4) eine wichtige Rolle spielt. Sperma wird außerhalb des Körpers übertragen, wobei die Vereinigung nur wenige Sekunden oder Minuten dauert. Eier, meist glashell, werden in Haufen von 20–50 Stück abgelegt. Einjährig oder kürzere Generationsfolge.

Wasserschnegel (▷ 1–2) D
Deroceras laeve (O. F. Müller 1774)
M.: Ausgestreckt 15–25 mm lang; meist dunkelbraun, auch fast schwarz oder hell schokoladefarben (in S-Europa, ▷ 2), meist mit dunklen Flecken; Sohle einfarbig braun. Häufig treten Formen mit rückgebildetem Penis auf, die sich durch Selbstbefruchtung vermehren. Bis zu fünf Generationen im Jahr. Einzige Landschnecke, die freiwillig ins Wasser geht und tagelang untergetaucht leben kann. Der Wasserschnegel macht besonders oft von der Fähigkeit Gebrauch, sich an einem langen Schleimfaden abzuseilen, um drohender Besonnung oder Austrocknung zu entgehen (▷ 1). **L.:** Dauernd nasse Biotope; Gewässerränder, Sümpfe und Sumpfwälder. Holarktisch verbreitet; ganz Europa.

Hammerschnegel (▷ 3) D
Deroceras sturanyi (Simroth 1894)
M.: Voriger Art ähnlich, aber größer und gedrungener; gestreckt bis 35 mm lang; honig- oder schokoladefarben (häufigste Variante) bis schwarz (vor allem an nassen Standorten); Randzone des Atemlochs gleichfarbig mit Mantel. **L.:** Meist trockenere Standorte als *D. laeve*, überwiegend im Kulturgelände. Mittel- und O-Europa; vielfach verschleppt.

Mittelmeer-Ackerschnecke (▷ 4) (D)
Deroceras panormitanum (Lessona & Pollonera 1882)
M.: Gestreckt 30–40 mm lang; hell- bis mittelbraun, manchmal schwach rötlich, meist mit zerstreuten dunklen Flecken, aber auch einfarbig; Randzone des Atemlochs hellfarbig gegen den Mantel abgesetzt. Schwanzende bei Reizung flossenartig. Lebhaftes Paarungsvorspiel mit Beißen und Schwanzschlagen (Bild). Bis zu drei Generationen im Jahr. **L.:** Hauptsächlich im Kulturgelände. Aus dem westlichen Mittelmeergebiet weltweit verschleppt; in Deutschland seit Ende der 70er Jahre in rascher Ausbreitung im Freiland.

Einfarbige Ackerschnecke (▷ 5) D, RL
Deroceras agreste (Linnaeus 1758)
M.: Gestreckt 30–40 mm lang; einfarbig gelblichweiß bis hell graugelb; dünnhäutig und durchscheinend. Wie bei den drei folgenden Arten eine Generation im Jahr und Geschlechtsreife im Herbst. **L.:** Feuchtwiesen und Erlenbrüche; im N auch im Kulturland, in Mitteleuropa nur in naturnahen Biotopen und selten. NW-Europa und W-Sibirien.

Genetzte Ackerschnecke (▷ 6) D
Deroceras reticulatum (O. F. Müller 1774)
M.: Gestreckt 40–60 mm lang; massiger und dickhäutiger als vorige Art; Grundfarbe bräunlich, meist dunkel netzartig gefleckt; sehr variabel: Flecken können fast völlig fehlen oder zusammenlaufen, so daß die Tiere schwarz wirken. **L.:** Fast nur im Kulturgelände; eine der häufigsten Nacktschnecken. Ganz Europa; im Süden seltener.

Verkannte Ackerschnecke (ohne Bild) D
Deroceras lothari Giusti 1971
M.: Voriger Art ähnlich; fast immer kleiner, schlanker und überwiegend hellfarbig. Ohne Anatomie nicht sicher bestimmbar. Hinweise auf das Vorliegen dieser Art ergeben sich aber aus dem Gesamteindruck einer Population. **L.:** Ähnlich wie *D. reticulatum*, aber auch in naturnahen Biotopen; seltener und mit Schwerpunkt im Süden.

Balkan-Schnegel (▷ 7)
Deroceras turcicum (Simroth 1894)
M.: Gestreckt 25–40 mm lang; hell cremefarben, *D. agreste* ähnlich, aber festhäutiger und gelegentlich zart gemustert. **L.:** Wärmeliebende Waldart; warme Hainbuchen- und Eichenmischwälder, auch in Schwarzkiefernwäldern. Von der südöstlichen Balkanhalbinsel bis zum Alpenostrand.

Heller Schnegel (▷ 8–9) D, RL
Deroceras rodnae Grossu & Lupu 1965 x)
M.: Gestreckt 35–45 mm lang; hell cremeweiß; schwache Fleckung meist vom milchigen Schleim überlagert. Einjährig, Lebenszyklus dem anderer Arten entgegengesetzt: Erwachsene im Frühjahr, im Herbst nur Jungtiere. **L.:** Feuchte Bergwälder und Hochstaudenfluren. Alpen- und Karpatengebiet; entlang der Flüsse ins Vorland.

1) Iller-Auwald b. Regglisweiler, Bad.-Württ., D – 2) Trnovo ob Soči (Isonzo), Slowenien, YU – 3) Pfatterer Au b. Pfatter, Bayern, D – 4) Reinbek b. Hamburg, Schl.-Holst., D – 5–6) wie 3 – 7) Ruine Merkenstein, Niederösterreich, A – 8) Laufen/Salzach, Bayern, D – 9) wie 1.

x) Sächs. Schweiz

1: am Schleimfaden; 3: beginnendes Paarungsvorspiel

1–9 = 1,5fach

Überfamilie Wegschnecken – Arionacea

Familie Wegschnecken – Arionidae

Einzige europäische Familie. Zwei Gattungen: *Geomalacus* mit Gehäuserudiment, *Arion* statt dessen nur manchmal mit losen Kalkkristallen. Atemloch vor der Mantelmitte, kein Kiel. Sohle breit und ungeteilt. Hinterende gerundet, mit Schwanzgrube. Ein Grundelement der Zeichnung sind die zügelartigen Binden auf Mantel und Flanken. Das vorn von den Sohlendrüsen abgesonderte Schleimband, auf dem die Tiere dahingleiten, wird in der Schwanzgrube wieder eingerollt und von Zeit zu Zeit gefressen (▷3). Pflanzenfresser, die frisches Aas und Kot nicht verschmähen. W-Paläarktis und Sibirien. **Fortpflanzung:** In der Paarung liegen die Partner halbkreisförmig mit geschwollenen Geschlechtsvorhöfen zusammen (▷7–8); da ein Penis fehlt, werden die Spermatophoren mit Hilfe ihres Bildungsorgans (Epiphallus), das wechselseitig eingeführt wird, innerlich übertragen. Eier kugelig bis oval; Gelegegröße zwischen 2–5 bei *A. intermedius* und bis zu 400 bei *A. lusitanicus*. Meist einjährig mit einer Fortpflanzungsperiode im Spätsommer oder Herbst, nach der die Tiere absterben; einige Arten bringen zwei Generationen im Jahr hervor.

Rote Wegschnecke (▷1–3, 7) D, RL
Arion rufus (LINNAEUS 1758)
M.: Gestreckt 12–15 cm lang, ausnahmsweise bis 18 cm; sehr variabel: Rot, orange, braun oder schwarz mit allen Abstufungen; Fußsaum fast immer rot bis gelbbraun; Sohle hellgrau bis rötlich. Bei der Paarung ausgestülpte Geschlechtsvorhöfe viel größer als bei den beiden folgenden Arten (▷7). Jungtiere (▷2) bleich gelblich bis hellorange mit dunklem Kopf, manchmal mit blassen Binden. **L.:** Wälder und feuchte Wiesen; zunehmend seltener werdend und fast völlig aus dem Kulturgelände verschwunden. Mittel- und W-Europa.

Schwarze Wegschnecke (▷4) D, RL
Arion ater (LINNAEUS 1758)
M.: Gestreckt 10–13 cm lang; tiefschwarz mit schwarzem Fußsaum und schwarzgrauer Sohle, selten dunkelbraun. Jungtiere elfenbeinfarbig mit schwarzem Kopf, werden rasch zartgrau und sind halbwüchsig oft schon ausgefärbt. **L.:** Bevorzugt in feuchten Biotopen, meist in Wäldern. N- und NW-Europa; Überschneidungsgebiet mit *A. rufus* in Dänemark, Schleswig-Holstein und S-England.

Spanische Wegschnecke (▷5–6, 8) D
Arion lusitanicus (MABILLE 1868)
M.: Gestreckt 8–12 cm lang; umbrabraun bis rötlichbraun (bis ziegelrot); Sohle meist dunkelgrau. Feiner gerunzelt als die vorhergehenden und straffhäutig. Große braune oder rote Exemplare äußerlich kaum von *A. rufus* zu unterscheiden; sichere Bestimmung ist durch die auffallend bunten, kräftig gebänderten Jungtiere möglich (▷6). **L.:** Kulturland; zunehmend (besonders durch Forstwegebau) in naturnahe Biotope eindringend, wo der einheimische *A. rufus* verdrängt wird. Die ursprünglich nahezu unbekannte lokale Art der westlichen Iberischen Halbinsel hat sich seit den 60er Jahren über fast ganz Europa verbreitet und ist heute die häufigste und einzige wirklich schädliche Nacktschneckenart.

1) Ebersbach/Fils, Bad.-Württ., D – 2–3) Iller-Auwald b. Regglisweiler, Bad.-Württ., D – 4) Klingberg, Schl.-Holst., D – 5) Hörlkofen, Lkr. Erding, Bayern, D – 6) wie 2–3 – 7) wie 1 – 8) wie 5.

3: »Recycling« des Schleims; 7 und 8: Paarung

1, 3–5 u. 7–8 = nat. Gr., 2 u. 6 = 1,5fach

Braune Wegschnecke (▷ 1–2) D
Arion subfuscus (Draparnaud 1805)
M.: Gestreckt 5–7 cm lang; ockergelb bis orange mit rostbraunem bis dunkelbraunem Rücken; Binden nach oben scharf begrenzt, nach unten verlaufend, rechte Binde auf dem Mantel umschließt das Atemloch; Sohle grauweiß bis gelblich weiß. Besonders im Norden des Verbreitungsgebiets orangefarbene Tiere ohne Binden (▷ 2). Rückenschleim orange (Fingerprobe!). Jungtiere kräftig und kontrastreich gezeichnet mit hinten spitz zusammenlaufenden Seitenbinden, über den Binden eine helle Zone, Rücken dunkel. **L.:** In Wäldern aller Art, auch in Nadelwäldern; bei feuchtem Wetter an Stämmen aufsteigend, häufig an Fruchtkörpern der Pilze. Fast ganz Europa, im S lückenhaft, im äußersten S fehlend.

Moor-Wegschnecke (▷ 3) D, RL
Arion brunneus Lehmann 1862
M.: Voriger Art in der Gestalt ähnlich (oft nur für eine Farbvariante gehalten); meist etwas größer; kaffeebraun mit schwarzbraunem Rücken und aufgehellten Flanken; Binden fehlend oder nur schwach angedeutet; Schleim blaßgelb oder farblos. Jungtiere mit dunklem Rücken und verwaschener Zeichnung. **L.:** Meist in vernäßten Biotopen; Quellsümpfe, Flachmoore und im Gebirge. Zerstreut und selten in Mitteleuropa. Durch Biotopvernichtung stark rückläufig.

Die Jungtiere der »Kielwegschnecken« lassen die kielartig hervorgehobenen Runzelreihen besonders deutlich erkennen. Oben: *A. silvaticus* (Laufen/Salzach), unten: *A. fasciatus* (Hamburg-Mellingburg), beide 2fach.

Gelbstreifige Wegschnecke (▷ 4) D
Arion fasciatus (Nilsson 1823)
M.: Gestreckt 4–5 cm lang, ausnahmsweise bis 7 cm; Rücken schmutzig gelbbraun bis graubraun; unter den dunkelbraunen, meist etwas verwaschenen Binden eine ockergelbe bis orangefarbene Zone; Flanken hell. Der Farbeindruck wird insgesamt von Braun- und Gelbtönen dominiert, reines Grau fehlt. Diese und die beiden folgenden Arten bilden die Gruppe der »Kielwegschnecken«, bei denen in der Rückenmitte eine unterschiedlich stark ausgeprägte erhabene Runzelreihe einen Kiel vortäuscht; dieses Merkmal ist bei Jungtieren stark ausgeprägt und schwächt sich im Alter ab.
L.: Meist in Kulturbiotopen, häufig in Gärten. N-, W- und Mitteleuropa.

Wald-Wegschnecke (▷ 5) D
Arion silvaticus Lohmander 1937
M.: Gestreckt 3–4 cm lang; Rücken aschgrau bis graubraun, Binden nach oben unscharf aber gegen die fast reinweißen Flanken scharf abgesetzt; Sohle meist weiß. Im Gesamtfarbeindruck dominieren Grau und Weiß. Jungtiere hell blaugrau mit weißlicher Kiellinie. Die Tiere sitzen in Ruhe oft asselartig flach ausgebreitet, wobei die hellen Flanken wie eine Umrahmung wirken. Bevorzugte Nahrung ist totes Laub; die Art spielt dadurch eine bedeutende ökologische Rolle beim Abbau der Laubstreu. **L.:** In feuchten laubreichen Wäldern des Berg- und Hügellands, im N auch in Moor- und Heidewäldern. N-, W- und Mitteleuropa, im SO bis Bulgarien (Rhodopen).

Graue Wegschnecke (▷ 6–7) D, RL
Arion circumscriptus Johnston 1828
M.: Gestreckt 3–5 cm lang; Rücken und Seiten stahlgrau bis bläulich dunkelgrau; Rücken oft etwas heller als die Flanken; Binden dunkelgrau bis fast schwarz, nach oben meist schärfer begrenzt als nach unten; besonders der Mantel oft grauschwarz gefleckt oder getüpfelt; Sohle weißlich. Jungtiere mit hellgrauen Flanken. In Ruhe ziehen sich die Tiere nicht asselartig zusammen wie *A. silvaticus*, sondern sitzen ausgestreckt meist etwas verdrückt in ihren Schlupfwinkeln; das kriechende Tier ist auffallend schmal und parallelseitig. Bevorzugte Nahrung sind Pilzmyzelien. **L.:** Kühlfeuchte Laubwälder, oft an Fallholz; vereinzelter und seltener als *A. silvaticus*. NW- und Mitteleuropa.

1) Klingberg, Schl.-Holst., D – 2) Hamburg-Mellingburg, D – 3) Osterseefilz, Bayern, D – 4) Isarmünd, Bayern, D – 5) Taubenlochschlucht b. Biel, Kt. Bern, CH – 6) Kiel, Schl.-Holst., D – 7) Enzelsberg/Salzach, Bayern, D.

»Fingerprobe«

1–7 = 1,5fach

Echte Gartenwegschnecke (▷ 1) D
Arion hortensis A. FÉRUSSAC 1819
M.: Gestreckt 3–4 cm, ausnahmsweise bis 5 cm; Rücken dunkelblau bis fast schwarz; Sohle meist dunkelgelb bis kräftig orangefarben; erste Runzelreihe über dem Fußsaum weiß. Binden auf dem Mantel enger als bei der folgenden Art und nach vorn parallel oder etwas auseinanderstrebend; die rechte Mantelbinde verläuft ganz oder zum größten Teil oberhalb des Atemlochs. Kopf und Fühler mit rötlichem Schimmer. **L.:** Laubwälder und Gebüsche, häufig im Kulturgelände. Britische Inseln, Frankreich, Niederlande, Belgien, SW-Schweiz; in Deutschland nur von einer Fundstelle im Niederbergischen Hügelland bekannt.

Gemeine Gartenwegschnecke (▷ 2) D
Arion distinctus MABILLE 1868
M.: Gestreckt 3–5 cm lang; Rücken meist gelbgrau oder braungrau durch fein verteilte gelbe Pigmentpünktchen, die sich meist auch bei dunklen und überwiegend grauen Exemplaren finden; Sohle hellgelb; erste Runzelreihe über dem Fußsaum nur etwas heller, aber nicht so deutlich weiß wie bei der vorigen Art. Mantelbinden eher am Rand und nach vorn genähert; Atemloch wird meist von der rechten Binde umschlossen. Kopf und Fühler dunkel blaugrau, ohne rötlichen Schimmer. Wurde früher nicht von der vorigen Art unterschieden. **L.:** Überwiegend im Kulturgelände. Weit verbreitet und häufig in W- und Mitteleuropa; im SO bis Bulgarien.

Alpen-Wegschnecke (▷ 3) D, RL
Arion alpinus POLLONERA 1887
M.: Gestreckt 2–3 cm lang; gelbbraun bis olivbraun mit schmalen, meist etwas verwaschenen Binden, von denen die rechte auf dem Mantel bogig oberhalb des Atemlochs verläuft; Sohle gelb; in den Südostalpen oft isabellfarben und kontrastreicher gezeichnet. Nahrung hauptsächlich Pilze und Falllaub. In kühlem Klima einjährig und nur im Herbst zu finden, in warmen Lagen überwintern die Erwachsenen. **L.:** In naturnahen Bergwäldern. N-, S- und O-Alpen mit Teilen der angrenzenden Vorländer und Mittelgebirge.

Igel-Wegschnecke (▷ 4–8) D, RL
Arion intermedius NORMAND 1852
M.: Gestreckt 2–2,5 cm lang; cremeweiß bis graugelb; gelegentlich mit undeutlich verschwommenen Binden; Sohle gelb, manchmal mit orangefarbenen Rändern; Schleim blaßgelb. In Ruhe (nur ungestörte Tiere in feuchtem Milieu) fast halbkugelig zusammengezogen mit stachlig erhabenen Rückenrunzeln; diese Stellung wird von halbwüchsigen Tieren häufiger eingenommen als von voll erwachsenen. Die Tiere pflanzen sich überwiegend (vielleicht sogar ausschließlich) durch Selbstbefruchtung fort, weshalb sich gelegentlich völlig abweichende Mutanten durchsetzen können, die unvermischt neben der Ausgangsform leben, wie die hier abgebildete seltene rein graue Form (▷ 6). In trockenen Wäldern kommt es zu einer Sommerstarre, die die Tiere mit eingekrümmten Rücken und nach außen gewölbter Fußsohle in kleinen Erdnestern verbringen, die sie aus sorgfältig sortierten Bodenpartikeln, die über die Sohle transportiert werden, aufbauen und mit Schleim verkleben (▷ 7–8).
L.: In der Laubstreu relativ trockener, oft bodensaurer Buchen- und Eichenmischwälder, aber rauch in Schwarzerlenbrüchen. W- und Mitteleuropa.

Gelbgefleckte Wegschnecke (Textbild)
Geomalacus maculosus ALLMAN 1843
M.: Gestreckt 5–9 cm lang; grünlich-grau, braun oder fast schwarz, mit unregelmäßigen gelben oder weißen Flecken und aufgehellten Flanken; Sohle cremefarben bis hellgelb. Jungtiere mit Seitenbinden, die im Alter meist verschwinden. Langsame träge Tiere, die an Felsen leben und den Aufwuchs von Algen, Flechten und Lebermoosen abweiden.
L.: SW-Irland, Bretagne (verschollen), N-Spanien und Portugal (reliktische lusitanische Verbreitung).

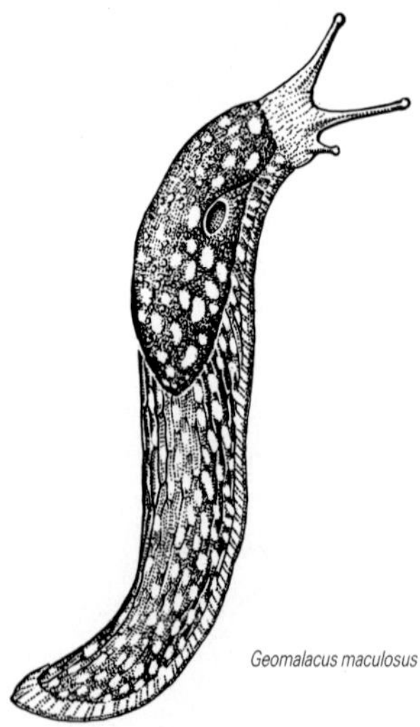

Geomalacus maculosus (1,5fach).

1) Maastricht, NL – 2) Gorges de Moutier, Kt. Bern, CH – 3) San Oropa b. Biella, Piemont, I – 4–8) Hamburg-Mellingburg, D.

7: Erdnester; 8: Erdnest geöffnet

1–3 u. 7 = 1,5fach, 4, 6 u. 8 = 2fach, 5 = 4fach

Überfamilie Schnirkelschnecken – Helicacea

Gehäuse meist rundlich, selten scheiben- oder kegelförmig, sehr selten reduziert; Mundsaum erwachsener Tiere gewöhnlich erweitert und gelippt. Das verbindende Merkmal ist der bei dieser Überfamilie am weiblichen Geschlechtsgang ansetzende Reizapparat, der in seiner ursprünglichen Form aus einem Pfeilsack mit Liebespfeil und zwei Schleimdrüsen besteht. Dieser Grundbauplan unterliegt mannigfachen Abwandlungen, die für die systematische Gliederung maßgebend sind. Alle Arten sind ovipar. Artenreichste Gruppe der Landlungenschnecken, die etwa ⅕ aller Arten umfaßt. Überwiegend auf die Nordhalbkugel beschränkt; Verbreitungsschwerpunkt in der W-Paläarktis.

Familie Steppenschnecken - Sphincterochilidae

Gehäuse dickschalig und meist kreideweiß (Totalreflexion des Sonnenlichts). Kalkgebundene Bodenschnecken in Felssteppen und Halbwüsten, die ihre Mündung stets mit einem verkalkten Epiphragma verschließen (▷ 7) und oft völlig ungeschützt in der heißen Sonne liegen (▷ 6). Sie sind nachtaktiv und ernähren sich von Flechten und Bodenalgen. In Trockenstarre können sie mehrere Jahre überdauern. Etwa 15 sehr variable Arten. Mediterrane Küstengebiete N-Afrikas, Spaniens, Frankreichs (bis Ligurien) und w-mediterrane Inseln; im Osten von der S-Türkei (Antalya) bis zum Sinai.

Algerische Steppenschnecke (▷ 1)
Sphincterochila cariosula (MICHAUD 1833)
M.: Alle Wachstumsstadien mit starkem zusammengedrückten Kiel; Umgänge auf der Oberseite fein gerunzelt und rauh, unterhalb des Kiels glatt, oben an der Naht knotig gekörnelt. Stumpf und schmutzig-weiß. Nabel (wie bei den beiden folgenden Arten) bei Jungtieren offen, erst bei Erwachsenen durch den Spindelumschlag verschlossen. **L.:** Ursprünglich nur Küstengebiet Algeriens; in der Maurenzeit nach S-Spanien (Velez Málaga) und W-Mallorca verschleppt.

Andalusische Steppenschnecke (▷ 2)
Sphincterochila baetica (ROSSMÄSSLER 1854)
M.: Gewinde kuppelförmig; letzter Umgang gerundet oder schwach kantig; nur in der Jugend gekielt. Die Umgänge setzen mit fein gekörnelter Kante meist etwas über dem glatten Kiel des vorhergehenden an. Oberseite gerunzelt, Unterseite glatt; glanzlos grau-weiß, manchmal mit undeutlichen braunen Flecken. **L.:** SO-Spanien (von Almería bis Alicante), N-Marokko, NW-Algerien.

Weiße Steppenschnecke (▷ 3–7)
Sphincterochila candidissima (DRAPARNAUD 1801)
M.: Voriger ähnlich, Umgänge rascher zunehmend und fast glatt; die Oberkante der Umgänge setzt oft etwas unterhalb des vorhergehenden fein gekörnelten Kiels an. Matt oder schwach glänzend und rein weiß. **L.:** Westliches Mittelmeergebiet, im Osten bis NW-Libyen und Malta.

Familie Neuwelt-Schnirkelschnecken Xanthonychidae

Die Familie umfaßt mit Gehäuse-, Halbnackt- und Nacktschnecken alle amerikanischen Helicacea. Ein Zweig dieser Familie war im Tertiär in Europa reich entfaltet und ist an dessen Ende bis auf die drei folgenden Arten ausgestorben.

Unterfamilie Eloninae

Banater Grundschnecke (▷ 8)
Soosia diodonta (A. FÉRUSSAC 1832)
M.: Sehr flach mit weitem perspektivischen Nabel; Oberfläche fein gekörnelt (ähnlich *Monachoides*); Mündung sehr schief, dreibuchtig queroval mit spitzem Zahnhöcker am Oberrand und breitem wulstigen Zahn am Unterrand. **L.:** Warm-feuchte Wälder unter Totholz. N-Serbien und S-Rumänien.

Landposthorn (▷ 9–10)
Elona quimperiana (A. FÉRUSSAC 1821)
M.: Flach, mit eingesenktem Gewinde, letzter Umgang stark überwiegend. Mantel mit zerstreuten schwarz-braunen Pigmentflecken. Dünnschalig, glatt und glänzend; Jugendgehäuse mit kurzen hinfälligen Haaren. Helle Zonen zeigen frühere Wachstumsunterbrechungen an. 2–3jährig. **L.:** Buchen- und Eichenwälder, auch an schattigen Felsen; braucht hohe Luftfeuchte; überwiegend nachtaktiv. Zerrissene Verbreitung: Bretagne und östliches atlantisches Küstengebiet Spaniens; in SW-Frankreich (zwischen Hendaye und Biarritz) erloschen. Steht in Frankreich unter strengem Naturschutz!

Pyrenäenschnecke (▷ 11–12)
Norelona pyrenaica (DRAPARNAUD 1805)
M.: Kleiner als vorige Art; Gewinde flach erhoben; in der Gehäusegestalt den hornbraunen Felsenschnecken ähnlich. **L.:** Feuchte, schattige Felsen und Gebüsche. Französische und spanische O-Pyrenäen von Andorra ostwärts.

1) Paguera, Mallorca, E – 2) Los Millares, Prov. Almería, E – 3) El Argar, Prov. Almería, E – 4–6) Castéllas de Roquemartin, Dép. Bouche-du-Rhône, F – 7) Al-Quaşrain (= Kasserine), Tunesien – 8) Mehadia, Banat, R – 9) Hendaye, Dép. Pyrénées-Atlantiques, F – 10) Brest, Dép. Finistère, F – 11) Prats-de-Mollo, Dép. Pyrénées-Orientales, F – 12) Sobrarbe, Prov. Huesca, E.

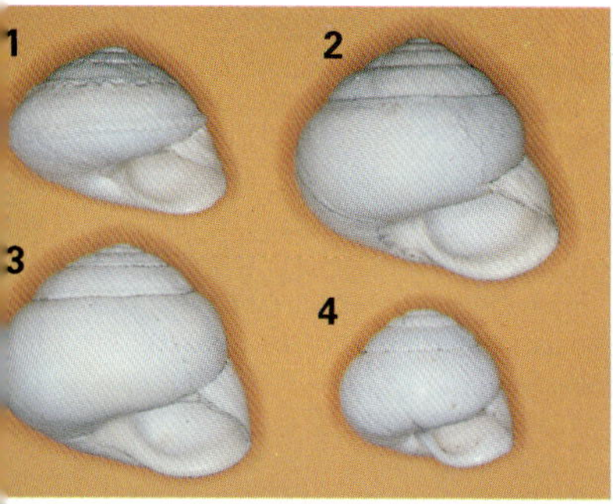

1–4 u. 9–12 = nat. Gr., 5 u. 7 = 1,5fach, 6 = ¼ nat. Gr., 8 = 2fach

Familie Strauchschnecken – Bradybaenidae

Artenreiche Familie mit Verbreitungsschwerpunkt in Zentral- und O-Asien einschließlich der tropischen Zone; greift nur mit einer Art nach W-Asien und Europa über. Stets nur ein Liebespfeil.

Strauchschnecke (▷ 1–2, Bild S. 286) D
Fruticicola fruticum (O. F. Müller 1774)
M.: Gehäuse kugelig; Größe sehr variabel, größter Durchmesser 13–25 mm; Mundsaum mit schwacher Lippe; dünnschalig mit dichten feinen gewellten Spiralrillen. Offen und tief genabelt. Gehäusefarbe grauweiß bis rötlichbraun oder violett. Farbvarianten entstehen vor allem durch Färbung und Pigmentverteilung des durchschimmernden Mantels. Fußrücken meist gefleckt. Eine Variante mit kastanienbraunem Kielband (▷ 2), das rezessiv vererbt wird, setzt sich vor allem unter kontinentalen Klimabedingungen durch (von O nach W abnehmend). **L.:** Auwälder und lichte Gebüsche; wärmebedürftig, aber empfindlich gegen Trockenheit. Fast ganz Europa ohne Britische Inseln und nördliche und südliche Randgebiete.

Die Strauchschnecke stillt ihren Kalkhunger, indem sie andere Schnecken (hier eine Gemeine Bernsteinschnecke) überfällt und das Gehäuse benagt (Iller-Auwald b. Regglisweiler, 1,5fach).

Familie Laubschnecken – Hygromiidae

Gehäuse meist deutlich unter 20 mm. Reizapparat oft verdoppelt oder reduziert. Liebespfeil wird abgeschossen (z. B. *Pseudotrichia*), teilweise wird nur zugestoßen (z. B. *Xerolenta*) oder er wird neben dem Penis eingeführt (z. B. *Candidula*). Paarungsverhalten vielfach unbekannt. Arten feuchter Biotope dünnschalig, bräunlich, oft behaart, meist mit hellem Kielband. In trockenwarmen offenen Biotopen festschalig, glanzlos kalkweiß und meist dunkel gebändert (Lebensformtyp der Heideschnecken). Verbreitung paläarktisch, größter Artenreichtum in S-Europa und den Kaukasusländern.

Unterfamilie Hygromiinae

Gemeine Haarschnecke (▷ 3, 7) D
Trichia hispida (Linnaeus 1758)
M.: Größter Durchmesser 6–9 mm; gedrückt mit schwach erhobenem bis flach-kegeligem Gewinde; fein gestreift, Haare kurz und dicht (▷ 7). Mündung unten abgeflacht mit schwellenartiger Lippe. Offen und weit genabelt. **L.:** Lichte Wälder, Gebüsche und Kulturbiotope; bevorzugt an Brennnesseln. Europa ohne südliche Halbinseln.

Auen-Haarschnecke (▷ 4) D, RL
Trichia coelomphala (Locard 1888)
M.: Größter Durchmesser 9–11 mm; sehr flach, oft mit fast eingeebnetem Gewinde; fein bis verlöschend gestreift, glänzend und erwachsen haarlos; hell hornfarben. Meist schwach gelippt. Nabel weit perspektivisch, etwa ¼ des Gehäuse-Durchmessers. **L.:** Weidengebüsche und Röhrichte in der Überschwemmungsaue. Donautal zwischen Günzburg und Kelheim und Rhône-Auen bei Lyon.

Halden-Haarschnecke (ohne Bild) D, RL
Trichia graminicola Falkner 1973
M.: Voriger ähnlich; Gewinde etwas enger und meist noch mehr abgeplattet; rippenstreifig, dunkler hornfarben bis rotbraun. Nabel noch weiter. Mündung schiefer mit kräftiger gerader Schwelle. **L.:** Wechselfeuchte grasige Halden in lichten Steilhangwäldern. Schwäbische Alb (Geislinger Steige und Umgebung Blumberg).

Seidige Haarschnecke (▷ 5, 8–9) D
Trichia sericea (Draparnaud 1801)
M.: Größter Durchmesser 6–8 mm; kugelig; mit langen gekrümmten Haaren (▷ 8–9). Umgänge gewölbter, rascher zunehmend und gröber gestreift als bei *T. hispida*; letzter Umgang und Mündung gleichmäßig gerundet; Lippe schwach, nicht schwellenartig. Nabel eng. **L.:** Krautschicht feuchter Wälder und Gebüsche. Alpen ohne O-Rand; im W durch Frankreich bis in die Pyrenäen und nach England; Mittelgebirge im N bis Teutoburger Wald.

Jura-Haarschnecke (▷ 6, 10)
Trichia plebeia (Draparnaud 1805)
M.: Meist größer als vorige; kräftiger gestreift, mit viel kürzeren sehr hinfälligen Haaren (▷ 10). Letzter Umgang schwach gekantet. Mündung mit kräftiger Lippe. **L.:** Trockenwarme Wälder und Gebüsche. Französischer Jura.

1) Iller-Auwald b. Regglisweiler, Bad.-Württ., D – 2) Kleinweichser Holz b Plattling/Isar, Bayern, D – 3) Hamburg-Blankenese, D – 4) Neuschwaig Donau, Bayern, D – 5) Vallorbe, Kt. Waadt, CH – 6) St.-Martin-du-Mont Dép. Ain, F – 7) Dachau, Bayern, D – 8) wie 5 – 9) Hohenmirsberger Platte b. Pottenstein, Bayern, D – 10) wie 6.

1–2 = 1,5fach, 3–6 = 3fach, 7–10 = 6fach

Berg-Haarschnecke (▷ 1)
Trichia montana (STUDER 1820)
M.: Größter Durchmesser 9–12 mm; Gewinde ziemlich flach gedrückt. Dünnschalig und durchscheinend, fein verlöschend gestreift und ziemlich stark glänzend; nur die allerfrühesten Jugendstadien äußerst hinfällig behaart. Hell hornfarben bis rötlichbraun. Enger gewunden als *T. striolata* und *T. clandestina*. Nabel offen trichterförmig.
L.: Bewaldete Felshänge und schattige Felsen. Französischer und Schweizer Jura.

Trichia montana, fressend (Taubenlochschlucht b. Biel, 3fach)

Aufgeblasene Haarschnecke (ohne Bild) (D)
Trichia clandestina (HARTMANN 1821)
M.: Voriger ähnlich, meist etwas kleiner; Umgänge rascher zunehmend, letzter auffallend aufgeblasen. Hell graubraun bis gelbgrau. Nabel sehr eng und erst durch den letzten Umgang etwas erweitert (Unterschied zu *T. montana*!). **L.**: Krautschicht von Bergwäldern und Kulturgelände. Schweizer Mittelland vom Vierwaldstätter See bis zum Thurtal; verschleppt in den Hegau.

Schweizer Haarschnecke (▷ 2)
Trichia caelata (STUDER 1820)
M.: Größter Durchmesser 7–8 mm; sehr stark gedrückt, fast scheibenförmig; Umgänge eng aufgewunden, stumpf gekantet, unterseits gewölbt; kräftig gestreift und ziemlich stark glänzend; nur in der frühesten Jugend schwach behaart. **L.**: Felsenschnecke an beschatteten Kalkfelsen. Schweizer Jura, nur im oberen Birstal.

Gestreifte Haarschnecke (▷ 3) D, RL
Trichia rufescens (DA COSTA 1778)
M.: Größter Durchmesser 10–14 mm; Gewinde regelmäßig flachkegelig; festschalig und kräftig unregelmäßig rippenstreifig; in der Jugend sehr hinfällig behaart. Matt gelbgrau bis dunkel rotbraun. Letzter Umgang stumpfkantig bis fast gekielt. Mündung unten abgeflacht mit kräftiger flacher Lippe, die gegen den unteren Mündungsansatz als gestreckte Schwelle ausgebildet ist. Nabel weit und offen. Größe und Gestalt sehr veränderlich; bildet mehrere geographische Rassen, deren Abgrenzung teilweise noch problematisch ist. **L.**: Kraut- und Strauchschicht in Gebieten mit hoher Luftfeuchte. Verbreitungsgebiet sehr zerrissen und durch Fehlbestimmungen teilweise unklar. Es umfaßt die Britischen Inseln und in Frankreich die Départements Nord, Pas-de-Calais und Seine-Atlantique. Ein zweites Zentrum sind Schwäbische Alb und Neckargebiet, von wo aus die Art sich rheinabwärts bis in die Kölner Bucht verbreitet hat. In den N-Alpen inselhaft verbreitet (Allgäuer, Lechtaler und Salzburger Alpen, Salzkammergut, Rax-Gebiet) und über das Iller-Lech-Gebiet zum Donautal, dem sie weitgehend geschlossen bis zum Ungar. Tiefland folgt.

Zottige Haarschnecke (▷ 4) D
Trichia villosa (DRAPARNAUD 1805)
M.: Größter Durchmesser 11–14 mm; Gewinde stumpf und wenig erhoben; grob runzlig gestreift, kräftig und sehr lang behaart (Länge der Haare bis 1,5 mm). Matt graugelb bis rotbraun. Umgänge gut gewölbt, Naht tief; Mündung gerundet mit schwacher Lippe. Nabel sehr weit. **L.**: Wälder und Gebüsche; ähnlich wie vorige auf hohe Luftfeuchte angewiesen. NW-Alpen von den Savoyer Alpen bis zum Karwendel und Französischer Jura bis südöstliche Schwäbische Alb. Als »Alpenschwemmling« in den Flußtälern weit ins Vorland verbreitet (Rhein bis Mainz, Iller- und Donautal bis Dillingen, Täler von Lech, Isar und Mangfall).

Böhmische Haarschnecke (▷ 5)
Trichia lubomirskii (ŚLÓSARSKI 1881)
M.: Größter Durchmesser 7–9 mm; Gewinde rein kegelig; sehr zartschalig, schwach und verlöschend gestreift, matt glänzend; sehr fein und hinfällig behaart (Länge der Haare 0,1 mm). Weißlichgrau bis grünlichgelb. Mündung gleichmäßig gerundet ohne Lippe. Nabel eng stichförmig. **L.**: Dichte Krautvegetation in mäßig feuchten Berg- und Auwäldern. Waldkarpaten, Beskiden, Sudeten und angrenzende Gebirge bis N- und Mittelböhmen; im Waldviertel nach Österreich einstrahlend.

1) Taubenlochschlucht b. Biel, Kt. Bern, CH – 2) Gorges de Moutier, Kt. Bern, CH – 3) Ulm, Bad.-Württ., D – 4) Iller-Auwald b. Dornweiler, Bayern D – 5) Hardegg/Thaya, Niederösterreich, A.

2

3

5

1–5 = 3fach

Einzähnige Haarschnecke (▷1) D, RL
Petasina unidentata (Draparnaud 1805)
M.: Größter Durchmesser 7–8 mm (Kleinformen der Alpen 5–6 mm); kugelig-kegelförmig mit abgeflachter Unterseite; in der Jugend meist gleichmäßig dicht behaart, im Alter weitläufiger und Haare abgestoßen; hornbraun bis rotbraun, oft albin. Mündung gestreckt querelliptisch, etwas nach außen und unten gezogen; die Lippe trägt am geraden Unterrand einen meist kräftigen Zahnhöcker. Nabel eng, bohrlochartig. Zahlreiche Lokalrassen. **L.:** Feuchte Wälder, bevorzugt in Hochstaudenfluren, auch über der Baumgrenze. Von der O-Schweiz durch die Alpen und das nördliche Alpenvorland bis in die W-Karpaten und den polnischen Jura. Obwohl als französische Art beschrieben, ist ihr Vorkommen in Frankreich zweifelhaft.

Samt-Haarschnecke (▷2)
Petasina subtecta (Polinski 1929)
M.: Größter Durchmesser 5–6 mm; meist gedrückt-kugelig mit gewölbter Unterseite; Behaarung sehr gleichmäßig, fein und kurz, Haare weniger als halb so lang wie bei der vorhergehenden Art; dunkel rotbraun, selten albin. Mündung etwas mehr gerundet; schwellenartige Lippe nur schwach zahnartig abgestutzt; Mundsaum kaum erweitert. Nabel stichförmig. **L.:** Bevorzugt trockenere und wärmere Biotope als vorige Art. Alpenostrand vom südlichen Wienerwald bis ins Grazer Bergland.

Zahnlose Haarschnecke (▷3–5) D, RL
Petasina edentula (Draparnaud 1805)
M.: Ähnlich *P. unidentata*, meist kleiner (6–7 mm) und mehr gedrückt; letzter Umgang etwas stärker gekantet. Mündung schmal sichelförmig, nach außen oben ansteigend; kräftig schwellenartig gelippt; Zahnhöcker fehlend oder schwach angedeutet. Zwei Haupttypen (mit zahlreichen Lokalrassen): (**1**) Im Westen (▷3–4) meist stärker kegelförmig mit flacher Unterseite und sehr engem, fast völlig vom Spindelumschlag bedecktem Nabel, nur Jungtiere hinfällig behaart (▷4). (**2**) Im Osten flacher mit gewölbter Unterseite und halboffenem bis offenem Nabel, kräftiger und dauerhafter behaart, z. B. *P. e. liminifera* (Held 1836), die Unterart der bayerischen Alpen (▷5). **L.:** In der Krautschicht und unter Laub und Steinen in feuchten Bergwäldern; nicht über der Baumgrenze. W-Alpen nördlich der Durance und Französischer Jura bis mittlere Schwäbische Alb, N-Alpen und zerstreut durch die O-Alpen südwärts bis zu den Julischen Alpen; kaum im Alpenvorland.

Farn-Haarschnecke (▷6)
Petasina filicina (L. Pfeiffer 1841)
M.: Größer als die vorhergehenden (8–11 mm); stark gestreift, mit dichter flaumartiger Behaarung. Letzter Umgang gedrückt aber nicht kantig; helles Kielband sehr deutlich. Mündung unten abgeflacht und seitlich ausgezogen; Lippe mäßig stark, ohne Zahn. **L.:** Krautschicht in Bergwäldern. Südliche O-Alpen und Dinarische Gebirge bis S-Serbien; isoliert in W-Ungarn und in der W-Slowakei.

Gemalte Heideschnecke (▷7–8)
Xeropicta krynickii (Krynicki 1833)
M.: Größter Durchmesser 11–16 mm; gedrückt kegelförmig mit etwas aufgeblasenem letzten Umgang; fein rippenstreifig und matt seidenglänzend. Mündung fast kreisförmig; Mundsaum gerade und scharf, innen mit Schmelzlippe. Nabel anfangs stichförmig eng, erst durch den letzten Umgang erweitert. Weiß oder gelblich mit dunklem Hauptband und 6–8 schwächeren Bändern auf der Unterseite, die meist zu Flecken aufgelöst sind; Oberseite meist axial gefleckt oder gepunktet. Die Zeichnung kann unterschiedlich abgeschwächt sein bis hin zu strahlendweißen Gehäusen. Von *Xerolenta obvia* durch das meist höhere Gewinde und die Nabelform zu unterscheiden, von Arten der Gattung *Cernuella* durch sehr feine Spirallinien (Lupe mindestens 6fach). Wie die meisten Arten vom Heideschnecken-Typ wird diese Art früh geschlechtsreif und wächst dann weiter. **L.:** Gras- und Strauchsteppen; häufigste Heideschnecke der Levante. Vom Schwarzmeergebiet durch Bulgarien, Griechenland und Kleinasien bis Ägypten.

In der Ruhe verschließt *Xeropicta krynickii* ihr Gehäuse meist mit einem dünnen Schleimhäutchen und bildet nur über der Atemöffnung einen porösen Kalkfleck (Kolossi, CY, 3fach).

1) Lebenau/Salzach, Bayern, D – 2) Ruine Merkenstein, Niederösterreich, A – 3–4) Grande Chartreuse, Dép. Isère, F – 5) Klingeckkopf b. Berchtesgaden, Bayern, D – 6) Tscheppaschlucht am Loiblpaß, Kärnten, A – 7) Paphos, CY – 8) Kolossi b. Limassol, CY

1, 3, 6 u. 8 = 3fach, 2 u. 4–5 = 6fach, 7 = 2fach

Quendelschnecke (▷ 1, 4) D, RL
Candidula unifasciata (Poiret 1801)
M.: Gedrückt kugelig; unregelmäßig fein bis grob rippenstreifig; weiß, meist mit dunklem Band und einigen blasseren Bändern oder Fleckenreihen auf der Unterseite, selten ungebändert. Nabel eng, nur durch den letzten Umgang etwas erweitert. **L.:** Trockenrasen und felsige Steppenheiden. W-Europa ohne Britische Inseln; zerstreute Vorkommen ostwärts bis W-Polen und Niederösterreich; südlich der Alpen vom Piemont bis W-Slowenien.

Gefleckte Heideschnecke (▷ 2) D, RL
Candidula intersecta (Poiret 1801)
M.: Stark gedrückt; regelmäßig grob rippenstreifig bis fein gerippt; schwach glänzend; Färbung und Muster sehr variabel, im Gesamtfarbeindruck dominiert graubraun bis braun. Umgänge schwach gewölbt, letzter gedrückt und stumpf gekantet. Nabel trichterförmig offen, durch den letzten Umgang nicht besonders erweitert. **L.:** Meist am Boden in offenen Biotopen, oft in Dünen. Portugal, NW-Spanien, Britische Inseln, W-Frankreich, Belgien, W-Niederlande, O-Holstein, O-Dänemark, Öland.

Helle Heideschnecke (▷ 3) D
Candidula gigaxii (L. Pfeiffer 1850)
M.: Flacher und meist größer als vorige; Umgänge rascher zunehmend, letzter verbreitert; schwach rippenstreifig und glanzlos; Gesamtfarbeindruck hellbräunlich-sandfarben mit blasser Bänderung. Nabel innen sehr eng, durch den letzten Umgang auffallend erweitert. **L.:** Ähnlich voriger, aber oft in der Vegetation aufsteigend; häufig individuenreich als Pioniersiedler auf Ödflächen. S-England, W- und S-Frankreich, Belgien, W-Niederlande; isoliert in Niedersachsen und im Thüringer Becken.

Behaarte Heideschnecke (▷ 5)
Xerotricha conspurcata (Draparnaud 1801)
M.: Ziemlich gedrückt; Umgänge gewölbt und stumpf gekantet; überwiegend braun, unregelmäßig gefleckt; mit feinen etwas weitläufig stehenden Härchen von 0,2–0,3 mm Länge. Oft mit Camouflage. **L.:** Unter Steinen und am Boden unter dichter Vegetation, oft in Mauerspalten. Im gesamten Mittelmeergebiet weit verbreitet.

Velours-Heideschnecke (▷ 6)
Microxeromagna vestita (Rambur 1868)
M.: Der vorigen Art äußerst ähnlich, aber Härchen viel kürzer, nur 0,05 mm lang, sehr gleichmäßig und dicht stehend. **L.:** Gleiche Biotope wie vorige. Iberische Halbinsel, Französische Mittelmeerküste, Ligurien, Emilia Romagna.

Östliche Heideschnecke (▷ 7–8, Bild S. 2) D, RL
Xerolenta obvia (Menke 1828)
M.: Gewinde fast flach; fein gestreift bis rippenstreifig; weiß, meist mit dunkelbraunen bis fast schwarzen oft fleckig aufgelösten Bändern. Letzter Umgang gegen die Mündung kaum absteigend. Mündung wenig schief und gerundet, Mundsaum gerade und scharf. Nabel etwa ¼ des Durchmessers, erst mit dem letzten Umgang stärker erweitert. Wächst nach der Geschlechtsreife weiter. Bei der Paarung wird nur die Spitze der Liebespfeile ausgestülpt (▷ 8). *X. o. dobrudschae* (Westerlund 1876) (▷ Seite 2), Unterart auf der östlichen Balkanhalbinsel und in NW-Kleinasien, unterscheidet sich durch niedrig kegelförmiges Gewinde, gewölbtere und enger aufgewundene Umgänge und oft weiten, perspektivischen Nabel; meist rein weiß, selten mit aufgelösten Bändern. **L.:** Steppen und trockene Grashänge, oft in ungeheuren Massen in der Vegetation in Trockenruhe. Von Kleinasien über die östliche und mittlere Balkanhalbinsel und die Karpatenländer bis zur S-Küste der Ostsee und nach SO-Frankreich; W-Grenze in Deutschland etwa an der Linie Heidelberg-Lübeck.

In der Legehöhle überwinternde Jungtiere von *Xerolenta obvia* (Langenlois, Niederösterreich, 5fach).

Westliche Heideschnecke (▷ 9–10) D, RL
Helicella itala (Linnaeus 1758)
M.: Gewinde flach-kegelförmig; verlöschend gestreift; gelblich mit blaßbraunen Bändern; letzter Umgang kurz und kräftig absteigend. Mündung schief und queroval, Mundsaum seitlich und unten erweitert. Nabel etwa ⅓ des Durchmessers, perspektivisch. Wachstumsabschluß bei Geschlechtsreife. **L.:** Feuchtigkeitsbedürftiger als vorige. Ganz W-Europa, im N bis S-Skandinavien, im O bis Mitteldeutschland und W-Niederösterreich.

1) Lenzenberg, Kaiserstuhl, Bad.-Württ., D – 2) Boxhill b. Dorking, Surrey, GB – 3) Hildesheim-Ochtersum, Niedersachsen, D – 4) Mt. Ventoux, Dép. Vaucluse, F – 5–6) Balzi Rossi b. Grimaldi, Ligurien, I – 7) Limenaria, Thasos, GR – 8) Langenlois, Niederösterreich, A – 9–10) Langwieder Kiesberge b. München, Bayern, D.

1–3 = 2fach, 4 u. 8 = 3fach, 5–6 = 5fach, 7 u. 9–10 = 1,5fach

Kugelige Heideschnecke (▷ 1–2) D, RL
Helicella bolenensis (Locard 1882)
M.: Kugelig mit gewölbten Umgängen; fein und dicht gerippt. Stumpf weiß, meist einfarbig, selten mit sehr blassen Bändern. Nabel eng, aber offen. **L.:** Sandige und steinige Trockenbiotope. SW-Provence;um die Jahrhundertwende in Deutschland eingeschleppt, heute stark zurückgehend.

Große Heideschnecke (▷ 3–4)
Xerosecta cespitum (Draparnaud 1801)
M.: Gewinde niedrig, letzter Umgang gleichmäßig gerundet; bräunlichgelb bis schmutzigweiß mit sehr variabler Bänder- und Fleckenzeichnung. Nabel etwa ⅕ des Gehäusedurchmessers. (Bild 6: Absetzen des Kotstrangs, der über die Fußsohle herausgezogen wird.) **L.:** S-Frankreich; übrige Verbreitung unklar. (Mit dieser Art werden viele Formen aus der gesamten Umrahmung des westlichen Mittelmeers identifiziert, sie ist aber bisher noch nie aus ihrer Originalfundgegend bei Montpellier anatomisch untersucht worden, weshalb die Zuordnung dieser Formen fraglich bleibt.)

Spanische Heideschnecke (ohne Bild)
Xerosecta arigonis (A. Schmidt 1853)
M.: Voriger ähnlich, Gewinde meist stärker erhoben; Grundfarbe fast immer gelblich. Nabel enger, meist weniger als ⅙ des Gehäusedurchmessers. **L.:** Häufig auf Ödland und an Feldrainen; bevorzugt in Küstennähe und in Tallagen. W-Spanien und Mallorca, greift beiderseits der Pyrenäen auch auf französisches Gebiet über.

Berg-Heideschnecke (▷ 5, 272/11)
Xerosecta introducta (A. & J. B. Villa 1841)
M.: Größer als die beiden vorigen; häufig nur schwach gebändert oder einfarbig schmutzigweiß. Nabel weit, fast perspektivisch, etwa ¼ des Gehäusedurchmessers. **L.:** Besonnte trockene Berghänge und Felsheiden; bis 1500 m NN. Meeralpen bis Ligurischer und Toskanischer Apennin.

Heidepicker (▷ 6)
Xerosecta explanata (O. F. Müller 1774)
M.: Oben flach, unterseits gewölbt; mit scharfem zusammengedrückten Kiel. Gelblichweiß bis braungelb. Nabel weit perspektivisch. Eine Reliktart mit nordafrikanischen Beziehungen. **L.:** In Küstennähe auf Sanddünen an der Trockenvegetation. Gesamte französische Mittelmeerküste (zwischen Aude und westlichem Rhône-Delta noch einigermaßen geschlossen verbreitet, in den übrigen Gebieten meist erloschen); außerdem an der spanischen Levante-Küste zwischen Gandía und Valencia.

Rotmündige Heideschnecke (▷ 7) D, RL
Cernuella neglecta (Draparnaud 1805)
M.: Der *Xerolenta obvia* ähnlich, aber Nabel meist enger, Bänderung weniger dunkel und Mündung innen braunrot, Lippe rötlich. Tierkörper dunkel. **L.:** Felsige Trockenrasen und Ödland. N-Spanien, S-Frankreich, Korsika, Mittelitalien. Eingeschleppt in Belgien, den Niederlanden, der Schweiz, W- und Mitteldeutschland, Böhmen und S-Polen.

Sandheideschnecke (▷ 8–9)
Cernuella virgata (Da Costa 1778)
M.: Kugelig mit hohem, etwas gewölbtem Gewinde; unregelmäßig rippenstreifig. Weiß bis gelbbraun mit dunklen Bändern. Mündung kreisrund. Nabel eng, oft vom Spindelumschlag halb verdeckt. Sehr variabel. **L.:** Trockenbiotope, meist in Küstennähe, oft in Dünen. Mittelmeergebiet ohne levantinische Küsten; atlantische Küsten bis zu den Niederlanden einschließlich der Britischen Inseln.

Ödland-Heideschnecke (▷ 10)
Cernuella cisalpina (Rossmässler 1837)
M.: Meist kleiner als vorige und enger aufgewunden. Grob rippenstreifig bis fein gerippt; gelblich bis bräunlich mit blasser Zeichnung. Nabel trichterförmig offen. **L.:** Meist in vegetationsarmen Trockenbiotopen am Boden; in besonderem Maße kulturfolgend. Italien und küstennahe Gebiete der Balkanhalbinsel; verschleppt nach Belgien.

Turban-Heideschnecke (▷ 11)
Xeromunda candiota (Mousson 1854)
M.: Kugelig-kegelförmig; Größe sehr variabel (7–12 mm); unregelmäßig gestreift; grauweiß bis bräunlich mit hellen Wachstumsabsätzen; manchmal mit fleckigem Mittelband; Mundsaum rötlichbraun, Lippe heller. Nabel stichförmig, zur Hälfte vom Spindelumschlag verdeckt. **L.:** Felssteppen und Kulturland. S-Italien, Küstengebiete von Algerien bis Syrien, südliche Ägäische Inseln, Zypern.

Kreta-Steinschnecke (▷ 12)
Metafruticicola sublectus (Maltzan 1884)
M.: Gedrückt rundlich mit flach gewölbtem Gewinde; fast glatt; grauweiß mit 3 rotbraunen Bändern. Mündung sehr schief; Mundsaum erweitert, mit schmaler Schwelle. Nabel eng, z. T. vom Spindelumschlag verdeckt. Epiphragma weiß verkalkt. **L.:** An Felsen, Steinen und Mauerwerk. Kreta.

1) Ludwigshafen/Rhein, Rheinl.-Pfalz, D – 2) Neubrandenburg, Mecklenburg, DDR – 3) Aiguines, Dép. Var, F – 4) Viens, Dép. Vaucluse, F – 5) Col de Tende, Dép. Alpes-Maritimes, F – 6) Sète, Dép. Hérault, F – 7) Bransat, Dép. Allier, F – 8) Wimereux, Dép. Pas-de-Calais, F – 9) Silivri am Marmara-Meer, TR – 10) Mantua, Lombardei, I – 11) Gortys, Kreta, GR – 12) Tílisios, Kreta, GR.

4: Absetzen des Kotstrangs

1–10 = 1,5fach, 11–12 = 2fach

Kantige Laubschnecke (▷ 1)
Hygromia cinctella (Draparnaud 1801)
M.: Niedrig kegelförmig; letzter Umgang scharf gekielt mit weißer Kante; dünnschalig, verlöschend gestreift, oft fein hammerschlägig; weißlichgrau bis hornbraun. Mundsaum kaum erweitert, nur wenig verdickt. Nabel sehr eng, vom Spindelumschlag fast vollständig verdeckt. **L.**: In niedrigem Buschwerk und frischer Krautvegetation, oft an Bachufern. S-Frankreich bis SW-Schweiz, Italien, NW-Jugoslawien; verschleppt nach SW-England (S-Devon), Österreich (Wien) und Ungarn (Budapest).

Zweizähnige Laubschnecke (▷ 2) D, RL
Perforatella bidentata (Gmelin 1791)
M.: Kugelig-kegelförmig, sehr eng aufgewunden, stumpf gekantet; rippenstreifig, unterseits glatter, ziemlich stark glänzend; hornbraun mit hellem Kielband. Mündung eng, mit verdicktem Mundsaum und zwei kräftigen Zahnhöckern auf dem Unterrand, die bei Wachstumsabschluß durch Einziehen des Mundsaum gebildet werden und denen daher außen zwei kleine Grübchen entsprechen. Nabel stichförmig, vom Spindelumschlag fast vollständig bedeckt. Liebespfeile S. 215, im Nebenbild rechts. **L.**: Bodenschnecke in Sumpfwäldern, besonders Erlen- und Weidenbrüchen. O-Europa vom Ural bis S-Finnland und O-Dänemark, im S über die Karpatenländer bis Slowenien und Kroatien; W-Grenze in Deutschland von Mittelholstein über das mittlere und obere Wesertal, Saaletal, mittlere Maintal und Regnitztal zum unteren Lechtal; die Vorkommen sind, besonders gegen W, meist sehr zerstreut, und die gegen Veränderungen des Wasserhaushalts und Überdüngung empfindliche Art ist vielerorts bereits erloschen.

Schatten-Laubschnecke (▷ 3–4) D, RL
Urticicola umbrosus (C. Pfeiffer 1828)
M.: Stark gedrückt; dünnwandig, verlöschend gestreift und gekörnelt (Lupe mindestens 6fach, Unterschied zu *Trichia rufescens*), blaß gelblichgrau bis rötlichbraun, mattglänzend. Mantelmuster oft durchscheinend. Letzter Umgang stumpf gekantet, vor der Mündung ziemlich stark absteigend; Mundsaum stark erweitert, mit schwacher Lippe. Nabel weit und perspektivisch. **L.**: Kraut- und Strauchschicht in feuchten Wäldern. Von der W-Ukraine über die N-Karpaten und den polnischen Jura bis in die östlichen deutschen Mittelgebirge, O-Alpen und das Alpenvorland; W-Grenze im östlichen Fränkischen Jura, in Oberschwaben, im Tiroler Inntal und im S in Bosnien.

Lavendelschnecke (▷ 5–6)
Urticicola glabellus (Draparnaud 1801)
M.: Gehäuse gedrückt kugelig mit stark gewölbter Unterseite; dünnwandig und durchscheinend, fein verlöschend gestreift, nur auf den oberen Umgängen schwach gekörnelt; stark glänzend; kräftig hornbraun bis rötlichbraun mit undeutlichem Kielband, Mündungsbereich oft rötlich; Mundsaum sehr schwach erweitert, mit schmaler vom Mundsaum abgesetzter Lippe. Nabel sehr eng, fast stichförmig. Diese und die folgende Art gehören zu einer wenig bekannten gebirgsbewohnenden (bis 2000 m NN) Schneckengruppe, die in den französischen Alpen und ihren Vorgebirgen verbreitet ist und nur in den oberen Tälern der Dora Baltea und Dora Riparia sowie in den Meeralpen auf italienisches Gebiet übergreift. Die erhebliche Variabilität der Größe (größter Durchmesser 6–13 mm), der Gewindehöhe und der Nabelweite hat zur Unterscheidung von 18 verschiedenen Arten geführt, die sicher auf sehr wenige zu reduzieren sind. **L.**: Unter Steinen und Polsterpflanzen; nicht kalkgebunden. Dauphiné-Alpen bis Provençalische Alpen und Vorgebirge bis in die Gegend von Toulon.

Ventoux-Lavendelschnecke (▷ 7–8)
Urticicola ventouxianus (Forcart 1946)
M.: Stark gedrückt; letzter Umgang schwach gekantet. Mundsaum fast gerade und auch unten kaum erweitert, innen lippenartig leicht verdickt, abgestumpft. Nabel ziemlich weit, besonders durch den letzten Umgang fast perspektivisch erweitert. **L.**: Ähnlich wie vorige, meist in höheren Gebirgslagen; anscheinend kalkgebunden. Französische Kalkalpen von der Grande Chartreuse bis zum Mont Ventoux.

Jungtier von *Urticicola ventouxianus* in Ruhestellung mit weißem kalkigen Epiphragma (Mt. Ventoux, 4fach).

1) Crest, Dép. Drôme, F – 2) Obermotzing/Donau, Bayern, D – 3–4) Weyarn a. d. Mangfall, Bayern, D – 5) Grand Canyon du Verdon, Dép. Var, F – 6) Gorges du Cians, Dép. Alpes-Maritimes, F – 7–8) Mt. Ventoux, Dép. Vaucluse, F.

8: an Lavendel fressend

1 = 2fach, 2–8 = 3fach

Inkarnatschnecke (▷1–3, 5) D
Monachoides incarnatus (O. F. MÜLLER 1774)
M.: Gedrückt kugelig, mit niedrig kegelförmigem Gewinde; fast glatt, mit feiner Schüppchenstruktur, nach Abrieb gekörnelt; meist glanzlos, Jungtiere (▷2) mit seidigem Schimmer; gelblich hornfarben bis rötlichbraun, Mündungsbereich meist rötlich. Mündung mit kräftiger, am Unterrand schwellenartiger Lippe. Nabel eng, aber offen, vom Spindelumschlag nur wenig überdeckt. In NW-Jugoslawien eine ausgeprägte geographische Rasse: ***M. i. welebitanus*** (L. PFEIFFER 1847) (▷3) mit meist größerem, mehr aufgeblasenem, hellfarbigem Gehäuse ohne rötlichen Mündungsbereich; Schüppchenstruktur etwa doppelt so fein und dicht wie bei Exemplaren nördlich der Alpen; Mündung nach außen verschmälert, mit fast geradem Unterrand; Nabel enger, fast stichförmig.
L.: Bodenschnecke, nur Jungtiere in der Krautvegetation aufsteigend; Laubstreu mäßig feuchter Wälder, unter Gebüschen und Felsgeröll. Mitteleuropa; das Verbreitungsgebiet reicht im W bis Mittelfrankreich, im S von den S-Alpen bis Bulgarien, im O bis zu den W-Karpaten (in der Norddeutschen Tiefebene bis zur Oder) und im N bis S-Schweden.

Karpaten-Laubschnecke (▷4, 6) D, RL
Monachoides vicinus (ROSSMÄSSLER 1842)
M.: Voriger Art ähnlich, jedoch Gewinde meist höher; Schüppchenstruktur etwa doppelt so grob wie bei dem typischen *M. incarnatus*; Mündung weniger schief und mehr gerundet; Lippe am Unterrand oft wulstig oder zahnartig. Nabel sehr eng stichförmig, meist vollkommen vom Spindelumschlag verdeckt. Ein lebhaftes Tier, das bei schnellem Kriechen das Gehäuse heftig hin und her schwingt (▷4).
L.: Wie vorige, aber in viel feuchteren Waldbiotopen, meist an sumpfigen Stellen oder an Bächen. Karpaten und äußeres Vorfeld, im W bis in die Sudeten und nach O-Böhmen; vereinzelte Vorkommen in den polnischen Mittelgebirgen bis zum Urwald von Białowieża; isoliertes Reliktvorkommen in der nördlichen Fränkischen Alb (zerstreut zwischen Scheßlitz, Pegnitz und Altdorf b. Nürnberg).

Behaarte Laubschnecke (▷7–9) D, RL
Pseudotrichia rubiginosa (ROSSMÄSSLER 1838)
M.: Kugelig mit abgestumpft kegelförmigem Gewinde; *Trichia sericea* (S. 202) sehr ähnlich, aber meist etwas höher aufgewunden; Mundsaum gerade und scharf, auch unten nicht erweitert und nicht gelippt; Nabel noch enger, fast stichförmig; Haare dichter und deutlich kürzer, nur wenig mehr als halb so lang, fast gerade und borstig abstehend; meist rötlichbraun, selten albin, fast nie hell hornfarben; Mantelwulst rötlich (▷9). Wie bei den vorhergehenden Arten (Gattungen *Hygromia* bis *Monachoides*) nur ein Liebespfeil, der bei dieser Art besonders groß ist und während der Paarung stets abgeschossen wird; das Nebenbild zeigt 2 Liebespfeile (links) im Vergleich zu denen der wesentlich größeren *Perforatella bidentata* (▷213/4). Die Art wird vor Wachstumsabschluß voll geschlechtsreif. Sie kann – als Anpassung an ihren Lebensraum – unter Wasser mit ausgestreckten Fühlern sehr gut kriechen. Die Gehäuse sind fast immer mit Schlamm verkrustet. **L.:** Auwiesen und Sümpfe im Überschwemmungsbereich größerer Flüsse und Flachmoore; durch Drainierung, Gewässerausbau und Überdüngung gefährdet. O-europäisch-sibirisch verbreitet: vom Ober- und Niederrhein durch O-Europa bis in den fernen Osten und vom N-Fuß des Kaukasus bis in die Tundra; isoliert in Mittelitalien; in Deutschland in den nördlichen Flachländern und im Donautal von Dillingen abwärts.

1) Illertissen, Bayern, D – 2) Jachenau, Bayern, D – 3) Taborska-Höhle b. Ljubljana, Slowenien, YU – 4) Hohenmirsberger Platte b. Pottenstein, Bayern, D – 5) wie 1 – 6) wie 4 – 7–9) Pfatterer Au b. Pfatter, Bayern, D.

2: Jungtier; 4: »schnell kriechend«

1 u. 3–7 = 2fach, 2 u. 9 = 6fach, 8 = 4fach, Liebespfeile = 6fach

Unterfamilie Geomitrinae

Kreta-Heideschnecke (▷1)

Trochoidea cretica (A. FÉRUSSAC 1821)

M.: Größe sehr variabel, größter Durchmesser 12–22 mm; kugelig mit breitem, meist ziemlich hoch kuppelförmig gewölbtem Gewinde; fein rippenstreifig; weiß, mit oder ohne braune Bänder, oft fleckig marmoriert. Obere Umgänge abgeflacht, letzter meist gerundet, selten stumpf gekantet. Nabel etwa ⅐ des Gehäusedurchmessers. Reiche Rassenbildung. **L.**: Trockenvegetation, meist in küstennahen felsigen Gegenden. Attika, Euböa, Ägäische Inseln von den nördlichen Sporaden bis Kreta und Rhodos, südliche kleinasiatische Küste, Zypern, afrikanische Küste von Tunesien bis Ägypten.

Zwerg-Heideschnecke (▷2) D, RL

Trochoidea geyeri (SOÓS 1926)

M.: Größter Durchmesser 5–7 mm; gedrückt kugelig mit stumpfer Spitze; grob runzelig gerippt; Jungtiere fein und kurz behaart; grauweiß mit blaßbrauner Zeichnung. Umgänge stark gewölbt; der letzte bauchig gerundet. Mundsaum scharf, innen sehr schwach gelippt. Nabel offen, aber eng, durch den letzten Umgang nicht erweitert. **L.**: Felsheiden und Trockenrasen. Sehr zerstreut von O-Frankreich und Belgien durch die deutschen Mittelgebirge bis Thüringen; isoliert auf der Insel Gotland.

Pyramiden-Heideschnecke (▷4)

Trochoidea pyramidata (DRAPARNAUD 1805)

M.: Niedrig kegelförmig mit flach gewölbter Unterseite. Letzter Umgang gerundet bis stumpf gekantet, nicht gekielt. Fein gestreift, matt seidig glänzend; einfarbig weiß, gebändert oder marmoriert. Nabel sehr eng. **L.**: Trockenvegetation, meist in Küstennähe. Alle Mittelmeerländer.

Kegelige Heideschnecke (▷3, 5)

Trochoidea trochoides (POIRET 1789)

M.: Voriger ähnlich, aber meist höher aufgewunden; Umgänge stufig, mit deutlichem, etwas zusammengedrücktem Kiel; Unterseite stärker abgeflacht; Nabel etwas enger. **L.**: Ähnlich wie vorige. Westliches Mittelmeergebiet und Adriaküsten.

Gekielte Heideschnecke (▷6)

Trochoidea elegans (GMELIN 1791)

M.: Größter Durchmesser 8–12 mm; Umgänge abgeflacht mit sehr scharf zusammengedrücktem Kiel; Spitze stumpf gerundet; ungebändert oder mit dunklem durchlaufendem Band über dem Kiel, Unterseite oft mit schmalem, unterschiedlich aufgelöstem Band. **L.**: Strandvegetation und offenes Ödland in Küstennähe. Westliches Mittelmeergebiet.

Malta-Heideschnecken der Gattung **Trochoidea** – ein Beispiel für die Artbildung auf Inseln.

Inseln zeichnen sich oft durch endemische Tier- und Pflanzenarten aus, deren besondere Vielfalt drei meist kombinierte Hauptursachen hat: (1) Die Besiedlung geht von abgeschnittenen Restpopulationen oder wenigen zufällig auf die Insel gelangten Individuen aus, die nur einen Teil des Erbguts der Ausgangspopulation in sich tragen und deren Nachfahren in verschiedenartige Biotope vordringen und sich unterschiedlich spezialisieren. (2) Wiederholte Einwanderung, wobei frühere Besiedler sich bereits soweit verändert haben, daß sie sich mit späteren Einwanderern der gleichen Stammart nicht mehr mischen. (3) Der geringere Selektionsdruck (z. B. durch weniger Konkurrenz und fehlende Räuber), der die Durchsetzung spontaner Erbänderungen ermöglicht und so zum Polymorphismus beiträgt, der wiederum eine Grundlage der oft reichen Rassenbildung abgibt. Da sich auf Inseln alle Stadien der Artbildung beobachten lassen, ist die Beurteilung einzelner Formen oft schwierig. Dies gilt auch für die Maltesischen *Trochoidea*-Arten, die enge Beziehungen zur Fauna Siziliens zeigen, mit dem Malta in der jüngeren Erdgeschichte mehrfach durch eine Landbrücke verbunden war. Auf Malta ist vor kurzem noch eine neue Art entdeckt worden, die nur ein winziges schwer zugängliches Kliffgebiet besiedelt. Eine ähnliche Vielfalt endemischer Heideschnecken, ebenfalls aus der Gattung *Trochoidea* findet sich u. a. auf den Balearen (6 Arten mit über 20 Rassen). Von den Maltesischen Inseln sind folgende Arten beschrieben:

Trochoidea despotti (SOÓS 1933) (▷7)
Wurde früher für eine Unterart von *T. pyramidata* (die auf Malta nicht vorkommt) gehalten. Eiland Filfla und gegenüberliegender Teil der Hauptinsel.

Trochoidea gharlapsi BECKMANN 1987 (▷8)
Nur bei dem Hafen Ghar Lapsi auf Malta.

Trochoidea ogygiaca (WESTERLUND 1889) (▷9)
Nur im S der Insel Gozo.

Trochoidea calcarata (BENOIT 1860) (▷10)
Häufig und verbreitet auf Malta und Gozo.

Trochoidea cucullus (E. VON MARTENS 1873) (▷11)
Nur im SW der Insel Malta.

Trochoidea schembrii (L. PFEIFFER 1848) (▷12)
Gozo, Comino und NW-Teil der Insel Malta.

Trochoidea spratti (L. PFEIFFER 1846) (▷13)
Im N der Insel Gozo und auf Comino.

1) Paphos, CY – 2) Mt. Ventoux, Dép. Vaucluse, F – 3) Finale Ligure, Ligurien, I – 4) Ephesos, TR – 5) wie 3 – 6) Gerona, Katalonien, E – 7) Insel Filfla, M – 8) Ghar Lapsi, M – 9) Gozo, M – 10) Dingli Cliffs, M – 11) Mthaleb, M – 12) wie 9 – 13) Comino, M.

1 u. 4–13 = 2fach, 2–3 = 3fach

Unterfamilie Ciliellinae

Hakenmundschnecke (▷ 1)

Mastigophallus rangianus (DESHAYES 1830)

M.: Linsenförmig mit scharfem Kiel; Mündung stark faltig verengt; Mundsaum an der Kiellinie hakenförmig eingekrümmt. Nabel ziemlich weit. Körper sehr zart und fast farblos. **L.**: An feuchten schattigen Plätzen im Lückensystem unter Trümmern von kristallinem Gestein und alten Mauern. Nur am Ostabfall der Pyrenäen zwischen Cerbères und Collioure sowie bei Ollioules im Dép. Var.

Geschnürte Grundschnecke (▷ 2)

Trissexodon constrictus (BOUBÉE 1836)

M.: Oberseits stark abgeflacht, Unterseite gewölbt; eng riemenartig aufgewunden. Letzter Umgang vor dem Mundsaum eingeschnürt; Mündung schmal sichelförmig, durch eine lange Lamelle auf der Mündungswand zusätzlich verengt. Nabel eng. **L.**: Ähnlich voriger, aber auch in Kalkgebieten. N-Abfall der französischen und spanischen W-Pyrenäen und östliches Kantabrisches Gebirge.

Linsenschnecke (▷ 3)

Caracollina lenticula (MICHAUD 1831)

M.: Flach linsenförmig und scharf gekielt; bräunlich sandfarben. Mündung zahnlos; Mundsaum kaum erweitert und nur schwach gelippt. Nabel ziemlich weit. In Trockenruhe mit festem verkalkten Epiphragma. **L.**: In Trockenbiotopen unter Steinen und dichter Bodenstreu. Gesamtes westliches Mittelmeergebiet und Mittelatlantische Inseln.

Schiefe Grundschnecke (▷ 4)

Oestophorella buvignieri (MICHAUD 1841)

M.: Gedrückt mit schwach erhobenem Gewinde, eng aufgewunden; letzter Umgang stumpfkantig und meist exzentrisch verzogen; Nabel verschlossen. Mündung mit starker Lippe, die am Außenrand einen Zahn trägt, der erst nach Wachstumsabschluß aufgesetzt und allmählich verstärkt wird. **L.**: Schattige, feuchte Plätze, unter Steinen. N-Spanien von Asturien bis in den W der Provinz Vizcaya.

Zweizähnige Grundschnecke (▷ 5)

Oestophora barbula (ROSSMÄSSLER 1838)

M.: Stark gedrückt mit flach gewölbtem Gewinde, stumpf gekielt. Mundsaum kräftig gelippt mit zwei Zähnen (innerer meist schwächer), die durch Einbuchtung des Mundsaums angelegt werden. Nabel perspektivisch. Häufigste Art (einzige mit zwei Zähnen) der mit etwa 20 Arten über die Iberische Halbinsel und NW-Afrika verbreiteten Gattung *Oestophora*. **L.**: Meist unter Steinen. Gesamte Iberische Halbinsel (Schwerpunkt im W) und Azoren.

Wimperschnecke (▷ 6–7)

Ciliella ciliata (HARTMANN 1821)

M.: Gewinde niedrig kegelförmig bis ziemlich flach, Unterseite gewölbt. Periostrakum-Schüppchen auf den Zuwachsstreifen; Kiel mit wimperartigen Periostrakum-Zipfeln. Mundsaum schwach erweitert, dünn gelippt. Nabel eng aber offen. **L.**: In feuchter Krautvegetation. W- und S-Alpen, im O bis zum Tagliamento und nach S-Kärnten, im S bis in den Toskanischen Apennin; isoliert in den O-Pyrenäen.

Unterfamilie Monachinae

Schlanke Spitzschnecke (▷ 8, 10)

Cochlicella acuta (O. F. MÜLLER 1774)

M.: Hoch getürmt; Höhe bis 25 mm mit bis zu 11 Umgängen; Umgänge in der Jugend gekantet; Mundsaum scharf, kein Wachstumsabschluß. Rein weiß bis bräunlich, geflammt oder dunkel gebändert. **L.**: Grasland und offene Trockenbiotope in Meeresnähe. Nördliches und westliches Mittelmeergebiet, atlantische Küsten bis Belgien, südliche und westliche Küsten Englands und Irland. Ins östliche Mittelmeergebiet verschleppt.

Mittlere Spitzschnecke (▷ 9, 11)

Cochlicella barbara (LINNAEUS 1758)

M.: Voriger in Gestalt und Farbvariation ähnlich, aber kürzer und breiter, meist gröber gestreift und bräunlicher. **L.**: Ähnlich wie vorige, aber mehr ins Binnenland eindringend. Ähnlich verbreitet, aber Atlantikküste nur bis N-Portugal; Mittelatlantische Inseln; nach Belgien und England verschleppt.

Kegelige Spitzschnecke (▷ 12)

Cochlicella conoidea (DRAPARNAUD 1801)

M.: Noch kürzer und breiter, bis fast kugelig. **L.**: Nur in Küstennähe; wärmebedürftiger als die beiden vorigen Arten. Westliches Mittelmeergebiet und portugiesische Atlantikküste.

Seidenschnecke (▷ 13)

Ashfordia granulata (ALDER 1830)

M.: Gehäuse kugelig, sehr dünnschalig, einfarbig gelblichweiß; kurz und dicht weißlich behaart. Mundsaum schwach erweitert und dünn gelippt. Nabel sehr eng stichförmig. Mantel hell mit schwarzen Pigmentflecken. **L.**: Krautschicht feuchter Biotope, oft in Gewässernähe. Gesamte Britische Inseln, aber sehr zerstreut; Kanal-Inseln und NW-Bretagne; NW-Spanien.

1) Collioure, Dép. Pyrénées-Orientales, F – 2) St. Martin d'Arberoue, b. Bayonne, Dép. Pyrénées-Atlantiques, F – 3) Palma, Mallorca, E – 4) Altamira, Prov. Santander, E – 5) Mértola, P – 6–7) Gorges du Cians, Dép. Alpes-Maritimes, F – 8) Fanari, Makedonien, GR – 9) Prainha, Madeira, P – 10) Paguera, Mallorca, E – 11) Aranjuez, Prov. Madrid, E – 12) wie 10 – 13) Scarborough, GB.

1–5 u. 10–12 = 2fach, 6–9 u. 13 = 3fach

Kartäuserschnecke (▷1) D

Monacha cartusiana (O. F. MÜLLER 1774)

M.: Größe (wie bei den anderen Arten auf dieser Seite) äußerst variabel, z. T. auch in derselben Population; größter Durchmesser 7–16 mm; Gehäuse gedrückt kugelig mit sehr niedrigem Gewinde; dünnwandig, matt glänzend; frühe Jugendstadien schwach und hinfällig behaart. Milchig grauweiß bis gelblichweiß, Mündungsbereich oft bräunlich oder rötlich. Mundsaum wenig erweitert; die etwas zurückliegende Lippe scheint außen als helle Ringbinde kontrastreich durch. Nabel stichförmig, teilweise vom Spindelumschlag verdeckt. Die Arten der Gattung *Monacha* sind meist einjährig, höchstens zweijährig. **L.**: Sonnige und trockene Gebüsche und Grashänge in niederen Lagen. Gesamtes europäisches Mittelmeergebiet und Schwarzmeergebiet; im W durch Frankreich bis SO-England und in die südlichen Niederlande; in Deutschland im Rheintal; im O bis Ungarn und zerstreut in die Tschechoslowakei und nach Österreich; oft verschleppt.

Kentschnecke (▷2) D, RL

Monacha cantiana (MONTAGU 1803)

M.: Meist größer als vorige, aber ähnlich variabel (besonders in S-Frankreich oft Kleinformen); weniger gedrückt mit stärker erhobenem Gewinde; Mündung mehr gerundet. Haare auf den oberen Umgängen bleiben länger erhalten. Nabel etwas weiter und offen. Grauweiß bis hell rötlichbraun. Die rötliche Lippe schimmert außen niemals so kontrastreich durch wie bei *M. cartusiana*. **L.**: Meist in höherer Krautvegetation, auch in Dünen. S- und O-England, NO- und S-Frankreich (nicht in Mittelfrankreich), Belgien, Niederlande; in Deutschland rings um den Jadebusen; in Italien und dem nördlichen Adriagebiet mit mehreren Unterarten verbreitet, deren Zuordnung noch teilweise unsicher ist.

Apennin-Kartäuserschnecke (▷3)

Monacha martensiana (TIBERI 1869)

M.: Flach kegelig; ziemlich festschalig, fein unregelmäßig rippenstreifig, speckig glänzend. Grünlich- oder gelblichweiß bis blaß rötlichbraun, meist ohne Kielband. Mündung innen bräunlich oder rötlich, mit weißer oder rötlicher Lippe; Mundsaum deutlich erweitert. Nabel bei Jugendstadien eng, später ziemlich weit bis fast perspektivisch, durch den letzten Umgang auffallend erweitert. **L.**: Sonnige Raine und felsige Trockenrasen im Gebirge (bis über 2000 m NN). Mittelitalien vom südlichen Toskanischen Apennin bis zu den Abruzzen.

Levantinische Kartäuserschnecke (▷4)

Monacha syriaca (EHRENBERG 1831)

M.: Gedrückt kugelig, Umgänge rascher zunehmend als bei *M. cartusiana*. Durchscheinend bläulichgrau bis bräunlich mit kalkweißem undurchsichtigen Kielband und einer ebenso weißen Zone unter der Naht; glänzend. Mundsaum rotbraun, Lippe weiß. Nabel meist vollständig verschlossen. **L.**: Trockenvegetation und Felsen. Küstengebiete des östlichen Mittelmeers von der W-Türkei und den vorgelagerten Inseln bis Ägypten.

Griechische Kartäuserschnecke (▷5–6)

Monacha parumcincta (ROSSMÄSSLER 1837)

M.: Voriger ähnlich, aber glanzlos stumpf und bräunlich, selten weißlich; Kielband und helle Zone an der Naht kaum ausgeprägt; Lippe meist rötlich. Nabel nur vom Spindelumschlag bedeckt, nicht verschlossen. **L.**: Wie vorige, aber mehr am Boden und unter Steinen. S-Italien, westliche und südliche Balkanhalbinsel und gesamtes Ägäis-Gebiet.

Die gegen direkte Besonnung empfindliche *Monacha parumcincta* sucht im Sommerschlaf geschützte Schlupfwinkel und verschließt das Gehäuse mit einem verkalkten Schleimepiphragma (Thasos, GR, 1,5fach).

Große Laubschnecke (▷7–8) D, RL

Euomphalia strigella (DRAPARNAUD 1801)

M.: Gedrückt kegelförmig; festschalig und unregelmäßig rippenstreifig; in der Jugend behaart (▷8). Gelblichgrau bis hornbraun. Umgänge gewölbt, letzter zur Mündung absteigend; Mundsaum erweitert, mit weißer Lippe. Nabel etwa ⅕ des Gehäusedurchmesserrs. **L.**: Am Boden in lichten Wäldern, Gebüschen und Halbtrockenrasen. O- und Mitteleuropa von S-Skandinavien bis zum Schwarzen Meer; im W bis ins östliche Schleswig-Holstein, zum Rhein und durch Mittelfrankreich zu den Pyrenäen.

1) Konstanz/Bodensee, Bad.-Württ., D – 2) Serignan, Dép. Vaucluse, F – 3) Monte Nerone (Märkischer Apennin), 1500 m NN, Marken, I – 4) Paphos, CY – 5) Alexi Loutra, Makedonien, GR – 6) Amphipoli, Makedonien, GR – 7) Werratal b. Hedemünden, Niedersachsen, D – 8) Trnovo ob Soči (Isonzo), Slowenien, YU.

8: Jungtier

1–2 u. 4–7 = 2fach, 3 = 1,5fach, 8 = 3fach

Unterfamilie Helicodontinae

In Europa und W-Kleinasien mit 14 Arten verbreitet.

Küssende Inselschnecke (▷1–3, 5)

Lindholmiola lens (A. FÉRUSSAC 1832)

M.: Größter Durchmesser 10–13 mm; dick linsenförmig mit stark gewölbter Unterseite; gekantet bis gekielt. Fein bis verlöschend rippenstreifig; Kielkante und Unterseite in der Jugend dicht und kurz, im Alter spärlich behaart. Mundsaum schmal umgeschlagen. Nabel fast zylindrisch. Sehr variabel, mit reicher Rassenbildung, besonders auf den Inseln. (Bild 5 zeigt eine ziemlich stumpf gekantete Form, die sich in ihren Gestaltmerkmalen der *L. girva* annähert und mit dieser gelegentlich verwechselt wurde.) **L.:** Unter Steinen und dichter Bodenstreu. Fast ganz Griechenland, Ägäische Inseln und SW-Küste Kleinasiens; nicht in Makedonien, Thrakien und auf Kreta. **Fortpflanzung:** Diese Art zeichnet sich durch ein anmutiges Paarungsvorspiel aus, das in stundenlangem rhythmischen Wiegen, zärtlichen Fühlerspiel und »kußartigen« Berührungen der Mundteile besteht (▷2). Im Herbst werden 10–15 weichhäutige kugelige Eier mit etwa 2 mm Durchmesser tief in feuchtem Erdreich versteckt und entwickeln sich in etwa 2 Wochen.

Scharfe Inselschnecke (▷4, 7)

Lindholmiola spectabilis URBANSKI 1960

M.: Größter Durchmesser 12–18 mm; flach linsenförmig mit sehr scharf zusammengedrücktem weißen Kiel. Umgänge rascher zunehmend als bei voriger Art; schärfer rippenstreifig; nur Jungtiere unterhalb des Kiels etwa doppelt so lang behaart. Mündung schiefer, Unterrand S-förmig geschwungen; Mundsaum breiter umgeschlagen. Paarungsvorspiel kürzer, ohne Fühlerspiel und »Küsse« (erweist sich im Kreuzungsexperiment als Paarungsschranke). **L.:** Wie vorige, aber mehr felsgebunden. N-Griechenland (O-Makedonien und Chalkidike).

Jungtiere von *Lindholmiola spectabilis*, etwa 3 Wochen alt; nur unterhalb des Kiels kräftig behaart (Mara-Höhle, 2fach).

Flache Inselschnecke (ohne Bild)

Lindholmiola regisborisi (A. J. WAGNER 1928)

M.: Größter Durchmesser 13–18 mm; zusammengedrückt scheibenförmig; Umgänge stumpfkantig gerundet (nicht gekielt); frische Exemplare sehr lang, fast zottig behaart (Haarlänge bis 1,5 mm). Mündung sehr schief gestellt, Mundsaum breit umgeschlagen. Nabel etwa ⅕ des Gehäusedurchmessers. Durch Flachheit, fast ebenes Gewinde, gerundete Umgänge und den perspektivischen Nabel von anderen *Lindholmiola*-Arten sicher unterscheidbar. **L.:** Bisher nur aus dem Xanthi-Gebirge in Griechisch Thrakien und von Thasos bekannt.

Krummündige Inselschnecke (▷6)

Lindholmiola girva (FRIVALDSZKY 1835)

M.: Größter Durchmesser 8–10 mm (in den W-Rhodopen bis 14 mm); eng riemenartig aufgewunden mit schwach gewölbtem bis fast flachem Gewinde; Naht ziemlich tief; Umgänge mit hochliegender, gerundeter bis stumpf kielartiger Kante; grob runzlig rippenstreifig; die ziemlich lange und dauerhafte Behaarung reicht über die Kielkante auf die Oberseite. Mündung schmal, Mundsaum kräftig umgeschlagen und dick weiß gelippt. Nabel ziemlich eng, bohrlochartig, etwa ⅓ vom Spindelumschlag verdeckt. Zahlreiche Rassen, darunter die abgebildete *L. g. corcyrensis* (ROSSMÄSSLER 1838), **Korfu-Inselschnecke. L.:** Unter Laubstreu und Gesteinsschutt. Mittlere Balkanhalbinsel von S-Rumänien bis S-Montenegro und W-Griechenland mit Ionischen Inseln; Thasos und Samothraki; isoliert in S-Italien im NO der Gargano-Halbinsel.

Kreta-Inselschnecke (ohne Bild)

Lindholmiola barbata (A. FÉRUSSAC 1821)

M.: Durchmesser 9–12 mm; gelblich behaart; voriger ähnlich, aber Nabel durch schildartig verbreiterten Spindelumschlag verdeckt. Einzige *Lindholmiola*-Art auf Kreta, durch die Nabelbedeckung gut erkennbar. **L.:** Unter Steinen. Nördliches W-Kreta.

Piemont-Grundschnecke (▷8)

Falkneria camerani (LESSONA 1880)

M.: Größter Durchmesser 9–11 mm; sehr flach gedrückt; letzter Umgang stumpf gekantet; hinfällig behaart. Mündung sehr schräg, Mundsaum stark erweitert und gelippt, mit spitzem Zahnhöcker. Nabel weit. **L.:** Bergwälder, meist oberhalb 1000 m; nicht kalkgebunden. Nur im N-Piemont nördlich von Biella (Valle del Lys, Valle del Cervo, Valsésia).

1–3) Ephesos, TR – 4) Mara-Höhle w Drama, Makedonien, GR – 5) Volos, Thessalien, GR – 6) Ioannina, Epirus, GR – 7) wie 4 – 8) Valle del Cervo, Piemont, I.

2: Paarungsvorspiel mit »Kuß«

1–8 = 2fach

Riemenschnecke (▷ 1–2, 5–6) D
Helicodonta obvoluta (O. F. Müller 1774)
M.: Gehäuse dick scheibenförmig mit eingeebnetem, in der Mitte etwas eingesenktem Gewinde; eng riemenartig aufgewunden; unregelmäßig runzlig gestreift und mit bis zu 1 mm langen, meist dauerhaften Haaren besetzt, die grobe Haarnarben hinterlassen. Mündung dreibuchtig, Mundsaum erweitert und kräftig gelippt, Außen- und Unterrand zahnartig wulstig verdickt. Nabel weit perspektivisch, durch den letzten Umgang exzentrisch erweitert. Wie bei allen Vertretern der Unterfamilie wird in Ruhephasen und im Winterschlaf die Mündung mit einem kalkweißen Epiphragma verschlossen (▷ 2, Jungtier). **L.:** In Wäldern unter totem Laub, Fallholz und zwischen Steinen, meist im Bergland auf Kalkgrund, aber nicht kalkgebunden. Von den Pyrenäen durch S- und Mittelfrankreich bis Belgien und S-Limburg und in die deutschen Mittelgebirge, ostwärts bis zu den inneren W-Karpaten und im S durch die Alpen bis in die Toskana und auf die NW-Balkanhalbinsel; als Relikt der nacheiszeitlichen Wärmezeit isoliert in SO-England (South Downs) und Schleswig-Holstein (N-Ufer des Ukleisees und Wassersleben bei Flensburg).

Albanische Riemenschnecke (▷ 7)
Helicodonta albanica A. J. Wagner 1914
M.: Meist etwas kleiner als vorige Art, mit tiefer eingesenktem Gewinde; Umgänge etwas rascher zunehmend und letzter leicht aufgeblasen; Naht tiefer; Oberfläche etwas glatter und Behaarung dichter, Haare etwa um ⅓ kürzer. Mündung weniger schief gestellt, nicht dreibuchtig, sondern fast gleichmäßig gerundet, Mundsaum nicht zahnartig verdickt. Nabel meist etwas weiter, durch den letzten Umgang noch stärker exzentrisch erweitert. **L.:** Ähnlich wie vorige. Bisher nur aus N-Albanien und dem angrenzenden Makedonien bekannt.

Südliche Riemenschnecke (▷ 3–4)
Helicodonta angigyra (Rossmässler 1835)
M.: Kleiner als die beiden vorhergehenden und viel enger aufgewunden, Gewinde eben oder nur schwach eingesenkt; verlöschend gestreift und äußerst fein und dicht behaart (Haare etwa nur 0,1 mm lang); Haare bei Erwachsenen meist abgerieben, hinterlassen aber deutliche Haarnarben, die ein feines regelmäßiges Körnchenmuster ergeben (Lupe mindestens 6fach). Mündung nur angedeutet dreibuchtig, zahnartige Wülste schwach angedeutet oder fehlend. Nabel etwas enger als bei *H. obvoluta*, exzentrische Erweiterung etwas stärker. **L.:** Unter dichter Bodenstreu und zwischen Felsgeröll an feuchten Stellen in Bergwäldern niederer Lagen; unter entsprechenden Bedingungen auch im Kulturgelände; wärmebedürftiger als *H. obvoluta*. S-Alpen zwischen Comersee und Gardasee und oberes Etschtal; isolierte Vorkommen im Valle di Susa und in Savoyen bei Bonneville im Faucigny (an letzterem Ort im vorigen Jahrhundert gefunden, seither verschollen).

Turbanschnecke (▷ 8–9)
Drepanostoma nautiliforme Porro 1836
M.: Größter Durchmesser 5–6 mm; turbanförmig: Umgänge umgreifen sich oben so stark, daß das Gewinde tief nabelartig eingesenkt erscheint. Sehr fein gestreift und ziemlich lang behaart, Haare im Alter oft abgestoßen. Mündung schmal sichelförmig, am oberen Ansatz stark zurückspringend. Nabel sehr weit und flach perspektivisch. Frühe Jugendstadien sind rein weiß und beginnen sich erst mit etwa 3 mm Durchmesser auszufärben. **L.:** In Bergwäldern an feuchten schattigen Stellen unter Laub, Totholz und Steinen, oft gesellig in kleinen Gruppen; nicht kalkgebunden. Zerstreut in den westlichen S-Alpen zwischen dem Valle Stura di Lanzo nordwestlich Turin und dem Comersee (im S bis an den Lago di Lecco); am tiefsten in die Alpen eindringend im Valle Anzasca am Fuß des Monte Rosa (höchstgelegene Vorkommen bei 1400 m NN). Die Art war in der letzten warmen Zwischeneiszeit auch nördlich der Alpen in S-Deutschland sporadisch verbreitet und wurde im Kaiserstuhl (Bötzingen), bei Horb/Neckar (Dießen) und in der Fränkischen Schweiz (Streitberg) als seltenes Fossil gefunden.

Drepanostoma nautiliforme – mehrere Tiere unter Totholz (Valle del Cervo, 2fach).

1–2) Weissenstein, Kt. Solothurn, CH – 3) Volpino am Iseo-See, Lombardei, I – 4) Bellagio am Como-See, Lombardei, I – 5) Zürich, CH – 6) Turin, Piemont, I – 7) Oroshi, Mirdita, AL – 8–9) Valle del Cervo, Piemont, I.

2: Jungtier mit Epiphragma

2

3
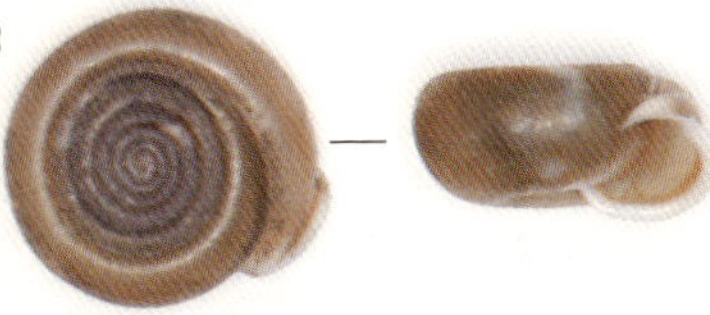

4
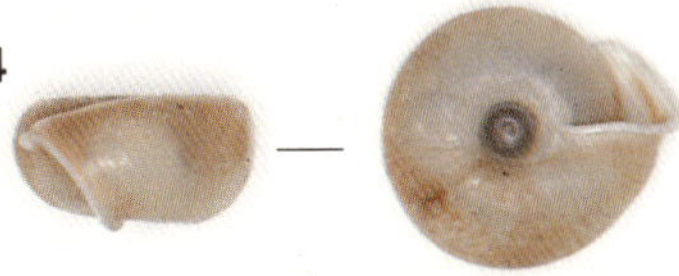

5

6
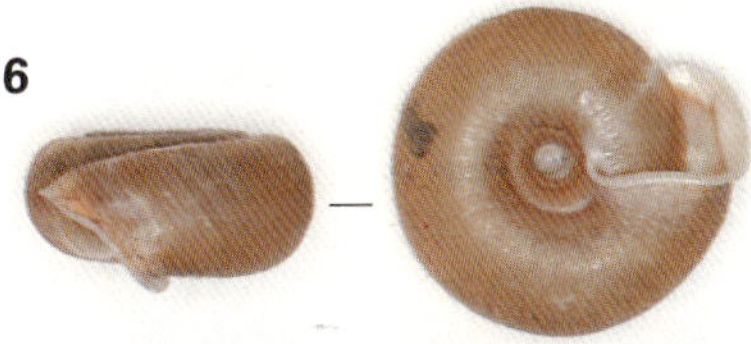

7

9

1 u. 3–7 = 2fach, 2 u. 8–9 = 4fach

Familie Eigentliche Schnirkelschnecken Helicidae

Gehäuse verhältnismäßig groß, rundlich oder gedrückt, selten getürmt, nur in Ausnahmefällen mit Mündungsbewehrung. Stets nur mit einem Liebespfeil, der bei der in der Regel wechselseitigen Begattung meist abgeschossen wird. Die Familie ist westpaläarktisch verbreitet, und das Entwicklungszentrum mit dem größten Artenreichtum sind S-Europa und die Länder rings um das Mittelmeer.

Unterfamilie Ariantinae

Überwiegend mit flachen gedrückten Gehäusen. Bei gebänderten Formen bilden 1–3 Bänder das Grundmuster. Jugendstadien oder Erwachsene sind oft behaart. Liebespfeil ohne Krone und mit zweischneidiger lanzettförmiger Spitze. Mit 75 Arten über die Berglandschaften S-Europas von den Pyrenäen über die Alpen und Karpaten bis auf die Griechischen Inseln und nach SW-Kleinasien verbreitet; nur zwei Arten weit über N- und Mitteleuropa verbreitet; eine Art in N-Afrika.

Baumschnecke (▷ 1–9) D
Arianta arbustorum (Linnaeus 1758)
M.: Kugelig mit kegelförmig erhobenem Gewinde; Anwachsstreifen werden von feinen Spirallinien gekreuzt; meist glänzend kastanienbraun mit strohgelben Flecken und dunklem Band. Mundsaum mit starker weißer Lippe. Nabel meist eng und vollständig vom Spindelumschlag verdeckt. Jungtiere festigen den Mundsaum zum Winterschlaf mit kräftiger Schwelle, die später als helle verkalkte Zone erkennbar bleibt. Das Gehäusewachstum ist im allgemeinen sehr rasch und der frische Zuwachs bleibt verhältnismäßig lange unverkalkt (▷ 1, eben ausgewachsen). Bei der Kopula (▷ 2) wird aus dem Geschlechtsvorhof ein besonderes Reizorgan ausgestülpt. Eine der variabelsten Schneckenarten, bei der die Bildung geographischer Rassen und ökologischer Reaktionsformen sich vielfach überlagern. In Küstennähe oft hoch aufgewunden (▷ 3); in schattigen kalkfreien Biotopen dünnschalig, dunkelbraun, fast ungesprenkelt (▷ 4); mit zunehmender Meereshöhe hellfarbiger und oft verzwergt; Zwergformen, die sich manchmal auch in Tallagen finden (▷ 6), waren während der Eiszeit in der tundrenartigen Lößsteppe weit verbreitet (▷ 7); in einigen Gebieten sind Höhenformen flachgedrückt und offen genabelt (▷ 9). Die Auslese durch Drosseln (▷ 270/1), führt bei kleinräumig wechselnden Biotoptypen oft zu mosaikartiger Verteilung verschiedener Morphen. **L.:** Wälder und offene Biotope, im Gebirge bis 2700 m NN; auch kulturfolgend; feuchtigkeitsbedürftig. NW- und Mitteleuropa mit Alpen und Karpaten; von den spanischen O-Pyrenäen bis N-Norwegen und Island; in Irland nur im N; im nördlichen Ostseegebiet nur in Küstennähe; im O zerstreut bis in die W-Ukraine.

Steinpicker (▷ 10–11) D
Helicigona lapicida (Linnaeus 1758)
M.: Linsenförmig mit niedrigem Gewinde und scharfem zusammengedrückten Kiel; fein gestreift und ziemlich grob gekörnelt, graubraun mit rotbraunen verschwommenen Flecken, auch albin. Mündung sehr schief, Mundsaum abgelöst und stark erweitert mit flacher weißer Lippe. Nabel weit und offen. **L.:** Beschattete Felsen und Mauern (besonders mit Efeu bewachsene), auch an Stämmen, bevorzugt an Buche, Hainbuche und Bergahorn; vor allem im Hügelland und in Bergwäldern. W- und Mitteleuropa; von Mittelportugal bis Mittelskandinavien; in Großbritannien bis S-Schottland, isoliert in S-Irland als Relikt der nacheiszeitlichen Wärmezeit; in den Alpen nur nördlich des Hauptkamms, im O bis in den Polnischen Jura und die W-Karpaten.

Illyrische Felsenschnecke (▷ 12–13) D, RL
Campylaea illyrica (Stabile 1864)
M.: Dick scheibenförmig mit schwach gewölbtem Gewinde; dünnschalig, verlöschend gestreift und ziemlich glänzend; hornfarben mit gelblichen Wachstumsunterbrechungen und rotbraunem, von helleren Zonen begrenzten Band, auch angedeutet dreibindig. Mündung wenig schief; Mundsaum mit kräftiger weißer Lippe. Nabel mäßig weit. **L.:** Feuchte schattige Kalkfelsen, häufig unter Vegetation und Geröll. O-Alpen südlich des Hauptkamms bis zur Etsch und nördliche Balkanhalbinsel. Etwa um 1850 am Burgberg von Donaustauf angesiedelt.

Flache Felsenschnecke (ohne Bild)
Campylaea planospira (Lamarck 1822)
M.: Jungtiere behaart, obere Umgänge Erwachsener oft mit Haarnarben; sonst am Gehäuse von voriger kaum unterscheidbar, aber durch getrenntes Verbreitungsgebiet bestimmbar. **L.:** Gesamter Apennin und angrenzende Bergländer, im S bis Sizilien.

1) Loiblpaß, Slowenien, YU – 2) Dachau, Bayern, D – 3) Hammershus, Bornholm, DK – 4) Oberschwarzhalden, Schwarzwald, Bad.-Württ., D – 5) Tscheppaschlucht am Loiblpaß, Kärnten, A – 6) St. Koloman (Schwangau), Bayern, D – 7) Fossil aus Löß, Eichstetten Kaiserstuhl, Bad.-Württ., D – 8–9) Sengsengebirge, Oberösterreich, A (8: Feichtau, 1300 m NN; 9: Hohe Nock, 1750 m NN) – 10) Wolfschlucht am Weissenstein, Kt. Solothurn, CH – 11) Grand Canyon du Verdon, Dép. Var, F – 12–13) Taborska-Höhle b. Ljubljana, Slowenien, YU.

1: eben erwachsen; 2: Paarung

1,3–9 u. 12–13 = nat. Gr., 2 u. 10–11 = 1,5fach

Große Felsenschnecke (▷ 1–6) D, RL
Chilostoma cingulatum (STUDER 1820)
M.: Gehäuse sehr flach bis fast scheibenförmig, bei einigen Rassen auch niedrig kegelförmig; meist unregelmäßig rippenstreifig (eine grob gerippte Rasse im Valvestino); weiß, gelblich oder mit hornbraunen Flecken und Striemen, meist mit schmalem Kielband. Nabel mäßig weit bis weit perspektivisch. Sehr variabel mit reicher Rassenbildung (Beispiele ▷ 3–6). **L.:** Ausschließlich auf Kalkfelsen. Nördliche Kalkalpen von den Salzburger bis zu den Allgäuer Alpen, Südliche Kalkalpen und zerstreut durch die Meeralpen, Ligurischen und Apuaner Alpen und den Apennin bis in die Monti del Matese; künstlich angesiedelt im Fränkischen Jura.

Achat-Felsenschnecke (▷ 7) D, RL
Chilostoma achates (ROSSMÄSSLER 1835)
M.: Sehr flach, dünnschalig und glänzend; gelblichbraun, helle Kielzone von zwei rotbraunen Bändern gesäumt, die nach oben und unten meist unscharf in die Grundfarbe übergehen. Mündung schief, schmal und flach gelippt. Nabel ziemlich weit. Sehr variabel, mehrere Rassen. **L.:** Diese Art gehört – wie die folgende – zur ökologischen Gruppe der »hornbraunen Felsenschnecken«, die im Gegensatz zur vorigen Art gegen Besonnung empfindlich sind und sich nur an schattigen, feuchten Felsen oder versteckt am Boden finden; nicht kalkgebunden. O-Alpen; im W geschlossen bis zu den Zillertaler Alpen und zerstreut bis zum Rheintal.

Schweizer Felsenschnecke (ohne Bild)
Chilostoma zonatum (STUDER 1820)
M.: Voriger ähnlich, meist größer und dicker scheibenförmig; nur mit einem Band; Nabel enger. Ebenfalls mehrere Rassen. **L.:** Zentral- und W-Alpen bis in die Cottischen Alpen im S und die Adamello-Alpen im O, im N bis in die Glarner Alpen.

Hornfarbene Felsenschnecke (▷ 8)
Chilostoma squammatinum (DUPUY 1848)
M.: Gedrückt kegelig; dünnschalig und matt seidenglänzend; kräftig hornbraun mit rotbraunem Band. Mündung sehr schief, Mundsaumränder stark genähert. Nabel mäßig weit. **L.:** An schattigen feuchten Stellen in Felsklüften und im Geröll. Pyrenäen und SW-Frankreich bis zur S-Bretagne.

Kärntner Felsenschnecke (▷ 9–10)
Kosicia intermedia (A. FÉRUSSAC 1832)
M.: Stark gedrückt mit wenig erhobenem Gewinde; dünnschalig, rippenstreifig mit feinen Spirallinien; gelblichweiß mit 3 braunen, oft fleckig aufgelösten Bändern. Mündung unten schwellenartig gelippt. Nabel ziemlich weit. **L.:** An bewachsenen Felsen und Mauern in Gebieten mit hoher Luftfeuchte; nicht kalkgebunden. Westliche Karnische und Julische Alpen, Karawanken und Steiner Alpen.

Zieglers Felsenschnecke (▷ 11)
Kosicia ziegleri (ROSSMÄSSLER 1836)
M.: Sehr flach mit stumpf gekantetem letzten Umgang; oberseits kräftig gerippt, unterseits fast glatt; grau- oder bräunlichweiß, Bänderung ähnlich wie bei voriger. Mündung sehr schief. Nabel perspektivisch. **L.:** Offene und besonnte Kalkfelsen. O-Karawanken und Steiner Alpen mit südlichen Vorgebirgen bis an die Save.

Alpen-Felsenschnecke (▷ 12)
Delphinatia alpina (MICHAUD 1831)
M.: Gedrückt mit etwas kuppelförmig erhobenem Gewinde; letzter Umgang oft mit stumpfer heller Kielkante; grob runzlig gestreift mit feinen welligen Spirallinien; grauweiß bis bräunlich. Mundsaum schwach erweitert, kräftig gelippt. Nabel offen und tief. Tier dunkel schiefergrau bis schwarz. **L.:** Zwischen grobem Felsgeröll oberhalb der Baumgrenze, bis 2800 m NN; kalkgebunden. Savoyer, Dauphiné- und nördliche Französische Kalkalpen, Cottische Alpen.

Kar-Felsenschnecke (▷ 13)
Delphinatia glacialis (A. FÉRUSSAC 1832)
M.: Kleiner und stärker gedrückt als vorige; Mündung schiefer; weiter genabelt. Weiß oder leicht braun marmoriert, mit rotbraunem Kielband. **L.:** Ähnlich wie vorige, aber vegetationsreichere Biotope. Verbreitung ähnlich, aber auch in den Grajischen und nördlichen Meeralpen.

Thessalische Felsenschnecke (▷ 14)
Thiessea sphaeriostoma (BOURGUIGNAT 1857)
M.: Umgänge ziemlich aufgeblasen, letzter gleichmäßig gerundet, vor der Mündung stark absteigend; dünnschalig, fast glatt und mattglänzend; Jugendstadien hinfällig behaart; gelblich hornfarben mit 1–2 hell gesäumten blaßbraunen Bändern. Mündung trompetenartig abgelöst. Tier grau- bis rehbraun mit weißer Nackenleiste. **L.:** An bewachsenen klüftigen Felsen und Mauern. Thessalien, N-Böotien, nördliche Sporaden, Kykladen.

Die Gattung *Thiessea* ist mit mehreren Arten und zahlreichen Rassen über SO-Griechenland und die Ägäischen Inseln bis SW-Kleinasien verbreitet.

1–3) Wimbachtal, Nationalpark Berchtesgaden, Bayern, D – 4) Val Degana, Lombardei, I – 5) Mte. Magno b. Gargnano, Lombardei, I – 6) Fondo, Val di Non, Trentino, I – 7) Hieflau, Steiermark, A – 8) Alès, Dép. Gard, F – 9) Tscheppaschlucht am Loiblpaß, Kärnten, A – 10) Postojna, Slowenien, YU – 11) Trögernklamm, Kärnten, A – 12) Col de l'Arc, Vercors, Dép. Isère, F – 13) Moncenisio, Piemont, I – 14) Volos, Thessalien, GR.

2: an Arukel fressend

1–8 u. 10–14 = nat. Gr., 9 = 1,5fach

Karpaten-Felsenschnecke (▷ 1)
Faustina faustina (ROSSMÄSSLER 1835)
M.: Gedrückt rundlich; stark glänzend gelb- bis rötlichbraun, meist mit kräftigem dunklen Band. Mundsaum kräftig erweitert und flach gelippt. Nabel mäßig weit, innen ziemlich eng. **L.:** Feuchte schattige Felsen und feuchte Geröllvegetation in Bergwäldern; nicht kalkgebunden. Karpaten und Vorgebirge, im S bis N-Bosnien und im W bis O-Böhmen; Polnischer Jura; isoliert in Litauen.

Dreibindige Felsenschnecke (▷ 2–3)
Faustina trizona (ROSSMÄSSLER 1835)
M.: Stark gedrückt bis fast flach; stark gestreift, glänzend; schmutzig gelb bis gelblichweiß mit 3 rotbraunen Bändern, das mittlere meist dunkler. Mündung sehr schief. Nabel ziemlich eng. Variabel, reiche Rassenbildung. **L.:** Geröll bewaldeter Felshänge; kalkgebunden. Mittlere Balkanhalbinsel von der Herzegowina bis zur Dobrudscha, im S bis N-Albanien, N-Thessalien und Türkisch Thrakien.

Riesen-Felsenschnecke (▷ 4–5)
Dinarica pouzolzi (DESHAYES 1830)
M.: Größter Durchmesser 40–50 mm (maximal 60 mm); gedrückt rundlich; dickschalig mit unregelmäßigen Anwachsstreifen, schwach glänzend; gelbbraun bis olivgrün oder dunkel kastanienbraun, meist mit 3 schwarzbraunen sehr variablen Bändern, auch ungebändert. Mündungsränder weit getrennt, Mundsaum stark verdickt. Nabel offen und weit. **L.:** Meist in Karstdolinen in tiefen Felsklüften; im Binnenland mehr in höheren Lagen und in feuchteren vegetationsreicheren Biotopen. Küstengebiete Dalmatiens von Split südostwärts, Bosnien, Montenegro, N-Albanien, Serbien, N-Makedonien.

Zylinder-Felsenschnecke (▷ 6)
Cylindrus obtusus (DRAPARNAUD 1805)
M.: Zylindrisch walzenförmig; festschalig, stumpf glänzend, weißlich blaugrau; ungenabelt. Trotz der an die Vielfraßschnecken erinnernden Gehäusegestalt nach der Organisation des Weichkörpers eine echte Felsenschnecke! **L.:** Zwischen 1100 und 2680 m NN; in Schneetälchen und unter Felsgeröll, meist an N-Hängen; feuchtigkeitsbedürftig und kalkgebunden. Östlicher Teil der Nördlichen Kalkalpen vom W-Rand des Dachsteinmassivs bis zum Schneeberg und im S vom Großglocknergebiet bis zu den Radstädter Tauern. Die oft individuenreichen Vorkommen dieser ungewöhnlichen endemischen Reliktart sind meist kleinräumig isoliert und werden daher seit 1895 fortlaufend numeriert (bis jetzt sind 248 Fundstellen bekannt).

Bläuliche Felsenschnecke (▷ 7)
Vidovicia caerulans (C. PFEIFFER 1828)
M.: Rundlich mit zitzenförmig vorstehender Spitze; Umgänge rasch zunehmend; bläulichgrau, fast glanzlos. Mündung groß und sehr schief, innen gelblich; Mundsaum kaum erweitert. Nabel eng, teilweise bedeckt. Ernährt sich von im Gestein lebenden (endolithischen) Krustenflechten.
L.: An Kalkfelsen. Kroatien und N-Dalmatien.

Maskenschnecke (▷ 8) D
Isognomostoma isognomostomos (SCHRÖTER [1784)
M.: Gedrückt kugelig; dünnwandig, fein gekörnelt, ziemlich lang borstig behaart. Mundsaum flach ausgebreitet, mit starker lamellenartiger Lippe, die kräftige Zähne trägt; Mündungswand mit hoher Schmelzlamelle. Nabel meist vollständig bedeckt. **L.:** Unter Totholz und im Felsschutt in Bergwäldern. Alpen, Karpaten, deutsche bis polnische Mittelgebirge; isoliert im ehemaligen Ostpreußen.

Isognomostoma isognomostomos zieht den Kotstrang mit Hilfe der Fußsohle heraus (Taubenlochschlucht, 4fach).

Genabelte Maskenschnecke (▷ 9–12) D, RL
Causa holosericea (STUDER 1820)
M.: Dick scheibenförmig; sehr fein gekörnelt und dicht mit kurzen, gekrümmten Börstchen besetzt. Mündung eckig. Außen- und Unterrand mit je einem kräftigen Zahn, der bei Wachstumsabschluß durch Einziehen des Mundsaums gebildet wird (▷ 10 unten). Nabel weit. **L.:** Oft an und in morschem Holz; nicht kalkgebunden. Alpengebiet und W-Karpaten; Französischer und Schweizer Jura; isolierte Reliktvorkommen im Fränkischen Jura.

1) Velička-Tal, Mähren, CS – 2) Peć, Serbien, YU – 3) Andrijevica, Montenegro, YU – 4) Hercegnovi, Montenegro, YU – 5) Cajkovići b. Dubrovnik, Dalmatien, YU – 6) Rax-Alpe, Niederösterreich, A – 7) Mali Alan-Paß b. Obrovac, 1300 m NN, Dalmatien, YU – 8) Magdalensberg, Kärnten, A – 9–10) Sengsengebirge, Oberösterreich, A (9: Feichtau, 1360 m NN; 10: bei 850 m NN) – 11) Elsenthaler Leite, Bayerischer Wald, Bayern, D – 12) Hohenmirsberger Platte b. Pottenstein, Bayern, D.

1–5 = nat. Gr., 6 = 3fach, 7–11 = 1,5fach, 12 = 2fach

Unterfamilie Helicinae

Auch als Pentataenia (= Fünfbänderschnecken) zusammengefaßt, da das Grundmuster der Zeichnung aus 5 variablen Spiralbändern besteht, von denen 3 über der Kiellinie und 2 darunter liegen. Niemals behaart. Liebespfeil mit 4 Schneiden und abgesetzter Krone. Verbreitungsschwerpunkt im Mittelmeergebiet; in Europa 85 Arten. Mehrere Arten haben wirtschaftliche Bedeutung.

Die Gattung *Macularia* umfaßt eine weiter verbreitete, zur Ausbildung lokaler Rassen neigende hellfarbige Art, und eine von ihr abstammende, den »hornbraunen Felsenschnecken« vergleichbare Art, die nur in einer einzigen Felsschlucht vorkommt. Spezialisierte Flechten- und Algenfresser.

Nizza-Schnecke (▷ 1, 3–4, 7–8)
Macularia niciensis (A. Férussac 1821)
M.: Rundlich, stark gedrückt bis niedrig kegelförmig; ziemlich festschalig; Oberseite mit etwas unregelmäßigen, öfter unterbrochenen Spiralrillen. Grauweiß bis hellbräunlich mit braunen Fleckenbändern, oberes Band auf der Unterseite meist schmäler als unteres. Mündungsbereich violett. Nabel halb bedeckt bis geschlossen. Fuß sehr schlank, hellfarbig mit 2 kräftigen braunen Längsbinden. **L.:** Überwiegend an Felsen (meist farblich gut angepaßt), auch an Stämmen alter Olivenbäume; fast ausschließlich in Kalkgebieten, aber nicht kalkgebunden. Von den südlichen Provençalischen Alpen durch die Meeralpen bis in die westlichen Ligurischen Alpen (im N bis Mondovi, im O bis Imperia).

Cians-Schnecke (▷ 2, 5–6, 9 und Bildfolge S. 13)
Macularia saintivesi (Kobelt 1906)
M.: Oberseits stark gedrückt bis fast flach, unten gewölbt, mit hoch liegender stumpfer Kante; dünnschalig, fast stets ohne Spiralrillen. Rötlich hornbraun mit rötlichviolettem Mündungsbereich und breiten, teilweise zusammenfließenden Bändern, oberes Band auf der Unterseite breiter als unteres. Kielkante meist hellfarbig (Aderung des Gesteins vortäuschend). Nabel meist offen. Fuß braun mit unscharfer heller Nackenleiste. **L.:** Auf roten permischen Sandsteinfelsen. Nur in den Gorges du Cians von 800–1200 m NN (zwischen 1200 und 1500 m NN tritt auf bewachsenen trockeneren Felsen eine Rasse der vorhergehenden Art auf, ▷ 8).

1, 3–4, 7) Grand Canyon du Verdon, Dép. Var, F – 2, 5–6, 9) Gorges du Cians, Dép. Alpes-Maritimes, F (bei 1000 m NN) – 8) wie vorher (bei 1200 m NN).

3–4: Überwindung einer Felsspalte; 6: Paarung (Nebenbild Liebespfeil)

1–4 u. 7–9 = nat. Gr., 5–6 = 1,5fach, Liebespfeil = 5fach

Gefleckte Mauerschnecke (▷2)
Marmorana muralis (O. F. Müller 1774)
M.: Gewinde niedrig kegelförmig; Umgänge abgeflacht, letzter schwach kantig; runzlig gestreift, mit feinen Spirallinien; Bänder auf der Oberseite fleckig aufgelöst und meist zu zickzackförmigen Querstriemen verschmolzen, Unterseite nur mit oberem Band. Mündung sehr schief, kräftig weiß gelippt, innen braun. Nabel meist vollständig verschlossen. Sehr variabel. **L.:** Besonnte Felsen und Mauern. Ursprüngliche Heimat Sizilien; in früher historischer Zeit nach Istrien, Mittelitalien, N-Tunesien, Menorca, S-Frankreich und S-Portugal verschleppt.

Dünenschnecke (▷1, 3–4)
Theba pisana (O. F. Müller 1774)
M.: Gedrückt kugelig mit breit gewölbtem Gewinde und flacher Naht; Jungtiere scharf gekielt (▷4); ziemlich glatt, meist mit sehr feiner Spiralskulptur; weiß bis hellbraun, sehr variabel gebändert, Bänder oft gespalten, fleckig oder zackig unterbrochen, Zwischenräume häufig orangefarben. Mundsaum kaum erweitert, weiß oder rosa gelippt. Nabel sehr eng. In der Regel nach 2 Jahren ausgewachsen, kann sich aber bereits nach dem 1. Jahr bei etwa halber Gehäusegröße fortpflanzen (Ausnahme unter den Heliciden!). **L.:** Meist in Küstennähe, besonders in Dünen; in Trockenruhe oft ungeschützt in der heißen Sonne massenhaft zusammensitzend. Gesamtes Mittelmeergebiet und Atlantikküsten von Mittelmarokko bis Belgien, SW-England und O-Irland; Mittelatlantische Inseln.

Nudelschnecke (▷5–8)
Eobania vermiculata (O. F. Müller 1774)
M.: Gedrückt kugelig; fein genarbt und weißlich gestrichelt; weiß bis graubraun, mit sehr variabler Zeichnung durch unterschiedliche Ausbildung oder Auflösung des 5bändrigen Grundmusters. Mündung sehr schief, breit weiß gelippt, Spindelrand schwielig umgeschlagen und wulstig verdickt. Ungenabelt. Diese Art wurde bereits von ihrem Beschreiber, dem Dänen Otto Fridrich Müller, »Nudel-Snekken« genannt, weil das feine Muster ihn an Suppennudeln (Vermicelli) erinnerte, die er ebenso wie die Schnecke auf einer Bildungsreise in Italien kennengelernt hatte. **L.:** Trockenvegetation, meist in Küstennähe; häufig im Kulturgelände. Gesamtes Mittelmeergebiet.

1) El Jadida, Marokko – 2) Fiesole b. Florenz, Toskana, I – 3) Paphos, CY – 4) Lagos, Algarve, P – 5–6) Plaine de la Crau, Dép. Bouches-du-Rhône, F – 7) Fanari, Makedonien, GR – 8) Fontaine-de-Vaucluse, Dép. Vaucluse, F.

4: Jungtiere; 8: eine seltene Variante (Gelbling)

1–2 u. 2 –8 = nat. Gr., 3 = 2fach

Schwarzmund-Feldschnecke (▷ 1–3)
Otala lactea (O. F. MÜLLER 1774)
M.: Gedrückt rundlich; weiß bis gelbbraun, meist dunkelbraun gebändert; fein gesprenkelt. Mundsaum verbreitert, oft spatelförmig ausgezogen; Mündung innen und Mundsaum kastanienbraun bis fast schwarz mit scharfer Begrenzung. Spindelrand schwielig bis zahnartig verdickt. Ungenabelt. Sehr variabel. **L.:** Felsige Strauchheiden und Steppen. S-Portugal, S-Spanien, Balearen, Marokko.

Spanische Feldschnecke (▷ 4–5)
Otala punctata (O. F. MÜLLER 1774)
M.: Voriger sehr ähnlich, aber Lippe oder zumindest deren äußerer Saum weiß; braune Mündungsfärbung meist weniger intensiv und nicht scharf begrenzt. **L.:** Meist im Kulturgelände in den Küstenebenen. O-Spanien, im S bis zur Costa Blanca, im N bis ins Roussillon, Balearen, NW-Algerien.

Levanteschnecke (▷ 6)
Levantina spiriplana (OLIVIER 1801)
M.: Stark gedrückt mit oben abgeflachten Umgängen; Jugendstadien scharf gekielt. Weiß bis gelblichbraun mit braunen, durch helle Striemen unterbrochenen Fleckenbändern. Mündung sehr schief, mit zusammenhängendem, manchmal gelösten, kräftig erweiterten Mundsaum. Nabel halb bedeckt bis völlig geschlossen. Sehr variabel mit reicher Rassenbildung. **L.:** An Kalkfelsen. Inseln des Dodekanes von Kalymnos bis Karpathos und Rhodos, SW-Karien; Syrien und Palästina.

Griechische Levanteschnecke (▷ 7)
Codringtonia codringtonii (GRAY 1834)
M.: Gewinde fast flach bis niedrig kegelförmig; Oberseite mit deutlichen Spiralfurchen; grauweiß bis bräunlich mit braunen, oft fleckig aufgelösten oder zusammenfließenden Bändern, auch ungebändert. **L.:** In Felsspalten und zwischen grobem Felsgeröll. Mittelgriechenland und Peloponnes.

Lykische Levanteschnecke (▷ 8)
Codringtonia lycia (E. VON MARTENS 1889)
M.: Voriger sehr ähnlich, aber ohne Spiralfurchen. (Im Bild Paarung: Während das kleinere Tier seinen Penis noch eingeführt hat, versucht das größere durch Ein- und Ausrollen des Penis, in dessen Basis noch der Liebespfeil des Partners steckt, den Endfaden der Spermatophore loszuwerden.) **L.:** SW-Kleinasien und die griechische Insel Kastellorizon.

1) Roquetas de Mar, Prov. Almería, E – 2) Lagos, Algarve, P – 3) San Pablo, Prov. Cadiz, E – 4) Estartit, Costa Brava, Prov. Gerona, E – 5) Callosa de Segura, Prov. Alicante, E – 6) Kalymnos, GR – 7) Vasse, Peloponnes, GR – 8) Köprülü Kanyon (Antalya), TR.

8

1–7 = nat. Gr., 8 = 1,5fach

Die **Spanierschnecken** *(Iberus)* sind als endemische Gattung auf die Gebirge und Hochländer im SO der Iberischen Halbinsel beschränkt und verwirren durch kleinräumig wechselnde Formenvielfalt. Einheitlich geprägte Formen, die bestimmte Gebiete geschlossen besiedeln, wurden meist für verschiedene Arten gehalten, die man sogar verschiedenen Gattungen zuordnete. Man findet aber Zwischenglieder, die extrem unterschiedliche Formen wie z. B. Echte Spanierschnecke und Alicanteschnecke lückenlos verbinden. Die Bergstöcke mit den am meisten differenzierten und auch ökologisch spezialisierten Formen waren noch am Ausgang des Tertiärs (vor etwa 1,8 Millionen Jahren) durch Meeresarme getrennte Inseln und Halbinseln, die seither um bis zu 1000 m gehoben wurden. Während sich in abgetrennten Populationen Sonderentwicklungen vollzogen, deren Endstufen völlig getrennte selbständige Arten hätten sein können, entwickelte sich auf dem Festland eine einheitliche weit verbreitete Form. Die »inselartig« verbreiteten Sonderformen vermischten sich nach Rückzug des Meeres in den Randzonen mit der Hauptform, da eine fortpflanzungsmäßige Isolation noch nicht entwickelt war. Die Frage, ob es nahe verwandte Arten sind, die bastardieren, oder doch ein zusammenhängender Rassenkreis, wird heute zugunsten des letzteren entschieden, der den ältesten Namen *I. gualtierianus* annehmen muß, obwohl *I. g. alonensis* die Stammform ist, oder dieser zumindest am nächsten steht. Ausnahme ist *Iberus marmoratus*, der keine Übergänge zu einer anderen Art zeigt.

Ein ausgewachsenes Exemplar von *Iberus g. campesinus* verläßt seinen Schlupfwinkel in einer Felsspalte (Fuente Álamo, Prov. Almería, nat. Gr.)

Spanierschnecke (▷ 1–4)
Iberus gualtierianus (LINNAEUS 1758)
Die drei abgebildeten Unterarten zeigen einige Extreme der Merkmalsvariation.

Alicanteschnecke (▷ 1)
I. g. alonensis (A. FÉRUSSAC 1821)
M.: Letzter Umgang gerundet; oberseits fein gegittert; Mündung mit weit getrennten Rändern; Mundsaum schwach erweitert. Nabel meist vollständig geschlossen. **L.:** Felssteppen und vegetationsarme Schutthänge. SO-Spanien von der Provinz Málaga bis zum Ebro.

Berg-Spanierschnecke (▷ 2–3)
I. g. campesinus (L. PFEIFFER 1846)
M.: Mündung sehr schief, Ränder stark genähert, verbunden oder gelöst, Mundsaum stark erweitert und ausgebreitet; Nabel offen und kaum vom Spindelumschlag bedeckt. **L.:** Küstennahe Gebirge im S der Provinz Murcia und im N der Provinz Almería.

Echte Spanierschnecke (▷ 4)
I. g. gualtierianus (LINNAEUS 1758)
M.: Gewinde stark gedrückt oder sogar eingesenkt; scharf gekielt; feilenartig rauh gegittert; Nabel bedeckt, meist völlig geschlossen. **L.:** Felsspalten und Klüfte in stark verkarsteten, trockenheißen Kalkgebirgen. Isoliert in der Sierra de Gador bei Almería, der Sierra Elvira bei Granada und der Sierra de Jaèn.

Marmorschnecke (▷ 5–6)
Iberus marmoratus (A. FÉRUSSAC 1821)
M.: Gedrückt kugelig mit breit abgerundetem Gewinde; matt glänzend, mit feinen Spirallinien; weißlich oder gelblich mit braunen Fleckenbändern, die auf der Oberseite meist zusammenfließen und mit grauem oder bräunlichem Zwischenmuster eine feine sehr variable Marmorierung ergeben. Mundsaum weiß oder rötlich gelippt, Mündung innen rötlich bis zart violett. Nabel vollständig geschlossen. **L.:** Bewachsene Felsen und felsige Macchien. S-Spanien zwischen Gibraltar und Málaga.

Falsche Bänderschnecke (▷ 7)
Pseudotachea splendida (DRAPARNAUD 1801)
M.: Stark gedrückt mit schwach gewölbtem Gewinde und stärker gewölbter Unterseite; ziemlich dünnschalig und fast glatt; Oberseite weißlich, Unterseite gelblich, 5 braune Bänder, die eine ähnliche Variation zeigen wie die der Bänderschnecken. Mundsaum schwach erweitert mit flacher weißer oder rötlicher Innenlippe. Nabel vom Spindelumschlag verschlossen, selten fein ritzförmig. **L.:** Trockenrasen, Gebüsche und bewachsene Felsen. S-Frankreich, O-Spanien und Mallorca.

1) Cerro de la Virgen, b. Orce, Prov. Granada, E – 2) Fuente Álamo, Prov Almería, E – 3) Sierra de Vedar b. Lorca, Prov. Murcia, E – 4) Almería, E – 5) Ronda, Prov. Málaga, E – 6) Gibraltar – 7) Gerona, Katalonien, E.

1–7 = nat. Gr.

Gerippte Bänderschnecke (▷1) D, RL
Cepaea vindobonensis (A. FÉRUSSAC 1821)
M.: Kugelig, oft mit stärker erhobenem Gewinde; unregelmäßig stumpf gerippt; weiß bis hell bräunlichgelb, fast immer 4- oder 5bändrig, 2. Band von oben oft fehlend, unterstes Band breit und eng am Nabel. Lippe hellbraun. Mündung sehr schief. Auf der Balkanhalbinsel meist großwüchsiger, variabler und oft mit Bänderverschmelzung. **L.:** Lichte Gebüsche, Steppen- und Felshänge; Ebene und warme Hügelländer. Gesamtes Karpatengebiet; O-Alpengebiet, im W bis Passau (erloschen) und zum Tagliamento; Balkanhalbinsel bis Thessalien und N-Schwarzmeergebiet; im N bis ins sächsische Elbtal und zerstreut durch Polen bis fast zur Ostsee; etwa um 1850 am Burgberg von Donaustauf angesiedelt.

Berg-Bänderschnecke (▷2) D, RL
Cepaea sylvatica (DRAPARNAUD 1801)
M.: Meist deutlich gedrückter und kleiner als vorige; unregelmäßig gestreift mit feinen Spirallinien (nur bei dieser Art); weißlich bis strohgelb, Bänder meist fleckig aufgelöst, unterstes schmal und ziemlich weit vom Nabel entfernt. Lippe rosa bis hellbräunlich. **L.:** Lichte Bergwälder, Felsen und Geröllhalden; auf hohe Luftfeuchte angewiesen; selten unter 500 m NN, steigt im Wallis bis über 2700 m. Französische und westschweizer Kalkalpen und Jura; vereinzelt im Rheintal von Schaffhausen bis Karlsruhe; 1870 mit Tieren vom Hochrhein in Landsberg/Lech angesiedelt.

Garten-Bänderschnecke (▷3–4, 243/4) D
Cepaea hortensis (O. F. MÜLLER 1774)
M.: Kugelig, Gewinde mit gewölbten Seitenlinien; fast glatt. Mündung mit annähernd parallelem Ober- und Spindelrand. Lippe meist rein weiß, gelegentlich (besonders in schattigen fallaubreichen Wäldern) braun (▷4). Unterstes Band ziemlich weit vom Nabel entfernt (innerer Rand außerhalb der Mitte der Umgangsbasis). Farb- und Bändervariation siehe nächste Seite. **L.:** Trotz ihres Namens häufiger in Wäldern anzutreffen als die folgende Art; steigt im Gebirge bis über 2000 m NN. W- und Mitteleuropa von NO-Spanien über Frankreich und die Britischen Inseln bis N-Norwegen und S-Island; im O bis in die Ostseeländer, W-Karpaten, N- und SO-Alpen und angrenzende Karstländer; auch in NO-Amerika (unsicher ob natürliches Vorkommen).

Hain-Bänderschnecke (▷5–10, 243/1–3) D
Cepaea nemoralis (LINNAEUS 1758)
M.: Größer als vorige, Gewinde mit fast geraden Seitenlinien; Mündung mehr gerundet, Ober- und Spindelrand nicht parallel; Lippe außen und innen meist dunkelbraun, selten weiß (▷6); unterstes Band eng am Nabel (innerer Rand etwa auf der Mitte der Umgangsbasis). Eine großwüchsige Rasse ist *C. n. lucifuga* (ROSSMÄSSLER 1835), **Etruskische Hain-Bänderschnecke** (▷243/3), die zerstreut über den Apennin verbreitet ist und sich besonders häufig und schön ausgeprägt im Toskanischen Bergland findet. **L.:** Gebüsche und lichte Wälder; Ebene und Mittelgebirge. W-Europa; im S bis S-Portugal und Mittelspanien; durch die S-Alpen bis SW-Ungarn und Bosnien und in Italien bis Lukanien; im N bis S-Schweden; im O bis zur Oder; häufig verschleppt, auch nach Übersee.

Paarung (▷7–10): 7) Vorspiel, Verfolgung und gegenseitiges Belecken. – 8) Unmittelbar nach Abschuß der Liebespfeile; links: Pfeil im Fuß, rechts: Pfeil steckt im Kopf, Krone schimmert durch. – 9) Vereinigung, beide Penes eingeführt, rhythmisches Pulsieren der Reizkörper. – 10) Tier mit Pfeil im Kopf (konnte ihn erst 2 Tage später entfernen).

1) Furth-Hörfarth, Niederösterreich, A – 2) Landsberg/Lech, Bayern, D – 3) Hörlkofen, Lkr. Erding, Bayern, D – 4) Hohenmirsberger Platte b. Pottenstein, Bayern, D – 5) Hamburg-Hohenbuchen, D – 6) Gorges du Cians, Dép. Alpes-Maritimes, F – 7–10) Mt. Ventoux, Dép. Vaucluse, F.

7

8

1–8 = 1,5fach, 9 = 2fach, 10 = 3fach

Zum Polymorphismus der Bänderschnecken

Durch ihren tropischen Landschnecken vergleichbaren Polymorphismus stellen die Bänderschnekken in der europäischen Fauna eine Besonderheit dar. Anders als bei geographischer Variabilität (= Rassenbildung) treten beim Polymorphismus deutlich voneinander geschiedene Merkmalsausprägungen (= Morphen) in ein und derselben Population auf. Vor allem *C. hortensis* und *C. nemoralis* gehören zu den variabelsten Landschnecken. Die Grundfarbe wechselt von gelblichweiß bis zitronengelb oder rosa über rot bis violett und dunkelbraun. Die Farbe der Bänder variiert von weiß (hyalin) über rotbraun bis schwarz. Sie können einzeln oder insgesamt ausfallen oder miteinander verschmelzen, wodurch rechnerisch bereits 89 verschiedene Varianten möglich sind. Eine besondere Abwandlung sind »Tüpfelbänder«, die genetisch fixiert sein können, wie z. B. bei *C. nemoralis* in den Randgebieten der untergegangenen Landbrücke zwischen S-Schweden und Schleswig-Holstein (die vor etwa 8000 Jahren bestand), wo man in kühlfeuchten Biotopen noch einheitlich rotbraune tüpfelbändrige Populationen als Reste der ursprünglichen Besiedlung findet, die eine eigene Rasse bilden (▷2), allmählich aber von »bunten« Neueinwanderern aufgesogen werden. In warmen Gegenden können Tüpfelbänder dagegen als nicht-erbliche ökologische Reaktionsform auftreten. Da Morphen genetisch bedingt sind, findet sich ein auffallend erhöhter Polymorphismus in Flußtälern, wo die Verschwemmung häufigeren Genaustausch ermöglicht. Eine fast ebenso große Variabilität entsteht in Ballungsräumen durch Verschleppung. Im Großraum München z. B. erhält *C. hortensis* ihre besondere Vielfalt durch die Isar, während die ursprünglich einheitlich durch gelbe Grundfarbe mit Ausfall der beiden oberen Bänder gekennzeichnete *C. nemoralis* erst in neuerer Zeit durch eingeschleppte Formen überprägt wird. Die Vielfalt wird dadurch aufrecht erhalten, daß jede Morphe gewisse Anpassungsvorteile gegenüber Teilaspekten des Biotopgefüges aufweist. Dies können auch physiologische Eigenschaften sein, z. B. legen 5bändrige mehr Eier als ungebänderte Schnecken, und gelbe ertragen klimatische Extreme (Hitze, Kälte, Trokkenheit) besser als dunkle oder »bunte«. Farbe und Bänderung tarnen unterschiedlich: Bräunliche Grundfarbe, oft ungebändert, schützt im Wald; kräftige Bänderung in lichtem Gebüsch, wo sie vor unruhigem Hintergrund – Blätter, Zweige, Sonnenlichtkringel – gestaltauflösend wirkt; einfarbig blaßgelb in offenen Grasbiotopen. Der Tarneffekt wirkt bei der Auslese durch schneckenfressende Drosseln (Drosselschmiede ▷270/1): Im zeitigen Frühjahr, wenn braune Untergrundfarben vorherrschen, werden mehr grellfarbige Schnecken erbeutet, später, wenn frische Grüntöne überwiegen, sind braune Schnecken im Nachteil. Daneben tritt die häufigkeitsabhängige Selektion, bei der eine bestimmte Morphe, die vom Räuber als besonders häufig erfahren wird, sich als Suchbild einprägt und unter Vernachlässigung anderer Morphen solange selektiv stärker gefressen und dadurch immer seltener wird, bis die Suche sich nicht mehr lohnt und ein neues erfolgversprechenderes Suchbild an die Stelle des alten tritt. Da bei diesem Wechselspiel von Räuber und Beute seltenere Morphen bessere Überlebenschancen haben als häufige, erhält sich der Polymorphismus, und da es der Natur nicht um die Erhaltung des Individuums, sondern um die von Population und Art geht, liegt in der »Opferung« jeweils einer Gruppe eine sinnvolle Überlebensstrategie.

Cepaea nemoralis. Durch Trockenheit bedingte häufige Ruhepausen während des Wachstums führen zu wiederholter Pigmentanreicherung am Mundsaum und dadurch zu umweltbedingter »Tüpfelbändrigkeit« (oben). Ein zunächst getüpfeltes Exemplar, das sein Wachstum bei gleichmäßiger Feuchtigkeit vollenden konnte, bildete keine Tüpfel mehr aus (unten) (Mt. Ventoux, Dép. Vaucluse; nat. Gr.).

2) Klingberg, Schl.-Holst., D – 3) Lámole in Chianti, Toskana, I – Übrige Gehäuse beider Arten aus München und nächster Umgebung, Bayern, D.

1–3) *Cepaea nemoralis* (3: Rasse *C. n. lucifuga*); 4) *Cepeae hortensis*

1–4 = nat. Gr.

Gefleckte Weinbergschnecke (▷1–6) (D), RL
Cryptomphalus aspersus (O. F. MÜLLER 1774)
M.: Gedrückt kugelig mit seitlich ausladendem letzten Umgang; ziemlich dünnschalig; Oberfläche netzartig gerunzelt; gelblichbraun, Bänder oft breit verschmelzend (besonders 2. und 3.) oder fleckig aufgelöst und von gelber Zickzack-Zeichnung unterbrochen. Mundsaum stark erweitert und weiß gelippt. Nabel durch den breiten Spindelumschlag meist völlig geschlossen. Sehr variabel. **L.:** Gebüsche, lichter Wald, Felssteppen, Dünen; häufig in Kulturbiotopen aller Art. Gesamtes Mittelmeergebiet und atlantische Küstengebiete bis zu den Niederlanden und den Britischen Inseln; in Deutschland im Oberrheintal und am Niederrhein eingebürgert; fast weltweit verschleppt, hält sich überall, wo mildes ozeanisches oder mediterranes Klima herrscht. Vor allem in Frankreich hat die »Petit Gris«, wie sie dort heißt, als Speiseschnecke große Bedeutung und die Versuche, Schnecken für den Handel zu züchten, konzentrieren sich heute zunehmend auf diese Art. Eine wirtschaftliche Zucht ist aber bis jetzt nicht möglich. Daher wird zeitweise sogar versucht, die Schneckeneier, ähnlich wie Kaviar, als Delikatesse zu vermarkten.

Grunzschnecke (▷7–8)
Cantareus apertus (BORN 1778)
M.: Gehäuse kugelig, fast nur aus dem letzten stark aufgeblasenen Umgang bestehend; dünnschalig, unregelmäßig faltig rippenstreifig, ziemlich glänzend; einfarbig gelbbraun bis olivfarben. Mundsaum kaum erweitert, lippenartig abgestumpft. Ungenabelt. Fuß groß mit zwei breiten schwarzbraunen Längsbinden, Nackenleiste und Flanken bläulich. Das Tier lebt meist im Boden eingewühlt und sucht dieselbe Erdhöhle immer wieder auf; bei Reizung oder Erschütterung gibt es durch rasches wiederholtes Luftauspressen knarrend-grunzende Geräusche von sich. Zum Sommerschlaf wird ein stark gewölbtes, speckig glänzendes Kalk-Epiphragma gebildet (▷8). **L.:** Macchien, Feldraine und Weingärten. Frankreich westlich der Rhône-Mündung, Ligurien und Toskana, Inseln des Tyrrhenischen Meers, S-Italien, Ionische Inseln, Mittelgriechenland, Ägäische Inseln, Zypern und mediterranes N-Afrika. Aus Artenschutzgründen darf diese schmackhafte Speiseschnecke in Frankreich nur noch für den Eigenbedarf gesammelt werden.

Töpferschnecke (▷9–11)
Helix figulina ROSSMÄSSLER 1839
M.: Meist ziemlich klein und kugelig, Gewinde niedrig kegelförmig mit engen Anfangswindungen; unregelmäßig grob rippenstreifig mit feinen Spirallinien, matt glänzend; weißlich- bis bräunlichgrau mit kastanienbraunen, meist schmalen Bändern. Nabel vom Spindelumschlag verdeckt, oft ganz geschlossen. Sehr variabel. Fuß mit braunem Rücken, heller Nackenleiste, breiten hellen Längsstreifen unterhalb der Fühler und dunkel graubraunen Flanken. Bildet in Gegenden mit kaltem Winterklima einen dicken Winterdeckel aus Kalkbrei wie die Weinbergschnecke (▷11). **L.:** Strauchsteppen, Kiefernwälder und Dünen. Küstengebiete und Inseln der Ägäis außer Kreta, im N bis S-Bulgarien.

1) Plaine de la Crau, Dép. Bouches-du-Rhône, F – 2–3) Aranjuez, Prov. Madrid, E – 4) Herakleia am Latmos, TR – 5) Fontaine-de-Vaucluse, Dép. Vaucluse, F – 6) Viens, Dép. Vaucluse, F – 7–8) F (Import mit Blumenkohl, gekauft in Bayern, D) – 9) Epidavros, Argolis, GR – 10) Sivri-Tepe (Troja), TR – 11) Silivri am Marmara-Meer, TR.

5: Jungtier; 6: mit frischem Gelege; 8: im Sommerschlaf; 11: Winterdeckel

1 u. 5 = 1,5fach, 2–4 u. 6–11 = nat. Gr.

Italienische Weinbergschnecke (▷ 1)
Helix ligata O. F. MÜLLER 1774
M.: Meist kleiner als *H. pomatia*, größter Durchmesser 25–40 mm; kugelig mit kegelförmig erhobenem Gewinde und breiter stumpfer Spitze; unregelmäßig rippenstreifig mit feinen Spirallinien; hell bräunlich bis fast weiß, Bänder meist schmal, hell rostfarben bis kastanienbraun. Mündung schief, Mundsaum nicht oder nur wenig erweitert und weiß, Spindelumschlag schwach rosa bis bräunlichviolett. Nabel meist ritzförmig offen, gelegentlich völlig verschlossen. **L.:** Gebüsche und lichte Bergwälder, meist in niederen und mittleren Lagen, aber auch über der Baumgrenze; steigt in den Abruzzen mit verzwergten Höhenformen bis über 2000 m NN. Mittel- und S-Italien von der Toskana und den Marken bis Kalabrien; fehlt in Apulien und Sizilien.

Podolische Weinbergschnecke (▷ 2–3)
Helix lutescens ROSSMÄSSLER 1837
M.: Deutlich kleiner als *H. pomatia*, größter Durchmesser 28–37 mm; bauchig-kugelig, mit gerundetem, ziemlich niedrigem Gewinde; dünnschaliger; Oberseite mit feinen Spirallinien, die unter der Naht mit der Streifung ein fast regelmäßiges Gittermuster bilden; bräunlichgelb bis gelblichweiß, ungebändert oder mit blassen, meist schmalen Bändern. Mündung wenig schief; Mundsaum schwach erweitert, mit flacher weißer oder rötlicher Lippe. Nabel vom Spindelumschlag vollständig bedeckt und oft ganz geschlossen. **L.:** Rasen und Gebüsche an trockenwarmen Hängen in niederen Lagen. Karpatengebiet beiderseits des Gebirgszugs; im W bis Krakau, in die O-Slowakei und nach O-Ungarn; im N bis Brest; im S bis N-Serbien und in die Walachei; im O bis zum Ukrainischen Bug.

Gestreifte Weinbergschnecke (▷ 4, 7)
Helix lucorum LINNAEUS 1758
M.: Größe sehr variabel, größter Durchmesser 30–60 mm (Größenwachstum stark temperaturabhängig), überwiegend großwüchsig und deutlich größer als *H. pomatia*; gedrückt mit breit abgerundetem Gewinde, letzter Umgang ober- und unterseits etwas abgeflacht und dadurch oft stumpf gekantet; obere Umgänge sehr fein gestreift und körnelig gegittert; Grundfarbe weiß bis weißlichgelb, meist nur in schmalen Zonen an der Naht, auf der Kiellinie und am Nabelfeld sichtbar, sonst von breiten dunkel braunroten, breit verschmolzenen Bändern verdeckt; oft mit mehr oder weniger zahlreichen Wachstumsunterbrechungen, die keine Winterringe sind. Mündung klein, ziemlich schief und meist nach unten gezogen; Mundsaum schwach erweitert, und dick lippig abgestumpft. Nabel weitgehend vom breit angehefteten Spindelumschlag verdeckt, selten (vor allem bei alten Tieren) ganz geschlossen. Im östlichen Schwarzmeergebiet (westwärts bis auf die Krim und in den armenischen Pontus) kommt eine gut ausgeprägte Unterart vor: *H. l. taurica* KRYNICKI 1833. Sie zeichnet sich durch höher aufgewundenes Gehäuse mit größerer und höherer Mündung und fast stets geschlossenem Nabel aus; Grundfarbe blaßgelblich, Bänder stark abgeschwächt und dunkles Pigment hauptsächlich in axialen Streifen angelagert. **L.:** Gebüsche, lichte Wälder und Kulturgelände; nur nachts und nach starken Regenfällen aktiv, bei Trockenheit oft eingegraben. Vom östlichen Schwarzmeergebiet durch Kleinasien und die mittlere Balkanhalbinsel (S-Rumänien, Bulgarien und Thrakien bis Albanien) bis Italien westlich des Apennin verbreitet; stellenweise in S-Frankreich angesiedelt. **Wirtschaftliche Bedeutung:** Nach *H. pomatia* die wirtschaftlich wichtigste Weinbergschneckenart, von der jährlich fast 6000 Tonnen vermarktet werden, von denen die Türkei etwa ¾ aufbringt (in Frankreich heißt diese Art daher »Escargot turc«). Gehäuse großwüchsiger anatolischer Formen und der Unterart *H. l. taurica* sind regelmäßig in Delikatessengeschäften anzutreffen.

Gegürtete Weinbergschnecke (▷ 5–6)
Helix cincta O. F. MÜLLER 1774
M.: Größter Durchmesser 28–40 mm; kugelig mit ziemlich stark erhobenem kegelförmigem Gewinde und kleiner Spitze mit auffallend engen Anfangswindungen; letzter Umgang wenig erweitert; starkschalig und unregelmäßig gestreift, teilweise mit schwachen Spirallinien; gelbgrau, hell- bis dunkelbraun gebändert, obere Bänder fast immer breit verschmolzen und nach unten scharf abgegrenzt. Mündung wenig schief, meist kurz abgerundet und höher als breit; Mundsaum kaum erweitert, abgestumpft und oft sehr stark lippig verdickt; Spindel, Mündungswand und Mundsaum zart bis kräftig braun. Ungenabelt. **L.:** Strauch- und Felssteppen, unter Gebüsch, oft im Boden vergraben. In mehreren Rassen von Mittel- und W-Kleinasien über die Inseln der Ägäis und ganz Griechenland durch das ostadriatische Küstengebiet von Albanien bis Istrien nach N-Italien (Friaul, Lombardei) verbreitet.

1) Monte Nerone, 1000 m NN, Märkischer Apennin, Marken, I – 2) Zitadelle von Brest, Weißrußland, SU – 3) Sighişoara (= Schässburg), R – 4) Val Degana, Lombardei, I – 5) Portese am Gardasee, Lombardei, I – 6) Silivri am Marmara-Meer, TR – 7) Prespa-See, Makedonien, GR.

1–7 = nat. Gr.

Dalmatinische Weinbergschnecke (▷ 1, 4)
Helix secernenda ROSSMÄSSLER 1847

M.: Größe sehr variabel, größter Durchmesser 35–60 mm, aber meist deutlich größer als *H. pomatia*; Gewinde breit kegelförmig bis ziemlich gedrückt, Spitze stumpf abgerundet; letzter Umgang sehr groß und meist seitlich ausladend; fein gestreift und ohne oder nur mit sehr undeutlichen Spirallinien; gelblichbraun bis weißlich mit ziemlich schmalen Bändern, von denen das 3. und 4. auffallend weit auseinander stehen. Mundsaum schwach erweitert, lippig abgestumpft. Nabel vom Spindelumschlag völlig verdeckt und meist verschlossen. **L.:** Überwiegend in felsigen Biotopen, bis 1600 m NN. Vom kroatischen Küstenland über Dalmatien, dalmatinische Inseln und W-Montenegro bis NW-Albanien, ausschließlich in Karstgebieten; durch eine Verbreitungslücke getrennt mit einer stärker gerippten Rasse in S-Albanien, N-Griechenland und auf Korfu. Unter den 3–4000 Tonnen Speiseschnecken, die Jugoslawien jährlich exportiert, spielt *H. secernenda* eine wichtige Rolle, und von jugoslawischen Arten findet man diese am häufigsten in Delikatessengeschäften.

Helix melanostoma hält ein abgestorbenes Lavendelblatt mit dem Fuß und bringt es in die richtige Position zum Fressen (St.-Martin-de-Crau, 2fach).

Rhodopen-Weinbergschnecke (▷ 3, 5–6)
Helix philibinensis ROSSMÄSSLER 1839

M.: Ziemlich klein, kugelig kegelförmig, Gewindehöhe sehr variabel; schwach bis feinrippig gestreift, mit etwas undeutlichen feinen Spirallinien; gelbbraun bis weißlich mit kastanienbraunen Bändern, von denen das 2. und 3. oft verschmelzen. Mundsaum nicht erweitert, innen bräunlich oder weißlich flach gelippt; Spindelumschlag bräunlich. Nabel vollständig geschlossen. Fuß mit dunkelbraunem Rücken und bläulichgrauen Flanken. **L.:** Meist in Felsbiotopen mittlerer Gebirgslagen. Nördliche und südliche Abhänge der Rhodopen, Thrakien, Makedonien bis zum Vardar, Chalkidike und Thasos.

Schwarzmündige Weinbergschnecke (▷ 2, 7)
Helix melanostoma DRAPARNAUD 1801

M.: Bauchig-kugelig mit sehr niedrigem Gewinde; unregelmäßig faltig gestreift; bräunlichweiß bis graugelb, Bänder sehr schwach oder fehlend. Mundsaum nicht erweitert; Mündung innen zart violett, Lippe, Spindelumschlag und Mündungswand dunkel kastanienbraun und lackglänzend. Ungenabelt. **L.:** Offene Biotope mit niedrigem Gebüsch; Weingärten und Olivenhaine; meist eingegraben, nur in den Abend- und Morgenstunden und nach starkem Regen aktiv. Mediterranes S-Frankreich (zwischen Rhône-Mündung und Argens verbreitet und häufig, sonst zerstreut und selten); Küstengebiete Algeriens und Tunesiens. Diese Art darf in Frankreich, ähnlich wie *Cantareus apertus*, nicht für Marktzwecke gesammelt werden.

Riesen-Weinbergschnecke (ohne Bild)
Helix vladica KOBELT 1898

M.: Größter Durchmesser bis 55 mm; einer sehr großen *H. pomatia* ähnlich (der sie früher als Unterart zugeordnet wurde), aber Gewinde stärker erhoben und Mündung daher im Verhältnis zur Gehäusehöhe kleiner; festschaliger und gröber rippenstreifig, Nabel meist völlig geschlossen; Farbe und Zeichnung typischer Exemplare wie bei *H. pomatia*. Fuß dunkel und sehr grob gerunzelt. **L.:** Offene Wiesen, Gebüsche und lichte Wälder, tagsüber oft vollständig im Boden eingegraben. Östliches Montenegro und S-Serbien. Bei den Versuchen, Weinbergschnecken für den Handel zu züchten, wurde wegen ihrer besonderen Größe auch diese Art herangezogen und (allerdings vergeblich) versucht, sie mit *H. pomatia* zu kreuzen.

1) Katara-Paß, Pindos-Gebirge, GR – 2) St.-Martin-de-Crau, Dép. Bouches-du-Rhône, F – 3) Mara-Höhle w Drama, Makedonien, GR – 4) Konserve (aus Kaufhaus in München) – 5) wie 3 – 6) Kilkis, Makedonien, GR – 7) wie 2.

1–7 = nat. Gr.

Weinbergschnecke (▷ 1–4, 252–253/1–5) D, RL
Helix pomatia LINNAEUS 1758

M.: Größter Durchmesser 30–50 mm; kugelig mit stumpf kegeligem Gewinde; unregelmäßig stumpf rippenstreifig mit feinen Spirallinien; hellgrau oder strohgelb bis hellbraun mit dunkleren bis violettbraunen meist ziemlich verwaschenen Bändern. Mundsaum schwach erweitert und abgestumpft, innen mit flacher weißer oder rötlicher Lippe. Nabel vom breiten Spindelumschlag mehr oder weniger bedeckt, oft nur ritzförmig. Gebietsweise lassen sich erbliche Größen- und Gestaltunterschiede feststellen. **L.:** Lichte Wälder, Gebüsche und Hecken; wärmeliebend, doch nicht in trockenen Hängen ohne Pflanzendeckung; meidet auch ganz schattige, sehr feuchte Wälder; bevorzugt niedere bis mittlere Lagen, geht aber in den Alpen stellenweise bis 2000 m NN; in weiten Teilen des Verbreitungsgebiets Kulturfolger, heute aber durch Biotopvernichtung infolge Ausräumung und Vergiftung der Landschaft bedroht. SO- und Mitteleuropa; im N bis S-Schweden, im W bis S-England und Mittelfrankreich, im O durch ganz Polen bis Estland, Weißrußland und in die W-Ukraine; N-Italien und nördliche und mittlere Balkanhalbinsel bis Makedonien. **Wirtschaftliche Bedeutung:** Die Weinbergschnecke und ihre Verwandten der Gattung *Helix* (in Europa mit etwa 20 Arten vertreten) haben großenteils eine erhebliche Bedeutung als Speiseschnecken, wobei rund 70% des Weltmarkts und des Verbrauchs auf Frankreich entfallen. Die Weinbergschnecke ist hier die wichtigste Art, und der jährliche Verbrauch beträgt rund 8000 Tonnen. Dabei handelt es sich ausschließlich um gesammelte Schnecken, die heute überwiegend aus O-Europa kommen (allein Ungarn liefert 3000 Tonnen jährlich). Obwohl die experimentelle Aufzucht weniger Schnecken völlig problemlos ist, sind alle Versuche einer rationellen Massenzucht für den Handel bisher fehlgeschlagen. Im Mittelalter, wo die Schnecken als Fastenspeise große Bedeutung hatten, und noch bis in dieses Jahrhundert, hielt man sie in »Schneckengärten«, bis sie sich zum Winter eindeckelten. Noch heute werden im Piemont und in der Schweiz im Dezember die »Deckelschnecken« vermarktet, während sich sonst die Verarbeitung der Frühjahrsschnecken (»Kriecherschnecken«) durchgesetzt hat. Aufgrund der starken Nutzung wurde die Weinbergschnecke in verschiedenen Ländern unter Schutz gestellt oder darf nur noch mit Genehmigung gesammelt werden.

Aus der Biologie der Weinbergschnecke

Fortbewegung: Beim Kriechen auf einer Glasscheibe ist bei der Weinbergschnecke die Funktion des Fußes besonders gut zu beobachten (▷ 4). Das Tier gleitet auf einem unterhalb des Kopfes aus der Sohlendrüse ausgeschiedenen Schleimband dahin, das auch die Haftung am Untergrund vermittelt. Durch wechselweises Zusammenziehen von Längs- und Quermuskeln werden auf der Sohle kopfwärts verlaufende Wellen erzeugt, die einem kaum merklichen Aufsetzen und Abheben der Sohle entsprechen und das Tier vorwärts schieben. **Wachstum und Lebensalter:** Das Frühjahrswachstum der Jungtiere ist erheblich, wie der durch Markierung festgestellte Zuwachs eines einziges Tages (▷ 2) zeigt. Es erfolgt zunächst durch Bildung des Periostrakums, das dann durch Kalkanlagerung verfestigt wird. Zum Winterschlaf verstärken die Jungtiere den Mundsaum mit einer Kalklippe an der das nächste Frühjahrswachstum wieder ansetzt und die als Winterring erkennbar bleibt. Die Tiere sind nach 2–5 Jahren ausgewachsen und geschlechtsreif. Entsprechend viele Winterringe lassen sich am Gehäuse zählen. Lange wurde angenommen, daß Weinbergschnecken nur 4–6 Jahre alt werden. In Schweden gelang es jedoch, ein individuell kenntliches Einzeltier über 35 Jahre zu beobachten. Die Lebensjahre der Erwachsenen lassen sich am Mundsaum ablesen, wo je des Jahr eine dünne Kalkschicht angelagert wird, was bei alten Tieren zu einem enorm verdickten

Unterer Mundsaum einer Weinbergschnecke mit 20 Mundsaumschichten, leicht angeschliffen (Hettstadterhof b. Würzburg, 5fach).

Mundsaum führt (▷ 3). Überwüchsige Riesenformen mit mehr als 60 mm Durchmesser werden durch parasitische Saugwurmlarven hervorgerufen, die die in der Mitteldarmdrüse eingebettete Keimdrüse zerstören (»Parasitäre Kastration«), so daß das Tier nicht geschlechtsreif wird und deshalb ständig weiterwachsen muß (▷ 1 links).

1: parasitär kastriertes (links) neben normalwüchsigem Exemplar; 3: 23 Jahre alt

1–2 u. 4 = nat. Gr., 3 = 1,5fach

Weinbergschnecke (Fortsetzung)

Fortpflanzung: Die Fortpflanzungszeit beginnt einige Wochen nach dem Erwachen aus dem Winterschlaf und erstreckt sich bis in den Juli. Die Paarung (▷1) wird von einem oft stundenlangen Vorspiel eingeleitet, bei dem die Partner sich mit aneinander gepreßten Sohlenflächen hoch aufrichten. Das Ausstoßen der Liebespfeile, das den Höhepunkt der Erregung darstellt, aber nicht immer erfolgt, geschieht erst gegen Ende des Vorspiels, kurz vor der eigentlichen Vereinigung. Die Begattung ist in der Regel wechselseitig, und die fadenförmige Spermatophore wird innerlich übertragen (im Bild: Vorspiel vor Ausstoßung der Liebespfeile, linkes Tier mit vorgewölbtem Geschlechtsvorhof). Schon bald nach der Paarung (Tage bis Wochen) graben die Tiere – meist an bevorzugten immer wieder aufgesuchten Stellen – eine Legehöhle, was mehrere Tage dauern kann und wobei die Fußsohle wie ein Förderband eingesetzt wird. In die etwa 4 cm tief gelegene Höhlung werden 40–60 kugelige, ledrig-weichhäutige bis zart kalkschalige Eier abgelegt (▷2). Die Entwicklung dauert je nach Feuchte und Temperatur 3–4 Wochen. Frisch geschlüpfte Jungtiere bleiben bis zu 10 Tage in der Legehöhle, um diese dann bei günstiger Witterung zu verlassen (▷3–4). In Bild 3 haben die frisch geschlüpften Jungtiere als erste Nahrung die Eihüllen verzehrt und die Mitteldarmdrüse schimmert weiß; die auskriechenden Tiere in Bild 4 haben in der Legehöhle etwa 1/10 Umgang zugelegt und die Mitteldarmdrüse ist nach Aufnahme von Erde fleckig. Die Jungen streben sogleich an Kräutern oder Stämmen in die Höhe, ein Instinktverhalten, das sie den zahlreichen bodenlebenden Räubern entzieht.

Winterschlaf: Während das Erwachen aus dem Winterschlaf von Temperatur und Feuchte bestimmt wird, richtet sich der Beginn, unabhängig von der Witterung, nach dem Kürzerwerden des Tageslichts. Bereits im August speichern die Schnecken Kalk zur Bildung des Winterdeckels, und der Schleim ist in dieser Zeit milchig und grieslig. Die Winterschlafplätze werden oft von mehreren Tieren aufgesucht, und deren Boden ist meist mit alten Deckeln durchsetzt (▷5). Nach dem Eingraben liegen die Tiere mit der Mündung nach oben und der Deckel wird vom Mantelwulst als flüssiger Kalkbrei abgeschieden, der bald erstarrt.

1–4 und 250/4) Ebersbach/Fils, Bad.-Württ., D – 5 und 250/1–3) Hettstadterhof b. Würzburg, Bayern, D.

1–5 = nat. Gr.

Überfamilie Najaden – Unionacea

Mittelgroße bis sehr große Süßwassermuscheln, deren größte Vertreter mit bis zu 30 cm Gehäuselänge überhaupt die größten Binnenmollusken sind. Sie heißen Najaden nach den antiken Quell- und Flußgöttinnen, die für die Reinheit des Wassers bürgten. Die Innenseite der Schale besteht aus einer glänzenden, porzellanweißen bis rötlich oder violett schimmernden Perlmutterschicht; das Periostrakum ist dick und hornartig, schwarz oder braun bis grün und gelb, häufig mit verschiedenfarbigen Zuwachszonen und oft radial gestrahlt. Wirbel meist mit charakteristischer Skulptur (▷ 264 a–e). Normalerweise ist ein starkes Schloß ausgebildet mit einem Hauptzahn und einem leistenförmigen Nebenzahn in der rechten Klappe, die zwischen gespaltene Gegenzähne der linken Klappe passen (▷ 258 a–e, 261/4). Das Schloß unterliegt vielfältigen Abwandlungen oder kann völlig fehlen wie bei den Teichmuscheln (▷ 265). Das Wachstum bis zur Geschlechtsreife dauert mehrere Jahre und kann selbst innerhalb einer Art stark variieren. Im allgemeinen haben dickschalige Flußformen eine längere Lebenserwartung als dünnschalige Stillwasserformen und langsamwüchsige Arten und Individuen erreichen ein höheres Lebensalter als raschwüchsige. Die periodischen Wachstumsstillstände sind meist als Jahresringe deutlich zu erkennen. Bei manchen Arten zeigt auch das Ligament gut unterscheidbare Jahresringe (▷ 260/2). Die meisten Arten zeigen neben der vielfältigen Ausbildung genetisch fixierter geographischer Rassen und Kleinrassen eine erhebliche ökologische Variabilität. Durch ihre Filtriertätigkeit haben die Najaden eine sehr große Bedeutung für den Gewässerhaushalt. Sie sind heute weltweit stark bedroht und einige Arten sind bereits ausgestorben.

Glochidien-Pakete von *Unio tumidus*, Ausschnitt (Lüttauer See, 30fach).

Fortpflanzung: Überwiegend getrenntgeschlechtig. Befruchtung in den Brutkiemen der ♀♀ über den Atemwasserstrom. Die sehr große Zahl der Eier, etwa 10 000 bis mehrere Millionen, wird durch die komplizierte und verlustreiche Entwicklung verständlich. Aus den befruchteten Eiern schlüpfen nach einer unterschiedlich langen Brutperiode Larven, die bei europäischen Arten als Glochidium ausgebildet sind und ihre weitere Entwicklung und Umbildung zu jungen Muscheln als Fischparasiten durchmachen. Der Parasitismus bietet der Larve Schutz und trägt zur Verbreitung der Art bei.

Familie Flußperlmuscheln – Margaritiferidae

Gehäuse langgestreckt, groß und starkschalig, mit schwarzem glanzlosen Periostrakum; Wirbel niedrig, in der Jugend mit schwacher konzentrischer Skulptur, im Alter meist stark abgefressen (korrodiert). Brutpflege in allen vier Kiemenblättern. Mit vier Gattungen und sieben Arten über Eurasien und N-Amerika verbreitet.

Große Flußperlmuschel (▷ rechts)
Pseudunio auricularius (Spengler 1793)

M.: Bis 20 cm lang; gestreckt nierenförmig; sehr dickschalig (Schalengewicht bis 480 g!). Im Gegensatz zur folgenden Art mit kräftigen, hinten verdickten und schräg gestutzten Seitenzähnen und ohne Abdrücke von Mantelhaftmuskeln. Jungtiere mit gebogenen Radialfalten auf dem oberen Teil des Hinterendes. Auch diese Art kann Perlen hervorbringen, jedoch viel seltener als die echte Flußperlmuschel. Die Lebensdauer beträgt 50–80 Jahre.
L.: In großen Flüssen, meist an den tiefsten Stellen der Strömungsrinne, mit dem mächtigen Fuß verankert und nur etwa zur Hälfte ziemlich steil im Grund steckend (wodurch das abgewinkelte Wachstum des Hinterendes zustandekommt). In Frankreich im vorigen Jahrhundert in fast allen großen Flüssen nachgewiesen, heute vielleicht nur noch im Flußgebiet der mittleren Loire lebend; ferner nachgewiesen in Italien im mittleren Po und unteren Chiese (heute erloschen), in Spanien im Ebro, Tajo und Guadalquivir und in N-Afrika in einigen Flüssen des Mittleren Atlas; eine verwandte Art in Syrien wird manchmal als Unterart hierher gestellt. In Deutschland hat die Art im Oberrhein mindestens bis ins 15. Jhdt. gelebt und ist vermutlich durch die Klimaverschlechterung in der frühen Neuzeit (»Kleine Eiszeit«) erloschen. Die Große Flußperlmuschel ist die am stärksten bedrohte Najadenart Europas, und steht wahrscheinlich unmittelbar vor dem Aussterben.

Südfrankreich (Museumsexemplar aus dem frühen 19. Jahrhundert).

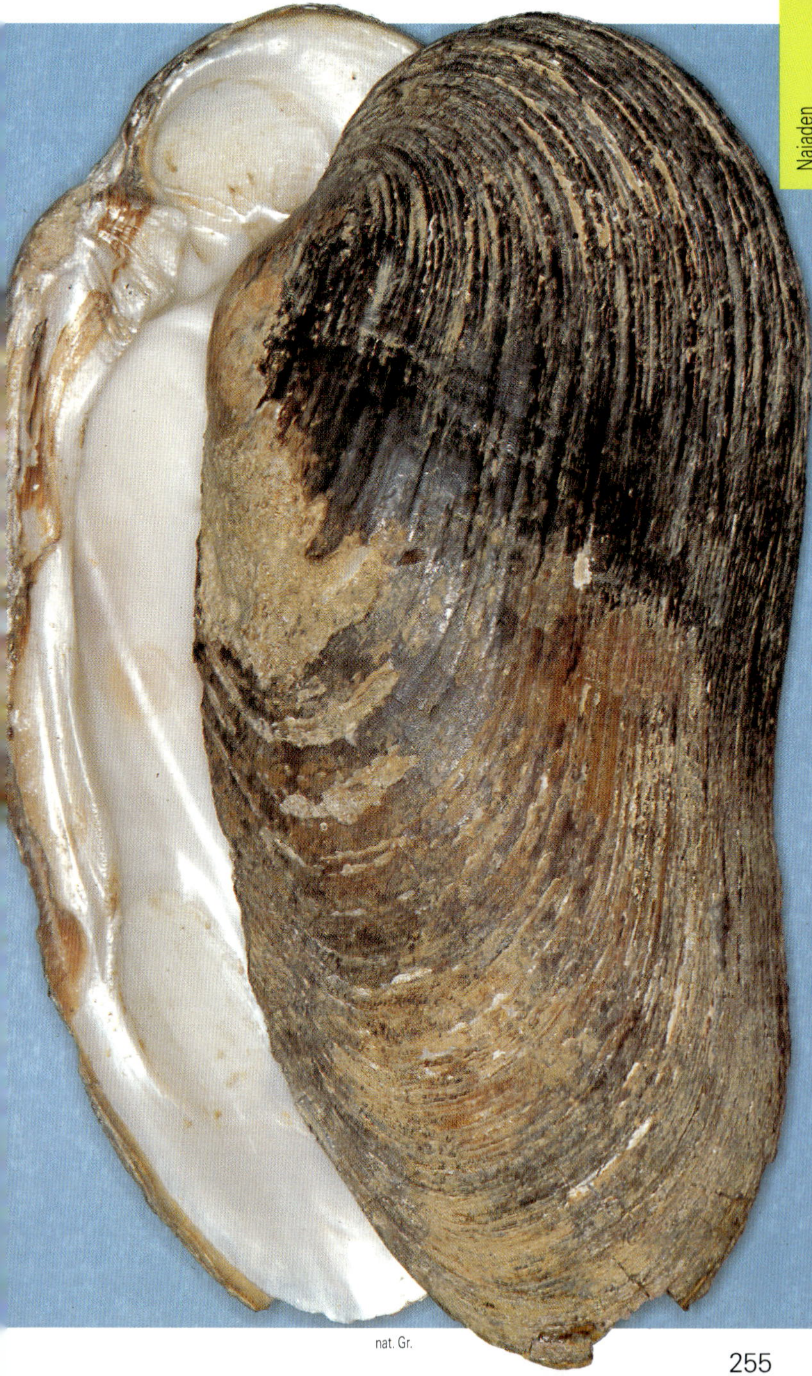

nat. Gr.

Flußperlmuschel (▷ 1–4) D, RL

Margaritifera margaritifera (LINNAEUS 1758)

M.: 10–13 cm lang, maximal bis 16 cm; gestreckt nierenförmig mit unregelmäßigen schmalen Zuwachsstreifen; Wirbel flach und meist stark korrodiert, korrodierte Stellen durch eingelagertes Conchin oft goldfarben. Schloß ohne Seitenzähne, nur mit breiten stumpf-kegeligen Hauptzähnen. In den Klappeninnenflächen stichartige Ansatzstellen von Mantelhaftmuskeln. **L.:** Ober- und Mittellauf kalk- und nährstoffarmer, gut durchströmter Mittelgebirgs- und Niederungsbäche und -flüsse; vor allem auf kristallinem Gestein (eine Ausnahme bildet das Vorkommen einer besonderen Rasse in den Kalkgebieten N-Irlands). Holarktisch verbreitet. NW-Spanien und W-Pyrenäen, Massif Central, Bretagne, Normandie, Ardennen, Britische Inseln, fast ganz Skandinavien, N-Rußland; in N-Portugal und den Vogesen erloschen; außerhalb Europas von O-Sibirien bis Kamtschatka und N-Japan, an der amerikanischen O-Küste zwischen Neufundland und Pennsylvania; Restvorkommen in Deutschland: Lüneburger Heide, Eifel, Hohes Venn, Vogelsberg, Rhön, Fichtelgebirge, Bayerischer Wald und Vogtland; erloschen im Hunsrück, Bergischen Land, Westerwald, Odenwald und Spessart.

Lebensweise und Fortpflanzung: In guten Bächen bildeten die Muscheln früher oft Bänke mit mehr als 1000 Tieren/m², die stellenweise sogar übereinander saßen. Flußperlmuscheln werden im Durchschnitt 80–100 Jahre alt, wobei die Lebensdauer in wärmeren Breiten nur 30 Jahre betragen kann, während das Höchstalter im Norden bei 130 Jahren liegt. Die Tiere sind in der Regel getrenntgeschlechtig und werden mit 15–20 Jahren geschlechtsreif. Bei abnehmender Populationsdichte können sich ♀♀, die nicht genug Sperma erhalten, zu Zwittern umwandeln und so die Befruchtung der eigenen Eier sichern (daher sind auch sehr kleine Restbestände regenerationsfähig). Ein ♀ produziert in einer Fortpflanzungsperiode 3–5 Millionen nur 0,05 mm große Glochidien (maximal 10 Millionen), die fein verteilt ausgestoßen werden und zufällig von einer jungen Bachforelle (oder einem Lachs) eingeatmet werden müssen. Als Kiemenparasiten entwickeln sie sich in etwa 10 Monaten zu 0,5 mm langen Jungmuscheln, die vom Wirtsfisch abfallen und ins Lückensystem des Bachbodens kriechen. Die nachfolgende Lebensphase, in der die Muscheln offenbar besonders empfindlich sind, ist noch unbekannt. Erst mit einer Länge von etwa 2 cm und einem Alter von 4–5 Jahren lassen sie sich an der Oberfläche nachweisen.

Perlen und Perlfischerei: Seit altersher gelten Perlen als eines der wertvollsten tierischen Produkte. Die Flußperlmuschel kann Perlen erzeugen, die den schönsten Seeperlen ebenbürtig sind. Aus dem Fichtelgebirge wurden 1895–1910 noch Perlen im Wert von 16882 RM verkauft. Der Mantel, der die Perlmutter abscheidet, stößt bei Verletzung durch einen Fremdkörper Gewebe ab, das diesen völlig umschließt und in dünnen Schichten, die dem Schalenzuwachs entsprechen, mit Perlmutter überkleidet. Das Wachstum einer guten Perle, die im Durchschnitt nur in jeder 2700sten Muschel vorkommt, dauert mehrere Jahrzehnte. Früher lagen die Perlfischereirechte allein bei den Landesfürsten und Perlräuberei wurde sogar mit Todesstrafe bedroht. Der älteste erhaltene Erlaß stammt von 1437. Amtliche Perlfischer, die oft schon an Wachstumsstörungen das Vorhandensein einer Perle erkannten, öffneten die Gehäuse behutsam mit einem »Perlschlüssel« und setzten die Tiere nach Entnahme der Perlen wieder in den Bach zurück. Durch Perlräuber, die die Tiere aufschneiden oder zerschlagen, entstehen noch heute im Bayerischen Wald erhebliche Verluste.

Gefährdung: Die Flußperlmuschel ist heute im gesamten Verbreitungsgebiet stark gefährdet. In Mitteleuropa sind noch 2–3% der ursprünglichen Bestände vorhanden. Selbst im Fichtelgebirge, wo die Art sich am besten gehalten hat, sind von mehr als 700000 Muscheln (1914) nur noch rund 70000 übrig. Alle Bestände sind überaltert und in manchen Bächen ist seit mehr als 60 Jahren kein Nachwuchs hochgekommen. Regulierung, Bachräumung, Beseitigung der Ufergehölze, Anlage von Fischteichen und auch Perlräuberei haben zum Niedergang beigetragen. Vor allem aber lassen Abwassereinleitungen und Einschwemmungen aus landwirtschaftlichen Flächen den Bachgrund zuschlammen. Hinzu kommt die unmittelbare Giftwirkung von Abwässern und Spritzmitteln. Oft fehlt es an geeigneten Wirtsfischen. Inzwischen kann man erfolgreich junge Bachforellen mit Muschellarven infizieren. Wenn heute schließlich mit Aufwand in Millionenhöhe Abwässer umgeleitet werden und die Überdüngung ferngehalten wird, ergibt sich aber ein neues globales Problem durch den Sauren Regen, der zu einer für das Bachökosystem und die Muscheln lebensbedrohenden Versauerung führt.

Sämtlich Kößnach, Bayern, D.

1 = ⅓ nat. Gr., 2–4 = nat. Gr.

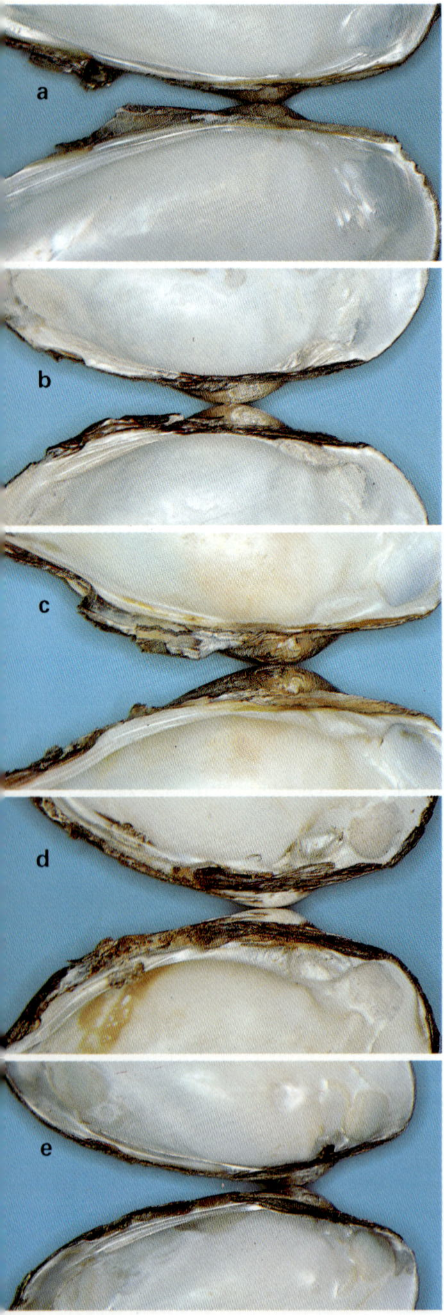

Familie Flußmuscheln – Unionidae

Umfaßt, über alle Erdteile verbreitet, den größten Teil der Najaden-Arten.

Unterfamilie Unioninae

Gemeine Malermuschel (▷ 1–2, 4–5) D, RL

Unio pictorum (LINNAEUS 1758)

M.: 7–10 cm lang, ausnahmsweise bis 14 cm; mehr als doppelt so lang wie hoch; Unterrand annähernd parallel zum Oberrand und gegen das zugespitzte Hinterende stumpf gewinkelt ansteigend; am Wirbel meist 6 in zwei Reihen angeordnete Höckerchen; grün bis gelbbraun oder dunkelbraun. Hauptzähne schmal und schneidend, hinterer linker oft reduziert und nur ein feiner Grat an der Innenseite des vorderen; Seitenzähne hoch und sehr lang. Diese Art hat in vielen Flüssen und Seen charakteristische Sonderformen hervorgebracht, die weitgehend der Gewässerverschmutzung erlegen sind. Bei Wiederbesiedlung (häufig durch Fischbesatz) machen sich oft andere biologische Formen breit, die sich durch weiträumig gleichförmige Ausprägung und rasches Wachstum auszeichnen. Bild 1 zeigt eine meist nur noch tot zu findende alte Donau-Form, Bild 2 die »Allerweltsmuschel«, die heute an denselben Stellen in großer Menge lebt.
L.: Flüsse, Altwässer, Seen; N-, Mittel- und NW-Europa, W-Spanien und Portugal; im O bis ins Uralgebiet.

Südliche Malermuschel (▷ 3)

Unio mancus LAMARCK 1819

M.: 5–8 cm lang; höchstens doppelt so lang wie hoch; gestreckt eiförmig bis nierenförmig; Fläche unter dem Ligament oft gerunzelt, Wirbelhöcker oft wellig verbunden; graugrün oder graugelb bis dunkelbraun. Hauptzähne kräftig, rechter gestreckt dreieckig, Gegenzähne deutlich getrennt, fast gleich stark; bei dünnschaligen Stillwasserformen Hauptzähne verschmälert, in der linken Klappe hintereinanderstehend; Seitenzähne niedrig und kurz.
L.: Wie vorige Art, aber schlammige Gewässer meidend. Mittelmeerländer von O-Spanien bis zum W-Iran (ohne Mesopotamien); über den Rhône-Rhein-Kanal ins Oberrheingebiet eingedrungen.

1–2) Donau b. Mettenufer, Bayern, D – 3) Laguna de Almenara, Prov. Castellón, E – 4) Pfatterer Au b. Pfatter/Donau, Bayern, D – 5) Fischerdorfer See b. Straubing, Bayern, D.

Schloßbilder (Vorderende rechts, alle nat. Gr.):
a) *Unio pictorum* (Pfatterer Au b. Pfatter/Donau, Bayern, D)
b) *Unio mancus* (Laguna de Almenara, Prov. Castellón, E)
c) *Unio tumidus* (Donau b. Schönau, Niederösterreich, A)
d) *Unio crassus*, starkzähnig (Donau b. Zeitldorf, Bayern, D)
e) *Unio crassus*, Bachform (Abens b. Staudach, Bayern, D)

4: Hinterende mit Siphonen; 5: Jungtier

1–3 = nat. Gr., 4–5 = 2fach

2: Jahresringe am Ligament gut erkennbar;

Aufgeblasene Flußmuschel (▷ 1–2) D, RL
Unio tumidus PHILIPSSON 1788
M.: 5–8 cm lang (große Donau-Exemplare bis 12 cm); etwa doppelt so lang wie hoch; Unterrand gleichmäßig geschwungen, zum Hinterende sanft ansteigend; vordere Hälfte bauchig, hintere spitzkeilförmig; Altersformen oft sehr dickschalig; Wirbel mit groben zackig-welligen Runzelfalten; gelbbraun, oft grün gestrahlt, im Alter dunkelbraun. Schloß kräftig, rechter Hauptzahn dreieckig keilförmig, linker vorderer Hauptzahn niedrig und langgestreckt, der hintere höher und kürzer. Eine Art, die zwar verschiedene ökologische Reaktionsformen, aber kaum ausgeprägte geographische Rassen hervorbringt. **L.:** Flüsse, Altwässer und Seen; bevorzugt in schwach bewegtem Wasser auf Sandgrund. Von N-Frankreich bis zur W-Schweiz und im Rheingebiet von Basel abwärts, S-England und von N- und Mitteldeutschland nordwärts bis Mittelschweden und S-Finnland, ostwärts bis ins Uralgebiet; fehlt im oberen Donaugebiet bis Wien.

Gemeine Flußmuschel (▷ 3–6) D, RL
Unio crassus PHILIPPSON 1788
M.: 4–7 cm, maximal bis 11 cm; elliptisch bis kurzeiförmig, Vorder- und Hinterende fast gleich gerundet; meist weniger als doppelt so lang wie hoch. Wirbel mit engstehenden Wellenrunzeln; oft korrodiert. Von grün über braun bis fast schwarz; häufig mit Kalkkrusten oder schwarzem Eisenmanganüberzug. Schloß mit kräftigen, in der linken Klappe hintereinanderstehenden Hauptzähnen. Lebensdauer 20–30 Jahre, in N-Europa bis 50 Jahre. Die formenreiche Art bildet mehrere Unterarten und zahlreiche charakteristische Lokalrassen, deren Verbreitung Rückschlüsse auf Veränderungen der Gewässersysteme in der jüngeren Erdgeschichte erlaubt. **L.:** Saubere Flüsse und vor allem kleine und kleinste Bäche bis in den Oberlauf; im SO des Verbreitungsgebiets auch im Litoral von Seen (in Mitteleuropa sind Seepopulationen ohne ständigen Nachschub aus den Zuflüssen nicht lebensfähig); bevorzugt sandig-kiesigen Grund. Europa ohne Britische Inseln, Iberische Halbinsel und Italien; gesamtes Schwarzmeergebiet und Mesopotamien. **Fortpflanzung:** Wahrscheinlich streng getrenntgeschlechtig und Umwandlung vereinzelter ♀♀ in Zwitter nicht möglich; Fortpflanzung daher von ausreichender Individuendichte abhängig. Entwicklung der Eier in den Brutkammern der Außenkiemen (meist unter 200 000 je ♀), überwiegend im April und Mai. Die Glochidien messen etwa 0,2 mm und sind mit Haken und einem kurzen Haftfaden versehen. Wie alle *Unio*-Arten Kiemenparasit. Ausstoßung der Glochidien in locker zusammenhängenden Paketen, die von Fischen als Nahrung aufgeschnappt werden, wobei immer ein Teil der Larven mit dem Atemwasser an die Kiemen gelangt. Das parasitäre Stadium dauert 4–5 Wochen, ohne daß ein Wachstum erfolgt. Die ersten Lebensjahre verbringt die Jungmuschel tief eingegraben im Sediment. Das natürliche Wirtsfischspektrum ist unbekannt. Im Experiment erwiesen sich Döbel, Elritze, Rotfeder, Kaulbarsch und Groppe als geeignet. Auffallend oft stehen junge Schmerlen in den Muschelkolonien (▷ 6); warum sie von den Muscheln angezogen werden und ob sie eine Rolle als Wirtsfische spielen, ist noch unbekannt. **Gefährdung:** Bis in die 50er Jahre die häufigste Flußmuschelart, heute erheblich stärker gefährdet als die Flußperlmuschel. In vielen Restpopulationen fehlen Jungtiere seit mehr als 10 Jahren. Neben der Nitratbelastung ist wahrscheinlich die Veränderung der Fischfauna eine entscheidende Ursache für das Ausbleiben der Fortpflanzung.

1–2) Lüttauer See, Schl.-Holst., D – 3) Haselbach b. Krumbach, Bayern, D – 4) Dachau, Bayern, D – 5) wie 3 – 6) Brunnenbach, Schwaben, Bayern, D.

4: Schließmuskeln; 6: Muschelkolonie im Bachgrund mit zwei jungen Schmerlen

1–5 = nat. Gr., 6 = ½ nat. Gr.

Schwachzähnige Flußmuschel (▷ 1)
Microcondylaea compressa (MENKE 1830)
M.: 5–7 cm lang, ausnahmsweise bis 10 cm; gestreckt elliptisch, flach zusammengedrückt und dünnschalig; Vorderteil kurz und niedrig, Hinterteil lang und meist höher als die Wirbelhöhe, Unterrand oft eingebuchtet; Wirbelskulptur aus konzentrischen feinen Runzeln; Ligament sehr lang; gelbbraun bis schmutzig braungrün oder dunkelbraun. Schloß stark reduziert, jederseits nur ein schwacher, außen mit einer Conchinschicht bedeckter Zahn. Der Fuß ist auffallend lang und kräftig. Brutpflege in allen vier Kiemen; Glochidien ohne Haken. Lebensdauer etwa 15 Jahre. Die ökologische Variabilität ist beachtlich: In lehmigem Grund schmal schotenförmige Gehäuse, in der Brandungszone der Seen oft stark verkürzt, hinten abgestutzt und manchmal nur noch 1½mal sol lang wie hoch. **L.:** Bäche, Flüsse und Seen; meist in geringer Tiefe und so tief eingegraben, daß nur die der Strömung entgegengerichteten Siphonen sichtbar sind. Flußgebiet des Po bis ins Flußgebiet des unteren Isonzo mit nördlichstem Vorkommen im Abfluß des Kalterer Sees; im Luganer, Comer und Garda-See nur im Bereich der Abflüsse. Zweites Verbreitungsgebiet von Montenegro (Zuflüsse des Skutari-Sees) bis Albanien (Drin-Gebiet, Ohrid-See). Die beiden Areale werden als Relikte einer ausgedehnteren ostmediterranen Verbreitung gedeutet. In Italien mußte die Art während der letzten Jahrzehnte als verschollen gelten; 1984 ist wieder ein kleines Lebendvorkommen im Flußgebiet des Isonzo entdeckt worden.

Unterfamilie Quadrulinae
Rhombische Flußmuschel (▷ 2–3)
Potomida littoralis (CUVIER 1798)
M.: 5–7 cm lang, ausnahmsweise bis 9 cm; Umriß variabel, fast kreisförmig bis länglich elliptisch; meist ziemlich gedrückt; sehr starkschalig. Oberrand bogig gerundet, Unterrand meist etwas eingezogen, Hinterende schräg abfallend; Wirbel wenig aufgeblasen und (wenn nicht korrodiert) mit kräftigen Wellenrunzeln; Hinterende oft mit gewinkelten Falten; gelb- bis schwarzbraun; Jungtiere oft grün gestrahlt. Schloß mit dicken stumpfkegeligen, meist zerfurchten Hauptzähnen und stumpfen Seitenzähnen; Schloßleiste stark gekrümmt. Brutpflege in allen vier Kiemen, Glochidien klein wie bei Unio aber ohne Haken und mit Haftfaden. Lebensdauer 20–30 Jahre. In S-Spanien (vom Flußgebiet des Guadalquivir bis zum Río Júcar) eine gut unterscheidbare Rasse: *P. l. umbonata* (ROSSMÄSSLER 1844) (▷ 3). Kurzoval mit kurzem Hinterteil, Wirbel aufgeblasen und zur Mitte verschoben. **L.:** In kräftig strömenden Bächen und Flüssen sowie im Litoral größerer Seen, auf kiesigem bis leicht schlammigem Sandgrund. Mit großen Lücken mediterran verbreitet (Karte): Im W über fast ganz Frankreich, die Iberische Halbinsel und N-Afrika von Marokko bis Tunesien; im O in S-Griechenland, Kilikien, W-Syrien, N-Palästina und isoliert im nördlichen Mesopotamien. In den Zwischeneiszeiten bis S-England verbreitet (Anzeiger mediterranen Klimas).

1) Chiusello b. Acquanegra sul Chiese, Lombardei, I – 2) Indre b. Bréhémont, Dép. Indre-et-Loire, F – 3) Río Júcar b. Alberique, Prov. Valencia, E.

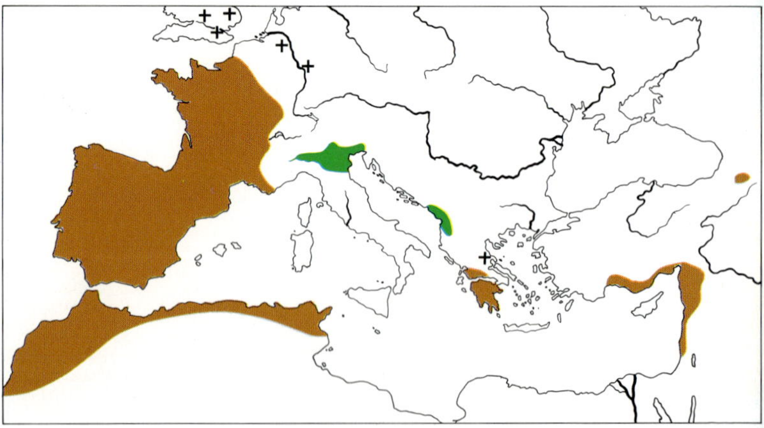

Verbreitung von zwei mediterranen Najadenarten

Microcondylaea compressa — *Potomida littoralis* — + Fossile Vorkommen von *Potomida littoralis* außerhalb des heutigen Areals

1–3 = nat. Gr.

Unterfamilie Anodontinae

Große Teichmuschel (▷ rechts u. 266/1) D, RL

Anodonta cygnea (Linnaeus 1758)

M.: Länge 12–20 cm, maximal bis 26 cm; wie die folgenden Arten der Unterfamilie ohne Schloßzähne; gestreckt, Unter- und Oberrand annähernd parallel; Oberrand hinter dem verhältnismäßig langen Ligament mit stumpfer Ecke, gerade oder etwas gewölbt zum Hinterende abfallend. Wirbel eher am Vorderende, ziemlich flach und mit konzentrischen, den Zuwachsstreifen parallelen Runzeln. Sehr dünnschalig, oft etwas wellig; Schalengewicht oft nur die Hälfte von dem gleich großer *A. anatina*; Wandung überall gleichmäßig dünn. Gelblich bis trüb olivbraun; Grüntöne etwas gedämpft, mehr ins olivfarbene spielend. Atemsipho mit verhältnismäßig langen Papillen. **L.:** Seen, Altwässer und Teiche; ausgeprägte Stillwasserart, nur selten Kümmerformen in Fließgewässern. N- und Mitteleuropa, im S bis Mittelfrankreich, ins gesamte Donaugebiet, bis Mittelgriechenland und ins Kaukasusgebiet. Gesamtverbreitung wegen Verwechslung mit der folgenden Art noch unklar.

Fortpflanzung: Nach bisherigen (spärlichen) Untersuchungsergebnissen sind die Tiere stets Zwitter. Brutpflege (wie bei allen Anodontinae) in den äußeren Kiemen; Glochidien etwa 0,35 mm, mit kräftigen Haken und einem bis 15 mm langen Haftfaden. Die 200 000–600 000 Glochidien werden während des Winters in den Brutkiemen zurückgehalten und erst im zeitigen Frühjahr, vor allem wenn die Muscheln die Anwesenheit von Fischen wahrnehmen, in kurzen Zwischenräumen ausgestoßen. Sie verkleben sich mit den Haftfäden zu flottierenden Ketten oder schleierartigen Überzügen, die von den Fischen aufgewirbelt werden, wodurch sich eine höhere Chance für die Anheftung mehrerer Glochidien ergibt. Teichmuschellarven können sich an zahlreichen Fischarten und an fast allen Körperteilen des Fisches entwickeln, hauptsächlich sind sie aber Flossenparasiten. Die Umwandlung vollzieht sich je nach Temperatur in 2–8 Wochen, ohne daß ein Wachstum stattfindet.

Rechts: Anodonta cygnea aus dem Brammerteich b. Kiel, Schl.-Holst., D.

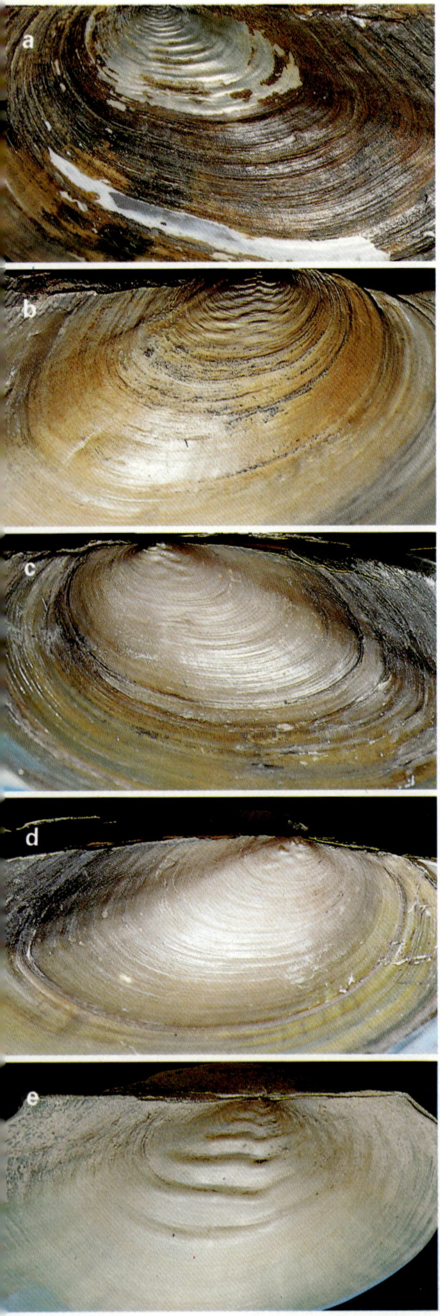

Wirbelskulpturen der Teichmuscheln (alle 2fach):

a) *Anodonta cygnea*

b) *Anodonta anatina* (beide Amper-Altwasser b. Burghausen, Lkr. Freising, Bayern, D)

c–d) *Pseudanodonta complanata* (Indre b. Bréhémont, Dép. Indre-et-Loire, F)

e) *Sinanodonta woodiana* (Canton, China; Marktware)

nat. Gr.

Gemeine Teichmuschel (▷2) D
Anodonta anatina (LINNAEUS 1758)
M.: Meist unter 15 cm, ausnahmsweise bis 18 cm lang; oft hochrückig, Dicke sehr variabel; Oberrand gegen das Hinterende schräg ansteigend, hinter dem verhältnismäßig kurzen Ligament mit spitzer Ecke, eingebuchtet zum Hinterende abfallend. Wirbel eher zur Mittel gerückt, etwas aufgeblasen und mit unten geraden oder leicht eingezogenen Runzeln, die die Zuwachsstreifen kreuzen. Verhältnismäßig festschalig, meist glatt; Innenseite des vorderen Unterrands wulstig verdickt (bei leeren Klappen Tastprobe!). Färbung ähnlich wie vorige Art, aber weniger gelb, Grüntöne lebhafter und dunkler, häufiger gestrahlt oder auch überwiegend grün. Atemsipho mit verhältnismäßig kurzen Papillen. Tiere in warmen nährstoffreichen Gewässern (Fischteiche, Staustufen) werden bereits im 2. Lebensjahr geschlechtsreif und leben höchstens 5 Jahre; in kühlen nährstoffarmen Bächen bleibt die Art meist klein, braucht oft 4–5 Jahre bis zur Geschlechtsreife und kann über 15 Jahre alt werden. Diese variable Art neigt besonders zur Ausbildung von Lokalrassen, die heute, ähnlich wie bei *U. pictorum*, zunehmend durch mit Fischbesatz verschleppte Einheitsformen überprägt werden.
L.: In Flüssen mit ruhiger Strömung, Strombuchten, durchströmten Altwässern, Seen, auch in Bächen; auf schlammigen bis grobsandig-kiesigem Untergrund. Fast ganz Europa und N-Asien.
Fortpflanzung: Im Gegensatz zu *A. cygnea* überwiegend getrenntgeschlechtig; sonst ähnlich, aber Kiementrächtigkeit und Glochidienausstoß auch während der warmen Jahreszeit.

Abgeplattete Teichmuschel (▷3–4) D, RL
Pseudanodonta complanata (ROSSMÄSSLER 1835)
M.: 6–8 cm lang, maximal bis 10 cm; elliptisch-eiförmig, mit auffallend niedrigem kurzem Vorderteil; flach zusammengedrückt, weniger als halb so dick wie hoch; Oberrand nach hinten sanft ansteigend, Unterrand geschwungen oder (als Substratreaktion) eingebuchtet. Wirbel mit 3–5 knotigen Fältchen schräg zu den Zuwachsstreifen.
L.: Größere Flüsse und Seen; bevorzugt schlammdurchsetzte Sand- und Lehmböden und gräbt sich meist tief ein; anfällig gegen Wasserverschmutzung und weithin erloschen oder sehr selten geworden. Europa mit Ausnahme des Mittelmeergebiets.
Fortpflanzung: Glochidien kleiner als bei *Anodonta*, ohne Haftfaden; Glochidienzahl gering (meist unter 20000); Kiementrächtigkeit während des Winters, Ausstoß der Larven Januar bis April.

Chinesische Teichmuschel (▷5)
Sinanodonta woodiana (LEA 1834)
M.: 12–20 cm lang; elliptisch bis fast kreisförmig, ziemlich bauchig; Unterrand stark geschwungen. Wirbel mit groben Querrunzeln; gelbgrün bis braun, oft grün gestrahlt. Äußerst variabel. **L.:** Langsam strömende Flüsse bis nährstoffreiche Teiche. O-Asien vom Amur bis Kambodscha; in SO-Asien mit Fischen und als Speisemuschel weit verschleppt; in Europa eingeschleppt mit Gras- und Silberkarpfen, die eingeführt wurden, um die Veralgung überdüngter Stillgewässer zu bekämpfen; in Rumänien und SO-Ungarn seit 1979 in stabilen Populationen, neuerdings auch in S-Frankreich.

1) Lüttauer See, Schl.-Holst., D – 2) Pfatterer Au b. Pfatter, Bayern, D – 3–4) wie 1 – 5) Gyula, Bez. Békés, H.

2: *Anodonta anatina*

1–5 = nat. Gr.

Überfamilie Kugelmuscheln – Sphaeriacea

Weltweit rund 450 Arten im Süß- und Brackwasser.

Familie Kugelmuscheln – Sphaeriidae

Klein, oft winzig. Ovovivipare Zwitter (Embryonen ▷ 20). Jungtiere der Kugelmuscheln sind immer flacher als gleichgroße Erbsenmuscheln.

Dickschalige Kugelmuschel (▷ 1) D, RL
Sphaerium solidum (NORMAND 1844)
M.: Länge 7–10 mm; festschalig und kräftig konzentrisch gerippt. **L.:** Im Feinsand größerer Flüsse; fast ausgestorben. Mittel- und O-Europa.

Gemeine Kugelmuschel (▷ 2–3, 7) D
Sphaerium corneum (LINNAEUS 1758)
M.: Länge 8–14 mm; dünnschalig, fast glatt, meist aufgeblasen kugelig; in großen Flüssen flacher, trapezförmig, strohgelb (▷ 3). **L.:** Häufig und verschmutzungstolerant. Holarktisch verbreitet.

Fluß-Kugelmuschel (▷ 4) D, RL
Sphaerium rivicola (LAMARCK 1818)
M.: Länge 18–25 mm; festschalig und fein gerippt; mäßig bauchig mit flachem Wirbel. **L.:** In größeren Flüssen. Mittel- und O-Europa.

Häubchenmuschel (▷ 5–6) D
Musculium lacustre (O. F. MÜLLER 1774)
M.: Länge 7–15 mm; sehr zartschalig; Wirbel mit häubchenartig aufsitzenden Embryonalklappen. In huminstoffreichen schattigen Sumpfgewässern klein mit aufgeblasenen Wirbeln (▷ 6). **L.:** Klein- und Temporärgewässer. Paläarktisch verbreitet.

Erbsenmuscheln – *Pisidium* (▷ 8–20)
Mit einer Ausnahme meist deutlich unter 6 mm lang; Vorderende stets länger als Hinterende. Äußerst variabel, Artbestimmung sehr schwierig; typische Stücke der abgebildeten Arten, die alle eine weite holarktische oder paläarktische Verbreitung haben, können anhand der angegebenen Merkmale meist einigermaßen sicher erkannt werden.

Große Erbsenmuschel (▷ 9–10) D, RL
Pisidium amnicum (O. F. MÜLLER 1774)
M.: 7–11 mm lang; unregelmäßig gerippt.
L.: Größere Bäche; auch im Litoral großer Seen.

Dreieckige Erbsenmuschel (▷ 11) D, RL
Pisidium supinum A. SCHMIDT 1851
M.: Schiefe Wirbelfalte, schief dreieckig, feingerippt, meist gelblich. **L.:** Nur in größeren Flüssen.

Falten-Erbsenmuschel (▷ 8, 12) D, RL
Pisidium henslowanum (SHEPPARD 1823)
M.: Schiefe Wirbelfalte, länglich-oval, dicht gestreift. **L.:** Größere meist fließende Gewässer.

Winzige Falten-Erbsenmuschel (▷ 13) D, RL
Pisidium moitessierianum PALADILHE 1866
M.: Wirbelfalte kragenförmig. **L.:** Seen und Flüsse.

Stumpfe Erbsenmuschel (▷ 14) D, RL
Pisidium obtusale (LAMARCK 1818)
M.: Kugelig aufgeblasen, Wirbel breit gerundet.
L.: Verlandende Gewässer, Sümpfe, Moortümpel.

Eckige Erbsenmuschel (▷ 15) D, RL
Pisidium milium HELD 1836
M.: Schief trapezförmig, sehr bauchig, glänzend.
L.: Schlammreiche stehende und Fließgewässer.

Schiefe Erbsenmuschel (▷ 16) D
Pisidium subtruncatum MALM 1855
M.: Hinterende sehr kurz, Wirbel schmal.
L.: Meist in ruhigen Fließgewässern mit Schlammgrund.

Glänzende Erbsenmuschel (▷ 17) D, RL
Pisidium nitidum JENYNS 1832
M.: Hochglänzend, 3–5 Rillen um den Wirbel.
L.: Seen und Tieflandflüsse mit sandigem Schlammgrund.

Gemeine Erbsenmuschel (▷ 18–20) D
Pisidium casertanum (POLI 1791)
M.: Gerundet und bauchig. **L.:** Klein- und Temporärgewässer; in Flüssen schief und dickschalig (▷ 19).

Überfamilie Dreikantmuscheln – Dreissenacea

Familie Dreikantmuscheln – Dreissenidae

Einzige Familie. Tiere mit Byssus festgesponnen. Larven planktisch. Im Tertiär artenreich, heute nur noch 10 Arten im Süß- und Brackwasser W-Eurasiens, W-Afrikas und der amerikanischen O-Küste.

Wandermuschel (▷ 21) D
Dreissena polymorpha (PALLAS 1771)
M.: Außenkante stumpf; dunkle Zickzackbinden.
L.: Flüsse und Seen. Im vorigen Jahrhundert aus pontischen und kaspischen Flüssen durch Schifffahrt weit über Mittel- und W-Europa verbreitet.

Griechische Dreikantmuschel (▷ 22)
Dreissena blanci WESTERLUND 1890
M.: Kante sehr scharf; fast nie mit Zickzackbinden.
L.: Griechenland und W-Kleinasien.

Brackwasser-Dreikantmuschel (▷ 23) D
Mytilopsis leucophaeata (CONRAD 1831)
M.: Ohne Kante, Periostrakum schuppig; Scheidewand mit Apophyse. **L.:** Brackwasser. Heimat N-Amerika; Rhein-Schelde-Delta, Niederrhein, Weser, Nord-Ostsee-Kanal; Ornekanal bei Caen.

1) Elbe b. Hamburg-Rissen, D – 2) Fischerdorfer See b. Straubing, Bayern, D – 3) Donau b. Mautern, Niederösterreich, A – 4) Alte Donau b. Straubing, Bayern, D – 5) Nymphenburger Park, München, Bayern, D – 6) Klingberg, Schl.-Holst., D – 7–8) wie 2 – 9) Alster b. Hamburg-Fuhlsbüttel, D – 10) Gänsmühlbach b. Landau/Isar, Bayern, D – 11) Donauarm b. Regelsbrunn, Niederösterreich, A – 12) wie 2 – 13) wie 11 – 14) Pfatterer Au b. Pfatter, Bayern, D – 15) Schwillach-Moos, Lkr. Erding, Bayern, D – 16) Moosgraben b. Straubing, Bayern, D – 17) wie 2 – 18) Brandmoos b. Wiesenfelden, Bayern, D – 19) Gmünder Au b. Wörth/Donau, Bayern, D – 20) Oberzeitldorn/Donau, Bayern, D – 21) Ammersee, Bayern, D – 22) Bafa Gölü, TR – 23) Nord-Ostsee-Kanal b. Oldenbüttel, Schl.-Holst., D.

1–6 = 1,5fach, 7 u. 9–20 = 3fach, 8 = 6fach, 21–22 = nat. Gr., 23 = 2fach

Natürliche Feinde der Weichtiere (▷ 1–12) und Gefährdung durch den Menschen (▷ 13–18)
(Weitere Bildbeispiele zum Thema »Natürliche Feinde« ▷ 127/5, 127/14, 133/1, 133/12, 47/9, 150, 167/9, 169/11, 179/4, 202 und 251/1.)

1) Drosselschmiede mit *Arianta arbustorum.* Schnecken bilden eine wichtige Nahrung der Drosseln. Die Vögel packen sie am Weichkörper oder am Gehäuserand und suchen sich einen Stein als »Amboß«, auf dem sie die Gehäuse zerschlagen, um an die Weichteile zu gelangen. Geeignete Steine werden, oft über große Entfernung, immer wieder aufgesucht, so daß sich erhebliche Mengen von Gehäusebruchstücken ansammeln. Die Auswahl der Schnecken nach erlernten Suchbildern ist für die Aufrechterhaltung des Polymorphismus der betreffenden Arten von Bedeutung (vgl. S. 242).

2–3) Muschelräuberei der Bisamratte: Die Bisamratten, die während der Vegetationsperiode fast ausschließlich Pflanzenfresser sind, fressen im Winter bevorzugt Muscheln, die heraufgetaucht und an der Wasserlinie aufgebissen und verzehrt werden. An einem großen Freßplatz (Bild 2, überwiegend *Unio pictorum*) können sich im Laufe eines Winters über 1000 ausgefressene Muschelgehäuse ansammeln. Bild 3 zeigt ein vom Bisam aufgebrochenes und ausgefressenes Gehäuse von *Anodonta cygnea.* Wie die alten Bißspuren am Unterrand zeigen, hatte dieses Tier im vorhergehenden Winter bereits einen Angriff des Nagers überlebt. Für die Restbestände bedrohter Arten (z.B. *Unio crassus*) ist der Bisam eine große Gefahr.

4–5) Von Räubern aufgebissene Schneckengehäuse: Das Gehäuse von *Kosicia intermedia* (Bild 4) wurde von einem Großlaufkäfer (Gattung *Carabus*) ausgefressen. Die spiraligen Bißspuren an *Discus rotundatus* (Bild 5) stammen von einem noch unbekannten spezialisierten Räuber (vermutlich ebenfalls ein Käfer); rechts zwei Exemplare, die den Angriff überlebt haben. Ein Schneckenfresser, der ähnliche, aber gröbere Bißspuren verursacht, ist die zu den Weberknechten gehörige *Ischyropsalis hellwigi* (Steinbachs Naturführer Bd. 7, S. 266).

6–8) Anätzung von Weinbergschneckengehäusen durch *Aegopinella nitidula*: Die Kalklösung und -aufnahme durch Drüsen der Fußsohle führt zu charakteristischen oft vielfach übereinanderliegenden Doppelfurchen. Manchmal bereitet der Verschluß durchgeätzter Stellen der Weinbergschnecke Schwierigkeiten (Bilder 7 und 8).

6: rechts Ätzspuren; 7: durchgeätzte Gehäusewand; 8: Ätzloch mit Kallus

1 = ⅓ nat. Gr., 2 = 1/10 nat. Gr., 3 = ½ nat. Gr., 4 = 1,5fach, 5–6 = 3fach, 7–8 = 6fach

9–10) Die Larven des Schneckenkäfers *(Drilus concolor)* leben während ihrer mehrjährigen Entwicklung ausschließlich von Schnecken, in deren Gehäusen sie auch als unbewegliche weißliche »Würmchen« überwintern. Bild 9: Aktive Sommerlarve im letzten Stadium beim Überfall auf eine junge *Helix pomatia*; die Borsten verhindern, daß die Atemöffnungen sich mit Schleim verkleben. Bild 10: Winterlarven in zuvor ausgefressenen Gehäusen von *Trichia hispida* und *Cochlicopa lubrica*.

11) Die Larve einer parasitischen Fliege (Familie Sciomycidae) verläßt eine *Xerosecta introducta* nach deren Absterben zur Verpuppung.

12) Vor allem in Sumpfbiotopen werden Schnecken häufig von Fadenwürmern (Nematoda) parasitiert; hier eine *Pseudotrichia rubiginosa* mit besonders starkem Befall.

13–14) Durch Hautgeschwüre entstellte *Physella heterostropha* aus einem Faulschlammbereich der belasteten und aufgeheizten Isar bei Mamming (vgl. gesundes Tier S. 131 Bild 13).

15–17) Auswirkungen »Sauren Regens« auf baumbewohnende Gehäuseschnecken. Bild 15 zeigt in der oberen Reihe vier ausgewachsene ältere Exemplare von *Bulgarica cana*, die 1884 im Kalkbuchenwald am Steilhang der Würmschlucht bei Mühlthal (südöstlich München) gesammelt wurden; darunter etwa gleichaltrige Exemplare, die 1986 in demselben Wald gefunden wurden. Während die seltene und anspruchsvolle Art in diesem Biotop früher die häufigste Schließmundschnecke war, wird sie heute nur noch vereinzelt angetroffen. Die unteren Exemplare sind deutlich stärker korrodiert und haben charakteristisch angeätzte Flächen an den Gehäuseteilen, die bei der Algenweide im Wasserfilm des Stammablaufs liegen. Bilder 16 und 17 zeigen *Balea biplicata* aus einem ähnlichen Kalkbuchenwald, die im Regenablauf Algen auf einem Buchenstamm abweiden. Nicht nur das Alttier (17) zeigt ein geschädigtes Gehäuse, auch das Jungtier (16) ist bereits stark verätzt.

18) Nach Einsatz von Unkrautbekämpfungsmitteln am Bachufer verendete Weinbergschnecken.

1) Vilgertshofen, Lkr. Landsberg/Lech, Bayern, D. – 2) Staustufe Landau/Isar, Bayern, D. – 3) Gmünder Au b. Wörth/Donau, Bayern, D. – 4) Tscheppaschlucht am Loiblpaß, Kärnten, A. – 5) Rinkam b. Straubing, Bayern, D. – 6–8) Hettstadterhof b. Würzburg, Bayern, D. – 9) Dachau, Bayern, D. – 10) Fischerdorf b. Straubing, Bayern, D. – 11) Col de Tende, 1400 m NN Dép. Alpes-Maritimes, F. – 12) Pfatterer Au b. Pfatter, Bayern, D. – 13–14) Staustufe Landau/Isar, Bayern, D. – 15) Würmschlucht b. Mühlthal, Bayern, D. – 16–17) Weyarner Mühle a. d. Mangfall, Bayern, D. – 18) Ursbach, Lkr. Kelheim, Bayern, D.

9–10 u. 15 = 2fach, 11 = 1,5fach, 12 u. 16–17 = 3fach, 13 = 5fach, 14 = 10fach, 18 = nat. Gr.

Systemübersicht der Meeresmollusken (Überfamilien = Üf.)

	Artenzahl im Buch	ab Seite
Klasse Polyplacophora – Käferschnecken		
Ordnung Lepidopleurida – Einfachschalige Käferschnecken	2	14
Ordnung Ischnochitonida – Gekerbtschalige Käferschnecken	5	16
Ordnung Acanthochitonida – Stachel-Käferschnecken	1	18
Klasse Scaphopoda – Kahnfüßer	1	20
Klasse Gastropoda – Schnecken		
Unterklasse Prosobranchia – Vorderkiemer		
Ordnung Archaeogastropoda – Altschnecken		
Üf. Pleurotomariacea – Paarkiemer	5	26
Üf. Patellacea – Napfschnecken	5	28, 34
Üf. Trochacea – Kreiselschnecken	15	30, 48
Ordnung Caenogastropoda – Neuschnecken		
Unterordnung Neotaenioglossa		
Üf. Littorinacea – Strandschnecken	4	38
Üf. Truncatellacea – Zwergdeckelschn.	1	36
Üf. Cerithiacea – Nadelschnecken	8	40, 44, 48
Üf. Epitoniacea – Wendeltreppen- und Floßschnecken	1	46
Üf. Calyptraeacea – Hutschnecken	3	42
Üf. Strombacea – Flügelschnecken	1	44
Üf. Lamellariacea – Lamellenschn.	1	46
Üf. Cypraeacea – Porzellanschnecken	3	46
Üf. Naticacea – Nabelschnecken	5	50, 60
Üf. Tonnacea – Faßschnecken	5	44, 52
Unterordnung Stenoglossa		
Üf. Muricacea – Stachelschnecken	6	54, 60
Üf. Buccinacea – Hornschnecken	11	54, 58
Üf. Volutacea – Walzenschnecken	4	62
Üf. Conacea – Kegelschnecken	1	64
Unterklasse Opisthobranchia – Hinterkiemer		
Ordnung Cephalaspidea – Kopfschildschnecken		
Üf. Acteonacea – Drechselschnecken	1	64
Üf. Philinacea – Taucherschnecken	2	66
Üf. Bullacea – Meerblasen	1	66
Ordnung Anaspidea – Schwimmfußschnecken		
Üf. Aplysiacea – Bedecktschaler	1	66
Ordnung Nudibranchia – Nacktkiemer		
Üf. Doridacea – Sternschnecken	2	68
Üf. Aeolidiacea – Fadenschnecken	2	68

	Artenzahl im Buch	ab Seite
Klasse Bivalvia – Muscheln		
Unterklasse Protobranchia – Kamm- oder Fiederkiemer		
Ordnung Nuculoida – Nußmuschelartige		
Üf. Nuculacea – Nußmuscheln	2	74
Ordnung Solemyoida – Schotenmuschelartige		
Üf. Solemyacea – Schotenmuscheln	1	74
Unterklasse Pteriomorphia – Fadenkiemer		
Ordnung Arcoida – Archenmuschelartige		
Üf. Arcacea – Archenmuscheln	4	76
Üf. Limopsacea – Samtmuscheln	1	74
Ordnung Mytiloida – Miesmuschelartige		
Üf. Mytilacea – Miesmuscheln	4	78
Ordnung Pterioida – Flügelmuschelartige		
Üf. Pteriacea – Flügelmuscheln	1	80
Üf. Pinnacea – Steckmuscheln	2	80
Ordnung Ostreoida – Austernartige		
Üf. Pectinacea – Kammuscheln	5	82
Üf. Limacea – Feilenmuscheln	2	86
Üf. Anomiacea – Sattelmuscheln, Zwiebelmuscheln	1	80
Üf. Ostreacea – Austern	1	86
Unterklasse Heterodonta – Verschiedenzähnige Muscheln		
Ordnung Veneroida – Venusmuschelartige		
Üf. Arcticacea – Viereckmuscheln	1	88
Üf. Chamacea – Lappenmuscheln, Hufmuscheln	1	88
Üf. Cardiacea – Herzmuscheln	4	88
Üf. Veneracea – Venusmuscheln	7	90
Üf. Tellinacea – Plattmuscheln	6	94
Üf. Solenacea – Scheidenmuscheln	3	96
Üf. Mactracea – Trogmuscheln	2	98
Ordnung Myoida – Klaffmuschelartige		
Üf. Myacea – Klaffmuscheln	2	100
Üf. Gastrochaenacea – Flaschenmuscheln	1	100
Üf. Pholadacea – Bohrmuscheln	3	100
Unterklasse Anomalodesmata – Zahnlose Muscheln		
Ordnung Pholadomyoida – Rippenmuschelartige		
Üf. Pandoracea – Büchsenmuscheln	1	102

	Artenzahl im Buch	ab Seite
Klasse Cephalopoda – Kopffüßer oder Tintenfische		
Unterklasse Dibranchiata – Zweikiemige Tintenfische		
Ordnung Decabrachia – Zehnarmige Tintenfische		
Unterordnung Sepioida – Eigentliche Tintenfische		
Üf. Sepiacea – Sepien	2	108
Unterordnung Teuthoida – Kalmare		
Üf. Loliginacea – Schließaugenkalmare	1	110
Ordnung Octobrachia – Achtarmige Tintenfische		
Unterordnung Incirrata – Krakenartige		
Üf. Argonautacea – Papierbootartige Kraken	1	110
Üf. Octopodacea – Echte Kraken	1	108

Systemübersicht der Binnenmollusken (Überfamilien = Üf.)

	Artenzahl Europa*	Artenzahl im Buch	ab Seite
Klasse Gastropoda – Schnecken			
Unterklasse Prosobranchia – Vorderkiemer			
Ordnung Archaeogastropoda – Altschnecken			
Unterordnung Neritimorpha			
Üf. Neritacea – Kahnschnecken	18	9	114
Ordnung Caenogastropoda – -Neuschnecken			
Unterordnung Architaenioglossa			
Üf. Cyclophoracea – Kreismundschnecken	47	8	116
Üf. Ampullariacea – Sumpfdeckelschnecken	5	5	118
Unterordnung Neotaenioglossa			
Üf. Valvatacea – Federkiemenschn.	18	6	120
Üf. Littorinacea – Strandschnecken	5	4	122
Üf. Truncatellacea – Zwergdeckelschn.	450	26	122
Üf. Cerithiacea – Nadelschnecken	10	6	128
Unterklasse Pulmonata – Lungenschnecken			
Ordnung Systellommatophora			
Unterordnung Onchidioidei			
Üf. Onchidiacea – Warzenmantel-Lungenschn.	1	–	–
Ordnung Basommmatophora – Grundäugler			
Unterordnung Actophila			
Üf. Ellobiacea – Küstenschnecken	30	2	130
Unterordnung Hygrophila			
Üf. Acroloxacea – Teichnapfschn.	5	1	130
Üf. Planorbacea – Fadenfühlerschnecken	50	23	130
Üf. Lymnaeacea – Schlammschn.	18	12	136
Ordnung Stylommatophora – Stieläugler			
Unterordnung Orthurethra			
Üf. Cochlicopacea – Glattschnecken	15	5	140
Üf. Pupillacea – Puppenschnecken	150	37	140
Üf. Buliminacea – Vielfraßschnecken	45	8	150
Unterordnung Clausilioidei			
Üf. Clausiliacea – Schließmundschn.	275	62	154
Unterordnung Elasmognatha			
Üf. Succineacea – Bernsteinschn.	6	6	106
Unterordnung Achatinoidei			
Üf. Achatinacea – Achatschnecken	15	7	168
Üf. Testacellacea – Raubschnecken	10	3	168
Üf. Punctacea – Schüsselschnecken	7	4	170
Unterordnung Helicoidei			
Üf. Gastrodontacea – Dolchschn.	4	1	170
Üf. Euconulacea – Porenschnecken	2	2	170
Üf. Vitrinacea – Glanzschnecken	250	48	172
Üf. Limacacea – Schnegel	80	22	186
Üf. Arionacea – Wegschnecken	30	13	194
Üf. Helicacea – Schnirkelschnecken	400	135	200
Klasse Bivalvia – Muscheln			
Unterklasse Palaeoheterodonta – Spaltzähnige Muscheln			
Ordnung Unionoida – Flußmuschelartige			
Üf. Unionacea – Najaden	12	12	254
Unterklasse Heterodonta – Verschiedenzähnige Muscheln			
Ordnung Veneroida – Venusmuschelartige			
Üf. Sphaeriacea – Kugelmuscheln	28	13	268
Üf. Dreissenacea – Dreikantmuscheln	5	3	268

* Artenzahlen für Europa einschließlich der Griechischen Inseln, ohne Kaukasusgebiet und Mittelatlantische Inseln; dem mangelhaften Forschungsstand entsprechend, können für einige Überfamilien nur grob geschätzte Zahlen gegeben werden.

Beschreibung einer neuen Schließmundschnecken-Rasse aus Griechenland

von Hartmut Nordsieck, Villingen-Schwenningen.

Carinigera schuetti limbrunneri n. ssp.
(Bilder 1–4 auf S. 159)
Diagnose: Im Vergleich zur Nominatrasse schlanker; Nacken stärker zusammengedrückt; Oberlamelle ± länger, Spiralis zur Naht ziehend, zur Verschmelzung mit Parallellamelle neigend; Unterlamelle stärker gedreht; Principalis vorn höher, zur Naht gebogen; zwei vordere obere Gaumenfalten ausgebildet, untere stets kräftig; Clausiliumplatte nicht oder wenig über Lunella herausragend.
Maße des Holotypus (Bild 1 auf S. 159):
H = 21,0 mm; D = 4,1 mm; D/H = 0,195 (hinterlegt im Senckenberg-Museum Frankfurt am Main unter der Nr. SMF 307850).
Locus typicus: Monastiri Prodromos östlich Serres (Serrai), NO-Griechenland; an den Klostermauern und Trockenmauern des Gartens.
Namengebung: Nach dem Tierfotografen Alfred Limbrunner, der die neue Rasse am 12. 6. 1987 bei den Foto-Arbeiten für dieses Buch entdeckt hat.

Erklärung von Fachausdrücken

albin: Bezeichnet als Eigenschaftswort die pigmentlose und daher weißlich durchscheinende Variante bei Gehäusen, die normalerweise braun oder anders gefärbt sind. Der Ausfall des Pigments erfolgt bei Mollusken unabhängig für das Gehäuse oder den Weichkörper; albinotisch (echte Albinos) sind Tiere, die überhaupt kein Pigment ausbilden.

Armatur (armiert): Mündungsbewehrung (= Mündungsbarrieren) bei Schnecken. Überwiegend spiral angeordnete, die Mündung verengende kallöse Erhebungen auf der Gehäuseinnenseite oder dem Mundsaum, die – wenn länger – als Lamellen (auf der Innenwand) bzw. Falten (auf der Außenwand) oder – wenn kürzer – als Zähne (nur in der Mündung) bezeichnet werden.

Apophyse: Fortsatz an Gehäuse oder Deckel, der als Muskelansatz dient. Besonders an der inneren Spindelseite des Kahnschneckendeckels und bei einigen Muschelfamilien unterhalb des Wirbels ausgebildet.

Benthos (benthisch): Gesamtheit der am Gewässerboden lebenden Organismen. Die Bodenzone des Gewässers als Lebensraum heißt Benthal.

Biotop (der): Ort des Lebens (griechisch: ho tópos = der Ort), d. h. ein Ort, an dem Tiere und Pflanzen ihre Existenzbedingungen finden; durch ökologische Faktoren (unbelebt und belebt) bestimmter Lebensraum einer Art oder Artengemeinschaft. [Gleichbedeutend, aber sprachlich schlechter, das hauptsächlich im Englischen gebräuchliche, ursprünglich nur geographisch gemeinte »Habitat« (das), lateinisch: er, sie, es wohnt.]

Conchin: Durch Chinon gegerbter Gerüsteiweißstoff; sehr widerstandsfähige organische Aufbausubstanz der Molluskenschale. Das Periostrakum, die hornigen Deckel und die Byssusfäden bestehen aus Conchin.

Dekollierung (dekolliert): Abfallen der Gehäusespitze bei Schnecken nachdem sich darunter eine kalkige Scheidewand gebildet hat. Vor dem Rückzug des Weichkörpers wird durch Resorption die Bruchzone der Gehäusewand vorbereitet.

Detritus: Überwiegend aus zersetzten Organismenresten bestehende Schweb- und Sinkstoffe in Gewässern; Hauptnahrung vieler Muscheln und bodenlebenden Wasserschnecken.

Endemismus (Endemit, endemisch): Endemische Gattungen, Arten oder Rassen (Endemiten) sind solche, die ausschließlich in einem kleinräumig beschränkten natürlich abgegrenzten Gebiet vorkommen. Endemismus kann entstehen durch Erlöschen einer Art oder Rasse im größten Teil ihres ursprünglichen Verbreitungsgebiets und Überleben in nur einem kleinen Rest-(Relikt-)Areal oder indem eine Art oder Gruppe sich nicht über ihr Entstehungszentrum hinaus verbreitet hat.

Epiphragma: Jede Art von Gehäuseverschluß aus verhärtetem Sekret. Dies kann beispielsweise ein durchsichtiges oder nachträglich verkalktes Schleimhäutchen sein, ein dicker Schleimpfropf oder ein Winterdeckel aus erstarrtem Kalkbrei.

Gehäuse: Die den Weichkörper umschließenden Hartteile, die in engem Zusammenhang mit Geweben stehen, also das Außenskelett mit Schutz- und Stützfunktion, unabhängig von der Anzahl der Teile, aus denen es besteht. Der Deckel bei den Schnecken ist kein Teil des Gehäuses. Die beweglichen Gehäuseteile werden als Platten (bei Käferschnecken) oder Klappen (bei Muscheln) bezeichnet. Das Wort Schale bezeichnet demgegenüber das Gehäusematerial (Stoff und Aufbau).

Glochidium: Die Larve der Margaritiferidae und Unionidae; einer der drei Typen parasitischer Larven bei den Najaden. Bei seiner Entdeckung (1797) wurde das Glochidium als Muschelparasit angesehen und daher mit einem eigenen Gattungsnamen belegt, der nun die Larvenform bezeichnet.

Holarktis (holarktisch): Pflanzen- und tiergeographisches Gebiet der außertropischen Nordhalbkugel. Umfaßt die paläarktische und die nearktische Region.

Kallus (kallös): Sekundäre schwielige Schalenverdikkung, die nach Fertigstellung der Gehäusewand dieser aufgelagert wird.

Kommensalismus (Kommensale, kommensalisch): Tiere bewohnen andere Arten und ernähren sich nicht *von* diesen (= Parasitismus), sondern *mit* diesen, z. B. aus Nahrungsüberschuß oder Abfallstoffen.

Konvergenz (konvergieren, konvergent): Die Erscheinung, daß stammesgeschichtlich nicht näher verwandte Lebewesen einander in der Gestalt oder einzelnen Strukturen stark ähneln. Die Ursache für konvergente Entwicklung sind meist Anpassungen an gleichartige ökologische Bedingungen.

Korrosion (korrodiert): Anfressung der Gehäuseoberfläche durch die chemische Wirkung des Wassers und der darin gelösten Säuren. Vorausgeht eine Zerstörung des Periostrakums an der auch mechanischer Abrieb, Algen oder Pilze beteiligt sind. Kalklösende Algen tragen ebenfalls zur Korrosion bei, die meist an den ältesten Gehäuseteilen, also Apex oder Wirbel beginnt. Das Weichtier begegnet ihr, indem es die Gehäusewand an korrodierten Stellen ständig durch neue Schalenschichten, die vom Mantel abgeschieden werden, verstärkt. Die Korrosion ist – besonders in kalkarmen Biotopen – ein natürlicher Vorgang, der aber heute durch »Sauren Regen« und Gewässerversauerung für die Mollusken oft lebensbedrohend verstärkt wird.

Litoral: Uferregion eines Gewässers. In der Meeresbiologie im engeren Sinne als Eulitoral von der Spritzwasserzone (Supralitoral) bis zur Niedrigwasserlinie reichend, im weiteren Sinne auch den ganzen unterseeischen Küstenabhang unterhalb der Niedrigwasserlinie (Sublitoral) umfassend. Im Süßwasser die Zone der höheren Wasserpflanzen.

Malakologie (Malakologe, malakologisch): Weichtierkunde, Molluskenkunde. Wie bei anderen Tiergruppen (z. B. Entomologie, Ornithologie) aus dem Griechischen (málakos = weich) entlehnte Bezeichnung der speziellen Fachwissenschaft, die sich mit den Weichtieren beschäftigt (Nebenform: Malakozoologie).

Oviparie (ovipar): Eiablage in einem sehr frühen Stadium der Entwicklung (streng genommen im Stadium einer Zelle); die Embryonen entwickeln sich in den Eiern erst nach deren Ablage.

Ovoviviparie (ovovivipar): Ablage der Eier in einem fortgeschrittenen Stadium der Embryonalentwicklung oder Absetzen der bereits geschlüpften Jungtiere, die im Mutterleib nur durch die Nährsubstanz der Eier oder von außen zugeführte Nahrungsstoffe ernährt wurden.

Paläarktis (paläarktisch): Die ausgedehnteste der pflanzen- und tiergeographischen Regionen, die ganz Europa, den überwiegenden Teil Asiens nördlich des Himalaya und Afrika nördlich der Sahara umfaßt.

Parasitismus (Parasit, parasitisch, parasitär): Schmarotzertum. Parasiten ernähren sich dauernd oder zeitweilig am oder im Körper anderer Organismen (der Wirte) von deren Körpersubstanz und sind einseitig an die parasitische Lebensweise angepaßt. Parasitär: Durch Parasiten verursacht (Schädigung des Wirts).

Pelagial (pelagisch): Zone des freien Wassers (der Wasserkörper) im Meer und in den Binnengewässern als Lebensraum. Auch die Gesamtheit der darin lebenden Organismen, sowohl passiv treibende (siehe Plankton) als auch aktiv schwimmende.

Phytal: Der durch die Pflanzen gebildete Lebensbereich für tierische Besiedlung auf dem Gewässerboden; seine Reichweite ist von der Festigkeit des Bodens und der Lichtdurchlässigkeit des Wassers abhängig.

Plankton (planktisch): Die im freien Wasser lebenden Organismen, die keine oder nur sehr beschränkte Eigenbewegung aufweisen und daher von den Strömungen verdriftet werden.

Polymorphismus (polymorph): Vielgestaltigkeit; beruht auf dem gleichzeitigen Vorkommen mehrerer genetischer Faktoren (verschiedener Genzustände oder Genanordnungen) in einer Population, die deutlich (durch Merkmalssprünge) unterschiedene Erscheinungsformen der Individuen (= Morphen) bewirken.

Resorption (resorbieren): Aufnahme zuvor gelöster Stoffe in den Organismus. Bei den Mollusken insbesondere die Wiederauflösung von Schalensubstanz, vor allem der Zwischenwände von Umgängen oder im Verlauf des Wachstums gebildeter Armaturen.

Sipho (Mz. Siphonen, siphonal): Vom Mantel geformte Röhre, die dem Wassertransport dient. Bei Vorderkiemerschnecken oft als mehr oder weniger langer Fortsatz zur Einleitung des Atemwassers ausgebildet; bei Muscheln zwei Öffnungen am Hinterende, die als Atem- und Aftersipho unterschieden werden.

Skulptur (skulpturiert): Reliefartiges Muster der Gehäuseoberfläche (sehr feine Muster heißen Mikroskulptur oder Mikrorelief). Besteht im wesentlichen aus Elementen, die dem Mundsaum oder Umgangsquerschnitt parallel laufen und daher als transversal (querlaufend) oder axial (der Achse gleichsinnig) – aber nicht »längs«-laufend (!) – bezeichnet werden und aus Elementen, die der Naht oder der Zuwachsrichtung parallel laufen und daher longitudinal (längslaufend) oder spiral (der Windungsspirale gleichsinnig) genannt werden. Etwa gleichstarke Ausprägung beider Elemente ergibt eine Gitterung. Überwiegende Transversalskulptur wird je nach Stärke als Streifung oder Rippung bezeichnet. Bei Muscheln (und napfförmigen Schneckengehäusen) heißt die den Anwachslinien parallele Skulptur konzentrisch und die vom Wirbel ausgehende radial (strahlig).

Spermatophore: Samenträger, Samenpaket. Durch ein Kittsekret gebildete elastische oder verhärtete Kapsel, in der das Sperma von einem Individuum auf das andere übertragen wird. Überwiegend bei Landschnecken als Anpassung an das Leben auf dem Land ausgebildet. Bei den Stylommatophoren meist langgestreckt, oft fadenförmig dünn, charakteristisch geformt und viel-

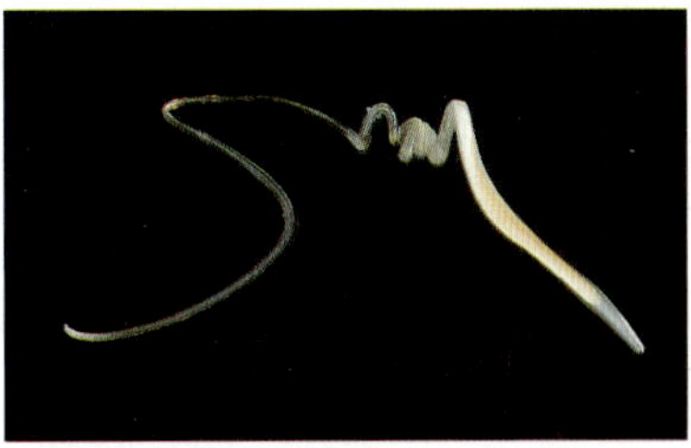

Spermatophore von *Chilostoma zonatum* (Tremona, Tessin, 2fach).

fach mit besonderen Strukturen (Spiralwindungen, Riefen, Zacken, Widerhaken o. ä.), die für die Systematik wichtige Merkmale bilden.

Varix (Mz. Varizen): Querwulst, Axialwulst. Während einer Wachstumsunterbrechung, meist periodisch, gebildete Verdickung oder besonders starke Rippe am Schneckengehäuse. Wichtiges Skulpturelement bei vielen Meeresschnecken, oft mit Knoten oder Stacheln besetzt.

Viviparie (vivipar): Das Lebendgebären. Die Viviparie in strengem Sinne setzt voraus, daß der sich entwickelnde Embryo im Mutterleib direkt durch mütterliches Gewebe ernährt wird. Oft werden aber auch Formen der Ovoviviparie, bei denen der geschlüpfte Embryo längere Zeit im Muttertier verbleibt, hierhergezogen. Zwischen Oviparie, Ovoviviparie (siehe diese) und Viviparie bestehen fließende Übergänge.

Windungsrichtung: Das spiralig aufgewundene Schneckengehäuse kann rechts- oder linksgewunden sein. Bei rechtsgewundenen Gehäusen erfolgt das Wachstum (die Zunahme der Umgänge) von oben gesehen im Uhrzeigersinn, und in der Vorderansicht (Spitze oben, Mündung dem Betrachter zugekehrt) liegt die Mündung auf der rechten Seite. Linksgewundene Gehäuse verhalten sich spiegelbildlich (Beispiel ▷ 155/3–4). Die meisten Schnecken sind rechtsgewunden. Die Abweichung von der jeweils arttypischen Windungsrichtung (Inversion) ist im allgemeinen außerordentlich selten und wird bei der Weinbergschnecke traditionell als »Schneckenkönig« bezeichnet.

Literaturhinweise

A. MEERESMOLLUSKEN

Allgemein:

G. LINDNER

Muscheln und Schnecken der Weltmeere. 3. Aufl. Mit 1257 Abbildungen (1072 Farbphotos). BLV Verlagsgesellschaft, München, Bern u. Wien 1990.

Beste kurzgefaßte Einführung in die Meeresmollusken mit ausführlicher systematischer Übersicht bis zu den Gattungen und weltweiter Artenauswahl. Sehr nützliche praktische Hinweise (Literatur, Sammeln usw.).

Gesamtfauna Europas:

F. NORDSIECK

Die europäischen Meeres-Gehäuseschnecken (Prosobranchia). 2. Aufl. 1982.

Die europäischen Meeresschnecken (Opisthobranchia mit Pyramidellidae; Rissoacea). 1972.

Die europäischen Meeresmuscheln (Bivalvia). 1969.

Alle drei Bücher im G. FISCHER Verlag, Stuttgart.

Die drei Bände mit insgesamt 4105 Abbildungen (meist Federzeichnungen, die allerdings oft sehr grob sind) bieten die bisher vollständigste und umfassendste Bearbeitung der beiden Hauptgruppen europäischer Meeresmollusken. Eigenwillige systematische und nomenklatorische Auffassungen und unübersichtliche Stoffanordnung erschweren aber die Benutzung. In den Literaturverzeichnissen die wichtigste ältere Literatur.

Mittelmeer:

G. D'ANGELO & S. GARGIULLO

Guida alla Conchiglie mediterranee. FABBRI Editori, Milano 1978.

Gute allgemeine Einführung und ausführliche Darstellung der Lebensräume der Mittelmeermollusken mit Anleitung zum Sammeln. Im Bestimmungsteil mehr als 500 Arten in meist guten Farbfotos.

P. PIANI

Catalogo dei Molluschi conchiferi viventi nel Mediterraneo. (Bolletino Malacologico, Bd. 16, Heft 5/6) Milano 1980. Mit 3 Nachträgen. [Neufassung unter demselben Titel als selbständige Veröffentlichung: ENEA, Bologna 1985.]

Vollständiges kritisches Verzeichnis der gehäusetragenden Mollusken des Mittelmeers, das von einer Arbeitsgruppe der Società Italiana di Malacologia (c/o Acquario Civico, Viale Gadio 2, I-20121 Milano) ständig auf dem laufenden gehalten und nomenklatorisch überarbeitet wird.

L. SCHMEKEL & A. PORTMANN

Opisthobranchia des Mittelmeeres. Nudibranchia und Saccoglossa. SPRINGER-Verlag, Berlin, Heidelberg und New York 1982.

Umfassende Bearbeitung der Meeresnacktschnecken mit gründlicher wissenschaftlicher Einführung; behandelt 127 Arten, von denen 80 farbig abgebildet sind.

Deutsche Küsten:

R. WILLMANN

Muscheln und Schnecken der Nord- und Ostsee. NEUMANN-Neudamm Verlag, Melsungen 1989.

Bestimmungsschlüssel mit Strichzeichnungen für alle 130 an den deutschen Küsten vorkommenden Arten, ausführliche Texte und Farbfotos, die viele Arten so zeigen, wie sie der Strandwanderer findet. Sehr ausführliches Literaturverzeichnis.

B. BINNENMOLLUSKEN

Grundlagenwerke zur Gesamtfauna Europas oder mehrerer Länder:

E. A. ROSSMÄSSLER

Iconographie der Land- und Süßwasser-Mollusken, mit vorzüglicher Berücksichtigung der europäischen noch nicht abgebildeten Arten. Fortgesetzt von W. KOBELT. – 2 Reihen, insgesamt 31 Bände, 878 meist handkolorierte Tafeln. Dresden und Wiesbaden 1835–1920.

Einziges Abbildungswerk für die Gesamtfauna ohne Nacktschnecken. Nur in großen Bibliotheken zugänglich. Durch den langen Zeitraum des Erscheinens uneinheitlich und unübersichtlich. Zur Orientierung dient Band 11 der Neuen Folge (1904), der den Inhalt aller vorhergehenden Bände erschließt und eine lesenswerte, noch immer großenteils aktuelle Einführung enthält; Ergänzung des Registers in Band 20; vollständige systematische Übersicht der Unterfamilie Helicinae am Schluß von Band 23 (1920).

C. A. WESTERLUND

Fauna der in der Paläarctischen Region lebenden Binnenconchylien. – 7 Teile in 2 Bänden + Supplement (zusammen 1881 Seiten). Lund und Berlin 1884–1890.

Umfassendes Nachschlagewerk mit Artbeschreibungen, aber ohne Bilder. In großen Teilen unkritisch und wegen abweichender systematischer Auffassung (starke Aufsplitterung der Arten) schwer zu benützen.

P. EHRMANN

Weichtiere, Mollusca. In: Die Tierwelt Mitteleuropas, Bd. II/1. Verlag QUELLE & MEYER, Leipzig 1933. [Reprint 1956, Nachtrag 1962 von A. ZILCH und S. G. A. JAECKEL.]

Grundlegendes Bestimmungsbuch mit Schlüssel und ausführlichen Artbeschreibungen und Verbreitungsangaben. Die Systematik und Nomenklatur sind zwar teilweise überholt, wegen seiner bis heute unübertroffene sorgfältigen Diagnosen ist »der EHRMANN« für den Einstieg in die Weichtierkunde aber nach wie vor das beste Arbeitsmittel.

Landschnecken:

M. P. KERNEY, R. A. D. CAMERON & J. H. JUNGBLUTH

Die Landschnecken Nord- und Mitteleuropas. Mit 890 Abbildungen (Zeichnungen) und 368 Verbreitungskarten. P. PAREY Verlag, Hamburg und Berlin 1983. [Engl. Originalausgabe 1979, Holländ. Ausgabe 1980.]

Handlicher moderner Feldführer und umfassendes Bestimmungsbuch mit weiterführenden Literaturangaben für einzelne Länder und an das Bearbeitungsgebiet angrenzende Gebiete. Die Verbreitungskarten sind allerdings vielfach fehlerhaft und ungenau.

Süßwassermollusken:

J. ILLIES (Hrsg.)

Limnofauna Europaea. 2. Aufl. G. FISCHER Verlag, Stuttgart 1978.

Enthält eine tabellarische Artenliste der europäischen Süßwassermollusken mit Angaben zur Verbreitung und Ökologie.

Demnächst erscheint:

C. MEIER-BROOK & H. D. BOETERS

Mollusca. In: J. SCHWOERBEL & H. ZWICK (Hrsg.): BRAUERs Süßwasserfauna Mitteleuropas. G. FISCHER Verlag, Stuttgart.

Diese gründliche Neubearbeitung wird die Süßwassermollusken Mittel- und Nordeuropas bis zu den Alpen, bei den Wasserlungenschnecken und Kleinmuscheln sogar alle europäischen Arten umfassen.

P. GLÖER, C. MEIER-BROOK & O. OSTERMANN

Süßwassermollusken. 6. Aufl. Deutscher Jugendbund für Naturbeobachtung, Hamburg 1987.

Bestimmungsschlüssel mit Fotos für die Süßwassermollusken der Bundesrepublik Deutschland.

Guide per il riconoscimento delle specie animali delle acque interne italiane: Heft 7 **(Gasteropodi I** von A. GIROD, I. BIANCHI & M. MARIANI), Heft 8 **(Gasteropodi II** von F. GIUSTI & E. PEZZOLI) und Heft 10 (**Bivalvi** von L. CASTAGNOLO, D. FRANCHINI & F. GIUSTI).

Hrsg.: Consiglio Nazionale delle Ricerche (CNR), 1980.

Moderne, gut illustrierte Bearbeitung der Süßwassermollusken Italiens (zu beziehen über Società Italiana di Malacologia, Milano).

A. E. ELLIS

British Freshwater Bivalve Mollusca. Academic Press London, New York und San Francisco 1978.

Beste regionale Süßwassermuschel-Bearbeitung.

Regionalfaunen und Bibliographien:

Frankreich:

L. GERMAIN

Mollusques terrestres et fluviatiles. Faune de France, Bd. 21/22. Paris 1930–1931.

Die letzte und vollständigste zusammenfassende Darstellung der französischen Binnenmollusken. Sehr umfangreiche Bibliographie.

P. BOUCHET & V. HEROS

Bibliographie des Inventaires faunistiques de France: Mollusques. (Inventaires de Faune et de Flore, Heft 14), Paris 1981.

Bibliographie der Binnen- und Meeresmollusken, die vor allem Zugang zur neueren Literatur bietet. Aufschlüsselung nach Regionen.

Spanien und Portugal:

A. NOBRE

Moluscos terrestres, fluviais e das aguas solobras de Portugal. Porto 1930, [Neudruck Coimbra 1942.]

Zusammenfassendes Werk über die portugiesische Fauna mit Literaturangaben, die z. T. auch für Spanien gelten.

F. HAAS

Fauna malacológica terrestre y de agua dulce de Cataluña. (Trabajos del Museo de Ciencias Naturales de Barcelona, Bd. 13) Barcelona 1929.

Umfassende Monographie der katalonischen Binnenmollusken mit sehr ausführlicher Bibliographie. (In derselben Schriftenreihe ist 1920 als Bd. 3 in mehreren Teilen eine ausführliche Bearbeitung der Molluskenfauna der katalonischen Pyrenäentäler mit katalanischem und deutschem Text erschienen; zus. 1350 Seiten u. 22 Tafeln.)

L. GASULL

Fauna malacológica de las aguas continentales dulces y salobres del Sudeste Ibérico. (Boletin de la Sociedad de Historia Natural de Baleares, Bd. 16) Palma 1971.

Fauna malacológica terrestre del Sudeste Ibérico. (Dieselbe Zeitschrift, Bd. 20) Palma 1975.

Die beiden Bände bieten eine Molluskenfauna der Provinzen Valencia, Alicante und Murcia. Mit Verbreitungskarten und Gehäusefotos.

Algunos moluscos terrestres y de agua dulce de Baleares. (Sowie weitere Beiträge mit verschiedenen Titeln in derselben Zeitschrift, Bde. 9–12, 15–16 u. 22–33) Palma 1963–1979.

10 Arbeiten, die zusammen eine vollständige Bearbeitung der Binnenmollusken der Balearen bilden.

Italien:

C. ALZONA

Malacofauna Italica. Catalogo e bibliografia dei Molluschi viventi terrestri e d'aqua dolce. (Atti della Società Italiana di Scienze Naturali, Bd. 111) Milano 1971.

Vollständiges Artenverzeichnis der Binnenmollusken Italiens mit umfassender Bibliographie.

Malta:

K.-H. BECKMANN

Land- und Süßwassermollusken der Maltesischen Inseln. (Heldia, Sonderheft 1) München 1987.

Artenverzeichnis (65 Arten) mit kritischen Anmerkungen, Verbreitungsangaben und Bibliographie.

Südosteuropa:

Für Jugoslawien, Albanien, Griechenland und Zypern existieren bisher keine Landesfaunen; die sehr zerstreute Literatur für diese Region ist über die drei folgenden Bibliographien zu erschließen.

W. J. M. MAASSEN

Bibliographia Malacofaunae Jugoslaviae. (Sonderheft De Kreukel) Amsterdam 1979.

Z. BAR

Bibliography of the Land- and Freshwater Molluscs of the Near East. (Sonderheft De Kreukel) Amsterdam 1984.

Beide Bibliographien sind »Uitgave van de Malacologische Contactgroep Amsterdam & Omstreken« (Postfach 76, NL-1110 AA Diemen). Nachträge in der Zeitschrift De Kreukel.

L. J. M. BUTOT

Bibliographia Malacofaunae Graecae. Verlag Dr. W. BACKHUYS, Oegstgeest, Niederlande, 1979.

Allgemeine Hinweise

Wer sich mit dem Studium der Weichtiere befassen will, sollte sich an die Fachvereinigungen wenden, in denen sich sowohl Amateure als auch Fachwissenschaftler zusammengefunden haben. Diese vermitteln auch Kontakte zu ausländischen Malakologen.

Deutsche Malakozoologische Gesellschaft (DMG)
c/o Senckenberg-Museum
Senckenberg-Anlage 25, D-6000 Frankfurt am Main 1.

Gegründet 1868. Fachgesellschaft für den gesamten deutschsprachigen Raum und für alle Bereiche der Malakalogie. Sowohl für Wissenschaftler als auch für Liebhaber. In jedem Jahr findet ein mehrtägiges Frühjahrstreffen mit Exkursionen statt.
Zeitschriften: »Archiv für Molluskenkunde« und »Mitteilungen der Deutschen Malakozoologischen Gesellschaft«.

Club Conchylia e. V.
Carl-Maria-v.-Weber-Straße 26, D-7140 Ludwigsburg.

Gegründet 1968. Ein Verein für Liebhaber und Sammler, aber auch für Fachwissenschaftler, vor allem auf dem Gebiet der marinen Mollusken. Jahreshauptversammlung mit Ausstellungen und Schnecken- und Muschelbörse; außerdem Regionaltreffen.
Zeitschrift: »Club Conchylia Informationen«.

Friedrich-Held-Gesellschaft zur Förderung der wissenschaftlichen Weichtierkunde e. V. (FHG)
c/o Bayerische Staatssammlung für Paläontologie und historische Geologie
Richard-Wagner-Straße 10/II, D-8000 München 2.

Gegründet 1987. Förderverein für alle Bereiche der Malakologie mit besonderer Berücksichtigung der Binnenmollusken, der vor allem die Zusammenarbeit von Amateurforschern und Fachwissenschaftlern unterstützt. Regelmäßige Treffen, Vortragsveranstaltungen und Exkursionen.
Zeitschriften: »Heldia« (erscheint bereits seit 1984) und »Jahresbericht der Friedrich-Held-Gesellschaft«.

Literaturbeschaffung: Wer nicht in der Nähe einer großen Bibliothek wohnt, kann an benötigte Fachliteratur über den Fernleih-Verkehr der Bibliotheken, an den auch kommunale Bibliotheken angeschlossen sind, herankommen. Für Beiträge in Zeitschriften empfiehlt sich auch Bestellung von Fotokopien über Direktaufsatzkopierdienste, z. B. den sehr leistungsfähigen Münchner Aufsatzdienst (Merkblatt und Bestellformulare: Postfach 340 150, D-8000 München 34).
Für den Bezug einschlägiger alter und neuer Literatur sei die auf Weichtierkunde spezialisierte Buchhandlung CHRISTA HEMMEN (Grillparzerstraße 22, D-6200 Wiesbaden) empfohlen, die auch Anfänger bei der Literaturbeschaffung berät und auf Anfrage Spezialangebote unterbreitet.

Molluskenmuseum: Eine weitere für die ganze Bundesrepublik einmalige Informationsmöglichkeit bietet das öffentlich zugängliche private Molluskenmuseum »Haus der Natur« in Cismar/Ostholstein mit einer ständigen Ausstellung von rund 4000 Arten Meeres- und Binnenmollusken, darunter allen einheimischen Arten. Beratung für fachlich interessierte Besucher.

Bildautoren

Teil Meeresmollusken:

Bildarchiv Angermayer: S. 109 o.; **R. Cramm:** S. 109 u.; **G. Ewald:** S. 31 o.r.; **R. Fechter:** S. 107 o; **K.-J. Götting:** S. 17 o.l., 17 M.l., 17 o.r., 17 u.l., 19 o.l., 19 u.l., 19 u.r., 107 u.l.; **K. Janke:** S. 79 o.; **E. Pott:** S. 31 u.l., 41 o.l., 89 o., 101 u.r.; **G. Quedens:** S. 37 u.r., 59 o.l., 59 o.r., 101 o.r.; **Silvestris Fotoservice (König):** S. 75 u.r., 79 u.r., 83 o.; **G. Synatzschke:** 107 u.r.; **K. Wothe:** S. 83 u.r.

Alle übrigen Fotos der Meeresmollusken von **A. Buhtz.**

Teil Binnenmollusken:

Bildarchiv Angermayer (H. Pfletschinger): 194/1, 195/7, 251/4, 252/1, 253/2-4; **O. Aßmann:** 236/8; **E. Bauchhenss:** 167/9; **K.-H. Beckmann:** 191/3; **H. Bellmann:** 123/3, 123/9, 131/3, 131/11, 151/6, 169/9, 183/7, 191/6, 205/3, 221/1, 221/7; **H. de Vries:** 139/5; **A. von den Driesch:** 153/1; **G. Falkner:** 115/2, 117/1, 119/1, 121/10, 121/12, 121/14, 127/1, 127/13, 129/1, 131/2, 141/8, 141/11, 144/1, 145/3, 145/7, 149/1–2, 149/8–9, 149/11, 150 r., 153/6, 155/5, 156, 157/2-4, 159/14, 161/7, 161/10-11, 163/9, 165/4, 165/10-11, 167/6, 171/5, 171/8, 172, 173/4, 173/6-8, 175/7, 175/10, 176, 177/5, 181/6, 182, 183/1-2, 187/3 (ohne Nebenbild), 191/4-5, 191/7, 193/2, 193/4, 195/6, 195/8, 196 u., 197/6, 199/7-8, 201/5-6, 202, 203/2, 203/4, 203/9, 207/6, 209/8, 211/4, 211/11-12, 212, 215/4, 217/3, 220, 222, 229/9, 231/12, 232/1-2, 233/6 (ohne Nebenbild), 240/7-8, 241/4, 241/9, 245/6-8, 250, 251/1-3, 253/5, 254, 269/22, 270/1, 271/2, 271/4-8, 272/10, 273/13-14, 273/18, 277; **R. F. Grill:** 121/8, 185/1, 197/3; **M. Hölling:** 175/2; **M. Kaddatz:** 189/2-5; **G. Lindner:** 169/10, 207/7, 235/4; **M. Müller:** 234/1; **J. Peters:** 238; **J. Slabecius:** 186/1; **J. Werner:** 207/5; **V. Wiese:** 139/6, 185/2, 191/2.

Alle übrigen Fotos der Binnenmollusken von **A. Limbrunner.**

Gehäuse- und Tiermaterial

zur Abbildung im Binnenmolluskenteil wurde von folgenden Personen und Institutionen zur Verfügung gestellt:

K.-H. Beckmann, Ascheberg: 123/6, 217/7, 217/9–13. – **H. D. Boeters,** München: 123/11–12, 125/6–9. – **M. Colling,** München: 119/1, 133/2–3, 243/1, 243/4, 267/3–4. – **M. Falkner,** Hörlkofen: 123/1, 129/11, 135/3–4, 177/2, 231/6. – **B. Hausdorf,** Stein: 127/11, 223/6. – **O. Holdenrieder,** Zürich: 141/6, 153/4. – **G. Lindner,** Reinbek: 115/10, 129/2–3, 157/1–4, 157/6, 206, 207/8, 211/11–12, 217/1, 221/4, 235/3. – **E.-D. Müller,** Freising: 125/2–5, 131/13, 139/1, 141/12, 229/1–2. – **H. Nesemann,** Lorsbach: 127/2, 263/2, 264/c–d, 269/11, 269/13, 269/23. – **H. Nordsieck,** Villingen-Schwenningen: 155/3–4, 155/6, 157/7–8, 157/10, 159/15, 159/17, 163/2, 169/11, 183/6, 217/3, 217/5, 219/9. – **S. Preissner,** Quickborn: 241/2. – **T. von Proschwitz,** Göteborg: 167/13. – **H. Reichl,** München: 117/12. – **P. L. Reischütz,** Horn: 123/8, 157/17, 181/1, 237/6–7, 247/7, 249/1. – **N. Rückert,** München: 153/6. – **K. V. Schmalz,** Freising: 121/9, 121/14, 135/8, 153/5, 165/1, 167/7–8, 176, 193/8, 196 o., 197/7, 207/1, 213/2, 259/5, 269/7–8. – **B. Stummer,** Hörfarth: 131/10, 145/5–6, 241/1. – **H. Thielen,** München: 175/8–10, 273/15 (untere Reihe). – **W. Vetters,** Salzburg: 201/7. – **V. Wiese,** Cismar: 149/4, 172, 173/6–8, 197/6, 265. – **A. J. de Winter,** Wageningen: 137/2, 199/1. – Zoologische Staatssammlung, München: 115/12–14, 121/7, 123/10, 129/5, 177/3, 183/9, 185/7, 201/8–12, 219/1–2, 219/5, 239/3–6, 247/2–3, 263/1, 273/15 (obere Reihe). – Naturhistorisches Museum Wien: 155/1, 155/7–9, 157/5, 157/9, 157/11–14, 157/16, 159/7, 159/16, 159/18, 161/4–5, 165/12–14, 255. – Senckenberg-Museum Frankfurt a. M.: 159/1, 217/8, 223/8. – Zoologisches Museum Warschau: 225/7.

Register

lateinische Art- und Gattungsnamen stehen *kursiv*, ssp. = Unterart (Subspecies)

Halbwüchsige Strauchschnecke (*Fruticicola fruticum*) bei der Gehäusepflege; die charakteristische helle Fleckung des Fußrückens ist gut erkennbar (Iller-Auwald b. Regglisweiler, Bad.-Württ., 1,5fach).

Die Autoren

Gerhard Falkner, geboren 1942, studierte an den Universitäten Hamburg und München Zoologie und Paläontologie. Sein Spezialgebiet sind Land- und Süßwassermollusken sowie Bearbeitungen archäologischer Molluskenfunde. Er arbeitet als freiberuflicher Malakologe an ökologischen Forschungsprojekten mit und betreut als freier Mitarbeiter die Sammlung tertiärer Landschnecken in der Bayerischen Staatssammlung für Paläontologie und historische Geologie. Seit 1969 hat er zahlreiche Beiträge in Fachzeitschriften veröffentlicht und ist seit 1984 Mitherausgeber der Zeitschrift »Heldia« (Münchner Malakologische Mitteilungen).

Dr. Rosina Fechter, Jahrgang 1930, studierte an der Universität München Naturwissenschaften mit dem Schwerpunkt Zoologie, daneben Botanik und Geologie. Seit 1964 ist sie an der Zoologischen Staatssammlung München als Sektionsleiterin für Weichtierkunde, Abteilung für Wirbellose Tiere, tätig. Sie wirkte als Autorin bei einigen populärwissenschaftlichen Büchern mit und publizierte Beiträge in wissenschaftlichen Zeitschriften. Daneben ist sie Mitglied von Fachgesellschaften und arbeitet an meeresbiologischen Untersuchungen deutscher Forschungsschiffe mit.

Der Herausgeber **Gunter Steinbach,** geboren und aufgewachsen im Oberallgäu, war nach seinem Studium in Hamburg 15 Jahre lang im Verlagswesen tätig. Seit 1978 bewirtschaftet er einen 10-ha-Grünlandhof in über 900 m Höhe mit vielfältiger Tierhaltung und biologisch orientiertem Gartenbau. Pflanzen, Tiere und Fragen des Naturschutzes bilden auch die Themenkreise seiner Veröffentlichungen. 1985 rief Steinbach die »Aktion Ameise« ins Leben, eine Gemeinschaft junger Naturschützer mit zahlreichen Mitwirkenden, Helfern und Arbeitsgruppen in allen Ländern der Bundesrepublik. Steinbach gehört dem Naturschutzbeirat seines Landkreises an.

Steinbachs Biotopführer

Bände des Gesamtwerks

JOSEF REICHHOLF
1 **Leben und Überleben in der Natur**
Ökologische Zusammenhänge

JOSEF REICHHOLF
2 **Feuchtgebiete**
Die Ökologie europäischer Binnengewässer, Auen und Moore

JOSEF REICHHOLF
3 **Feld und Flur**
Zur Ökologie des mitteleuropäischen Kulturlandes

JOSEF REICHHOLF
4 **Siedlungsraum**
Zur Ökologie von Dorf, Stadt und Straße

JOSEF REICHHOLF
5 **Wald**
Zur Ökologie der mitteleuropäischen Wälder

JANKE/KREMER/REICHHOLF
6 **Meere und Küsten**
Zur Ökologie mariner Lebensräume Europas

JOSEF REICHHOLF
7 **Gebirge und Tundra**
Zur Ökologie alpiner und arktischer Lebensräume

Steinbachs Naturführer

Bände des Gesamtwerks

1 **Säugetiere**
2 **Landvögel**
3 **Wasservögel**
4 **Lurche und Kriechtiere**
5 **Süßwasserfische**
6 **Meeresfische**
7 **Insekten**
(außer Schmetterlinge)
8 **Schmetterlinge**
9 **Spinnen, Krebse, Tausenfüßer**
10 **Weichtiere**
11 **Wirbellose**
(außer Weichtiere)
12 **Bäume**
13 **Strauchgehölze**
14 **Wildblumen Mitteleuropas**
15 **Orchideen**
16 **Alpenblumen**
17 **Pflanzen des Mittelmeerraumes**
18 **Beeren, Wildgemüse, Heilkräuter**
19 **Gräser**
20 **Moose, Farne, Flechten**
21 **Pilze**
22 **Mineralien**
23 **Gesteine**
24 **Die Sterne**
25 **Versteinerungen**
26 **Leben in Bach und Teich**
27 **Lebensraum Küste**

(29,80 DM)